SOUVENIRS

DE

BELGRAVE-SQUARE.

LIBRAIRIE DE DENTU,

PALAIS-ROYAL, GALERIE-VITRÉE.

OUVRAGES DE M. AUGUSTE JOHANET.

DE LA VIOLATION DES AMNISTIES MILITAIRES DANS L'OUEST, 1 vol. in-8, 3 fr.
LA VENDÉE A TROIS ÉPOQUES, 2 beaux vol. in-8, 15 fr.
QUESTION VENDÉENNE, à l'occasion de la commutation de peine de Barbès, 1 fr.
HISTOIRE DU PROCÈS DE *LA FRANCE* à l'occasion des Lettres, 25 cent.
HISTOIRE DES DEUX PROCÈS DE *LA FRANCE* à l'occasion du voyage de M. le duc de Nemours en Angleterre, 25 cent.

OUVRAGES DE M. FRÉDÉRIC DOLLÉ.

HISTOIRE DES SIX RESTAURATIONS FRANÇAISES, (3e édition) 1 fort volume grand in-18, de près de 600 pages, avec une septième époque, qui n'est pas encore terminée.
DUBOIS ET M. THIERS, (7e édition) grand in-18.
A LOUIS-PHILIPPE, sur la captivité de Charles V, brochure grand in-18.
DE LA CENTRALISATION, brochure grand in-18.
SOUVENIRS DE VOYAGE en Suisse, en Savoie et en France, grand in-18 orné de deux vignettes d'Alfred Johannot.

BUSTES DES CINQ FLÉTRIS.

M. JEANNE, éditeur, passage Choiseul, n. 68, vient de publier une collection très remarquable des cinq *flétris*. Les petits bustes de MM. Berryer, de La Rochejaquelein, Blin de Bourdon, de Valmy et de Larcy ont été faits par un statuaire distingué, M. Emile Thomas, et sont d'une ressemblance frappante. Ils sont accompagnés d'une biographie de chacun des cinq flétris, par l'auteur des *Souvenirs de Belgrave-Square*. Prix 15 fr., et 18 fr. emballés et *franco* à domicile.

SOUVENIRS

DE

BELGRAVE-SQUARE,

DÉDIÉS

A TOUS LES FLÉTRIS

ET A TOUS CEUX QUI REGRETTENT DE NE PAS L'ÊTRE,

Par M. Auguste JOHANET.

PARIS,

DENTU, LIBRAIRE, GALERIE VITRÉE, PALAIS-ROYAL;
HIVERT, LIBRAIRE, QUAI DES AUGUSTINS, 55,
ET CHEZ LES PRINCIPAUX LIBRAIRES.

1844

AUX FLÉTRIS

ET

à tous ceux qui regrettent de ne pas l'être.

———•———

A vous avec qui j'ai eu le bonheur de présenter l'hommage de mon dévouement au royal exilé et de voir quelles sont à la fois ses éminentes qualités et son amour filial pour la France; à vous avec qui je partage l'honneur d'une flétrissure devenue si accablante pour ceux qui osèrent la lancer contre nous;

A vous qui n'avez pu vous rendre à Belgrave-Square, et dont le noble cœur s'afflige d'avoir été privé de cette ineffable consolation; à vous qui enviez aux pélerins de Londres la marque distinctive et à jamais honorable dont vos frères en conviction et en sympathie ont été décorés par les flétrisseurs;

Je veux dédier ce volume, fruit consciencieux de mon travail; vous y reconnaîtrez, j'espère, que je n'ai pas été courtisan, et que j'ai dit partout la vérité, rien que la vérité.

Votre très dévoué serviteur et co-flétri,

Auguste JOHANET.

SOUVENIRS

DE

BELGRAVE - SQUARE.

I.

Ce serait, ce nous semble, trop restreindre la mission de l'écrivain que de consacrer un volume à raconter exclusivement les diverses circonstances encore pleines d'intérêt sans doute qui ont pu signaler les excursions de Mgr le duc de Bordeaux en Angleterre, ses visites dans les villes, dans les châteaux, dans les établissements publics; à enregistrer ses appréciations sur tout ce qu'il a vu, à retracer même les phases pourtant si graves de son séjour à Londres, de la position prise par lui à Belgrave-Square.

D'une part, il serait impossible de tout dire et de le bien dire, car avec les nombreux visiteurs dignes de confiance, les organes de la presse indépendante ont déjà vainement essayé d'être narrateurs fidèles et complets. Comment donner une juste idée de la soudaine, de la providentielle facilité avec laquelle, grâce à la maturité précoce de son intelligence, à l'étendue de son savoir, et surtout à son cœur si éminemment français, à son ardent amour pour son pays, le Prince s'est trouvé à la hauteur de la situation inattendue que lui créa cet immense concours venu de tous les coins de la France, afin de lui rendre hommage, mais aussi de l'observer ? Il faut bien le reconnaître en effet, cet accueil affectueux des étrangers, cet empressement de ses compatriotes, n'eurent pas pour seul but de remplir un devoir envers ses nobles malheurs, et il en résulta que ses hautes qualités furent par la curiosité et la sympathie soumises à une épreuve dont, suivant un accord unanime, elles sont sorties victorieuses au-delà de toutes les espérances.

D'autre part, les événements se sont chargés,

depuis son origine jusqu'à ce jour, de prouver que ce voyage, autour duquel tant de jalousies et d'inimitiés ont prétendu se grouper terribles, avait eu une portée telle que l'Europe entière s'est sentie émue d'un vif intérêt. Bien plus, elle a témoigné une admiration motivée, pour le petits-fils de Henri IV, si beau de résignation fière, de supériorité modeste, et résumant en lui tout ce qu'une raison virile se joignant à une virginité politique, et à un dévouement désintéressé à sa patrie, peut offrir à la fois de sûres garanties pour le présent et pour l'avenir. Quelle que soit un jour la destinée de Mgr le duc de Bordeaux, chacun s'est préoccupé des craintes, des soupçons, des alarmes des agents du pouvoir français à la première nouvelle de son arrivée dans la Grande-Bretagne. Une inquiète, une fiévreuse agitation s'est subitement emparée de tous les conseillers de Louis-Philippe ; ils ont cru voir le bâton du voyageur se transformer en sceptre, et le front vraiment royal, le regard vraiment magnifique du proscrit, orné de la couronne, ou commandant en maître aussitôt obéi. Une imagination peu féconde, une maladroite colère, leur inspira une pensée dont l'exécution fut aussi prompte que son résultat devint funeste pour eux. M. le duc et madame la duchesse de Nemours ne réussirent point dans la pitoyable concurrence dont on voulait les faire les tristes instruments ; leur bon goût le leur fit si bien comprendre que, respectant une hospitalité à laquelle l'Angleterre préparait tant de déférence et d'égards, comme pour se venger de ne pouvoir lui donner un éclat officiel, ils partirent la veille de l'arrivée du jeune prince. Ce premier échec eut un retentissement d'autant plus grand qu'il ne fut emprunté ni à l'esprit de parti, ni à un désir d'opposition. La voix du peuple, *vox populi, vox Dei,* cria énergiquement par l'arrêt émané de douze hommes choisis dans son sein, que le journal qui, le premier, avait justement établi un écrasant parallèle entre l'inconvenance d'une excursion rivale et la pérégrination studieuse, sans nulle arrière pensée, de Mgr le duc de Bordeaux, avait été l'écho de l'opinion de tous les gens de bien.

L'acquittement de la *France* fut le plus heureux précédent, et comme le signe précurseur des consolations et des succès d'un voyage qui, ainsi apprécié par un verdict imposant, à la suite d'une solennité judiciaire, attira l'attention publique, et auquel l'assentiment général conquit une réelle popularité.

Enfin une mesure dont les conséquences ont été et restent incalculables vint, au moment où les récits d'un pieux pélerinage allaient seulement peut-être occuper les loisirs du coin du feu, ou défrayer les entretiens de la famille, prêter une haute importance, une énorme gravité à l'acte tout naturel, tout légitime, tout français que les visiteurs avaient accompli en se rendant à Belgrave-Square. A l'occasion de la discussion de l'adresse, une outrecuidante vanité, une rage stupide, s'enflèrent et crevèrent en vomissant contre les députés royalistes coupables d'une conduite chevaleresque, un mot hideux..... *la flétrissure*. Mais ce mot effacé par la loi, même du dictionnaire des bagnes, parcequ'il semblait une exorbitante pénalité, se changea en une resplendissante auréole ; la spontanée et générale indignation contre ses auteurs, un vote significatif et de publiques ovations ramenèrent triomphants à la Chambre les cinq hommes de cœur qu'ils avaient voulu en expulser.

Nous dirons donc tout ce que cette flétrissure a produit, nous le dirons sans passion, les faits, les preuves à la main ; puis quand on aura lu les détails relatifs au séjour du Prince, à ses différents voyages, quand on aura connu toutes les circonstances si variées dans lesquelles les *Souvenirs de Belgrave-Square* placent Mgr le duc de Bordeaux, on sera convaincu que nous n'avons pas pris la plume pour nous en tenir à vanter un homme, à flatter son infortune; mais que nous avons, et prenant pour ainsi dire sa nature sur le fait, voulu examiner impartialement et glorifier la digne personnification d'un grand principe. Nous éprouvons en outre le besoin d'expliquer comment et pourquoi nous avons entrepris les esquisses biographiques d'un certain nombre de visiteurs, et plus spécialement des personnages qui ont l'honneur de faire partie de son entourage, de former son intimité. Les feuilles ministérielles, ou d'autres animosités aveugles et sourdes, se sont plues à représenter les voyageurs de Londres et les amis du Prince comme des courtisans à vue étroite, entichés d'idées de droit divin, de maximes absolutistes, ne rêvant qu'étiquette, cérémonial, comme des porteurs de sabres inutiles, d'épées honorifiques, et de vains costumes de cour, en un mot comme ne pouvant, ne devant et ne voulant même donner au petit-fils de Charles X que des conseils erronés, capables d'égarer son esprit et de fermer son cœur au désir de connaître la réelle situation, les véritables besoins de la France.

Nous, au contraire, nous nous efforcerons de démontrer par des documents incontestables, que la foule qui se pressait dans les salons de Belgrave-Square se composait d'hommes ayant tous, presque sans exception, eux-mêmes ou par leurs pères, rendu à leur pays d'inappréciables services ; que, grâce à leur position sociale dans diverses sphères, a leurs habitudes, à leurs actes, ils méritent le titre de bons citoyens, et connaissent bien ce qui peut le mieux procurer la liberté, l'indépendance, la gloire, la prospérité nationales. Auprès d'eux, avec eux, nous montrerons des hommes du peuple, des artisans auxquels le Prince s'est empressé de laisser le droit de franchise, et qui, dans leur langage, au nom de leurs services aussi, ont été à même de lui dire ce qu'il veut uniquement savoir ; ce dont il recherche avec soin les moindres détails : comment sa patrie peut être et plus libre et plus heureuse.

Nous sommes sûrs de prouver que si le Prince avait eu besoin de prendre des avis, s'il eût été en Angleterre pour autre chose que pour le perfectionnement de sa belle éducation, et pour sa noble passion de tout voir pour mieux connaître et mieux apprécier, afin de se rendre plus digne encore de la sympathie inspirée à tous par son haut rang et son caractère il aurait trouvé chez ceux qui lui ont porté leur tribut de fidélité, de reconnaissance, des paroles et des sentiments dont se font honneur les hommes qui prétendent chaque jour juger certainement l'état des choses. En résumé nous osons défier, qu'après lecture faite de ces renseignements personnels à ses visiteurs, et de nos documents sur le royal exilé, on nie que le séjour de Belgrave ait été un grand événement politique, à tous égards, en même temps qu'il a fait voir dans Henri de Bourbon un prince sans nul ressentiment pour le passé, sans récrimination contre le présent, se confiant à la Providence pour son avenir. Français avant tout, pardessus tout, malgré tout, il a trouvé en Angleterre un grand bonheur, celui de voir ses compatriotes, de leur parler de la France, et de leur avoir légué le droit de dire et de faire croire qu'il l'aime comme un fils, comme un frère, parcequ'il y est né et qu'il est le descendant de Henri IV et de Louis XIV.

En un mot l'histoire de Belgrave-Square nous semble ne pas devoir être faite seulement d'après tout ce que le séjour de Henri de Bourbon en

Angleterre, à vingt lieues des côtes de France, a présenté d'intéressant, de grave aux hommes de bonne foi de tous les pays et de toutes les opinions. Elle doit l'être surtout d'après les étranges preuves de haine et de fureur qu'un esprit de vertige n'a pas cessé de multiplier depuis le jour où, pour se venger de la flétrissure retombée sur lui-même, il s'est plu à commettre des actes tour à tour contraires à la dignité du pays, à la gloire de notre pavillon, aux plus chères libertés, à la religion de l'immense majorité, etc....
A la suite de tout cela il sera bien permis de battre des adversaires avec leurs propres armes, de leur demander pourquoi une si récrudescente colère, un si insatiable besoin d'intimidation, se sont manifestés à l'occasion d'un voyage sur lequel, dès l'origine, ils s'efforçaient de jeter à pleines mains le ridicule, l'indifférence, pour lui prédire ensuite le plus profond oubli.

Disons ici ce qui nous a déterminé à nous occuper moins de certains détails relatifs à l'hospitalité si cordiale à la fois et si splendide que S. A. R. a trouvée dans les châteaux des puissants seigneurs de la Grande-Bretagne, lesquels ont voulu ajouter à leur illustration, en prodiguant au jeune proscrit ces égards, ces hommages, dont le souvenir restera dans les siècles comme un nouvel éclat à leurs blasons déjà fameux et à leur renommée de bravoure et de noblesse. Nous avons été précédés par un écrivain trop connu dans les lettres et dans les annales de la fidélité aux Stuarts pour que notre pensée téméraire ait eu la prétention de lui faire concurrence. A M. le vicomte Walsh, à l'auteur *des Lettres vendéennes*, au cicérone de S. A. R. *Madame*, Duchesse de Berry dans l'Ouest, lors de ce beau voyage, dont plus tard il devint le digne historiographe, il appartenait de recueillir les glorieuses généalogies, les chroniques locales, de raconter les scènes intimes de la vie de famillle, où le prince se montra aussi remarquable que dans de solennelles occasions. L'ouvrage de M. le vicomte Walsh aura au moins autant d'intérêt pour l'Angleterre que pour la France; arrivant après lui, nous espérons, en prenant une autre route, et en nous étendant spécialement sur le récit des excursions laborieuses, des entretiens relatifs au commerce, à l'industrie, à l'agriculture, aux arts, à la littérature, à l'état de la France surtout, auxquels Mgr le duc de Bordeaux s'est presque constamment et de préférence livré; en faisant connaître d'une manière très détaillée ceux qui ont eu le bonheur d'aller le visiter, en insistant sur les divers actes intervenus à la suite de ce voyage, satisfaire l'attention de deux peuples et la sympathie des courtisans du malheur.

II.

Les antécédents de Mgr le duc de Bordeaux. — Ses premiers voyages. — Son entourage. — MM. de Damas, Frayssinous, Lavillate, Barrande, Cauchy, Monnier, d'Hautpoul, de Saint-Chamans, de Latour-Maubourg, Clouet, Emmanuel de Brissac, de Bouillé, de Lévis, Vincent, de Latour-Foissac, de Locmaria, etc... — Visite du prince aux Français restés en Hongrie. — Séjour à Rome. — Le Saint-Père. — Naples. — Florence. — Le marquis et la marquise de Colbert-Maulévrier. — Mlle de Fauveau. — Maladie du prince. — Mort de M. le duc d'Orléans. — Excursion en Prusse. — MM. de Chabannes, de Saint-Priest. — Départ pour l'Angleterre.

Mgr le duc de Bordeaux avait déjà employé à des excursions studieuses les cruels loisirs de l'exil; il avait non seulement exploré les environs de sa demeure de proscrit; mais, armant tour à tour sa jeune main du bâton du pèlerin ou du crayon de l'artiste, il était allé visiter les belles résidences, les villes, les campagnes, et surtout les hameaux, les chaumières, où son cœur généreux se plaisait à surprendre les mœurs locales, les habitudes de famille, et plus encore les besoins de la misère en face de laquelle il prodiguait le denier de l'orphelin. En Écosse, en Italie, en Autriche, en Bohême, ces voyages étaient venus en aide à son éducation scientifique et littéraire, et l'avaient grandement fortifiée, grâce au soin avec lequel il recherchait les hommes spéciaux pour leur soumettre ses impressions, profiter de leurs enseignements et écouter leurs conseils. Hâtons-nous d'ajouter que son entourage avait été en tous points en rapport avec les heureuses dispositions qu'il était appelé à cultiver, à développer. Digne continuateur de M. le duc de Rivière, de M. le duc Mathieu de Montmorency, M. le baron de Damas accompagna le premier dans l'exil ce prince, près duquel devait spécialement veiller le Bossuet des temps modernes, Mgr Frayssinous, évêque d'Hermopolis, non moins célèbre par ses croisades contre la philosophie que par son attachement à son royal élève, et le type du dévouement, de la fidélité, le vigilant, le brave Lavillate. Avec eux, et sans cesse occupé de ses études, un homme que l'École polytechnique avait compté parmi ses sujet d'élite, M. Barrande, dont la vaste érudition, la rectitude de jugement, l'esprit élevé et le noble cœur réunissaient toutes les conditions voulues pour ses fonctions assidues. Puis, M. Cauchy, l'illustre mathématicien, qui a rapporté en France une spécialité d'autant plus complète qu'elle s'est accrue de toutes les recherches, de toutes les démonstrations auxquelles il s'est livré avec Mgr le duc de Bordeaux, dont la pénétration, saisissant promptement les difficultés, provoquait les obstacles et augmentait ainsi le mérite du maître. M. Monnier s'était aussi bien acquitté de sa tâche; ses utiles leçons ont étendu chez le prince le goût des armes, l'ont initié aux premières règles de la stratégie, et l'ont préparé à mieux comprendre tout ce que devaient lui dire successivement à cet égard les deux valeureux et habiles généraux attachés à sa personne, MM. d'Hautpoul et de Saint-Chamans, appelés à remplacer près de lui le type de la bravoure, de l'énergie, du dévouement, de l'abnégation, celui que tous les partis vénèrent, et que l'armée surtout regarde comme un de ses parfaits modèles, le général Victor de Latour-Maubourg.

Aide de camp de Kléber en Égypte, il combattit les Anglais à la tête d'un régiment de chasseurs devant Alexandrie; là il fut blessé au front. Nommé général de brigade sur le champ de bataille d'Austerlitz, il a fait les campagnes de Prusse et de Pologne, et reçut à Deppen une balle dans le bras. Devenu général de division à Eidelberg, il fut grièvement blessé à Friedland. Il était au siége de Badajoz, à la bataille de Guevara. Les preuves d'estime que lui donnèrent les Espagnols sont présentes à tous les esprits. Il était au combat de Mojaisk. Il commandait le premier corps de cavalerie en 1813, et se couvrit de gloire devant Dresde; à la bataille de Leipsik, il eut la cuisse emportée d'un boulet de canon. On l'amputa aussitôt. Son domestique pleurait. « Ne t'affliges pas, lui dit le général en souriant, tu ne vois donc pas que tu n'auras plus qu'une botte à cirer. » Ainsi, il n'y a pas un champ de bataille glorieux pour la France que M. de Latour-Maubourg n'ait arrosé de son sang. Mᵍʳ le duc de Bordeaux aurait pu apprendre l'histoire contemporaine en énumérant les blessures de son gouverneur.

Il avait été choisi par la Restauration, d'abord pour le ministère de la guerre, où son administration a laissé des souvenirs encore vivants, puis pour le gouvernement des Invalides, où jusqu'au dernier moment il fit respecter sa fidélité inébranlable. A ce sujet nous empruntons une citation au spirituel et loyal auteur de la *Vie populaire de Henri de France et du Compte-rendu de son voyage dans la Grande-Bretagne*, à M. Théodore Muret :

« Lors des événements de 1830, le général de Latour-Maubourg était gouverneur des Invalides. La foule armée envahit l'hôtel. Le général se présente sur le perron du grand escalier avec le même sang-froid qu'à Leipsick. On le somme avec des cris furieux d'enlever à l'instant même le drapeau blanc. « Croyez-vous, répond le « vieux guerrier, que celui qui a laissé une par- « tie de lui-même sur les champs de bataille « déshonore ses cheveux blancs par une lâcheté?»

« Et cette foule exaspérée, cédant, en dépit d'elle-même, à l'ascendant du courage, ne tarde pas à se retirer. »

Ses blessures, sans cesse rouvertes, le forçant de ne pas se rendre près du royal exilé confié à sa vieille expérience, M. de Latour-Maubourg suppléait à une absence, si douloureuse pour lui, par une correspondance pleine d'intérêt. Il se consolait un peu en faisant, aidé de sa digne compagne, de ses dignes sœur et neveu, madame et M. de Maisonneuve, plus de bien encore, non seulement aux pauvres des environs de sa demeure hospitalière et gracieuse comme son nom, *le Lys*, mais aux prisonniers politiques Vendéens détenus dans la maison d'arrêt de la ville voisine, Melun. M. d'Hautpoul, autre vétéran, officier d'ordonnance de l'Empereur, M. de Saint-Chamans, M. le général Clouet, ancien colonel sous l'empire, l'un des vainqueurs d'Alger, et l'une des victimes de son dévouement absolu lors de la dernière insurrection de l'Ouest, furent donc chargés de guider Henri de France dans ce qui était pour lui une vive passion dès l'âge le plus tendre, dans la science militaire. La théorie lui fut bientôt connue, et, faute de mieux, il étudia la pratique dans le récit des victoires de ses aïeux, d'Henri IV, de Louis XIV, et aussi de Napoléon, dont le génie belliqueux et la conquérante activité exaltaient son âme. Vinrent ensuite deux hommes d'un caractère non moins chevaleresque, et d'une capacité n'ayant d'égales que leur fidélité invariable et l'aménité de leurs manières, M. le comte Emmanuel de Brissac et M. le comte de Bouillé. Le premier avait fait valoir par lui-même son nom, déjà resplendissant dans l'histoire, et le second, tour à tour général, gouverneur de la Guadeloupe et de la Martinique, et aide-de-camp du roi Charles X, réunissait plus d'un titre à la confiance de la famille royale.

M⁰ʳ le duc de Bordeaux avait vu venir près de lui des personnages se succédant les uns aux autres, il avait été mis ainsi en présence de talents divers, d'opinions différemment nuancées, d'aptitudes distinctes, de manières de voir et de juger, variant suivant l'âge et les antécédents. Ces hommes, en lui offrant un même désintéressement, une même fidélité, un même amour pour leur pays, fournissaient à son esprit, naturellement attentif et analytique, le meilleur moyen de se former, d'après leurs idées respectives, et au contact de chacun, une opinion plus réfléchie, plus élaborée, par conséquent plus juste et plus vraie.

En mai 1839, le Prince, avide de connaître de célèbres champs de bataille, et de visiter les établissements militaires de l'Autriche, partit accompagné de MM. le général Latour-Foissac, le comte de Locmaria et le duc de Lévis. C'est ici le lieu de parler de celui qui, dans une récente circonstance, ayant été plus à même de donner à un grand nombre de Français et d'étrangers une preuve de sa capacité, de sa courtoisie, de son tact parfait, de sa prudence, de son adresse au milieu de nombreuses difficultés, a conquis par lui-même, sans qu'il lui fût besoin de rappeler les grands services de sa famille, son droit de cité auprès d'Henri de France, et un titre incontestable à la gratitude des visiteurs de Belgrave-Square. Avant de revenir sur ce dernier sujet, il est nécessaire de constater comment M. le duc de Lévis arriva près de Mgr le duc de Bordeaux.

En octobre 1835, M. le comte de Saint-Chamans laissait un vide autour du jeune prince, sa santé l'obligeait à revenir en France. Il fallait donner à ce fidèle serviteur un digne remplaçant, et à Mgr le duc de Bordeaux une compensation. M le duc de Lévis était alors en simple visiteur à Prague, pour présenter ses hommages à la famille royale. Charles X, ce vrai chevalier, dont l'âme sublime rendait bien justice aux sentiments de ceux qui venaient saluer son exil, fit venir M. de Lévis, et, dans un langage plein de bonhomie et de grâce, lui dit : « Saint-« Chamans part, Bordeaux ne peut rester seul ; « demeurez près de lui, je vous le demande. » La modestie de M. de Lévis montra beaucoup d'hésitation ; il en appela à son inexpérience, au peu d'occasions que jusqu'à ce jour il avait donné de le connaître au prince dont la confiance du roi allait pour ainsi dire lui remettre la garde... Charles X, après avoir daigné

combattre ses respectueuses objections, ajouta :
« Je vous l'ordonne. » M. de Lévis obéit. Plus tard
de graves affaires de famille ayant exigé son retour, M. de Lévis regagna la route de France,
et M. le comte de Bouillé celle de l'exil, où son
noble cœur était heureux de reprendre son
poste. M. de Lévis s'éloignait, mais son souvenir était gravé dans la mémoire de Henri de
France, qui, entreprenant un voyage si important pour son avenir, car il allait surtout appliquer son attention à l'examen sérieux, à la
haute appréciation des grands événements politiques et militaires, n'oublia pas M de Lévis,
le brillant colonel du 54ᵉ de ligne, dont le régiment se distingua spécialement dans l'expédition
de Grèce, lors de la prise du château de Morée.

Ainsi, dans M. de Lévis, ce n'était pas seulement le serviteur dévoué à sa famille, et l'un
des guides de sa jeunesse, que Mgr le duc de
Bordeaux avait récompensé par son choix,
c'était, avant tout, l'homme distingué par ses
connaissances, le Français ayant glorieusement
porté au loin son drapeau et exposé sa vie pour
son pays. Telles ont d'ailleurs toujours été les
pensées du Prince ; dans son enfance même, il
témoignait une grande répugnance pour la flatterie ; le mot de courtisans, dont on a parfois

trop abusé, le mécontentait, et lui a fait dire ce qu'il n'a cessé de répéter depuis : Si je savais
« avoir un courtisan, un flatteur auprès de moi,
« il n'y resterait pas vingt-quatre heures. »

« Après avoir visité la Transylvanie et les
« frontières de l'Autriche qui touchent à l'em-
« pire ottoman, M⁹ʳ le duc de Bordeaux, dit
« M. Théodore Muret, passa à Péterwadein, où
« le prince Eugène de Savoie remporta sur les
« Turcs une célèbre victoire. Henri se plut à
« rappeler que la gloire de cette journée fut par-
« tagée par un Français, le comte de Bonneval,
« qui servait sous les ordres du prince, en qua-
« lité de major-général. Le noble voyageur alla
« jusqu'à la ville turque de Belgrade, où il fut
« reçu avec autant de respect que d'empresse-
« ment par Youssouf-Pacha, l'un des princi-
« paux généraux du sultan. Par un hasard très
« agréable à Henri, ce fut un Français, ancien
« hussard du 6ᵉ régiment, et jadis prisonnier de
« guerre en Russie, qui lui servit les rafraîchis-
« sements d'usage. »

Le prince, sous le nom de comte de Chambord, nom bien cher à son cœur, puisqu'il lui rappelle un don de la France, allait voir enfin ces lieux immortalisés par les armes de nos soldats. Non content de s'être, à force d'études historiques, préparé à cette sorte d'expédition, il eut soin de s'entourer de gens qui étaient comme la personnification vivante des grands événements pour lesquels ils devaient être sur les lieux mêmes ses *cicerone*. MM. de Latour-Foissac et de Locmaria, combattants à Wagram, étaient à ses côtés, et lui retraçaient tous les détails, tous les incidents de cette grande bataille, qui surexcita au plus haut point l'imagination belliqueuse du royal voyageur.

Au mois d'octobre 1839, le royaume Lombardo-Vénitien devait être témoin d'un grand déploiement de troupes autrichiennes formant un camp à Vérone. Le Prince ne résista point au désir de trouver là de nouvelles leçons et de nouveaux exemples; il comprenait trop combien au descendant de Henri IV il sied de s'occuper sans cesse d'exercices militaires, et pour ne pas perdre une telle occasion il domina les sentiments qui l'oppressaient en voyant ces régiments étrangers. Alors il se rappelait ceux à la garde desquels son enfance avait été confiée, ces soldats que souvent il enlevait à leur faction pour leur faire partager ses jeux et même son goûter de Bagatelle; il se rappelait surtout cette armée française sous les auspices de laquelle fut placé son berceau; cette armée que son père

aimait tant, et que lors de son baptême le roi, son grand-oncle, lui donna pour marraine. .
Il se rappelait enfin avoir souvent entendu autour de lui la sentinelle de service, ou son escorte, frédonner une chanson dont le refrain était alors si populaire :

Trois fois honneur au filleul de nos camps !

Une seule pensée pouvait le consoler, il la puisait dans son sincère patriotisme, fier du glorieux renom que les triomphes de la République et de l'Empire avaient faits à son pays; mais une circonstance particulière lui procura de plus douces, de plus complètes émotions. Avant son excursion dans la Hongrie, à Pesth, à Presbourg, à Vienne et à Wagram, Henri apprit qu'une sorte de colonie de Français, nobles survivants des prisonniers de guerre, habitait une contrée où leurs bras, jadis armés de la victorieuse épée, creusaient et fertilisaient un sol jusqu'alors inculte. Il voulut commencer par leur rendre visite, et l'aspect de ces hommes ayant versé leur sang pour la France, de ces champs arrosés de leurs sueurs, avaient offert un instant l'image de la patrie absente à l'innocent exilé, qui s'empressa de renfermer ces précieux souvenirs dans sa mémoire du cœur.

Les manœuvres de Vérone furent superbes, elles impressionnèrent le Prince, d'autant plus qu'il avait auprès de lui des hommes expérimentés en pareille matière, le général d'Hautpoul et le général Vincent, ce brave militaire qui en 1830, à Rambouillet, fit éclater tant de preuves d'énergie, d'habileté, et eut sans doute vaincu l'insurrection si le roi Charles X n'avait craint de verser le sang de ces farouches émeutiers, auxquels l'excès de sa bonté donnait encore le nom de Français.

Le fils du maréchal Kellermann, M. le duc de Valmy, était venu joindre MM. de Lévis et de Locmaria, pour apporter le tribut de son dévouement au Prince que les ducs de Modène et de Cambridge ne cessèrent d'admirer en toutes circonstances. Le duc Georges de Cambridge est bon juge, on le sait, et d'un seul trait, avec une précision remarquable, il a peint M. le comte de Chambord : « Je lui ai tou-
« jours entendu dire tout ce qu'il fallait dire, et
« jamais un mot de ce qui ne devait pas être dit. »

Un grand événement allait intervenir dans la vie de M. le comte de Chambord; il quitta le camp de Vérone, les bruyantes revues, les spectacles belliqueux, pour venir dans la capitale de la chrétienté, dans l'immense cité des ruines, des tombeaux, des splendeurs déchues, du passé profane, là où tout reste grandiose et durable, quand la foi catholique y a touché, et qui présente dans son souverain le successeur de Pierre, l'image de Dieu en ce monde. Le Saint-Père fut vivement attendri à la vue de l'orphelin royal ; et quand le petit-fils du roi très chrétien inclina son front pur sous la bénédiction papale, on eut dit qu'une émanation divine se réflétant de l'un à l'autre sanctionnait en cet instant suprême les droits de l'innocence, les vœux de l'amour maternel, et les espérances de la fidélité.

S. A. R. *Madame*, duchesse de Berry, avait rejoint son fils à Rome, et M. le comte de La Ferronnays, le vieil ami du martyr du 13 février, était venu là aussi comme un ange gardien qui, peu de temps après, monta au ciel, afin sans doute d'y veiller plus utilement sur celui dont l'ambassadeur de Louis-Philippe, M. le comte de Flahaut, écrivait alors : « *Sur ce front là il y de la prédestination.* »

Le Prince, profondément ému par les magnificences de Rome et par l'accueil que la ville éternelle avait fait à son infortune, se dirigea vers Naples, où le roi son oncle lui fit une brillante réception, qui causa beaucoup de déboires et d'insomnies au représentant de juillet en ce royaume.

A Florence, le Prince sut faire grandement apprécier ses connaissances spéciales et son goût éclairé. Un vendéen, fils du comte de Colbert, ambassadeur à Bonn sous Louis XVI, l'un des plus bienfaisants propriétaires du département de Maine-et-Loire, l'ancien maître du généralissime Stofflet, M. le marquis de Colb rt-Maulévrier et madame de Maulévrier, lui donnèrent une fête charmante, où furent réunis la noblesse florentine, les artistes, les étrangers et surtout les Français. Henri, se trouvant à l'aise, en ce lieu sympathique, prodigua aux nombreux conviés son affabilité merveilleuse sous toutes les formes. Il prouva que la peinture, la musique, la sculpture ont été aussi l'objet de ses études; il s'entretint avec tous les artistes, et entre autres, avec Mlle Félicie de Fauveau, dont le ciseau créateur fait tour à tour si énergiquement ou si gracieusement parler le marbre. Il trouvait en elle la courageuse compagne de la comtesse Auguste de La Rochejaquelein, dont elle partagea la proscription ; mais elle ne suivit pas son amie, à sa rentrée en France, et en prolongeant volontairement son séjour dans la patrie des arts, depuis l'amnistie, elle se venge des persécutions qui, en son pays, n'ont pas même épargné le dévouement des femmes. Il ne manqua pas de distinguer un compositeur italien, Alari, naturalisé français par le plaisir qu'il procure aux salons de notre capitale, non moins que par ses œuvres très remarquables. On demanda au jeune *Maestro* l'air de *Vive Henri IV*; il avoua ingénument que n'étant venu à Paris que depuis 1830, il ne le savait pas. Aussitôt une dame se mit à le frédonner à ses oreilles, lesquelles eurent une telle mémoire, qu'au bout de cinq minutes les doigts agiles du savant pianiste firent retentir harmonieusement notre chant national avec des variations dont le succès fut inoui. Le prince, heureux de son apparition dans cette Vendée improvisée à Florence, témoigna sa vive gratitude à M. et Mme de Maulévrier, à laquelle il envoya un bouquet d'adieu. Il n'ignorait pas qu'à leur service était Pierre Bibard, fils du héros de Fontenay, qui se refusant aux exigences de ses bourreaux, subit en détails un long martyre; il voulut le voir et lui parla de son père et de son pays en des termes désormais burinés dans l'âme du jeune homme.

Plus tard, en 1840, il parcourut la Bavière, où il se rencontra avec le duc de Leuchtemberg, fils du prince Eugène, ex-fils adoptif de Napoléon.

Mgr le duc de Bordeaux eut alors poussé bien plus loin ses voyages, mais un cruel accident le retint sur un lit de souffrances. Une chute de cheval lui brisa le col du fémur; des feuilles ministérielles de... France s'empressèrent d'exagérer le mal, elles se plurent à représenter le fils du duc de Berry infirme, presque impotent, elles ne dissimulaient pas leur satisfaction féroce, ou la déguisaient en vain sous la forme d'une feinte pitié Cet événement surexcita à un haut point l'intérêt de l'Europe, de la France entière. Les médecins les plus distingués sans doute, mais dont les fonctions parfois relevaient de la dynastie de juillet, écoutèrent leurs nobles inspirations, et vinrent en aide aux habiles docteurs Bougon et Wattmann, en envoyant des appareils de leur invention.

Sa patience fut extraordinaire, il ne laissa jamais échapper aucune plainte; seulement, au plus fort de ses douleurs, il répétait ce qu'il avait dit au moment où on le releva sur le lieu de sa chute : « Quel dommage que ce ne soit « pas plutôt sur un champ de bataille! » Enfin la Providence était là, et se manifesta par la complète guérison de l'enfant du miracle.

Au mois de juillet 1842, M. le duc d'Orléans, fils chéri de Louis-Philippe, qui contemplait avec orgueil en lui l'aîné de la dynastie de 1830, tombait de sa voiture sur le chemin de la Révolte, et après s'être brisé la tête contre un pavé des fortifications de Paris, rendait, dans l'arrière boutique d'un épicier voisin, le dernier soupir, sans avoir pu dire un seul mot ni au prêtre, ni à sa famille éplorée réunie autour de son chevet. Cette mort cruelle émut toutes les âmes généreuses, les journaux royalistes s'associèrent au deuil et aux sentiments qu'une fin si inattendue inspirait, et quand cette nouvelle parvint à Goritz, l'auguste fils de Charles X, l'héroïque Marie-Thérèse et S. A. R. Mademoiselle, firent célébrer une messe funéraire, à laquelle la fille du Roi martyr s'approcha de la table sainte....

Henri de France était alors à Tœplitz, et voici la lettre qu'il écrivit à M. le marquis de Pastoret :

« A la nouvelle du triste événement dont
« vous me parlez dans votre dernière lettre, ma
« première pensée a été de prier et de faire
« prier pour celui qui en a été la malheureuse
« victime. J'ai été plus favorablement traité
« l'année dernière, et j'ai rendu d'autant plus
« de grâces à la Providence, que j'espère qu'elle

« ne m'a conservé la vie que pour la rendre un
« jour utile à mon pays. Quel que soit le cours
« des événements, ils me trouveront toujours
« prêt à me dévouer à la France et à tout sacri-
« fier pour elle. »

En 1843, le prince, de plus en plus avide de connaître par lui-même les mœurs des peuples, les diverses formes de gouvernement, la situation du commerce, les progrès de l'industrie, les besoins des classes pauvres, résolut de se rendre en Angleterre en traversant la Saxe et la Prusse.

Les souverains de ces deux États lui avaient conservé trop de sympathies personnelles pour ne pas prodiguer à sa visite des marques non équivoque de leur affectueux empressement. Le roi Frédéric-Guillaume l'accueillit d'une manière significative, les larmes aux yeux, et voulut devenir le compagnon de ses excursions. Le général Vincent, le vicomte de Saint-Priest, ancien ambassadeur à Berlin, l'un des compagnons de *Madame* sur le *Carlo-Alberto*, M. le général de Chabannes, connu par une énergie et une intrépidité devenues historiques, accompagnaient Henri de France, qui en outre eut le bonheur de recevoir plusieurs de ses compatriotes, notamment un jeune avocat de Paris, recommandable par son talent et sa persévérance dans la voie royaliste, M. James du Teil, dont l'aïeul était lieutenant-général d'artillerie, ce que le prince se plut à lui rappeler, en lui disant : « Venez donc, « M. du Teil, voici des canons, vous allez être « comme chez vous. »

A cette même époque, le comte Charles de Bourmont, fils de l'illustre maréchal, venait d'épouser une des plus nobles et des plus gracieuses héritières de la Normandie, Mlle Marie de Viette. Le premier soin des jeunes époux fut d'aller placer leur union sous les auspices de la bénédiction de l'exil. Mme de Viette accompagna son gendre et sa fille. De magnanimes infortunes éprouvèrent donc une véritable consolation en voyant, non seulement l'un des membres d'une famille si attachée à sa cause, si éprouvée pour elle, ce jeune homme auquel tous les partis ont rendu un éclatant hommage, lorsqu'en réfutant les calomniateurs de son père, il démontra que sa plume était aussi forte que son épée; mais une femme, justement admirée dans sa province par le zèle infatigable de sa charité envers toutes les misères et notamment celles des victimes d'Espartero et de Maroto. Mme de Viette, dignement secondée par son mari, avait élevé sa fille dans les pratiques du dévouement religieux et monarchique, ensemble elles avaient appris la langue espagnole, afin de mieux secourir les malheureux, et elles en étaient bien récompensées, car elles pouvaient souvent s'entendre nommer par eux leur mère et leur sœur. Mme de Viette, résumant en elle tout ce que ses parents, les Monpinson, les d'Osseville, les Vandœuvre, ont rendu de services à leur pays, prouva une fois de plus l'intelligence de son cœur et son amour pour sa fille, en s'honorant de s'allier au vainqueur d'Alger. La Normandie se montra reconnaissante de ce choix, qui la dotait d'un nom illustre et d'un bon citoyen de plus. Henri savait tout ce que les prisonniers ou proscrits vendéens et espagnols devaient à Mme de Viette, et la touchante expression de sa gratitude se chargea d'acquitter cette dette.

Nous regrettons de ne pouvoir consigner ici tous les noms de ceux qui eurent le bonheur de voir Mgr le duc de Bordeaux peu de temps avant son arrivée en Angleterre. N'oublions pas cependant trois Orléanais, M. et Mme Arthur de Charsonville et M. Marcel de Beaumont, qui, apprenant son passage au moment où eux-mêmes allaient partir, se rendirent à son hôtel, porteurs d'une lettre de Mme Bayart, première nourrice du prince. Prévenu de leur présence par M. le comte de Bouillé, il ne voulut pas les faire attendre. Etre recommandé par Mme Bayart, c'était à ses yeux être presque deux fois français ; il s'empressa donc de recevoir l'aimable voyageuse et ses deux compagnons ; il leur rappela que l'année précédente il avait eu le plaisir de voir quatre de leurs compatriotes, M. le comte et Mme la comtesse Alexandre de Billy, leur fils et leur fille, maintenant Mme de Witte. En témoignant tant de bontés aux habitants d'Orléans, il semblait prévoir que les députations de cette ville seraient des plus nombreuses à Belgrave-Square.

Après avoir été chercher les embrassements et les bénédictions de ses augustes parents, Henri de France dirigea ses pas vers l'Angleterre. Et désormais nous allons avoir à constater ses douces joies, celles surtout qu'il a données ; ses jours heureux, car jusqu'à ce moment il avait vécu au milieu des agitations de l'exil, des douleurs de sa famille ; pour lui le bonheur ne s'était encore jamais fixé nulle part, il l'avait pris çà et là, au hasard, en courant, comme l'oiseau qui parfois recueille dans l'air le grain de bled que la tempête y a semé.

III.

Départ du prince pour l'Angleterre. — Voyage de M. le duc et de madame la duchesse de Nemours en Bretagne et dans le midi. — Hambourg. — Hull. — Durham. — Sunderland. — Newcastle. — York. — Alnwich. — Abbot'sford. — Edimbourg. — Hamilton-Palace. — Drumlaurick — Gretna-Green. — Liverpool.

M. le comte de Chambord choisit Hambourg pour le lieu de son embarquement. Cette grande ville lui rappelait à la fois les vieux souvenirs de son fondateur Charlemagne, et ceux tous récents d'un incendie dévastateur qui avait amoncelé des ruines, et offrait en ce moment l'étonnant spectacle des prodigieuses ressources de l'industrie, reconstruisant sur des cendres encore chaudes ses monuments, ses édifices et ses maisons. Une telle activité présentait au prince une juste idée du mouvement commercial en ce pays. Il visita tous les établissements, accompagné de M. le duc de Lévis et de M. Villaret de Joyeuse, dont le nom est l'une des gloires de notre marine, et qui avait déjà, lors de ses excursions à Venise et dans divers ports, mis au service du royal voyageur une instruction, une capacité auxquelles son dévouement, son affabilité peuvent seuls être comparés.

A son entrée dans la salle de spectacle, les sénateurs de la ville lui offrirent leur loge et l'entourèrent publiquement des plus grands égards. Le prince, grâce à sa mémoire toujours au courant des services rendus à ses compatriotes, témoigna aux sénateurs sa reconnaissance personnelle pour la généreuse hospitalité de Hambourg envers les émigrés et les proscrits, et leur assura que leurs désastres l'avaient trouvé fort sensible. Il désirait traverser Hull incognito; « mais le consul de France, *qui est*
« *Anglais*, dit M. Walsh dans sa *Relation*, vint
« courtoisement offrir ses services au petit-fils
« de Charles X, et l'accompagna avec beaucoup
« d'égards jusqu'à l'embarcadère du chemin de
« fer, où il fit retenir un wagon particulier pour
« Son Altesse Royale. J'aime à croire que si
« le consul avait été Français il eût agi de
« même. »

En quittant Hull, le prince se rendit à York, célèbre par sa fidélité à la cause des Stuarts, puis à Durham, à Sunderland, à Newcastle, où de vastes institutions scientifiques et littéraires fournirent un précieux aliment à ses goûts studieux. Le comte de Chambord consultait souvent un ouvrage remarquable de M. Charles Dupin sur l'Angleterre, et savait apprécier le talent statistique de l'auteur Français, qui devint pour ainsi dire son guide sur les côtes, d'où il voyait les innombrables navires chargés de charbon de terre, dont la fécondité de Newcastle et de Sunderland approvisionne ce royaume, en même temps qu'elle donne la vie locomotive à l'une des grandes puissances britanniques, à la vapeur.

A Alnwick, M. le comte de Chambord visita le magnifique château du duc de Northumberland, qui avait à Reims représenté le roi, son maître, au sacre de Charles X. Il s'arrêta à Kelso, où, pour la première fois, des courses de chevaux excitèrent vivement son intérêt, et où il fut l'objet des prévenances les plus gracieuses de la part du duc et de la duchesse de Roxburg, et de lord Eglington; puis à Melrose, dont les ruines splendides d'architecture merveilleuse semblent autant d'objets d'arts destinés à décorer la collection des amateurs les plus distingués. Enfin il arriva à la résidence fameuse de Walter Scott, à Abbot'sford. La belle habitation du grand romancier est à peine animée par les souvenirs de ses ingénieuses et pittoresques créations; on dirait qu'il a légué à ses personnages le soin de voltiger comme des ombres plaintives autour de sa poétique demeure, et à ses curieux visiteurs le droit de constater comment dans les lieux où jadis il jetait l'éclat, le génie ne peut longtemps lutter contre les invincibles conséquences du tombeau, la solitude, le silence, et plus tard souvent l'oubli.

Avant de parler du séjour de Mgr le duc de Bordeaux à Edimbourg, dans cette ville où la révolution de juillet lui avait fait trouver Holy-Rood à la place des Tuileries, jetons un regard en arrière, et voyons M. le duc et madame la duchesse de Nemours parcourant la Bretagne au milieu de populations indifférentes à leur passage, ou mêlant, comme celle du Mans, des remontrances à leurs réceptions officielles. Au camp de Plélin, tout avait été mis en œuvre pour susciter l'enthousiasme, et surtout pour amener des défections; les fonctionnaires de la localité se sont mis sur les dents; ils voulaient offrir au futur régent de nombreux ralliés; ils ont semé partout les promesses de places, d'honneurs, etc..., mais ils n'ont abouti qu'à recueillir un Cheffontaines, dont la conduite souleva de dégoût ses compatriotes, et consterna sa famille fidèle. Le dépit et l'irritation du juste-milieu en ce pays furent à leur comble, et le parquet de Rennes dirigea contre l'article d'un spirituel et courageux écrivain, M. Ange de Léon, dans l'*Hermine*, une poursuite qui devint le signal de la nouvelle guerre à la presse indépendante, et n'épargna ni le gérant, M. Godin-Derice, ni le loyal comte Charles de Kersabiec, propriétaire et directeur de l'*Hermine*, avec son digne ami, l'ex-colonel Arthur Duris. Celui-ci s'empressa de réclamer le même honneur, et déclara publiquement vouloir partager le sort de son collaborateur en cette circonstance périlleuse.

Bientôt M. Ange de Léon subit un interrogatoire, et dans un langage plein de franchise bretonne et de convenance, voici ce qu'il répondit :

« Je reconnais que l'article incriminé est de moi. — Je l'ai adressé à l'administration du journal pour y être inséré.

« — J'ai été touché des fatigues, des ennuis

de toutes sortes que le ministère imposait à la malheureuse duchesse de Nemours, de son exil dans notre province au moment où sa famille recevait à Eu la reine d'Angleterre.... J'ai cédé au besoin de lui exprimer combien la Bretagne regrettait de ne pouvoir lui rendre les honneurs que méritent ses qualités personnelles ; que, s'ils ne lui ont pas été offerts, c'est uniquement parceque les journaux ministériels n'eussent pas manqué de représenter ces hommages comme une adhésion au ministère qui dote Paris des fortifications et la France d'un budget de quinze cent millions, et de répéter que l'Ouest avait perdu ses anciens souvenirs. »

Dans l'espoir sans doute de trouver quelques compensations, M. le duc et Mme la duchesse de Nemours partirent pour le midi de la France, allèrent à Lyon, et tous les journaux véridiques de l'époque prouvent qu'ils ne furent pas plus heureux. Citons un extrait :

« Le bal était une cohue ; point d'ordre, une poussière qui sentait la botte sans vernis. Mme la duchesse de Nemours a dansé cinq contredanses officielles. On s'est accordé à la trouver belle et gracieuse. A la préfecture, les présentations ont été nombreuses, mais M. Jayr, très jeune administrateur et ancien avoué dans la ville de Bourg, n'a pas eu à nommer à la princesse beaucoup de personnes du quartier Bellecour, c'est le faubourg Saint-Germain de la ville de Lyon. M. le préfet du Rhône s'en montrait assez désappointé ; c'est vainement qu'il avait invité au ralliement, ne fût-il que de circonstance, il ne s'était pas trouvé de Cheffontaines. »

Cependant le comte de Chambord allait explorer l'Angleterre, sans suite, sans bruit, recherchant l'incognito pour être plus libre et plus sûr de remplir son but, celui de s'instruire, de compléter son éducation, et de voir par lui-même ce qu'il ne pouvait, hélas! trouver en France, les perfectionnements et les besoins de l'industrie, de l'agriculture, du commerce. A la première nouvelle de cette inoffensive excursion, les hommes de 1830 n'oublièrent pas leur devise : *diviser pour régner*. Un organe ultra-dynastique, *le Globe*, se consola des *inconvénients* nés de la présence de Mgr le duc de Bordeaux dans une contrée si voisine de la France, et s'écria :

« Nous sommes donc fort en repos sur tous ces voyages de pur agrément, et ils ont déjà eu pour nous un avantage qui balance bien des inconvénients ; ils ont brouillé les républicains avec les carlistes, ils ont réveillé cette *haine im-*

périssable des premiers contre la branche aînée; le divorce a été prononcé avec un éclat que nous devons bien un peu à l'approche du représentant de leurs éternels ennemis. »

Quel esprit de conciliation ! quelle charité !

D'autre part, les feuilles étrangères se préoccupaient diversement de cette excursion, et témoignaient d'avance leurs sympathies, non moins haut que leur indignation en enregistrant ce qu'on leur mandait de Paris, à ce sujet. La *Gazette de Trèves* rapportait textuellement sa correspondance.

« Le voyage de Mgr le duc de Bordeaux occupe beaucoup le monde politique ici et ailleurs. Deux espèces d'*observateurs* sont partis de Paris pour aller en Angleterre *surveiller* le prince. Quelques-uns de ces *honnêtes* agents appartiennent à la haute police secrète, les autres à la police ordinaire. »

Pendant ce temps là Henri de France arrivait à Edimbourg, où sa famille avait laissé tant de bons, d'heureux souvenirs. Son enfance s'y était écoulée calme et consolée par l'affection et la reconnaissance des Écossais; et on l'oubliait si peu, qu'un Français étant arrivé pour le voir à Édimbourg, en octobre 1843, une bonne vieille entendant prononcer son nom, crut qu'il ne

s'agissait pas de l'homme, mais de l'enfant, et se plut à dire : « Je ne connais pas de plus
« joli petit garçon ; il est bon pour les pauvres
« gens, et il ne garderait pas l'argent lorsque
« quelqu'un en a besoin. Et tant pis ce sera pour
« nous tous ici lorsqu'il s'en ira chez lui en
« France. »

La mémoire du Prince n'était pas non plus en défaut; dès sa première sortie, il se hâta de visiter les magasins où il allait acheter les objets d'amusements que jadis on lui donnait en récompense de ses travaux, causa aimablement avec les marchands, et prouva que douze années n'avaient rien changé à sa bonne nature. Tous les habitants d'Édimbourg, sans nulle distinction, firent éclater leur joie en apprenant la visite du petit-fils de Charles X, et plus d'une fois on entendit, sous diverses formes, exprimer cette pensée qu'un pauvre infirme laissa échapper sur son passage : « Il a bien grandi, mais il
« est toujours aussi beau et aussi bon, et sa vue
« me cause un trop grand bonheur pour que le
« ciel n'exauce pas mes vœux en lui accordant
« enfin celui qu'il mérite. »

L'impression produite par l'arrivée du Prince fit une telle sensation que, malgré son désir de rester enveloppé dans son incognito, tous les grands personnages de la ville et des environs vinrent à l'envi lui offrir leurs maisons ou leurs logements ; mais il persista à ne pas quitter le petit appartement qu'il occupait dans l'hôtel de M. Gibb, Princes-Street. Bientôt les hommages et les invitations arrivèrent de toutes parts : un homme éminent, sir Thomas Dycklander, président du comité des arts et de l'industrie, etc., que la reine Victoria avait choisi pour l'accompagner dans son excursion en Écosse, s'empressa de se mettre à la disposition du royal voyageur. Les habitants d'Édimbourg se sentaient pénétrés à la fois d'affection pour ses belles qualités, si merveilleusement développées, et de reconnaissance pour le bon souvenir qu'il venait apporter là où son apprentissage de l'infortune avait été adouci par leurs égards.

M. le comte de Chambord voulut tout voir, ou plutôt tout revoir ; son cœur éprouvait le besoin de sentir sur les lieux où tant d'événements s'étaient successivement accomplis dix années avant, se doubler ses émotions, car il était devenu homme, il pouvait maintenant dire aux Écossais combien il appréciait les soins et les sympathies dont ils avaient entouré ses augustes parents. En retrouvant les amis de son enfance, il fut heureux de s'acquitter envers eux par un serrement de main, par un regard affectueux, par une parole pleine de bienveillance. Un proscrit d'un si haut rang a le privilége de récompenser ainsi : les Écossais, le comprenant bien, se pressaient en foule vers celui qui était tout à eux, qui, afin de mieux les remercier de leurs vœux pour son avenir, leur racontait son passé et les associait à son présent. Sans fortune, sans pouvoir, il n'avait en sa possession que le charme de son esprit, la gaieté de son caractère, la noblesse de son âme, et plus il voyait qu'en leur prodiguant tout cela il leur procurait de douces jouissances, plus il se livrait tout entier, plus son affabilité s'efforçait de correspondre, de se mettre en commun avec la leur. En exil, on ne donne pas, on partage !

Le *Caledonian-Mercury* disait à cette époque :

« Beaucoup de personnes d'Édimbourg et d'autres points de l'Écosse seront enchantées d'apprendre que cette capitale est en ce moment honorée de la présence d'un personnage illustre que de vieilles relations nous empêchent de traiter comme un étranger. Il y a un peu plus de dix ans, quand le duc de Bordeaux aborda pour la première fois sur nos côtes, les vicissitudes terribles qui avaient frappé la royale maison de France firent naturellement du jeune prince l'objet d'un intérêt général. Son séjour dans notre contrée avait été assez long pour lui donner le temps de s'assurer, par la séduction de ses manières et l'agrément de son esprit, une place durable dans le souvenir et l'estime d'un grand nombre d'Écossais de toutes les classes. A cette époque, dans la fraîcheur et l'ardeur de son enfance, Mgr le duc de Bordeaux fit des excursions dans nos romantiques contrées, et dans plus d'une chaumière on se rappelle encore les preuves touchantes de sa bonté. Nous voulons considérer son retour volontaire comme une marque de gracieux souvenirs, et nous sommes convaincus que, malgré l'incognito qu'il a l'intention de garder, il ne trouvera ni oubli de sa personne, ni oubli des anciens rapports d'hospitalité qui ont existé longtemps entre la France et l'Écosse. »

D'autres journaux anglais ajoutaient : « La nouvelle de l'arrivée du duc de Bordeaux, s'étant promptement répandue, a causé de toutes parts dans la ville le plus grand plaisir. Les habitants de toute classe se sentaient fiers de ce que le duc n'avait pas oublié où il avait passé ses jeunes années de l'exil. S. A. R. a donc été reçue avec le plus grand respect, on pourrait dire avec la plus vive affection. On a pu admirer la brillante santé du jeune prince à Music-Hall, où il a passé la soirée de vendredi. Beaucoup de personnes ont été frappées de sa ressemblance avec les portraits qu'on a de Louis XVI.

Le duc a été vu, après le concert, descendant les escaliers sans être aidé de personne, et, si ce n'était un peu de raideur dans une de ses jambes, rien ne rappellerait son cruel accident. C'est au point que, si l'on n'en avait été prévenu, on ne s'en serait certes pas douté. Cela suffira pour repousser les contes que l'on a débités sur l'état de la santé du duc de Bordeaux. »

Holyrood, ce vieux palais des Stuarts que la famille de Charles X habita durant plusieurs années, fut l'objet d'une visite toute spéciale de la part du prince, qui, en y rencontrant tout ce que ses premières études y avaient laissé, y trouva les appartements que Charles X avait quitté pour ne plus les revoir, près de ceux de Marie Stuart, où sont encore les meubles, les ouvrages de tapisserie de la gracieuse et royale victime. Le prince visita le château, où le colonel Montain, du 26ᵉ régiment, et ses officiers, lui firent une réception empressée, lui offrirent un *luncheon*, et se montrèrent très honorés d'accepter une invitation à dîner à l'hôtel du comte de Chambord, le lendemain.

Henri de France était surtout désireux de connaître les détails de cette récente guerre de la Chine à laquelle le 2ᵉ régiment venait de prendre part; il sut provoquer et eut le talent d'obtenir tous les renseignements les plus intéressants sur cette curieuse campagne. Le colonel et les officiers se retirèrent charmés de son entretien, de sa cordialité, et le prièrent d'assister à un grand dîner le lendemain à la caserne. Heureux d'être à même d'entendre parler une fois de plus de batailles, de périls, de gloire, le prince prit part à ce repas, et comme la veille montra son goût décidé pour les armes et l'instruction militaire.

A l'université, il fut reçu par le directeur, M. Jamison, auquel il témoigna toute sa reconnaissance pour les soins dont il avait entouré son enfance, puis il alla chez M. Low, son ancien professeur, celui qui lui avait donné les premières leçons d'agriculture. M. Low se hâta de le mener à la belle ferme de Pentland-Hills, où il se plut à se faire rendre compte de toutes les innovations, les améliorations découvertes pour procurer au sol plus de fécondité. Il faudrait avoir été présent pour se faire une idée de l'attention particulière, des petits soins avec lesquels Henri se préoccupait de tous ses détails si graves à ses yeux dans l'intérêt des classes agricoles. Sans doute il n'ignore pas que dans sa patrie il y a quelques fermes-modèles; mais, on ne peut se le dissimuler, elles laissent beaucoup à désirer et sont loin d'obtenir les encouragements qu'elles méritent et dont elles ont un si grand besoin pour appliquer et perfectionner des systèmes, des moyens utiles au bien-être et souvent même à l'existence des laborieux paysans chargés de famille, dont les impôts, sans cesse plus lourds, viennent augmenter la gêne.

En effet, ce qui fait bien souvent palpiter son cœur, ce n'est pas seulement cette capitale où son enfance a passé ses dix premières et innocentes années, ce sont les provinces, les campagnes, où tant d'indigence, de misère subsistent depuis longtemps, sans que les progrès actuels aient daigné y arriver, si ce n'est par la voie spéculative, cruelle, qui diminue l'emploi des bras, et par conséquent des travailleurs, pour les condamner à devenir en quelque sorte des machines humaines. Sous ce rapport, les diverses phases de l'industrie attiraient continuellement son attention et sa comisération se manifestait à l'aspect de ces enfants, vieillis par l'excès et le genre du travail, hâves, étiolés par les veilles et l'absence de l'éducation morale. Tout en admirant le résultat des inventions mises en usage, il recherchait aussitôt le moyen de modifier le confectionnement, c'est à dire de restreindre le bénéfice du maître, en l'obligeant à donner à l'ouvrier, non pas plus d'argent, mais plus de temps pour manger, pour respirer l'air, pour recevoir les leçons de la religion et jouir de la vie de famille. Cette sorte d'amour fraternel dans son langage prouvant que toutes ses pensées se reportaient vers ses compatriotes, se reproduisait en maintes circonstances, et ne contribuait pas peu à lui conquérir l'estime et l'admiration de son entourage.

Avant de quitter la ferme, le prince but un verre de vin à la santé de la famille de M. Low et à la prospérité de cet établissement rural. Il se rendit avec bonheur à une soirée musicale chez Mme Perceval, Anglaise dont le gendre, M. le baron de Veauce, est Français. Le lendemain il visitait le fameux hôpital Herriot's, dû à la générosité de George Herriot, orfèvre sous Jacques VI, où les enfants de la population pauvre d'Édimbourg sont élevés dans les principes et les pratiques de la foi chrétienne.

Il existe dans cet hôpital un usage auquel les étrangers sont conviés à se soumettre. Henri ne l'ignorait pas, et lorsqu'on lui présenta le vin versé dans une coupe commune, il s'empressa d'y boire, puis tous les habitants de cette salutaire maison burent à sa suite.

Après avoir, le dimanche 19 octobre, assisté à la messe dans l'église d'Édimbourg, il alla rechercher à Codrigton, chez lord Dumferline, les réminiscences de ses jeux d'autrefois, et n'oublia pas la noble lady Hopetown, qui avait sans cesse témoigné à sa famille une si respectueuse sympathie. Il voulut aller encore apprécier les étonnants procédés par lesquels MM. Gillon sont parvenus à conserver les comestibles à l'usage de la marine, et au lieu de recevoir la visite des dames de la maison, il daigna se rendre chez elles et leur causa une vraie satisfaction par sa courtoisie. Il visita en outre le port et les beaux chantiers de Leith, le Parlement, l'Institut, la Bibliothèque, où sir John Robisson, wigh très influent, se fit honneur de l'accompagner. Le 18, il déjeuna chez lord et lady Ruthven à Winton-House, puis se rendit à Gosford, chez lord Weymiss, dont les petits-fils,

MM. Chartreys, avaient partagé ses récréations.

A la suite d'un entretien avec l'un des plus distingués personnages de l'Angleterre, lord Elphinston, le prince s'empressa de visiter une ferme-modèle, où un nouveau système d'irrigation et d'assèchement suscita au plus haut point son attention, tant il a dû coûter de dépenses et de savantes combinaisons.

A Pinky-House, il fut reçu avec bonheur par sir John Hope, qui mit sous ses yeux, dans ses plus petits détails, la démonstration de la nouvelle machine dont la force est si énorme qu'elle force un ruisseau à faire tourner un moulin du voisinage. Il accepta encore l'hospitalité chez lady Welderburn, et à Fordell chez l'amiral sir Philippe Durham, qui, non content de sa gloire maritime, s'est plu à attacher son nom à des institutions très utiles pour son pays, ce dont le prince le félicita d'une manière significative. Le 22, il revint à Édimbourg, où il accepta l'hommage que M. Guillerez, professeur de langue française, lui fit d'un poème de circonstance, et parut fort sensible à cette marque d'affection d'un compatriote. Ses dernières heures dans cette cité furent consacrées à examiner très attentivement, avec l'aide du docteur Hellisson, le Work-House, asile où la charité a multiplié toutes les applications utiles aux malheureux et aux ouvriers sans travail, et il a pris avec soin des notes sur la manière de procéder de cet immense institution.

Le 24, le petit-fils de Charles X, qui n'avait pas perdu son temps, quitta Edimbourg, où sa présence avait causé une joie si sincère. Son départ fut salué par les vivats de ses amis, surtout par les regrets et les larmes des pauvres, auxquels il avait, comme autrefois, prodigué ses bienfaits, et non sans emporter l'assentiment des organes de la publicité locale. Citons le *Caledonian-Mercury* :

« La personne du prince est extrêmement
« prévenante ; le feu de l'intelligence brille dans
« ses traits, et il a vivement rappelé à notre es-
« prit les portraits de son ancêtre Louis XIV
« dans son jeune âge. Mais, à la majesté de la
« figure du grand roi, il joint une douceur et
« un charme d'expression qui lui gagnent rapi-
« dement tous les cœurs. Ses manières sont
« remplies d'une affabilité sans apprêt et d'une
« bonté dont on a eu la preuve, entre autres,
« dans ses questions multipliées et pleines d'un
« vif intérêt sur toutes les personnes qu'il a con-
« nues ici dans son enfance. Enfin, il n'est pas
« un de ceux qui ont eu le privilége de jouir de

« sa société qui n'en soit sorti avec un véritable
« sentiment d'admiration. »

Au magnifique château de Dalmalhoy, chez le comte de Morton, Mgr le duc de Bordeaux trouva une hospitalité dont les parents du noble comte, lord et lady Ruthwen, sir David et Lady Wedderburn, lord Elphinston et autres personnages de haut rang, lui firent les honneurs d'une façon admirable. Une chasse brillante, à laquelle le prétendu *infirme*, *l'impotent*, selon la dynastie de juillet, prit une part qui démontra à tous son agilité et sa vigueur, eut lieu le lendemain, puis s'effectua le départ pour Hamilton-Palace, où le duc et la duchesse de Hamilton, lord et lady Lincoln, le marquis de Douglas et sa *royale épouse*, disait le *Globe* de Londres, le marquis et la marquise de Douro, etc... furent réunis en son honneur. Le 27, il n'hésita pas à prendre congé de ses hôtes pour se livrer à ses excursions studieuses, qui étaient son principal but, et alla à Glascow voir l'Université, le Musée, où, reconnaissant son ancien maître d'allemand, M. Schmidt, il l'aborda avec bonté, et lui parla dans sa langue, car une des facultés du prince est de s'exprimer très facilement en anglais, en italien, en allemand, etc... Il consacra plusieurs heures à la fabrique de produits chimiques de M. Tenant, et assista à la préparation de l'acide sulfurique. Là encore il fit remarquer son aptitude à saisir promptement, même devant des hommes de l'art, les divers modes employés. Il en fut ainsi dans le bel établissement de M. Dixon, où il ne négligea aucune question pouvant l'aider à se rendre compte de toutes les transformations de la fonte, nécessaires pour obtenir les diverses formes de fer. Il revint à Hamilton à l'heure du dîner, et songea peu à s'excuser près de ces dames, d'avoir employé son temps à l'examen de travaux d'une si haute importance pour l'industrie et le commerce auxquels il ne cesse de porter un vif intérêt. Après une excursion à Châtellerault, l'une des résidences patrimoniales du noble duc d'Hamilton, il y eut chasse au lévrier; et là encore le prince, franchissant les barrières et les fossés, donna un nouveau démenti à ceux qui osent nier sa guérison.

Après de touchants adieux au palais d'Hamilton, Henri de France se rendit à Calendar-House, chez M. Forbes, protestant zélé, mais dont la charité est proverbiale en ce pays. Plusieurs grands personnages y furent invités à l'occasion du prince, qui distingua entre autres lord Belhaven, l'un des commissaires chargés de vérifier l'état des pauvres dans chaque paroisse, et ne le quitta pas sans avoir sollicité de lui toutes les indications relatives à l'amélioration du sort des classes indigentes. A mesure que le malheur l'avait frappé, il avait senti se développer en lui une passion héréditaire, celle de la bienfaisance. Il y trouvait une réelle compensation, et à toute occasion il la pratiquait. C'est comme deux amis qui s'aiment mieux à mesure qu'ils se connaissent davantage.

Le 3o octobre, Mgr le duc de Bordeaux était reçu à Drumlaurick par le duc de Buccleugh, membre du conseil des ministres, lord du sceau privé, et la duchesse de Buccleugh, première dame d'honneur de S. M. la reine Victoria. Ce vaste et gothique château, bien digne de ses illustres possesseurs, fut témoin des plus belles fêtes pendant le séjour du Prince, qui, comme toujours, ne se laissait pas éblouir par l'éclat dont on l'entourait. Après avoir admiré les richesses et le bon goût de l'intérieur, pour récompenser de leurs prévenances ses nobles hôtes, il s'empressait de chercher au dehors les établissements fondés par la bienfaisance des propriétaires, les fabriques, les usines, les divers modes de culture, enfin tout ce qui soulage les pauvres ou fait vivre les habitants.

Et non content de voir, il adressait des questions nombreuses, proposait des objections; il répétait sans cesse qu'il était venu pour étudier, pour s'instruire, et que rien ne l'empêcherait de remplir ce but.

Gretna-Green, ce village devenu célèbre par l'étrange consécration que l'amour désespéré y va chercher, devait exciter la curiosité du jeune voyageur. Il voulut donc connaître ce coin d'auberge où est simulé un autel devant lequel un homme, assisté de deux témoins, se pose en consécrateur et se borne à demander un double *oui* au couple fugitif. Cette formalité remplie, il proclame leur union, d'après la loi écossaise qui exige seulement en pareil cas la présence des trois témoins, d'ordinaire ainsi composés : l'espèce de mendiant prêtant son ministère, la maîtresse d'auberge et le postillon conducteur. Sur le livre où sont inscrits ces mystérieux et souvent funestes mariages, on trouve chaque année environ deux cents noms, entre autres ceux de lord Erskine et de lord Eldon, du prince de Capoue et de miss Pénélope Smith.

Le 2 novembre, le comte de Chambord visitait Lancastre. Le 3, il descendait au débarcadère de Liverpool, cette riche, cette tumultueuse ville, seconde capitale de l'Angleterre par son immense activité et ses relations perpétuelles avec toutes les contrées de l'univers. Il se sentit plus à l'aise, son désir d'observer allait être complétement satisfait; de toutes parts il se plaisait à entrevoir des sujets d'examen, de comparaison. Ici, les docks comme enveloppés dans une forêt de mâts qui avaient porté leurs pavillons dans toutes les parties du globe; là, des ateliers pour la construction des machines et surtout des locomotives, dont un génie tour à tour inventeur ou progressif double sans cesse la prodigieuse puissance; plus loin, des vaisseaux, des paquebots, merveilleux résultats des combinaisons et des efforts de la concurrence. Rien n'échappa à l'attention, à la sagacité du Prince : sa modestie, sollicitant toujours des renseignements, mettait ses guides, M. Robertson-Gladstone, frère du ministre du commerce, M. Vood, directeur du chemin de fer, M. Francis Kaywood, à même de remarquer avec quel talent il sait écouter, puis juger toutes choses.

A la Bourse, où l'agiotage et la spéculation lui apparurent sous toutes les formes, le Prince put se faire une idée du mouvement de ce commerce aux gigantesques proportions, de cet état d'agitation et de calcul qui accaparent les gens courant après la fortune ou la ruine. Cependant il dut se convaincre de l'impression produite par sa présence en ce lieu si habituellement exclusif, égoïste, où tout ce qui n'est pas cargaison, marchandises, gain ou perte ne semble pas digne d'attention. Au seul nom de Henri; à ce nom de France si hautement, si fièrement porté, si respecté dans toutes les régions du monde sous le règne de ses aïeux, tous les regards se portèrent vers le jeune voyageur, qui fut bientôt entouré par une foule respectueuse. Celle-ci charmée de le voir se préoccuper avec tant d'insistance de tout ce qui est relatif aux développements du commerce, de la navigation, des rapports avec les colonies, apprécier d'une manière juste les divers systèmes, les innombrables détails dont les graves entretiens qu'il provoquait étaient remplis. Ces hommes si positifs s'accordèrent unanimement, sans distinction d'opinions, à dire qu'il y a nécessairement bien de l'avenir dans un prince aussi voué à de sérieuses études.

Ce spectacle varié qu'il avait sous les yeux, ces intérêts si différents tour à tour se rapprochant ou se repoussant, suivant le besoin d'une pensée spéculatrice; cette infatigable énergie; cette émulation toujours croissante, cette lutte d'affaires qui met hors d'haleine tant d'hommes épuisés par leurs efforts successifs, par une vie tantôt heureuse, tantôt pleine de revers, ouvrait pour le petit-fils de Louis XIV, de Louis XVI, de Charles X, dans l'exil, une vaste série de réflexions. Il comprenait qu'en notre siècle, où tout travaille, où tout est progrès, la royauté a de grands devoirs à remplir, qu'on exige beaucoup d'elle, et que ceux qui y sont destinés doivent en quelque sorte la gagner au jour le jour, à la sueur de leur front; qu'ils doivent avant tout être à la tête de leurs sujets par l'intelligence, la capacité. C'est pourquoi sa jeunesse consacrait sans relâche à la vie laborieuse les tristes loisirs de la proscription, et, par un tel emploi de son temps sur la terre étrangère, le rendait plus digne de la sympathie de ses compatriotes.

Cet accueil cordial et empressé, qui en tous lieux saluait son passage, venait émouvoir profondément le cœur du Prince, et démentait à ses yeux l'assertion du Dante, disant : « Le pain « de l'étranger est amer, son escalier est rude, « sa conversation est triste. » Oh! c'est que, lui, il écoutait avec orgueil l'étranger faire la cour à son malheur en lui parlant de son pays, c'est que sous le toit hospitalier où il s'arrêtait, comme dans les excursions qu'il faisait au milieu des établissements publics, des fabriques, des campagnes, il trouvait toujours le moyen, grâce aux réminiscences de ses lectures ou à des comparaisons, de se reporter vers la France, de tout rapporter à elle, et de démontrer ainsi combien est sincère le sentiment qui a fait choix de sa chère devise :

Mon pays sera mes amours
Toujours.

IV.

Alton-Towers. — Lord et Lady Shrewsbury. — Les invités. — Châteaubriand. — Berryer. — M. le duc et Mme la duchesse de Lévis. — M. le marquis et Mme la marquise de Pastoret. — M. le duc des Cars. — M. Villaret de Joyeuse. — M. le prince Gaston de Montmorency. — M. le duc de Guiche. — M. Barrande. — Anniversaire de de la mort du roi Charles X. — Visite aux alentours. — Séjour. — Adieux.

Alton-Towers, où Mgr le duc de Bordeaux reçut une hospitalité si grandiose, si digne du premier comte de l'Angleterre, de lord Shrewsbury, de cet héritier des Talbot, dont le nom glorieux est vénéré dans les trois royaumes, mérite de notre part une narration particulière. D'ailleurs la famille des Talbot a pris son origine en Normandie, où elle possédait la baronnie de Cleuville. Il appartenait au grand seigneur, français par ses nobles aïeux, et par l'affection que déjà il avait montrée à Rome au descendant de Henri IV, non seulement de recevoir le prince exilé, mais de lui créer chez lui une sorte de patrie, en y réunissant, sous ses heureux auspices, les plus illustres noms de la France.

Avant d'entrer dans les détails biographiques, examinons l'aspect imposant et pittoresque d'Alton-Towers. Ici je laisse parler un maître passé en description de ce genre, M. le vicomte Walsh :

« Cette principale résidence des Talbot est située dans le comté de Stafford, sur une éminence vis-à-vis le village d'Alton, dont elle est séparée par une riante vallée arrosée par les méandres de la petite rivière le *Charnet*. Les environs du château sont agréables et pittoresques ; des bois, des montagnes, des métairies avec leurs champs de culture, dessinent de toutes parts un vaste horizon.

« On jouit surtout de cette vue récréante de la belle terrasse que le comte actuel a fait élever d'un côté du château. De cette terrasse, l'œil plane sur les jardins ornés de petits lacs artificiels d'où jaillissent de magnifiques jets d'eau, et sur de vastes parterres émaillés de fleurs, embellis d'un grand nombre de vases et de statues de marbre. Toutes ces magnificences concourent à donner à ce jardin, dont le plan et l'exécution sont dus au goût et à la persévérance du feu comte de Shrewsbury, la célébrité qui, chaque année, ne lui attire pas moins de dix mille visiteurs. Là où se voient aujourd'hui ces merveilles existait, il y a peu d'années encore, une aride garenne; et c'est, comme nous l'avons dit, le devancier du comte actuel qui est l'auteur de cette transformation. Aussi son neveu lui a élevé un cénotaphe sur lequel on lit cette simple et poétique inscription :

He made the desert smile.
Il a fait sourire le désert !

« En pénétrant dans le château, par la porte qui fait face au portail, on entre dans une grande salle d'armes de près de cent pieds de longueur, d'une hauteur et d'une largeur proportionnées, et dont le plafond est en bois de chêne à caissons sculptés. De chaque côté de cette salle sont rangés trente guerriers en armure complète, chevaliers inanimés, mais revêtus de cuirasses, de jambages, de brassarts et de casques, et tenant lances et pennons qui ont brillés au soleil et flotté dans les batailles.

« Au dessus de ces simulacres d'hommes d'armes sont appendues aux murailles des bannières blasonnées rappelant les illustres alliances de la famille des comtes de Shrewsbury. Aux parois des murs sont aussi fixées beaucoup d'anciennes armes de guerre et de chasse de tous les temps et de tous les pays.

« Au milieu de *l'armoirie* (*the armoury*), on voit de massives tables en chêne, à gros pieds bien solides, supportant des modèles de canons, d'obusiers et de mortiers. Du centre de ce mobilier de bataille s'élève la statue équestre *du grand Talbot* en armure complète, à l'exception du casque, qui est remplacé, sur sa forte tête, par une antique couronne de comte. Il tient dans sa main son illustre épée portant cette inscription :

Ego sum Talboti pro vincere inimicos meos.

« En sortant de l'arsenal (*the armoury*), on entre dans la galerie des tableaux, collection vraiment remarquable, où l'on admire plus de deux cents des meilleures peintures des différentes écoles. En quittant cette riche et belle galerie, on parvient dans une pièce octogone dont l'architecture est très estimée des hommes de l'art, et qui a cinquante pieds de diamètre. Sa voûte est portée par une simple colonne dont le fût ressemble au tronc d'un palmier, du sommet duquel montent en s'épanouissant des palmes s'étendant et formant les nervures du plafond. Cette pièce est éclairée par six fenêtres; celle du milieu surtout se fait remarquer par son vitrail, où sont peints les évêques et les archevêques de la famille Talbot. Dans chaque pan de l'octogone est un tombeau de marbre; on y voit celui du grand Talbot, ainsi que celui de saint Thomas de Cantorbéry, qui appartenait à la famille de l'Achille anglais. Vis-à-vis de la galerie de tableaux, par laquelle on pénètre dans l'octogone, se trouve la galerie Talbot, qui surpasse de beaucoup la première par le nombre et la valeur des tableaux de grands maîtres des écoles italienne, espagnole et flamande. L'arrangement de ces précieuses peintures ne dépasse pas une corniche qui règne dans toute la longueur de cette salle, à la hauteur de douze pieds. Au dessus de ce cordon, sur le mur azuré, brillent et rayonnent, resplendissants et glorieux, les écussons de toutes les illustrations qui sont venues se fondre dans celle des Talbot ; chacune de ces alliances a son *motto* et sa devise écrits en lettre d'or sur des banderoles aux couleurs du blason. Du côté gauche, les inscriptions et les écussons établissent la descendance du comte actuel, de Guillaume-le-Conquérant, de David Ier, roi d'Écosse, et de Louis VI, roi de France.

« Au côté opposé se déroulent, dans le même ordre, les alliances formées par les femmes de la famille de Shrcrwsbury, depuis les premières héritières de la maison des Talbot jusqu'aux deux nobles filles du comte actuel, mariées, la première, au prince Doria-Pamphili, et l'autre au prince Marc-Antoine Borghèse.

« Sur ce dernier nom, il nous faut jeter un voile de deuil, car l'ange qui le portait, délaissant sa famille, est remonté au ciel.

« De la voûte de cette superbe galerie pendent des lustres gothiques d'une grande beauté. L'ameublement de cette longue pièce, qui n'a pas moins de cent cinquante pieds, est en harmonie avec les chefs-d'œuvre qui l'illustrent ; des ornements précieux en or et en argent, des tables de mosaïque, de marbre et de bois rare ; des chaises garnies en velours cramoisi du temps de Henri VIII ; des urnes égyptiennes, des statues, des bustes antiques........, tout, en un mot, fait regarder à juste titre cette galerie comme renfermant une des plus belles collections d'objets d'art qui soient aux mains d'un particulier.

« Parmi les bustes, on remarque surtout celui de HENRI DE FRANCE, d'une ressemblance parfaite, exécuté par Tenerani, sur la demande expresse de lady Shrewsbury, lors du voyage S. A. R. à Rome.

« Un corridor lambrissé de bois de chêne conduit aux appartements appelés *les appartements royaux,* parcequ'ils sont uniquement destinés aux personnes de sang royal. Ce sont ces chambres, au nombre de quatre, qu'allait occuper Henri de Bourbon pendant son séjour à Alton-Towers. Je ne chercherai point à décrire tout ce que ces appartements possèdent en beauté, en richesse et en splendeur, qu'il me suffise de dire que tout y est digne de rois et de reines, d'impératrices et d'empereurs. La bibliothèque qui se trouve attenante aux appartements royaux mérite aussi une attention spéciale ; elle contient un choix des meilleurs ouvrages anglais, français et allemands, et une belle collection des gravures les plus estimées. Il faut encore mentionner une petite pièce située dans la tour septentrionale, et qui communique avec la bibliothèque; elle est d'une parfaite élégance de style ; c'est là que le comte actuel se livre souvent à ses travaux littéraires. On sort de la bibliothèque par deux arceaux gothiques d'où pendent de lourdes portières cramoisies brodées d'or et portant les armes de la famille.

« Quand on a soulevé ces riches courtines ; quand on a franchi le seuil de ces arceaux, on se trouve dans ce qu'on appelle le premier salon. Ici encore on se perdrait dans les détails si l'on cherchait à les décrire : là ce qu'il y a de plus somptueux se lie à ce qu'il y a de plus grand luxe d'ottomanes, de sophas, de bergères, de causeuses et de fauteuils, de miroirs de Venise et de glaces de France, de candélabres et de girandoles ; là se voient aussi les deux grands portraits du comte et de la comtesse actuels dans leur costume de couronnement. C'est dans ce salon que Mgr le duc de Bordeaux devait passer les soirées avec la société choisie qu'avaient invitée les nobles chatelains.

« De ce *premier salon* on pénètre, en passant par une autre petite bibliothèque, dans la longue galerie que l'on pourrait appeler le salon de famille, parcequ'elle est habituellement occupée par le comte et la comtesse, leur famille et leurs amis.

Ce salon est comme le cœur de cette immense résidence, où l'on se perd quand on cherche à le décrire, comme lorsqu'on y arrive. Il est en forme de croix, et cette croix est elle-même le centre d'une plus grande croix, avec les autres parties du château. Quand on y entre, on a devant soi le majestueux prolongement de cette même longue galerie. A gauche le *premier salon* et la bibliothèque dont nous venons de parler ; à droite une suite de corridors conduisant à la chapelle, et derrière soi se trouve la magnifique serre qui vient mêler son luxe de plantes et de fleurs à tout le luxe des arts et à la somptuosité de l'ameublement. Au lieu de brocard, de velours et de crépines d'or, dans ce jardin à murs et à voûte de verre, de blanches statues de marbres tranchent sur des fonds de verdures, animés d'oiseaux de toutes les parties du monde.

« Cette serre, une des plus belles de l'Angleterre, apporte un immense agrément à l'habitation du château, car elle communique à plusieurs salons. Elle conduit à la salle des banquets, dans laquelle on descend par un escalier circulaire. Cette pièce est fort élevée et ornée de deux tribunes qui s'étendent dans toute sa longueur. Sur les parois de ses murs sont deux grands tableaux; l'un rappelle un trait historique qui eut lieu à Rome au moment du sacre de l'empereur Barberousse; l'autre, la présentation au vénérable pontife Pie VII, du comte et de la comtesse de Shrewsbury et de leurs filles, dont l'une n'a fait que sourire au monde pour aller chanter au ciel.

« Ma plume s'est usée à décrire toutes les magnificences d'Alton-Towers, et cependant je n'ai encore rien dit de ce que la splendide demeure a de plus noble et de plus majestueux; c'est la chapelle. La foi du châtelain et de la châtelaine est vive, leur piété est grande, et s'ils ont bien voulu pour eux de la richesse et du luxe, ils ont voulu tout ce qu'il y a de plus pur et de magnifique pour Dieu. Le vrai chef-d'œuvre de ce château si rempli de merveilles, c'est son sanctuaire. Là, l'architecture a déployé tout son art; le ciseau n'a créé que des prodiges. Cette chapelle est remarquable par ses proportions; elle a soixante pieds de hauteur sur trente-six de large.

« La voûte est en chêne, et soutenue par de grands arceaux et par des figures d'anges posées sur des corbeilles enroulées.

« La tribune de la famille est au dessus de la porte d'entrée, et au dessus de cette tribune est placé le buffet d'orgue.

« Le chœur, avec ses vitraux de couleur, ses sculptures gothiques, ses riches panneaux, demanderait à lui seul des pages de description. L'emplacement de l'autel est divisé en quatre compartiments. Au centre, s'élève le divin Rédempteur cloué sur la croix; d'un côté, saint Augustin; de l'autre, saint Thomas de Cantorbéry, peints à la manière du moyen âge sur les deux battants, qui s'ouvrent à droite et à gauche du crucifix. Plus éloignés du tabernacle, les deux figures votives agenouillées du comte de Shrewsbury (à gauche), ayant près de lui saint Jean-Baptiste, son patron, et (à droite) la comtesse, aussi à genoux, ayant à côté d'elle la sainte Vierge, la main étendue sur sa tête.

« Une grande urne de matière précieuse et tout étincelante d'or est posée au pied de la croix, et contient de saintes reliques; puis des miniatures d'un grand prix, représentant toute la vie du Dieu fait homme, enrichissent encore l'autel, plus magnifique que celui de beaucoup de grandes cathédrales renommées. Des rideaux de drap d'or pendent en draperie de chaque côté de la table du sacrifice, ornée de quatre flambeaux de vermeil du meilleur style. Sur la même ligne, deux anges avec de longues robes flottantes et de grandes ailes repliées joignent les mains, se courbent et adorent.

« En outre de ces deux archanges, on voit encore dans la chapelle quatorze figures de séraphins admirablement sculptés et dorés, tenant une banderolle sur laquelle on lit ces mots : *Te Deum.* Cette splendide chapelle est desservie par un prêtre français que j'ai connu en Normandie, et qui y contribuait à rendre moins amère mon absence de Bretagne.

«En France, dans la plupart de nos châteaux, les chapelles ne sont pas ce qu'il y a de plus soigné ; il n'en est pas de même en Angleterre parmi les catholiques. Eux ont pensé, comme David et Salomon, que le Seigneur devait avoir une maison plus belle que la leur, et nous pourrions citer plus d'un château des trois royaumes où les chapelles ont un luxe presque royal. Celle d'Alton-Towers est maintenant en première ligne. Son principal chapelain est un évêque, le révérend docteur Wiseman, un des hommes les plus éminents d'Angleterre. Parmi les grandes églises catholiques, nous en connaissons plusieurs qui n'ont pas de musique aussi suave et élevant autant l'âme que celle que l'on entend dans la chapelle des Talbot. »

Lord Shrewsbury n'avait pas voulu se borner à offrir à Mgr le duc de Bordeaux une hospitalité vraiment royale, son cœur lui avait inspiré une noble idée, celle de réunir autour du prince, non seulement les personnes les plus illustres de l'Angleterre dans les armes, dans l'administration gouvernementale, dans les sciences, dans l'industrie, dans les arts; mais des Français. Il invita Châteaubriand et Berryer, M. Gaston de Montmorency, prince de Robecq, madame la duchesse de Levis, M. le duc de Guiche, M. le marquis et madame la marquise de Pastoret, qui arrivèrent le 3 novembre, en attendant Henri de France, accompagné de M. le duc de Levis, de M. le duc des Cars, de M. Villaret de Joyeuse et de M. Barrande.

En agissant ainsi, lord Shrewsbury allait à la fois donner au comte de Chambord de bien douces émotions, et procurer à son pays l'avantage de voir de près des hommes dont la supériorité lui était déjà connues sans doute par leur renom, mais auxquels il serait heureux de témoigner son admiration, en leur faisant publiquement cet accueil dont plus tard retentirent tous les organes de la publicité. Cette courtoise et délicate attention eut donc pour triple résultat de conquérir la gratitude de Mgr le duc de Bordeaux, de plaire à l'Angleterre, et aussi à la France, qui pouvait dire à celle-ci comme cette Romaine en montrant ses fils : « Voilà mes bi-« joux et mes ornements. »

C'est ici le lieu de raconter l'impression diverse que le bruit du départ de M. de Châteaubriand pour Londres produisit en France et dans le monde dynastique. La France, au cœur de laquelle, quoiqu'en disent et veuillent faire croire des calomniateurs à gages, palpitent toujours des sentiments généreux, passionnés même, pour tout ce qui est innocence, gloire et malheur, fut profondément émue en apprenant que le petit-fils d'Henri IV entreprenait non loin d'elle un touchant pèlerinage en ces lieux témoins de son enfance, et où sa jeunesse allait chercher le perfectionnement de son éducation. Elle ne le fut pas moins quand elle vit l'auteur du *Génie du christianisme*, le poète, l'écrivain, l'orateur qu'elle aime, estime et respecte le plus, ce vieux serviteur de la monarchie, ce digne conseiller des rois, ce parfait modèle de l'honneur, de la fidélité, ce souverain par le génie comme par son amour national, se disposer à traverser les mers pour répondre à l'appel du jeune exilé qui lui demandait des conseils, et réclamait l'appui de cet homme si fort.

La presse officielle manifesta d'abord ses doutes, elle déclara même que Châteaubriand ne consentirait pas à faire le voyage. « Il restera
« sourd à cet appel; la souffrance et le poids
« des années retiendront le grand homme au
« rivage, son pas alourdi ne lui permettra plus
« de reprendre le chemin de l'exil. »

Dans leur correspondance avec l'étranger, leurs mensonges s'augmentaient, et ils disaient : « M. de Châteaubriand a refusé de se rendre à Londres auprès de M⁺ le duc de Bordeaux, il s'occupe même de rédiger une lettre adressée à *Henri de France* pour l'engager à se retirer tout à fait de la scène politique, aucun avenir ne pouvant attendre le jeune prince dans cette voje. » Le bureau de l'esprit public du ministère de l'intérieur, de M. Duchatel, débitait ces absurdités au moment où arrivait à Londres celui qui, plusieurs années avant, s'exprimait ainsi dans le *congrès de Vérone* : « En fin de compte,
« est-il aujourd'hui une chose pour laquelle on
« voulût se donner la peine de sortir de son
« lit ? On s'endort au bruit des royaumes tombés
« pendant la nuit et que l'on balaie chaque ma-
« tin devant nos portes... » Et Châteaubriand

se hâtait de braver la tempête pour aller découvrir dans un proscrit *cet autre univers* dont devait parler sa lettre, qui bientôt opéra une véritable révolution en France..... Toutefois il lui fut impossible de se rendre à Alton-Towers, sa santé ne le lui permettait pas, et c'est à l'hôtel même loué pour le prince sur Belgrave-Square qu'il vint occuper le logement à lui destiné, et se tint prêt à ouvrir le premier la porte de cette France de l'exil. Il n'était donc pas en retard ; d'ailleurs Mgr le duc de Bordeaux est le digne héritier de Louis XIV, et si M. de Châteaubriand s'était excusé de n'être pas arrivé aussi promptement qu'il l'eût désiré près du prince, celui-ci lui eût répondu comme le grand roi au grand Condé : « Quand on est « aussi chargé de lauriers que vous l'êtes, on « ne peut pas aller vite. »

Berryer était, après M. de Châteaubriand, le plus digne de fixer à un haut point l'attention de l'Angleterre, et de remplir le but que se proposait le noble seigneur d'Alton-Towers. En lui, le prince allait trouver la personnification vraiment extraordinaire de l'éloquence, du patriotisme, de la loyauté, du désintéressement, n'ayant d'égale que son expérience politique, son inaltérable fidélité et l'aménité de son caractère. Déjà, en traversant Londres pour se rendre à Alton-Towers, il avait recueilli de nombreuses marques de sympathie, et certains journaux français, au lieu de se féliciter des hommages rendus à notre grand orateur, se faisaient un cruel plaisir de calomnier ses intentions, de le rendre suspect. Le *Journal des Débats* se lança le premier dans cette honteuse voie, où le suivirent bientôt les organes stipendiés pour répandre l'erreur et le scandale; mais ils recueillirent de toutes part l'incrédulité et le mépris.

Berryer, fort de son droit et de la confiance de ceux desquels il tenait son mandat, usait de sa liberté, et savait bien qu'il ne cessait pas de se montrer bon citoyen, bien plus, qu'il était pleinement d'accord avec les habitudes du caractère français, en allant sur la terre étrangère rendre un devoir à l'infortune. Il ne s'effraya donc nullement lorsque le *Journal des Débats* se prit à dire :

« Il y a quelques jours, à la rentrée solennelle de nos tribunaux, le conseil de l'ordre des avocats renouvelait son serment devant la cour royale de Paris. Un seul avocat ne s'est pas présenté, et cet avocat, c'est **M. Berryer**. Où était donc M. Berryer? Au château de lord Shrewsbury, auprès de Mgr le duc de Bordeaux, entre les fleurs de lis et les cocardes blanches. Dans six semaines les chambres seront réunies. M. Berryer, en vertu du serment de fidélité au *roi* Louis-Philippe et d'obéissance à la charte, qu'il a prêté, viendra tranquillement s'asseoir parmi les députés de la France de juillet, à moins toutefois que son service auprès de Mgr le duc de Bordeaux ne soit pas fini, et qu'un congrès de légitimistes ne nécessite sa présence à Londres.

« Nous nous demandons comment M. Berryer, tout fraîchement sorti de la petite cour et des conseils secrets de Mgr le duc de Bordeaux, pourra venir à la tribune développer un plan de campagne qu'il faudra dater du château de lord Shrewsbury? Nous nous demandons s'il n'y a pas des engagements inconciliables, et par quel art M. Berryer, qui est publiquement en Angleterre, le sujet, l'ami, nous allions dire le ministre du prétendant peut être, en France, le citoyen, le député qui a juré fidélité au roi des Français et à la charte constitutionnelle? Nous ne doutons pas de la loyauté de M. Berryer; nous respectons ses opinions; nous ne nous faisons pas juges de sa conscience; mais pourquoi veut-il être député? Chaque parole qu'il dit à la tribune, n'est-ce pas son serment qui lui confère le droit de la dire?

« De Calais à Douvres, la distance est-elle si grande qu'on puisse être d'un côté du détroit l'homme de la cocarde tricolore, et de l'autre l'homme à la cocarde blanche? Si la fidélité pour un prince exilé est belle, la fidélité pour le prince qui est sur le trône, quand on la lui a promise, n'est-elle pas de devoir rigoureux? C'est à M. Berryer à voir, au surplus. Nous n'insisterons pas sur sa position personnelle. On dirait immanquablement que le ministère s'apprête à demander contre l'orateur légitimiste une mesure d'exclusion.

« Non, et nos observations ont une portée toute autre. L'Angleterre a eu aussi ses prétendants ; elle a eu ses jacobites, et il n'y a pas plus de cent ans encore, une loi barbare condamnait, chez elle, à la peine capitale quiconque aurait passé une nuit sous le même toit avec les princes exilés. M. Berryer va en Angleterre auprès du duc de Bordeaux ; il y va sans inquiétude, et il sait bien que si son voyage est un acte de parti, que les uns peuvent blâmer et les autres approuver, ce n'est pas un acte de courage. Il reviendra en France, et il sait bien qu'à son retour il y trouvera des lois douces, indulgentes, qui ne lui demanderont pas compte des fleurs de lis et des cocardes blanches du château de lord Shrewsbury. Non seulement il jouira de la protection des lois communes et de toutes les libertés que la révolution de juillet a seule assurées à la France; mais il reprendra tranquillement sa place à la chambre; il montera à cette tribune que la Restauration voulait renverser; il pourra même, si la fantaisie lui en prend, et s'il a besoin de ce mouvement d'éloquence, accuser le gouvernement de juillet d'être un gouvernement barbare, tyrannique, inquisitorial! N'est-ce pas ce que font tous les jours les feuilles qui, sous la Restauration, réclamaient le despotisme à grands cris? Il y a une question de convenance dans le voyage de M. Berryer; il ne peut pas y avoir une question légale. Nous le remarquons avec orgueil pour notre temps et pour notre pays; nous croyons voir là une éclatante preuve, non seulement de la douceur, mais de la force de notre gouvernement; nous pensons que, surtout en Angleterre, où presque de nos jours les lois contre les jacobites étaient encore si dures, on sera frappé de cette mansuétude de nos institutions; on admirera cette tranquille confiance de notre gouvernement dans son droit et dans la volonté de la nation;

et voilà, quant à nous, la seule chose qui nous ait paru digne d'être relevée dans les incidents, d'ailleurs fort ordinaires, auxquels a donné lieu jusqu'ici le voyage de M. le duc de Bordeaux. »

On le voit par cet article, la *flétrissure* était en germe, et on sait à quelles conséquences elle était réservée. Aussi M. Berryer ne daigna-t-il pas répondre à ces plates insinuations, et ne trouva-t-il pas que le gouvernement français se montrât tolérant en ne s'opposant pas à un acte honorable que rien ne pouvait l'empêcher d'accomplir.

Dès le premier jour, Mgr le duc de Bordeaux sut apprécier dans M. Berryer les éminentes qualités qui le distinguent, non seulement comme député, comme royaliste, mais comme homme et comme avocat. Sous ce quadruple rapport, il ne lui fut pas difficile de reconnaître la vérité de ce qu'il avait appris déjà en maintes circonstances. Ayant toujours soin de lire les discussions dans des journaux de diverses nuances, il avait présents à la mémoire ses fulminants discours, ses triomphes remportés sur des ministères qu'il avait renversés, et sur des hommes qu'il avait cloués à leur banc de douleur en leur jetant à la face, comme un brûlant stygmate, une définition désormais éternelle : *le cynisme de l'apostasie*.

Le prince n'ignorait pas que plus qu'un autre M. Berryer, grâce à sa prodigieuse sagacité, à la puissance de sa stratégie parlementaire dont seul il possède le secret, avait mis en déroute, en diverses occasions, les projets de loi nuisibles aux contribuables, ou flétri, comme dans l'affaire des 25 millions des États-Unis, les exorbitantes prétentions d'une coupable condescendance envers l'étranger. En effet, M. Berryer présente à ses amis comme à ses adversaires une vie pleine de dévouement et d'abnégation, toute consacrée à son pays, à la défense des principes monarchiques et des intérêts du peuple, sans esprit de parti, sans nulle ambition personnelle, et souvent éprouvée par d'immenses sacrifices ou d'horribles persécutions. Qui ne se souvient de ce jour où, tandis que Châteaubriand, Fitz-James, Hyde de Neuville étaient brutalement incarcérés, Berryer était arrêté, conduit en prison à Nantes au milieu d'une populace dont la fureur excitée mit plusieurs fois sa vie en péril, puis traduit devant le conseil de guerre sous le poids d'une accusation capitale, avec laquelle il parut devant la cour d'assises de Blois? Là, un procureur du roi, M. Demangeat, fut reconnu coupable d'un affreux mensonge, et un sieur Tournier, agent de police, d'une odieuse invention. Après de solennels débats, le ministère public fut contraint d'abandonner la poursuite, et l'auditoire indigné n'attendit pas longtemps le verdict d'acquittement du jury. M_e Berryer n'avait pas même permis à ses deux jeunes amis, ses défenseurs, MM. Fontaine et Flayol, de prendre la parole. Il ne voulait pour lui que la simple expression de la justice, et sa modestie s'arracha aux ovations que l'admiration publique préparait à sa belle âme, à son noble caractère, dont il avait donné une si haute idée, quand, questionné sur le lieu où il croyait S. A. R. *Madame,* duchesse de Berry, il répondit : « Je ne crois pas devoir trahir le secret d'une illustre princesse dont les malheurs et le courage sont au dessus de tout ce que l'on peut exprimer. Je crois donc ne pouvoir faire connaître quelle fut ma conversation avec elle. C'est une pensée bien consolante pour l'honneur vendéen et le caractère français que de voir que cette princesse qui, pour sa sûreté, est obligée de changer trois ou quatre fois de demeure par semaine, qui a peut-être parcouru quatre cents chaumières, et dont à chaque séjour dix personnes au moins ont connu la présence, n'ait pas encore trouvé un traître pour dénoncer ces retraites, et que l'autorité ne puisse accuser personne aujourd'hui à cette occasion...»

Berryer avait été le premier défenseur des accusés politiques dans l'Ouest, à Fontenay, et chacun sait avec quel talent et quel succès il a rempli cette mission, qu'il continua en étant sans cesse à la brèche, lors des procès intentés à la presse, soit en province, soit à Paris, pour la Quotidienne, pour la France, pour la Mode, et surtout pour la *Gazette de France*.

Le prince se souvenait aussi que la longue captivité dont il fut victime, redoublant son zèle et son énergie, l'avait plus que jamais poussé à cette tribune à laquelle les grands écrivains de notre époque se sont tour à tour plu à raconter sa merveilleuse attitude et son imposante autorité. Plus que jamais il s'efforçait, de multiplier les comparaisons et les rapprochements, afin de faire valoir la supériorité des principes monarchiques, puis de prendre en flagrant délit les hommes et les actes honteux qui méconnaissaient la gloire de la France ou trahissaient ses intérêts. D'ailleurs le prince n'avait-il pas sous les yeux la meilleure preuve de l'enthousiasme, de l'estime sincère que Berryer inspire même à ceux qu'il combat avec acharnement? Ainsi l'Angleterre, qui à son arririvée à Londres lui députait ses grands hommes, n'avait-elle pas souvent trouvé en lui un rude, un inflexible adversaire ?

En 1840 notamment, il rappela soudain l'une des dernières apparitions de M. Thiers à la tribune, et évoquant l'effrayant plaidoyer du chef du cabinet, en faveur de l'alliance anglaise, il revêtit d'images sublimes l'antagonisme naturel que l'intérêt établit entre l'Angleterre et la France ; il montra l'Angleterre nous condamnant, par la bouche de M. Thiers, au rôle de puissance continentale en dépit des deux mers qui baignent nos côtes. Il l'a signalée fournissant des fusils aux Arabes, et nous poursuivant de sa haine nécessaire. Il a peint l'alliance de la France et de l'Angleterre comme la fraternité d'Etéocle et de Polynice, et il a rempli son but en forçant M. Thiers à avouer qu'il était *ministre d'opposition*, qu'il était l'*opposition* au pouvoir, il a fallu que M. Thiers ne dissimulât plus qu'il représentait la lutte contre l'action de la royauté dans le gouvernement. Pour répondre à ces terribles interrogations, les tergiversations étaient impossibles. M. Thiers s'est démasqué alors, et il a dit : « Je suis la révolution, je suis un ministère d'opposition, j'ai été en dissentiment avec la royauté, parceque celle-ci voulait agir dans le gouvernement, je l'ai vaincue, j'ai conquis la présidence réelle. » C'était tout ce qu'exigeait M. Berryer; il voulait qu'on sût bien que la *révolution*, que l'*opposition* était au pouvoir, qu'il n'y avait pas de quiproquo. Sans doute, quelques minutes après, il lui a donné son vote. Il a d'abord montré à tous que la hache était tranchante, puis il a frappé. Et la France de juillet comme l'Angleterre ont reçu le coup, en admirant le génie et la vigueur de celui qui le portait. Le léopard étendu sur l'arène a presque oublié sa blessure devant la mâle beauté du gladiateur...

Enfin le prince avait appris combien Berryer, par ses connaissances artistiques, par la facilité avec laquelle on l'aborde, par la bonne grâce de ses manières, contribua puissamment à rendre populaire son influence, et à démontrer que les principes royalistes sont bien loin d'exclure les encouragements à donner aux arts et la distinction méritée par ceux qui les cultivent honorablement. Ses salons ouverts, à l'époque où madame Berryer, si digne par son esprit élevé, son extrême amabilité, d'être sa compagne et de faire les honneurs de sa maison, avaient été pour lui un excellent auxiliaire. En effet, c'était non seulement le lieu où se pressaient les notabilités du faubourg Saint-Germain, de la magistrature, de l'armée, du barreau, des deux chambres, mais tous les plus grands artistes, heureux et fiers de se faire entendre devant une telle réunion d'élite; des gens de lettres, des publicistes, qui après avoir vu M. Berryer dans ses soirées, recherchaient le bonheur de le consulter, d'avoir quelque contact avec cet homme éminemment supérieur à leurs yeux.

Ainsi M. Berryer, à son insu, était la cause d'une sorte de lutte entre ceux qui soutenaient, les uns, que ses harangues ou ses plaidoiries lui conquéraient l'assentiment général, la préférence de tous; les autres, que pour cela il suffisait de le voir chez lui, dans son intimité ou dans ses réceptions si brillantes et si cordiales.

Le prince, avec son coup d'œil pénétrant, avait donc reconnu dans M. Berryer l'homme qui, sous toutes les formes, a rendu à la bonne cause d'incalculables services. Pourrait-on dire, en effet, le nombre d'écrivains prévenus par des propos ou des écrits menteurs contre la Restauration, qui ont changé de façon de penser en entendant sortir de la bouche toujours bienveillante de M. Berryer de si complètes réfutations, des enseignements si remplis de bonne foi, de conviction, que leurs erreurs ont été détruites, leurs jugements grandement modifiés; bien plus, qu'ils ont rendu un sincère et public hommage à un grand nombre d'actes ou d'événements politiques mal compris par eux? C'est que l'entretien calme, persuasif de M. Berryer avait assigné leur véritable valeur à des choses dont ils ignoraient une grande partie, et que son irrésistible influence, après les avoir profondément gravé dans leurs esprits, leur a fait un devoir de conscience de se montrer plus impartiaux, plus vrais dans leurs ouvrages, où ils ont rendu justice à la prétendue tyrannie de quinze ans, surtout en rapprochant de cette époque les faits et gestes du pouvoir de juillet.

Il en est plus de trois que je pourrais citer...

Le prince n'avait qu'à choisir entre tous les traits de générosité, de dévouement, dont M. Berryer, comme avocat, a rempli sa carrière depuis le jour où il défendit le maréchal Ney, jusqu'à celui où la multiplicité de ses occupations politiques le forçait de renoncer aux causes civiles, c'est à dire à ses moyens d'existence. Il s'indemnisa en se chargeant des intérêts du malheur, et plaida, entre autres, pour un père de famille qu'il sauva, et après l'acquittement duquel les journaux d'alors publièrent un attendrissant récit.

On se souvient qu'en 1836, M. Dehors, propriétaire en Normandie, fut accusé du crime d'incendie, et comparut devant la cour d'assises d'Evreux, où M⁰ Berryer, l'illustre député de Marseille, fut son avocat. La cour suprême cassa cet arrêt, et M. Dehors fut renvoyé devant les assises de Rouen, où M⁰ Berryer lui prêta encore le secours de son zèle et de son talent. M. Dehors, cette fois, fut condamné aux travaux forcés à perpétuité. Il se pourvut encore en cassation; par suite d'un vice de forme, ce nouvel arrêt fut cassé, et la cour d'assises de la Seine fut saisie de l'affaire. M⁰ Berryer, pour la troisième fois, prit la cause de M. Dehors sous ses auspices.

Jamais procès criminel n'avait excité un pareil intérêt. Les préventions, les animosités locales étaient venues expirer au pied du sanctuaire de la justice, à Paris. M⁰ Berryer, se sentant plus à l'aise sur ce terrain, suivit pied à pied chaque témoin, désarçonna l'accusation, prit sur le fait toutes les contradictions, et tira des débats un parti si avantageux pour son client, qu'après une admirable, une sublime plaidoirie de cinq heures, M. Dehors fut acquitté sur tous les points et rendu à la liberté. Il est impossible de peindre la joie de cet homme, de sa femme, de ses enfants, de sa famille entière, qui, depuis huit mois, mouraient pour ainsi dire à petit feu, sous le coup d'une accusation capitale. M° Berryer, épuisé d'efforts, d'émotions, de fatigue, était rentré chez lui à minuit, en sortant de l'audience, dans un état de prostration véritablement alarmant. Ce beau triomphe ne produisit rien sur son amour-propre ; son cœur et sa conscience en ressentaient seuls un indicible bonheur.

Le lendemain, à huit heures, M. Dehors, sa femme, son fils et sa fille, se présentaient ensemble au cabinet de M° Berryer. Celui-ci, se trouvant encore trop ému, leur fit dire par un jeune avocat, qu'il ne pouvait les recevoir. Mais la reconnaissance, et plus encore le besoin de l'exprimer, ne respectèrent pas cet avis ; et cinq minutes après, toute cette famille, franchissant soudain la porte, était dans les bras et aux pieds de M° Berryer, qui ne put répondre à leurs larmes que par des larmes ou par ces paroles entrecoupées : « Ne me remerciez pas.... j'ai « rempli un devoir.... Retirez-vous.... »

Et plus il s'efforçait de s'arracher à leurs témoignages d'affection, plus ces quatre personnes qu'il avait sauvées embrassaient ses mains et renouvelaient leurs protestations de gratitude......... Enfin, M. Dehors prit la parole au milieu de tous ces sanglots, et s'écria : « Je viens, monsieur, vous apporter une « bien faible preuve de ma reconnaissance; « mais, vous le savez, mes terribles vicissitudes, « ce long emprisonnement, m'ont jeté dans « une grande gêne; plus tard, je pourrai sans « doute.... » A ces mots, M⁰ Berryer reprit d'une voix stridente et en repoussant presque M. Dehors : — Non, monsieur, non, je n'accepterai rien; vous avez trop souffert : le devoir de ma profession et de ma conviction était de vous accompagner dans cette triple épreuve; je ne veux d'autre récompense que le bonheur de vous avoir fait rendre justice..... M. Dehors insistait vivement : — Je vous supplie, je vous ordonne de vous retirer, s'écria M⁰ Berryer en se dirigeant vers sa chambre à coucher.... En ce moment, M. Dehors se précipita sur ses pas, et, le saisissant brusquement, remit sur son bras une bourse et des billets de banque qu'il venait de tirer de sa poche. A cet aspect, M⁰ Berryer prit soudain ces honoraires avec lesquels on le violentait, et les séparant à la hâte, il s'avança vers les deux enfants de M. Dehors. — Mademoiselle, dit-il à la fille de M. Dehors, je sais qu'au moment du malheur survenu à votre père, vous deviez vous marier; sans doute tant de frais et d'infortunes auront nui à votre dot; permettez-moi de vous offrir ceci pour la réparer. — Vous, jeune homme, depuis le procès de votre père, vous avez quitté le commerce, et vous vous êtes aussi conduit avec un dévouement qui a dû compromettre vos intérêts; je veux qu'avec votre sœur vous conserviez mon souvenir et celui de votre piété filiale...

Un tel acte de générosité et de grandeur d'âme anéantit la famille Dehors, qui tombait aux genoux de son sauveur, quand celui-ci, refermant sur lui la porte de sa chambre, les força à se retirer. Cinq minutes après, M° Berryer, s'adressant au jeune avocat, seul témoin de cette scène : « Je vous défends, lui dit-il en termes sévères, de jamais dire un mot ou écrire une ligne sur ce qui vient de se passer. » Mais le soir même, le *Messager* et d'autres journaux, instruits par l'empressement que M. Dehors avait mis à raconter ces détails, consignaient cette mémorable action.

D'après ces faits bien connus, la visite de M. Berryer était chose précieuse pour les habitants d'Alton-Towers comme pour le prince, qui lui rappela l'accueil qu'il reçut de son grand-père. Au mois de mars 1830, M. Berryer, venant d'atteindre sa quarantième année, fut choisi pour candidat à Issengeaux, et nommé président du collége électoral. En cette dernière qualité, il devait prendre congé du roi Charles X, qui, en le voyant arriver, lui dit avec sa grâce accoutumée : « Ah! M. Berryer, vous avez donc « enfin vos quarante ans; il y a longtemps que « je les guettais! »

Avec ces deux grandes renommées, la France présentait encore d'autres personnages non moins dignes de flatter l'orgueil de lord Shrewsbury, des nobles amis qu'il avait eu soin d'inviter, et complétement faits pour prouver combien, chez nous, l'esprit distingué, le caractère chevaleresque et l'instruction se réunissent pour donner un plus réel éclat à la haute naissance.

M. le duc de Lévis, par son éducation comme par son caractère, a toujours montré que s'il connaissait les droits de son rang, il en pratiquait surtout les devoirs. Il avait profité des leçons de son père, qui a dit : « On a trop con« fondu l'orgueil de la naissance avec l'esprit « de corps en général, parmi la noblesse, dans « tous les pays où cette institution subsiste. Le « premier de ces sentiments est ridicule et sou« vent odieux, le second est trop utile à l'État

« pour n'être pas encouragé; en effet, il assure
« l'observation des bienséances, détruit l'é-
« goïsme, donne la force de faire des sacrifices,
« exige la bravoure, et commande la généro-
« sité. » Dans toutes les occasions M. le duc de
Lévis était resté à la hauteur des pensées pater-
nelles, et il a été dit plus haut comment le
choix de M#gr# le duc de Bordeaux s'était fixé sur
lui. Madame la duchesse de Lévis, et madame
la marquise de Pastoret, grâce à la distinction
de leurs manières, à l'élévation de leur esprit,
au charme de leur conversation se firent remarquer dans la société d'élite réunie à Alton-
Towers.

M. le duc des Cars, portait non seulement un
des grands noms de France, mais il avait une
valeur personnelle que tous les partis s'empres-
sent de reconnaître, car elle provient de services
rendus à sa patrie. En 1822 M. des Cars était
général en Espagne, où M. de Lévis commandait un bataillon de la garde royale; en 1830
il était en Algérie, et à ces deux époques il a
participé à des conquêtes glorieuses pour la
France. Son courage, son mérite réel ne peuvent être comparés qu'à sa bienfaisance, à sa
loyauté et à son invariable dévouement, qui
avait dû en quelque sorte redoubler en lui de-

puis le jour où il avait épousé mademoiselle de Tourzel, petite-fille de l'héroïque gouvernante des enfants de France en 1793. Que ne dirait-on pas en outre de ses rares qualités comme chef de famille et comme grand propriétaire? La contrée qu'il habite peut seule les bien vanter.

M. le marquis de Pastoret était le représentant de deux hautes illustrations. Son père s'était acquis par son savoir, par sa prodigieuse capacité, la confiance royale dont il fut le dépositaire dans la prospérité comme dans les revers. Chancelier de France et tuteur de Mgr le duc de Bordeaux, il avait rempli ces fonctions avec une égale fidélité. La sainte mère de M. de Pastoret venait de fermer les yeux en léguant son nom comme un souvenir doux et sacré aux établissements de charité, et surtout aux *salles d'asile* qu'elle avait fondés, dirigés et soutenus. On sait qu'elle n'avait pour appui que son crédit auprès de la famille royale, et de ses dignes amies, qui devinrent bientôt ses infatigables complices, entre autres madame la baronne de Baulay, dont la mort récente affligeait aussi profondément de grandes infortunes, près desquelles ces nobles femmes s'efforçaient de remplacer d'augustes exilés.

La tutelle de Henri de France fut transmise

à M. de Pastoret, après la mort de son père, comme pour prouver qu'on trouvait en lui l'héritier de ses talents et de ses vertus, et ratifier ce que disait alors un des plus graves organes de la presse : « M. le marquis de Pastoret fut le
« Michel Le Tellier de notre époque. Ces deux
« vies semblent calquées, et, comme le grand
« ministre, il eut la consolation, sur la fin de sa
« carrière, pour me permettre le langage de
« Bossuet, de se reposer des occupations de sa
« charge sur un fils qu'il n'eût jamais donné
« au Roi s'il ne l'eût pas senti capable de le ser-
« vir. Ses dernières fonctions furent un titre à
« son tombeau et un ornement à sa famille. »

C'est ici le lieu de rappeler que M. de Pastoret était le troisième du nom dans cette noble charge, car l'histoire nous dit qu'un de ses ancêtres, Jean Pastoret, fut l'un des douze tuteurs de Charles VI.

M. de Pastoret s'est rendu cher aux sciences morales et politiques, à la littérature, à la poésie, par des ouvrages remarquables, et aux arts par son goût distingué et son empressement à venir en aide à ceux auxquels manquent le travail, ou que des malheurs, des maladies privent de leurs ressources. De plus, un zèle éclairé et assidu le place constamment à la tête de toutes les bonnes œuvres que l'opinion royaliste a pour mission d'établir et de seconder. Sa générosité non exclusive, sa bienveillance exempte de tout esprit de parti, ont plus d'une fois fait bénir la main du jeune prince dont souvent il est l'intermédiaire et dont il remplit si bien les intentions. Aussi naguère toutes les convictions lui ont-elles témoigné publiquement estime, respect et préférence, en l'invitant à présider le fameux banquet que les artistes offrirent à M. Ingres, directeur de l'école française à Rome, lors de son retour à Paris.

M. Villaret de Joyeuse était précédé d'une réputation trop méritée pour qu'il eût besoin d'apporter à Alton-Towers autre chose que ses formes prévenantes, son exquise politesse et son entretien instructif. Toutefois une circonstance particulière lui fit dater de ce château une lettre où respire son beau caractère ; elle est adressée au journal français *le Globe,* lequel avait imprimé que M. Villaret de Joyeuse avait, en une certaine occurrence, porté la cocarde anglaise. *Le Globe,* pour se rétracter, n'attendit même pas la réponse suivante :

« Alton-Towers, le 9 novembre.

« Monsieur le rédacteur,

« En parcourant les journaux, qu'on ne reçoit, dans les voyages, qu'à de longs intervalles, j'ai vu que mon nom avait été mêlé à de misérables inductions tirées d'un dîner auquel j'ai pris part chez M. l'amiral Durham.

« Je m'en suis fort peu ému, parceque j'ai la conscience que, de quelque côté que l'on examine ma vie, on n'y trouvera rien qui puisse me faire baisser les yeux ; mais je ne puis m'empêcher de déplorer la légèreté avec laquelle la presse se permet d'attaquer toutes les existences, et croit avoir fait un acte méritoire quand elle vient déclarer plus tard qu'elle s'est trompée du blanc au noir, et que l'homme qu'elle vient de calomnier n'a jamais failli à aucun de ses devoirs.

« C'est ce qui vous est arrivé à mon sujet, monsieur, et j'aurais le droit de m'en plaindre, si je ne trouvais une réparation dans la noble franchise avec laquelle vous avez avoué votre erreur et dans la justice que vous m'avez rendue, en reconnaissant que tous les actes de ma vie pouvaient justifier la devise : « Tout pour la France et par la France. »

« Puisque vous rendez de si bonne foi hommage à la vérité, je suis charmé, monsieur, de vous mettre à même de publier que la bonne opinion à laquelle je dois l'estime et l'attachement du noble corps auquel j'appartenais naguère est la seule cause qui m'ait valu l'honneur d'être appelé près de M. le comte de Chambord ; qu'on est venu me chercher au fond d'une obscure retraite, et que c'est parceque j'ai trouvé la plus parfaite conformité de sentiments en ce jeune prince aussi bien que dans les hommes qui l'approchent, que je me suis attaché de cœur à sa personne, comme, par principe, je l'étais à sa cause.

« J'espère, monsieur le rédacteur, que le sentiment de justice qui vous a guidé dans votre rétractation, vous portera également à publier cette lettre, que je termine en vous priant de vouloir bien recevoir l'assurance de ma considération très distinguée.

« VILLARET DE JOYEUSE. »

Le premier comte d'Angleterre, l'un des plus

ardents zélateurs de la foi catholique, avait donné une haute idée de lui-même, en conviant sous son toit le digne descendant du premier baron chrétien, M. Gaston de Montmorency, prince de Robecq. On sait par quelle bravoure, par quelle délicatesse de cœur, par quelle ferveur dans la pratique constante de ses convictions religieuses et monarchiques, cet homme jeune encore fait rendre hommage en sa personne à l'immense renommée de sa famille.

M. le duc de Guiche était l'un des compagnons d'étude et de jeux de Mgr le duc de Bordeaux, avant 1830, et lord Shrewsbury l'avait bien jugé en pensant que sa présence serait agréable à son royal ami. Nous pourrions nous étendre assez longuement sur M. Barrande, mais nous savons combien sa modestie est susceptible. L'ancien élève de l'Ecole polytechnique a voué son érudition, son expérience, et son attachement désintéressé à un prince chez lequel il a particulièrement contribué à développer les éminentes qualités de cœur et d'esprit que tant de témoins ont pu constater. Il trouve donc dans le spectacle de ces succès une douce récompense, sans qu'il soit nécessaire de redire tout ce que ses soins

inspirent en France de gratitude, ni jusqu'à quel point sa grande capacité fut remarquée à Alton-Towers et en Angleterre. Pour lui, comme pour tous les autres, nous allions nous borner à citer leurs noms qui retentissent d'eux-mêmes, lorsque nous nous sommes souvenu de cette pensée de M. de Levis, père de celui dont nous venons de parler : « Le témoignage de la cons-
« cience est satisfaisant ; mais les louanges mé-
« ritées sont délicieuses. »

Hâtons-nous de dire que tous les invités du comte et de la comtesse de Shrewsbury avaient les mêmes sentiments, les mêmes idées, les mêmes vues, le même dévouement à leur pays. Il s'appréciaient donc mutuellement, et les châtelains écossais furent l'instrument dont la Providence, en cette occasion, s'était servi pour justifier ce qu'à dit Fénélon : « Les Dieux
« ont donné aux bons de quoi se connaître les
« uns les autres, ceux qui ont le goût de la
« vertu ne peuvent être ensemble sans être unis
« par la vertu qu'ils aiment. »

Le 4 novembre à cinq heures du soir, Mgr le le duc de Bordeaux arrivait à Alton-Towers. Une illumination générale fit tout à coup scintiller le gothique et majestueux château, et le comte et la comtesse de Shrewsbury allèrent à sa rencontre sur le perron, où ils le reçurent entouré de tous leurs hôtes, madame la **duchesse de Lévis**, madame la marquise de **Pastoret**, M. Gaston de Montmorency, Berryer, **M. le duc des Cars**, M. le duc de Guiche, le révérend **docteur Wiseman**, évêque catholique, lord et **lady Waterparlk**, lady Fitzgerald, le célèbre architecte Pugin, la marquise de Westmeath, sœur de lady Cowley, le capitaine, et madame Powis, lord Beverley Percy, Viscourt Sandon, sir Thomas Gage, le capitaine, et madame Washington-Hippert, lord Hatherton, l'honorable M. Sittleton, sir Clifford et lady Constable, miss Chichester, M. et madame Cavendish, sir William et miss Broothby, M. et madame **Philipps** (of grace Dieu), M. et madame Philipps (of heah House), lady Louisa et M. et miss Bromley, M. Buller, membre du parlement, honorables M. et madame Berthe Percy et miss Percy, MM. Mary Amherst, M. d'Arcy-Talbot, M. et madame et miss Brougthon.

L'intérieur avait, comme le dehors, un air de fête et resplendissait de toutes parts. Le prince fut conduit par lord Shrewsbury aux *appartements royaux*, puis vint prendre place à un magnifique banquet, durant lequel les airs nationaux de France et d'Ecosse charmèrent les convives.

Le dimanche 5, une messe en musique fut célébrée dans la chapelle du château, des promenades eurent lieu dans ce parc, bien fait pour être admiré par le prince, car il est un exemple de la bienfaisance s'associant aux chefs-d'œuvre de l'art, et leur prêtant une véritable, une légitime grandeur. En effet, dans le parc d'Alton-Towers, tout ce qui forme un point de vue, un mouvement de terrain, est un établissement agricole ou une institution de bienfaisance ; là une ferme-modèle, ici un hospice, une chapelle ou des maisons occupées par de vieux serviteurs. Henri de France fut heureux de trouver un cœur si élevé, si généreux, comprenant bien l'application de la fortune par la charité, de l'aumône par le travail, et souvent sa voix émue en exprima ses félicitations à ses nobles hôtes.

Lundi 6, anniversaire de la mort du roi Charles X, il a été dit par Mgr Wiseman, prélat catholique, une messe de *Requiem*, à laquelle Monseigneur a assisté, ainsi que toutes les personnes du château. Lord Shrewsbury avait fait élever un dais magnifique et dresser un riche catafalque avec l'écusson des armes de la maison de Bourbon. Un nombre immense de candélabres entourait ce catafalque, au pied duquel le prince est venu pieusement s'agenouiller. Tous les assistants rendirent comme lui hommage à la mémoire du meilleur des rois ; mais si grande que fût la douleur en présence de cette triste cérémonie, leurs regrets étaient dépassés encore par ceux du jeune prince, dans le cœur duquel le sentiment filial qu'il avait voué à Charles X reste fortement empreint. En ce moment, le souvenir de sa patrie lui était encore plus présent, car il n'avait pu oublier la tendresse que son aïeul conservait à la France, à cette France pour laquelle, à son dernier soupir, il avait légué à son petit-fils ses touchants adieux ; tant il est vrai que l'amour d'un tel Bourbon est comme l'amour d'une mère ; il est bien difficile de le perdre, même en cessant de le mériter.

Le 7, la comtesse de Shrewsbury et la haute société d'Alton-Towers ont accompagné Monseigneur à Chatsworth, résidence du duc de Devonshire. Le 8, lord Shrewsbury a prié le prince, en souvenir de l'honneur qu'il a reçu par la présence de son Altesse Royale dans son château, de daigner planter lui-même cinq jeunes chênes, qui attesteront son passage à Alton-Towers. Monseigneur a bien voulu se rendre à ce désir, et au moment où il plantait de sa main chacun de ces arbres, la batterie de la terrasse tirait des salves, et la vieille bannière de la maison de Talbot, solennellement arborée, flottait dans les airs. Il s'est ensuite rendu, avec toute la société, à Cheadle, vers l'église catholique élevée par la munificence de lord Shrewsbury, et qui sera l'une des plus belles des temps modernes. En outre, il a fait dans la même journée une excursion à Trentham, résidence du duc de Sutherland, qui, dans des dimensions moins vastes, donne cependant une parfaite idée de cette existence des *grands vassaux* de la couronne d'Angleterre, à laquelle rien ne peut être comparé sur le continent.

La vue de ces châteaux et des richesses de tout genre qui y sont entassées n'a pas été une oisive partie de plaisir, ni une satifaction de curiosité pour celui qui s'applique à connaître les bases de la puissance de ce pays, et les conditions de stabilité d'une société dans laquelle les éléments de liberté et d'aristocratie sont combinés d'une manière unique en Europe.

Le 8, le prince visita dans le plus grand détail les immenses et merveilleuses fabriques de MM. Minton, à Stoke-Upon-Trent, et son orgueil français se réjouit en voyant que les porcelaines de Sèvres étaient employées pour modèles. Il a choisi plusieurs porcelaines de prix, qu'il a offertes aux dames qui l'accompagnaient. Cette gracieuseté du jeune prince, toujours empressé, toujours reconnaissant, rappelait les pompes du siècle de Louis XIV, les loteries du grand roi, et cette idée de munificence que Monseigneur a reçu traditionnellement, et qu'il aurait imité aux Tuileries, si les circonstances étaient restées ce qu'on croyait qu'elles seraient.

Lord et lady Hatherthon, l'honorable M. Littleton, lord Sandon, la comtesse de Boissier, la famille Percy, sir Cliffort et lady Constable, sir Win et miss Boothby, M. et madame Buller, M. et madame Philips, sont arrivés à Alton-Towers.

Tous les soirs il y avait concert. Lord Shrewsbury, sachant que Monseigneur aimait beaucoup la musique, ne négligea aucune occasion de multiplier à cet égard ses délicates attentions. Il eut soin de mander le célèbre pianiste Field, qui était l'âme de ces soirées, auxquelles la voix brillante de plusieurs ladys prêta un nouveau charme. Le Prince se montra touché de l'empressement respectueux dont il était l'objet, et ses paroles affables et pleines de dignité lui concilièrent l'affection de tous ceux qui étaient réunis autour de sa royale personne.

Le lendemain, il se rendait à Manchester, autre cité de bruit, de mouvement industriel, où les manufactures, les établissements de tout genre surabondent et présentent un spectacle qui excita vivement l'attention du prince. Accompagné de sir Thomas de Trafford, il a pu voir dans toutes ses ingénieuses combinaisons et ses mille formes la fabrique de toiles peintes de MM. Hoïle et compagnie, et celle de MM. Holdsworth, qui s'empressèrent de lui indiquer toutes les opérations par lesquelles s'accomplissent successivement le nettoyage, le cordage, le filage et l'emploi du coton. La fabrique de soie damassée de MM. Schwab l'intéressa bien vivement, car il y vit proclamer hautement la supériorité des métiers à la Jacquart, de l'inventeur français, dont les étonnants produits à Lyon propagent sans cesse la renommée dans l'Europe entière. Il n'a jamais manqué de s'informer du nom des inventeurs, du lieu qui les a vu naître, des points les plus saillants de leur existence, et l'on pouvait lire sur son visage la satisfaction qu'il éprouvait en entendant prononcer un nom lui rappelant son pays.

Après cette longue et sérieuse journée, le prince est allé dîner à Trafford-Parc, où sir

Thomas de Trafford lui a offert une brillante hospitalité.

Le 10, dès le matin, l'auguste voyageur, après avoir jeté un coup d'œil sur les belles races de bétail qu'élève sir Thomas, est retourné à Manchester pour employer une grande partie de la matinée à parcourir les immenses ateliers, justement nommés *Atlas-Works*, de MM. Sharp, Roberts et Compagnie. M. Sharp a conduit lui-même M. le comte de Chambord dans toutes les parties de son établissement, si connu de tout ce qu'il y a de constructeurs en Europe. Il a montré en mouvement une variété inconcevable de machines avec lesquelles on travaille le fer pour créer cette puissance qui donne à la Grande-Bretagne sa supériorité dans les produits à bon marché. Il a répondu avec empressement à toutes les questions techniques qui lui ont été adressées par le noble visiteur.

Ce jour-là, comme la veille, la nouvelle de la présence du comte de Chambord s'étant répandue dans Manchester, le population, toujours si affairée, si pressée, qui parcourt d'un air préoccupé les rues de cette industrieuse cité, a cependant trouvé le loisir de suspendre pendant quelques moments sa fébrile activité, pour attendre et pour apercevoir au passage une auguste personne venant étudier modestement toutes les branches de travail qui procurent du pain aux classes ouvrières.

Avant de quitter Manchester, M. le comte de Chambord a accepté une collation chez M. Herbert, doyen de l'Eglise anglicane, et il est reparti ensuite pour Alton-Towers, où il est arrivé assez tard.

Le beau village de Farley, près d'Alton-Towers, que le prince devait traverser le soir en revenant de Manchester, était illuminé. De toutes parts il est arrivé des personnes curieuses de voir l'héritier et le représentant de la maison de Bourbon et de ses rois. On faisait circuler cette foule avide de contempler les traits du prince dans les galeries qui tournent autour de la salle à manger.

Un triste moment approchait pour lord et lady Shrewsbury et pour tous les hôtes d'Alton-Towers. Le 13 était le jour irrévocablement fixé pour le départ du prince, dont le maintien et la physionomie attestèrent l'émotion. Il allait quitter la France qu'une hospitalité chaque jour plus royale lui avait créée en Ecosse, et ses visibles sentiments cessèrent de se concentrer au moment où, au dessert du dernier repas, lord Shrewsbury, donnant l'exemple

aux convives, se leva et prononça ces paroles :
« Je remercie votre Altesse Royale de l'honneur qu'elle a daigné me faire en passant quelques jours à Alton-Towers.

« Je lui rends grâce de la bonté qu'elle nous a témoigné à tous, et de la bienveillance avec laquelle elle a accueillie toutes les personnes que nous avions rassemblées autour d'elle.

« Mes sentiments vous sont connus, Monseigneur, et je n'ai pas besoin de vous dire avec quelle ferveur et quelle sincérité nous prierons Dieu de bénir votre avenir ! »

Aussitôt l'orchestre fit entendre l'air de *Vive Henri IV ;* puis le prince répondit :

« Je suis très sensible aux choses aimables que vous venez de me dire. J'ai été charmé.... j'ai été heureux de passer quelques jours à Alton-Towers, au milieu de votre famille et des amis dont vous m'avez entouré. Lord et lady Shrewsbury, je vous en remercie du fond de mon âme, et je vous assure ici que toujours et partout, quoi qu'il m'advienne, je me souviendrai de la réception que vous m'avez faite sous votre toit. »

Le soir, le prince remit au comte de Shrewsbury une belle médaille d'or à l'effigie de *Henri de France.* Lui-même avait voulu y graver son nom comme il l'écrit d'ordinaire, et c'était là un royal cadeau pour un exilé. Il offrit à lady Shrewsbury une bague ornée de son chiffre en diamants, et le lendemain il partit, laissant dans le cœur des habitants d'Alton-Towers et des contrées voisines son souvenir ineffaçable.

Pendant le séjour que le comte de Chambord a fait au château de lord Shrewsbury, la société anglaise s'est plusieurs fois renouvelée, et l'auguste voyageur a eu l'occasion de s'entretenir avec beaucoup de personnes du plus haut mérite et du rang le plus élevé, appartenant à toutes les couleurs politiques, et qui, à diverses époques, ont pris part aux affaires du pays, soit comme membre du gouvernement, soit dans les deux chambres.

Il avait eu souvent des entretiens particuliers avec lord Hatherton, une des lumières de la Grande-Bretagne, avec lord Shrewsbury, avec les hommes les plus graves, et aussi avec M. Berryer. Il se plaisait à écouter les fortes argumentations, les chaleureuses pensées de cet homme qui a tant fait pour son pays et pour sa cause; il feignait de ne pas s'apercevoir du bonheur qu'il causait à notre orateur national, en lui répondant par des réflexions pleines de justesse. Il prenait plaisir à lui laisser la parole, on voyait qu'il voulait mettre à profit l'occasion d'admirer en lui cette profonde raison, cet art de bien dire, et aussi ce regard puissant, ce geste expressif, cette voix affectueuse et sonore qui a tout reçu de la nature pour l'éloquence.

Le prince est arrivé à Sheffield dans la soirée du 13 novembre. Le lendemain, il a visité la fabrique d'acier de MM. Sanderson, qui ont mis le plus grand empressement à tout disposer pour que M. le comte de Chambord pût voir chacune des opérations pratiquées pour convertir les fers de Suède d'abord en acier de cémentation, et puis en acier fondu. Le royal visiteur a été conduit aussi par MM. Sanderson aux mines qu'ils possèdent à quelques milles de Sheffield, et où les prismes d'acier fondu sont convertis soit en barres, soit en feuilles destinées à divers genres de fabrication.

Au retour de cette excursion, Mgr le duc de Bordeaux a parcouru l'établissement où l'on produit les gaz d'éclairage. Il a examiné successivement la distillation de la houille, la purification de l'hydrogène carboné, et les moyens ingénieux par lesquels on exerce la surveillance du travail et on règle la distribution du gaz dans la ville.

Le prince s'est ensuite rendu aux ateliers de

MM. Rogers, couteliers de S. M. Britannique, chez lesquels on trouve sur la plus grande échelle un exemple complet de la fabrication spéciale à Sheffield. Il s'est appliqué à examiner les procédés de ventilation adaptés aux ateliers où on passe sur la meule les pièces de coutellerie, et il a vu avec bonheur que, grâce aux soins des fabricants éclairés et humains, l'opération de l'aiguisage, jadis si funeste à la santé des ouvriers, a perdu aujourd'hui une grande partie de ses dangers pour ceux qui la pratiquent.

Après avoir encore visité les ateliers où MM. Rogers font des plaqués de toutes les formes, M. le comte de Chambord s'est fait conduire dans la fabrique de MM. Dixon. Là, il a vu préparer l'alliage connu sous le nom de *britannic-métal,* auquel on donne ensuite dans les mêmes ateliers toutes les formes imaginables pour servir aux besoins et aux conforts de la vie matérielle. Le prince, en se retirant, a témoigné à MM. Dixon combien il était satisfait de connaître les procédés expéditifs et ingénieux qu'ils emploient dans cette immense fabrique.

Il était fort tard lorsque M. le comte de Chambord s'est mis en route pour Manchester, où il n'est arrivé que vers trois heures du matin,

Après un court repos, il s'est dirigé vers **Worsley**, où il se proposait de voir les canaux et **les mines** si **célèbres** du duc de Bridgewater. M. **Smith**, **directeur** de cette vaste administration, **avait** déjà fait toutes les dispositions convenables **pour** recevoir le prince. (1)

Après avoir revêtu le costume obligé, M. **le** comte de Chambord a pénétré en bateau **dans** les caveaux souterrains qui se développent **sur** trente-huit milles de longueur, attestant **à la fois** le génie de l'ingénieur Brindley, et les **hardies** spéculations du duc de Bridgewater. **Pendant** plusieurs heures, le prince a parcouru **divers** étages des caveaux d'exploitation, **communi**quant entre eux par un grand nombre de **puits**. Il est aussi descendu par ces puits à des **pro**fondeurs considérables, pour observer **les di**verses couches de houille et les moyens **d'ex**ploitation de ce trésor accumulé en ces **lieux** avec tant de libéralité par la Providence. **Son** attention soutenue fut bientôt doublement **ex-**

---

(1) Ici, comme en quelques autres endroits, on pourra remarquer que mon récit est semblable à celui de M. le vicomte Walsh. C'est qu'afin d'être plus impartial, j'ai, comme lui, emprunté la plupart de ces détails aux **journaux an**glais.

citée par la vue des travaux, les plus grands qu'un simple particulier ait jamais exécutés à ses frais, et ensuite par le désir de se faire une idée exacte d'un projet analogue qu'une compagnie se prépare à réaliser entre le Rhône et la Loire, à travers le bassin de houille de Saint-Etienne. En sortant des mines de houille, M. le comte de Chambord a accepté une collation offerte par M. Smith, et il est parti ensuite pour aller dîner et coucher chez sir Thomas de Trafford, descendant des Normands, dont nous avons déjà signalé la noble hospitalité.

Le 16, à sept heures du matin, le Prince a quitté Trafford-Park, et à neuf heures il partit pour Leeds, sur le rail-way de Manchester. Le trajet entre ces deux villes l'a vivement intéressé par la vue des grands travaux que présente cette ligne, qui traverse une chaîne élevée de montagnes et se développe dans des gorges étroites où la nature du terrain, les canaux, les routes et les mines, partout semées offrent mille difficultés vaincues.

A une heure après midi, M. le comte de Chambord était à peine entré dans Scarborough's-hôtel, à Leeds, lorsque M. Marshall, l'un des chefs de la plus grande manufacture du pays, est venu lui offrir ses services pour le guider dans la ville. Le Prince a voulu d'abord visiter la filature de MM. Marshall, qui emploient deux mille ouvriers dans une même enceinte. L'une des salles de travail, récemment bâtie sur 400 pieds de longueur et 200 pieds de largeur, a excité l'admiration du royal visiteur, par ses dimensions extraordinaires, même en Angleterre, par l'élégance de son architecture, et les huit cents ouvriers surveillant des métiers chargés de 20,000 broches, et diverses autres machines qui remplissent à peine les deux tiers de cet espace immense.

M. Marshall conduisit aussi M. le comte de Chambord sur le toit de cette salle, percé par une multitude de lanternes formant des saillies semblables à des tentes de verre, tandis que le reste de cette vaste surface ondulée présente une prairie suspendue, parfaitement arrosée, sur laquelle paissent des moutons. Mais ce que Henri de France a surtout remarqué dans cette grandiose manufacture, c'est la pureté de l'air et l'apparence de santé de ceux qui le respirent. M. Marshall, en expliquant les moyens par lesquels on maintient dans la salle une température uniforme, a montré dans les souterrains une machine à vapeur uniquement employée à la ventilation. Il a aussi fourni à M. le comte de Chambord les plus intéressants documents sur les perfectionnements récents de la filature du lin et sur les rapides progrès de cette industrie dans les diverses contrées de l'Europe.

Durant l'après-midi, le Prince a également visité la fabrique de draps de M. Gott, qui est une des plus considérables du pays, M. Gott, avant de commencer la tournée des ateliers a laissé entrevoir le désir qu'avait sa vieille mère de voir le petit-fils de Charles X. Le royal voyageur s'est empressé de se rendre auprès de cette respectable dame et a passé quelques moments au milieu de la famille du fabricant, qui paraissait vivement émue. M. Gott a ensuite guidé le Prince dans toutes les parties de sa fabrique, où on voit la laine brute subir toutes les opérations nécessaires pour la convertir en drap prêt à être livré à la consommation. M. le comte de Chambord a demandé à voir les étoffes fabriquées pour le commerce de la Chine, et a fait diverses questions sur les avantages que l'industrie se promet des relations récemment établies avec le céleste empire.

MM. Marshall et Gott, invités par le Prince, ont dîné avec lui à Scarborough's-hôtel. M. le comte de Chambord s'est entretenu avec ces deux hommes éclairés des moyens employés dans la ville de Leeds pour instruire les classes ouvrières, pour développer en elles le sentiment de leurs devoirs moraux, et pour secourir les pauvres pendant les crises commerciales qui les privent de travail. Cette conversation d'un haut intérêt s'est prolongée dans la soirée.

Le lendemain, M. le comte de Chambord, après avoir visité la halle aux draps et le peu de monuments que renferme la ville, est parti à une heure par le rail-way de Hull. Le directeur de la station de Leeds, par ordre de ses chefs, avait offert un train particulier pour l'auguste passager et sa suite. M. le comte de Chambord avait préféré faire le trajet avec le convoi commun. Mais lorsqu'on est parvenu à Selby, M. Tothe, président de la compagnie du rail-way, M. Siddell, directeur, et M. George Locking, secrétaire de l'administration, se sont présentés à la portière du Prince, annonçant qu'ils venaient au-devant du fils des rois de France, pour lui offrir leurs hommages et lui faire parcourir par un train spécial les trente-deux milles qui le séparaient du terme de son voyage. M. le comte de Chambord, cédant à cette aimable insistance, a pris dans sa voiture les administrateurs du rail-way, et à l'instant il a été entraîné vers Hull avec une vitesse inconcevable, laissant bien loin en arrière le convoi public. Au moment où le train extraordinaire arrivait à l'embarcadère, on voyait une foule serrée qui occupait l'intérieur et les abords de la station, dans l'attente de l'auguste voyageur. A peine le prince français eut-il mis pied à terre qu'un *hurrah* partant de tous les rangs a témoigné de la manière la plus expressive la cordialité de l'accueil spontané que cette population aux sentiments indépendants et généreux sait réserver aux royales infortunes soutenues avec tant de magnanimité.

Quelques moments après cette chaleureuse réception, M. le comte de Chambord est parti en poste pour le château de Burton, où sir J. Clifford-Constable, et sa famille, entourés des notabilités de la province, l'ont reçu au milieu de l'éclat des torches et des sons bruyants de la musique, avec la grâce et la magnificence qui distinguent la haute aristocratie de ce pays. Au fond c'étaient les mêmes acclamations, les mêmes sentiments qu'à Hull, mais seulement sous d'autres formes.

Le 18 novembre, pendant le déjeuner, les pelouses vertes qui s'étendent devant le château de Burton-Constable se sont couvertes de chevaux, de chiens et d'équipages. Sir J. Clifford avait annoncé une partie de chasse au renard, à laquelle tous les gentilshommes et tous ceux qui peuvent disposer d'un cheval de chasse dans le voisinage sont accourus dans l'espoir d'apercevoir le prince. Vers midi, M. le comte de Chambord est monté à cheval, et bientôt une centaine de cavaliers, la plupart en habit rouge, se sont précipités à sa suite. Le renard lancé dans le parc a rapidement gagné la campagne, où cette brillante cavalcade l'a vivement poursuivi, franchissant les haies et les fossés qui entourent chaque héritage. Le Prince, ayant à ses côtés sir J. Clifford-Constable, lord Beaumond, le duc de Lévis, le duc des Cars, etc., s'est maintenu constamment au milieu des chasseurs et est arrivé à temps pour voir le renard épuisé de fatigue, expirer sous la dent des chiens. Ce violent exercice, qui a duré près de trois heures, n'a point fatigué le comte de Chambord; Il faut le faire remarquer, uniquement pour prouver qu'il ne reste aucune trace d'un accident qui devait, disait-on, empêcher le Prince de monter à cheval, au moins pendant plusieurs années.

Le 22 Mgr le duc de Bordeaux alla coucher à Darlington, et employa la journée du lendemain à visiter Raby-Castle, vieille habitation du duc de Cleveland, qui fit noblement les honneurs de son château, d'où le Prince se rendit à Newcastle. Dès le lendemain matin il alla chez M. Walles où d'admirables peintures sur verre attirèrent vivement son attention. Puis il visita en grand détails les lieux où sont tour à tour taillés et soufflés de magnifiques cristaux. Enfin, chez M. Cook-Lons, il examina avec un grand soin l'étamage des glaces par le moyen des machines d'une merveilleuse invention et d'une application facile. Là Henri de France comptait voir les célèbres lentilles dues au fameux physicien Fresnel, mais il fut agréablement trompé. On lui apprit qu'une innovation récente, dont un Français était l'auteur, avait tellement de supériorité sur les lentilles produites en Angleterre que celle-ci, forcée de renoncer à la concurrence, achète maintenant chez nous ces puissants auxiliaires de la navigation. Il serait difficile d'exprimer la satisfaction qu'il manifesta en apprenant une fois de plus le triomphe d'une invention française. Il insista beaucoup sur les premiers renseignements qui lui furent donnés à cet égard, et il semblait ne pouvoir s'arracher à un entretien dont sa patrie recueillait tous les avantages.

Un des hauts industriels qui l'entouraient fut si touché de ces sentiments qu'il ne put s'em-

pêcher de lui en témoigner son admiration et presque son étonnement, « car, ajouta-t-il, la
« France a bien des torts et est coupable d'in-
« justice envers vous.—Monsieur, répondit aus-
« sitôt le jeune Prince fort ému, la France est
« grande, généreuse, c'est toujours la grande
« nation, et je n'y trouve avec peine qu'un
« Français de moins. »

Dans la même journée, M. le comte de Chambord a encore vu la scierie de MM. Burnup, qui font débiter toutes sortes de bois avec des scies droites et des scies circulaires mues au moyen des mécanismes les plus simples et les plus économiques. Le procédé ingénieux du jet de vapeur employé à détruire la fumée des fourneaux, a attiré l'attention de S. A. R.

Dans l'après-midi, le Prince est parti pour le château d'Alnwick, où il était attendu pour dîner. Le duc de Northumberland, retenu encore sur son fauteuil par une attaque récente de goutte, est venu se présenter à l'entrée de l'escalier, avec la duchesse de Northumberland et tous les hôtes réunis à cette occasion, pour recevoir plus dignement S. A. R., quand elle a mis pied à terre. Un tel empressement et la grâce extrême qui le distinguait montraient combien l'ancien ambassadeur extraordinaire de la

Grande-Bretagne était désireux d'honorer, dans la personne d'un modeste voyageur, déposant jusqu'à l'éclat de son nom pour pénétrer plus aisément partout où il y a quelque chose à apprendre, le petits-fils du monarque qu'il a vu couronner à Reims au milieu de tant de magnificences. Tous les convives d'Alnwick se sont associés complétement aux sentiments manifestés par la famille illustre des Percy. On a remarqué parmi eux le duc et la duchesse de Roxburgh, lord Strangford, lord William Graham, lady Stanley, miss Percy, lady Walpole.

Après ses adieux à Alnwick, le Prince alla à Darlington pour prendre le chemin de fer, mais il voulut avant revoir l'ancien château d'York, qui a reçu une nouvelle destination et est maintenant une prison suivant le nouveau système cellulaire auquel un certain nombre de condamnés sont soumis. Il sait jusqu'à quel point en France le régime pénitentiaire préoccupe les esprits, et, non content d'avoir lu les principaux ouvrages sur cette grave matière, il désirait, par un examen très sérieux, observer la mise en pratique. Les réformes, les modifications, les changements à introduire dans l'intérêt de l'humanité, comme pour le besoin du repentir et de l'expiation, ont tour à tour été le texte de ses entretiens et un sujet donné à ses méditations consciencieuses.

Cependant M. le duc et madame la duchesse de Nemours allaient être choisis comme moyen d'atténuer l'effet produit par le voyage de Mgr le duc de Bordeaux en Angleterre. Au moment où tout annonçait que l'héritier de la branche aînée cheminait vers Londres, on imagina de faire partir pour cette même destination le régent nommé par les chambres, car la branche cadette voulait avoir son représentant. On eut dit que l'équilibre européen était menacé par l'excursion modeste et toute laborieuse du pauvre proscrit, et que dans les balances de le justice éternelle, il parût aux yeux des gouvernants de juillet peser trop formidablement pour qu'on ne fît pas soudain intervenir le poids compensateur d'un couple princier. Quoi qu'il en soit, M. et madame de Nemours furent désignés, ils partirent.

On ne peut se former une idée de l'impression que, dès son premier bruit, la nouvelle de cette étrange concurrence produisit au dedans et au dehors de la capitale. Tous les journaux indépendants s'empressèrent de blâmer hautement cet acte d'inconvenance et établirent des parallèles peu favorable à la maladresse d'un système aussi obstiné qu'aveugle. Une feuille royaliste connue par ses vicissitudes, ses énormes condamnations à l'amende et à la prison, non moins que par son triomphe dans l'affaire des *Lettres,* la *France* publia à ce sujet un article qui doit être cité textuellement comme monument historique :

« S'il faut en croire les bruits qui circulent, Londres va bientôt offrir un spectacle curieux. Ce n'est point le passé qui va y reparaître ; c'est l'avenir, l'avenir de la France qui va se montrer sous deux formes différentes. En effet on sait que Mgr le duc de Bordeaux doit arriver pour la mi-novembre. D'autre part, on assure que M. le duc et madame la duchesse de Nemours vont se remettre en route pour la même destination.

« On conçoit que Mgr le duc de Bordeaux vienne à Londres, puisqu'il est depuis longtemps en Angleterre, puisque, grâce aux lois de proscription du libéralisme triomphant, il ne peut voir la France que des côtes des Iles-Britanniques.

« Mais que M. et madame la duchesse de Nemours, après avoir voyagé tout l'été, après avoir parcouru l'ouest et l'est de la France, après avoir visité les deux mers, l'Océan et la Méditerranée, après être à peine remis des fatigues, des orages et des ennuis qu'ils y ont essuyés, quittent les douceurs de Paris et remettent à la voile pour aller essuyer les brouillards de la Tamise, c'est ce qu'on à peine à comprendre, c'est ce qu'on ne saurait expliquer.

« Ne pourriez-vous donc laisser reposer un instant ces deux jeunes époux ? N'est-ce pas assez de les avoir promenés du camp de Thélin aux fortifications de Lyon et de Lokmariaker aux Bouches-du-Rhône ? Ne les a-t-on unis que pour en faire un couple errant et en quelque sorte des commis-voyageurs politiques ? Néanmoins un voyage et même deux de ce genre en France se conçoivent, mais à quoi bon courir en Angleterre à travers la bise et la brume, puisque la reine Victoria sort de chez nous ? On pouvait, ce nous semble, attendre les beaux jours, à moins que des raisons graves ne s'y opposassent.

« Mais quelles seraient ces raisons ? Ce ne peut être la révision des traités du droit de visite ou autres griefs qui nous mettent vis-à-vis de l'Angleterre dans une position pénible et indigne de nous. Non, ce n'est point pour demander la franchise des mers, la délivrance de l'Irlande et de l'Orient : nous ne demandons plus rien de ce genre, et la France de juillet ne veut ou ne peut plus rien pour sa propre dignité, pour le redressement des torts ou pour le soulagement des peuples.

« Serait-ce pour présenter ses hommages à son jeune et auguste cousin, comme il allait les lui présenter autrefois aux Tuileries, qui étaient à lui alors et où il devait régner un jour? On pourrait le croire, si, comme on l'a dit quelquefois, M. le duc de Nemours a réellement des sentiments dignes d'un prince bien né, pour celui qu'il ne refusait pas de reconnaître pour son seigneur et pour son maître.

« Mais en supposant (ce que nous aimerions à croire) que M. le duc de Nemours fût assez noble pour être encore pénétré des mêmes sentiments envers Mgr le duc de Bordeaux, lui serait-il permis de céder à ces beaux sentiments? D'en haut où d'en bas, ne lui viendrait-il pas ordre de les réprimer ou même d'agir en sens contraire.

« En effet, un ministère aux abois, un système qui fait arme de tout, excepté de ce qui est noble et juste, ne doit, sauf erreur, envoyer un représentant extraordinaire à Londres, dans les circonstances actuelles, que dans des vues peu dignes et pour de honteux intérêts. C'est, ce nous semble, avoir trop peu d'égards pour

M. le duc de Nemours; ce n'est point ménager assez la délicatesse d'un jeune prince qui connaît les convenances, et dans qui la voix du sang et du devoir n'est peut-être pas encore complétement éteinte, que de lui imposer une pareille corvée.

« En effet, que veut le ministère en envoyant M. le duc de Nemours à Londres? est-ce pour éclipser par son luxe le jeune Henri de France, et pour sanctionner par sa présence l'oppression de l'Irlande et la condamnation d'O'Connell, si elle a lieu? Pour l'une et l'autre, peut-être? Mais, dans ce cas, jusqu'où le fait-on descendre et quel rôle lui fait-on jouer? Pauvre prince, pauvre politique! Un jeune homme du sang royal sera envoyé à Londres, comme un exempt, pour aider à l'enchaînement d'un peuple qu'il devrait secourir et de son libérateur qu'il devrait protéger!

« Mais, diront les ministres, si le prince en souffre quelque peu dans sa délicatesse et dans sa générosité, les Anglais nous en sauront gré et nous le rendrons au besoin. Illusion! les Anglais vous en mépriseront; ils vous laisseront dans l'embarras quand vous y serez, et ils ne croient pas plus avoir besoin de vous pour contenir l'Irlande que le czar pour contenir la Pologne; il est donc probable que, de ce côté, le ministère en sera encore pour ses frais et pour sa courte honte... Sera-t-il plus heureux de l'autre, et aura-t-il plus de succès contre Mgr le duc de Bordeaux que contre O'Connell, contre le jeune opprimé que contre le vieux libérateur? Rien de moins sûr. Tout succès, tout triomphe à cet égard est même impossible, puisqu'il n'y aura ni lutte, ni combat. Henri de France ne vient point à Londres pour y briller, pour y chercher des honneurs, pour y primer qui que ce soit; il y vient parceque c'est sa route pour terminer son voyage, parcequ'il veut en étudier les mœurs et les institutions politiques, parcequ'il y sera plus près de cette belle France où il est né, où il devait porter le plus antique des sceptres, et qu'il ne peut plus maintenant contempler que de loin.

« Voilà pourquoi Henri de France passe à Londres avant de reprendre la mer et de retourner en Allemagne auprès de ses augustes parents, dont il est la consolation. Il n'y a dans ce voyage, dans cette excursion d'études politiques du jeune prince, rien autre chose que son mérite et sa dignité personnels qui rappelle l'élévation de son rang. Il ne se pose point en prince, il n'a d'autre nom que celui d'un des seuls domaines qui lui restent dans cette France que ses aïeux ont formée, dont ils ont fait la puissance et la gloire, du domaine qu'il tient de l'amour des Français; ce n'est point Bourbon, ce n'est point Henri V qu'on l'appelle, c'est tout simplement le comte de Chambord. Les honneurs qu'on pourra lui rendre en terre étrangère, il les recevra comme sa courtoisie chevaleresque le lui commande, mais il ne les recherchera point. Il demande au sol anglais une hospitalité passagère, mais non ses pompes et ses grandeurs. Laissez donc passer le jeune voyageur, laissez-le reposer en paix dans l'hôtellerie de la route, et dans celle de Londres, où il rencontrera quelques amis fidèles.

« Voilà tous ses projets. Qu'y a-t-il à combattre et à éclipser en tout cela? Éclipser la modestie, c'est difficile; persécuter l'infortune, ce serait odieux. Voilà cependant la tâche que l'on voudrait, assure-t-on, imposer à un jeune prince fait pour un rôle meilleur. Vous le ferez accompagner *d'amés et féaux* satellites tout étincelants d'or; vous le chargerez de toutes les pompes du trône, de toutes les splendeurs du budget; vous le placerez à la cour pour en obstruer les issues qui ne seront point assiégées; enfin, vous essaierez d'écraser la simplicité de l'exil par le luxe insolent des pavés de juillet; voilà le seul triomphe que vous puissiez avoir, si tant est que vous triomphiez.

« En effet, quoiqu'il se soit fait trop souvent notre ennemi, il faut l'avouer, le peuple anglais est grand, et, comme tout ce qui est grand, il a quelque chose de noble et de généreux, et quand il verra ce grand faste en présence de cette grande simplicité, cette puissance d'un jour en face du jeune représentant d'une puissance de dix siècles, cet orgueil du bonheur en face de l'intérêt de l'exil, que voulez-vous qu'il sente, et quelles réflexions voulez-vous qu'il fasse? Croyez-vous qu'il ne sera même pas sévère pour cette prospérité qui vient poursuivre l'infortune et l'opprimé jusqu'en exil, jusque sur la terre étrangère, son seul refuge? Si vous pensez ainsi, je vous plains, car le sens moral vous manque, et vous méconnaissez tout ce qu'il y a de délicatesse innée dans la nature humaine et dans l'opinion d'un grand peuple.

« On voit donc qu'en essayant de nuire au comte de Chambord on le sert. M. le duc de Nemours, que des ministres maladroits compromettent ainsi, a trop de tact pour ne pas comprendre pour qui sera l'intérêt dans cette circonstance; il sentira que si celui qui vient du sein de l'opulence et de la prospérité peut éblouir, il doit intéresser beaucoup moins que celui qui vient de l'exil et qui voyage, ayant pour compagnon le malheur qu'il n'a point mérité. L'un, se dira-t-on, revient du beau pays et des grands palais de France; l'autre, dont des aïeux ont fait bâtir ces palais, peut à peine passer en vue de cette même France qui lui a donné le jour, qui lui promettait un trône! »

Un autre article sorti de la plume du loyal et courageux auteur de l'*Histoire des six Restaurations,* de la *Décentralisation*, de *Dubois et M. Thiers,* d'une *Lettre à Louis-Philippe, sur la captivité de Charles V,* et des *Souvenirs de voyage en Suisse,* etc... M. Frédéric Dollé, l'un des rédacteurs-gérant de la *France,* fut aussi poursuivi comme coupable d'une allusion à la rentrée du roi Louis XIV à Paris. Le parquet, ce jour-là, était flatteur; il voulut y voir un rapprochement quelconque avec le départ de M. de Nemours. Un double procès fut donc intenté, et malgré les réclamations énergiques de la presse, malgré les plus positifs avertissements, la *France* fut de nouveau victime de l'une des innombrables persécutions exercées depuis douze années.

Rien n'avait encore égalé la précipitation et

l'acharnement avec lesquels le parquet lança ses foudres contre l'article distingué du journal, qui n'avait certainement voulu adresser aucun blâme à M. le duc de Nemours, mais uniquement au ministère, dont la déplorable fantaisie l'exposait à toutes les appréciations et les commentaires des hommes de bien et de cœur de n'importe quelle opinion. Un fait inouï a suivi cette brutale saisie dans les bureaux de la *France* et à la poste, le 3 novembre. Déjà le 23 octobre, c'est à dire onze jours avant, une saisie avait eu lieu pour deux articles empruntés l'un à l'*Histoire de France* par Anquetil, l'autre à l'*Histoire des six Restaurations* par M. Frédéric Dollé.

Tout annonçait qu'à son égard on adopterait la marche ordinaire, puisque le procès-verbal était du 23, et que M le juge d'instruction de Saint-Didier avait interrogé M. Frédéric Dollé. M. le procureur-général n'ayant pas usé sur-le-champ de la latitude à lui laissée par l'article 24 de la loi du 9 septembre 1835, de citer directement à trois jours après la signification du procès-verbal de saisie, il était naturel de croire que, suivant la législation émanant de la Restauration, qui donnait des garanties aux écrivains, le juge aurait fait son rapport, dans les huit jours de la notification de la saisie, à la chambre du conseil, laquelle devait, sous peine de voir la saisie périmée, prononcer dans les dix jours. Mais cette poursuite avait soulevé l'étonnement et les sévères réflexions des organes indépendants de la presse. Le parquet, se voyant sans doute forcé d'y renoncer, se hâta de la joindre à la nouvelle, et il se flatta d'avoir, par cette combinaison, rendu infaillible un double résultat. Ainsi on a détourné le cours de la juridiction habituelle pour se servir soudain des lois de septembre et de la citation directe dans une circonstance où d'abord on avait résolu de prendre la magistrature pour juge. Puis on n'a pas craint de faire à cette magistrature l'injure de préférer à son sérieux et calme examen une mesure de colère, et on a appelé à son aide une loi votée contre la presse dans un de ces moments de passion et de trouble où on l'a improvisée, et pour la modification de laquelle tant de justes réclamations se multiplient chaque jour.

On connaît le résultat des efforts prodigieux du chef du parquet et de M. Nouguier, chargé de soutenir l'accusation contre le journal, que son acquittement, lors du fameux procès des *Lettres*, désignait d'autant plus à l'inflexibilité du ministère public. Le bon droit de la *France*, si merveilleusement démontré par l'éloquent et habile plaidoyer de M⁰ Alexis Fontaine, d'Orléans, habitué à de beaux succès dans les affaires politiques comme dans les causes civiles, a prévalu sur tant d'insistance et d'activité.

Un auditoire immense avait été témoin de ces débats et de cet acquittement, qui consterna le ministère public en général, et MM. Hébert et Nouguier en particulier. Une vive adhésion se manifesta au moment du prononcé de l'arrêt, et ce n'était pas la première fois, car elle avait déjà pour ainsi dire éclaté lorsque M. Fontaine s'écria :

« Au dessus de toutes les accusations du ministère public il y a cette question à faire pour savoir s'il y a délit punissable, l'article du 21 octobre a-t-il pu faire courir au gouvernement, au nom duquel on le poursuit, un danger quelconque. Car enfin on ne punit pas, ou du moins on ne doit pas punir un fait inoffensif; il faut un intérêt, un grand intérêt public pour motiver l'action de la justice criminelle, puisqu'il faut un intérêt pour motiver le plus petit procès d'un individu.

« Eh bien! le 21 octobre dernier, qu'est-il arrivé; avez-vous ouï dire qu'il s'était passé dans

Paris, par suite de l'article du journal la *France*, un événement semblable à celui du 21 octobre 1652.

« Ceux qui sont allés ce jour-là à Notre-Dame, ont-ils vu, comme dans le récit d'Anquetil, *le clergé sortir croix et bannière en tête* pour aller au devant du roi légitime? Ceux qui ont été aux Tuileries ont-ils vu *des princes du sang comme Gaston d'Orléans;* tous ceux enfin qui se sont promenés dans la capitale ont-ils vu les *corps des marchands*, les *bourgeois* aller se mêler au cortège, *les colonels de quartier, le parlement même, la cohue des enquêtes, ou, si vous voulez, la chambre des pairs, la chambre des députés;* tout le monde enfin courir à ce grand événement, abjurer les vertiges de la Fronde et les faire oublier au roi par leurs hommages et leurs acclamations.

« Non, a dit lui-même M. l'avocat-général, je le reconnais, aucun mouvement comme celui du 21 octobre 1652 ne s'est manifesté dans Paris le 21 octobre dernier par suite de l'article du journal la *France,* la provocation n'a pas été suivie d'effet, et il s'est écrié dans un mouvement oratoire qui a saisi tous nos esprits :
« Vous êtes bien heureux qu'un mouvement
« semblable ne soit pas arrivé; car s'il était ar-

« rivé, s'il avait réussi, au lieu d'un délit de
« simple provocation, ce serait pour un crime
« d'attentat que nous vous poursuivrions et que
« nous demanderions contre vous des peines
« terribles. »

« En même temps, vous vous en souvenez,
MM. les jurés, M. l'avocat-général, ajoutant la
puissance du geste à celle de la voix, nous figurait et nous désignait cet instrument de mort si connu des royalistes dans les temps de révolutions!

« Et moi, messieurs, tout en admirant l'éloquence, en frémissant de la menace, je ne pouvais m'empêcher de sourire de l'ingénuité de l'orateur!

« Quoi! monsieur l'avocat-général, si un événement pareil à celui du 21 octobre 1652 était arrivé le 21 octobre 1843, pendant que *tout le clergé, tous les princes, tous les bourgeois, tous les soldats, toutes les autorités, les tribunaux, la cour comprise,* seraient allés au devant du roi pour lui jurer foi et hommage, vous, vous seul, tenace comme l'homme d'Horace sur les ruines de la Fronde, vous seriez ici à faire des réquisitoires pour demander la tête du gérant de la *France!* Cela pourrait être beau; mais je crains que ce genre de sublime ne soit un peu de celui qui touche de si près au ridicule. »

On ne s'en tint pas à la double saisie de la *France*. Un courageux journal, le *Réparateur de Lyon*, qui avait adressé ses vœux et ses hommages à Mgr le duc de Bordeaux, à l'occasion de son voyage, le 2 novembre, ne fut pas poursuivi, et ses numéros ont librement circulé à Lyon et dans les autres villes du royaume. Cependant le procureur-général s'est réveillé le 6 et a fait citer le gérant devant le juge d'instruction. Deux délits étaient reprochés, celui d'offense à la personne de Louis-Philippe et celui d'excitation à la haine et au mépris du gouvernement. L'accusation a grandi en passant par la chambre des mises en accusation. On a joint un troisième délit, celui d'adhésion à une forme de gouvernement autre que celui établi par la charte de 1830.

D'après les révélations du *Réparateur*, il faut rendre justice au parquet de Lyon. Tous ces délits avaient échappé; mais le *Rhône*, journal ministériel, ayant publié un extrait de cet article, extrait isolé de son exorde et de ses conclusions, extrait tronqué et dénaturé de la manière la plus perfide, c'est sur la lecture du *Rhône* que le ministère a envoyé par le *Télégraphe* l'ordre au procureur-général de poursuivre.

Le télégraphe, lent à agir quand il s'agit de nouvelles qui contrarient le pouvoir, déploie une grande activité lorsqu'il faut servir les vengeances ministérielles.

Le *Réparateur* fut brillamment défendu, et son acquittement ranima l'ardente polémique que la presse indépendante, tant en France qu'à l'étranger, soutint contre le ministère. Un journal allemand disait : « Le procès de la *France* n'a pas encore cessé de retentir partout. Il vient d'être publié en brochure, et il en été répandu un grand nombre d'exemplaires dans toutes les provinces. Ce fait prouve de nouveau qu'un gouvernement sage doit toujours montrer beaucoup de prudence dans les poursuites qu'il exerce contre la presse, s'il ne veut point précisément augmenter le nombre des lecteurs de l'ouvrage ou de l'article. C'est positivement ce qui a lieu en ce moment pour le journal la *France*. »

Ainsi se sont terminés par un glorieux acquittement ces procès qui on été le texte de tant de durs reproches contre le ministère, dont le coupable aveuglement et la triste obstination se plaisent à fournir aux feuilles de l'opposition des sujets de discussions à la suite desquelles il espère les voir frapper d'amendes et de prison. Ses amis même n'ont pas failli en cette circonstance à un devoir d'impartialité, et ils ont déclaré qu'ils comprenaient comment le bon cœur et le bon goût avait dû s'indigner à la pensée qu'au moment où Mgr le duc de Bordeaux allait faire en Angleterre un voyage pour son instruction, on y expédiait son cousin, M. le duc de Nemours, chargé sans doute d'éclipser par son luxe officiel les magnificences spontanées et les ovations sincères dont l'aristocratie anglaise, comme les classes populaires, entourent la simplicité et la modestie de l'auguste exilé.

Et maintenant, Henri de France, vous qui, sous le nom tout français de comte de Chambord, êtes venu en Ecosse pour vous y montrer reconnaissant de l'hospitalité prodiguée à votre enfance, et en Angleterre pour apercevoir de loin le rivage de votre pays, vous pouvez plus librement recevoir les hommages dont on vous environne; plus librement encore vous pouvez dans vos courses, toujours consacrées au perfectionnement de vos études politiques ou sociales, observer avec soin tout ce qui est relatif aux arts, au commerce, à l'industrie, à l'intérêt du peuple, plus librement encore vous pouvez parler de la France à ces chevaleresques pèlerins qui vont porter leurs grands noms, leur immortel génie, leur vieille gloire et leur invariable fidélité auprès de votre royale personne. Vous devez désormais vous sentir plus à l'aise, car il vous a été donné par ce verdict, importante manifestation de l'esprit public, de constater l'opinion des représentants de la justice de votre pays sur ce voyage dont vos ennemis s'alarment tant, sur votre caractère, que chacun maintenant admire, car toutes les opinions l'ont vanté. Vous étiez sûr des sympathies de vos amis; vous ne l'êtes pas moins aujourd'hui de celles des hommes qui viennent d'apprendre à vous connaître, et dont cette affaire a eu pour résultat d'éclairer les esprits, d'émouvoir les cœurs.

Votre grandeur d'âme, votre générosité vous inspireront les plus purs sentiments en pensant à celui qu'on veut vous opposer; et sur ces lieux où tous les deux peut-être vous vous rencontrerez, vous serez toujours proclamé le plus grand par votre sainte résignation et votre noble courage en attendant l'avenir.......

V.

**Départ de Londres de M. le duc et de Mme la duchesse de Nemours.—
La dotation.**

M. le duc et madame la duchesse de Nemours (il ne serait pas généreux de leur donner ici le titre d'*altesse royale*, car cela leur rappellerait que, sur son insistante prière, il fut accordé à Louis-Philippe, duc d'Orléans, par S. M. Louis XVIII, devant lequel S. A. R. *Madame,* Duchesse de Berry, disait : « Ces d'Orléans sont de si bonnes gens ! »), étaient encore à Londres, employant tous les moyens pour réunir à la cour de Windsor les grandes familles d'Angleterre qui ofraient leurs châteaux et leurs hôtels à Mgr le duc de Bordeaux, ou couraient au devant lui.

La reine Victoria a *fait inviter* par le lord

chambellan, le duc de Wellington, le comte d'Aberdeen, le comte et la comtesse de Saint-Aulaire, sir Robert Peel, le duc de Devonshire, le comte de Jersey, et un grand nombre de personnes de la haute noblesse de *se rendre* plusieurs fois à Windsor pour *faire honneur* au duc et à la duchesse de Nemours.

Pourquoi cet ordre ? Craignait-on qu'excepté M. de Saint-Aulaire, les ministres anglais eussent besoin d'être stimulés par la volonté de leur souveraine ?

Le duc et la duchesse de Nemours assistèrent à un bal donné au profit des Polonais réfugiés. On attachait à Londres une importance politique à cette condescendance. M. le duc de Nemours a voulu, sans doute, montrer à l'Angleterre que le cabinet des Tuileries n'avait aucune espérance ni aucune envie de se rapprocher de celui de Saint-Pétersbourg, comme on l'avait laissé entrevoir.

Les conservateurs opposés à l'alliance anglaise considérèrent cette démonstration sans nécessité comme une faute qui compliquait déjà celle du voyage, et il ne se trompèrent pas.

Un grand personnage russe, M. le comte de Woronzoff, qui était à Londres, revint sur le continent par la France. Son intention première était de se rendre à Paris, mais il a reçu de son gouvernement *l'invitation* de ne point se présenter aux Tuileries. M. de Woronzoff a fait observer qu'avant 1830 il avait connu M. le duc d'Orléans, et qu'il lui serait impossible de traverser Paris sans aller voir Louis-Philippe. Ces observations n'ont point prévalu. L'ordre est demeuré tel qu'il avait été primitivement donné. Dès lors M. de Woronzoff s'est décidé à tourner autour de la capitale, et ses compatriotes qui habitent Paris sont partis pour passer quelques instants avec lui à Rouen.

Voilà comment M. Guizot a fait rentrer la France dans le concert européen....

On eut bientôt recours à une autre tentative, car il fallait bien essayer de tout. Les journaux de Londres annoncèrent donc que M. le duc de Nemours devait se rendre de Windsor à Londres dans les voitures de la cour, pour *tenir un lever* et recevoir le corps diplomatique au palais de Buckingham, résidence habituelle de la reine. *Un lever!* L'expression a paru pour le moins singulière appliquée à un prince qui ne doit jamais régner, qui ne doit jamais s'asseoir sur un trône. M. le duc de Nemours venant en Angleterre pour tenir *un lever*, cela appelait une explication.

Il était fort étrange, en effet, que le couple voyageur exposât ainsi en pure perte son amour-propre à des échecs humiliants. Malgré les gracieusetés officielles, le *lever* n'eut pas plus de *succès* que le *cercle*; les obligés furent les seuls courtisans de cette prospérité, affectant le luxe et accourant se donner des airs souverains, au moment où un membre de sa famille qu'une révolution de trois jours avait jeté innocent dans l'exil, venait, paré de sa simplicité et de sa résignation, faire une pérégrination studieuse sur les mêmes lieux.

Voici le grand mot de l'énigme, le sacrifice des convenances était fait à l'intérêt. Le projet de dotation, regardé comme corollaire de la loi de régence, redevenait l'objet des plus chères espérances de la cour des Tuileries, et le million convoité était la cause de tout ce tapage à l'étranger; on espérait ainsi faire croire à l'excessive importance du régent futur, et partant à la nécessité de lui octroyer de quoi figurer royalement. Aussi chaque député, chaque pair, à qui on reconnaissait de *bons* sentiments, était-il tour à tour endoctriné et individuellement préparé. Malheureusement les organes de la publicité révélèrent des faits très graves et peu de nature à faire aumôner la faveur mendiée avec tant d'instance. Voici à ce sujet des détails incontestables :

Dotation immobilière de la couronne.	62,600 hect.
Dans la discussion sur la liste civile, en 1832, M. Laurence, d'après les pièces officielles, la portait à 63,265 hect.	
Ancien apanage d'Orléans, ajouté par la munificence de la majorité de 1832 à la dotation du règne précédent.	58,790
Domaine privé de 41 à 43,000 hect. (minimum).	41,000
Bois et forêts de la famille d'Orléans.	80,000
Total.	242,390 hect.

1,600 hectares de terrain composent une lieue carrée. Par conséquent les propriétés forestières ci-dessus couvrent bien une superficie de cent cinquante et une lieues carrées.

La surface totale de la France étant de 20,538 lieues carrées, *cent trente-six familles dotées* comme l'est en forêts la maison d'Orléans suffiraient pour absorber tout le territoire de la France, villes, bourgs, villages, hameaux, bâtiments de toute espèce, côtes, plaines, fleuves, vallons et montagnes.

Ces propriétés, rangées sur une seule ligne, rempliraient la distance de Paris à Bordeaux avec un rayon d'une demi-lieue de chaque côté de la route.

Ne sont pas compris dans ces immenses valeurs les fermes, prés, terres arables, moulins, étangs, parcs, châteaux et palais par douzaines; nous n'y comptons pas les 12 millions en argent, ou plutôt en or, perçus par douzième et d'avance pour la dotation pécunière de la liste civile ; plus le million pour la reine des Belges ; plus le million annuel du comte de Paris et les 300,000 francs de douaire de madame la duchesse d'Orléans; plus la propriété des canaux du Loing et de Briare, dont les tarifs sont les plus élevés de la France ; plus la part touchée par le duc d'Orléans sur l'indemnité des émigrés ; plus 9 millions perçus en trop en 1830 et et 1831 par la liste civile ; plus les valeurs du plus riche portefeuille du monde, et dont on pourra juger par ce simple calcul.

On ne doit pas porter à moins de 30 millions la totalité des revenus annuels de la famille *royale*, et nous le prouverons si l'on nie.

Il est encore facile de prouver par les pièces soumises aux commissions des chambres qu'elle ne dépense pas plus de 10 millions par an, et c'est beaucoup. Mettons-en 15, mettons-en 20 si l'on veut, il reste encore pour la balance de la recette à la dépense chaque année une somme de 10 millions, qui, en treize ans, a dû former un portefeuille de 130 millions.

Nous ne mentionnons pas dans ce calcul les économies qu'avant 1830 le duc d'Orléans, excellent administrateur et père de famille ménager, a fait incontestablement sur son revenu, qui montait alors au moins à 5 ou 6 millions.

Voyons maintenant quelle lacune créerait dans cette fortune si rebondie le million qu'on demandait pour M. le duc de Nemours.

Trente millions de revenu donnent pour chaque journée un chiffre de 84,931 fr. 50 c. Le million de M. le duc de Nemours lui rapporterait chaque matin 2,742 fr. 46 c.

Si l'on extrait cet appoint modeste de la grosse somme, il reste encore pour la dépense journalière de la maison royale une somme de 82,189 francs 4 cent., ou 2,565,671 fr. 20 c. par mois, et 3,424 fr. 33 c. par heure.

N'oublions pas que le domaine privé a été

spécialement réservé par la loi du 2 mars 1832 pour laisser à Louis-Philippe les moyens de pourvoir à l'établissement de ses enfants. Ce n'est qu'en cas d'insuffisance de ce domaine que la nation pourrait être appelée à soutenir le rang et la maison de M. le duc de Nemours. Or, comment ce domaine serait-il insuffisant, puisqu'on n'y a pas touché une seule fois depuis 1830, puisqu'il est encore intact dans tout son capital, qui s'est naturellement grossi des revenus; qui s'est arrondi en outre de la forêt de Breteuil, qui rapportait à M. Laffitte 400,000 fr. et dont le revenu s'est augmenté en 1840 de l'extinction d'une charge de 100,000 fr., qui enfin a été achetée 8 millions et en vaut 14 en ce moment.

Épuisons donc, ou au moins écornons d'abord le domaine privé, et s'il veut un peu s'y prêter, il lui sera facile de faire immédiatement une position de fortune fort belle à M. le duc de Nemours.

On évalue à 15 millions la part de nue propriété répartie par l'acte de donation du 7 août sur la tête des enfants de Louis-Philippe, qui, devenu roi des Français, oubliait quelle large portion il avait eu du milliard d'indemnité grâce à Charles X. Louis XII, jadis, ne se souvenait pas des injures faites au duc d'Orléans ; le roi des Français en août 1830 se hâta de se souvenir que, comme duc d'Orléans, il avait une immense fortune personnelle et de ne pas vouloir, comme les monarques de la branche aînée, la laisser à l'État en montant sur le trône. On sait quelles précautions inouïes il a prises à cet égard.

Qu'on joigne simplement la jouissance à la nue propriété, 15 millions en biens fonds, 300,000 fr. de rentes, apport et dot de Mme la duchesse, constituent, ce nous semble, un état de prince sortable. Avec cela, M. le duc de Nemours serait encore un des cadets de famille royale les plus riches du monde. Cela ne suffirait-il pas? Le duc d'Aumale a renoncé à sa part de l'héritage paternel ; le prince de Joinville, légataire universel, dit-on, de la princesse Adélaïde, imitera certainement cet exemple, et l'équité comme la sagesse royale devraient au besoin lui en faire une condition. Voilà encore 30 millions en biens fonds disponibles, sur lesquels on peut à discrétion apanager et renter le futur régent de France et le faire briller de tout son éclat monarchique. Mais songer en présence d'une caisse si prospère à grever d'un million annuel notre trésor en déficit ; prendre dans la fortune publique qui a des dettes, pour mettre dans un coffre qui regorge d'argent, ce n'était ni proposable, ni raisonnable, ni généreux, et les ministres qui eussent persisté dans un tel projet se fussent rendus coupables d'un véritable attentat contre la dignité et la considération de la liste civile et du domaine privé.

Complétons cela par un résumé.

Voici quels ont été, depuis treize ans, les revenus de la liste civile et du domaine privé de la maison d'Orléans :

	francs.
Touché du mois d'août 1830 à 1832, en trop sur la liste civile.	9,000,000
Treize ans de liste civile à douze millions.	156,000,000
Le duc d'Orléans a reçu jusqu'en 1837, époque de son mariage.	7,000,000
De 1837 jusqu'à sa mort, à deux millions par an.	10,000,000
Depuis 1842, le comte de Paris et Mᵐᵉ la duchesse d'Orléans ont reçu.	1,300,000
Don à la reine des Belges.	1,000,000
Revenus du domaine de la liste civile, à cinq millions par an.	65,000,000
	249,000,000

Report.	249,000,000
Revenus du domaine privé de la maison d'Orléans, à six millions par an	78,000,000
Revenus de la succession du prince de Condé, à trois millions par an.	39,000,000
Revenu du portefeuille particulier	mémoire.
Total.	366,000,000

On n'ignore pas le sort de cette dotation : les comparaisons, les plaintes, les commentaires multipliés de toutes parts eurent pour résultat d'en interdire même la pensée. au moins pour le présent, et le projet fut mis à grand regret en portefeuille jusqu'à nouvel ordre.

VI.

Voyage et arrivée à Londres de M. de Châteaubriand. — Aspect de Londres.—Arrivée de Mgr le duc de Bordeaux à Belgrave-Square.

Malgré toutes les prophéties, les assertions des feuilles ministérielles Châteaubriand prenait la route de l'exil au moment même où Mgr le duc de Bordeaux allait se rendre à Londres. Et, chose digne de remarque! le duc de Northumberland, l'opulent seigneur qui avait été ambassadeur du roi George au sacre de Charles X, venait de conduire, pour ainsi parler, sur le seuil de la capitale de la Grande-Bretagne le jeune prince que M. de Châteaubriand, ambassadeur à Londres à cette même époque, accourait recevoir en cette même ville. M. le vicomte de Saint-Priest, ancien ambassadeur en Prusse, reçut aussi à Berlin le petit-fils de Charles X, au devant duquel avait déjà été à Rome l'ancien ambassadeur près du Saint-Siége, M. de La Ferronnays. De telles coïncidences frappèrent vivement les esprits.

La prochaine arrivée de M. le comte de Chambord à Londres exalta le dépit et la fureur des organes dynastiques, qui jusqu'à ce jour avaient compté sur des obstacles; ils s'efforçaient de dénaturer le but de son excursion ; mais ils ne réussirent point à faire prendre le change. *Le Bien public,* journal de M. de Lamartine, dit alors

« Le duc de Bordeaux, ce jeune héritier d'un trône, rejeté par une tempête, presque dans son berceau, loin de la France et plus loin du trône, élevé dans l'exil aux sévères leçons de la Providence par les infortunes de sa famille, est arrivé à l'âge d'homme. Il quitte l'Allemagne, où il a vécu jusqu'ici dans la retraite, et il va compléter son éducation par des voyages. Incertain de ce que la destinée lui garde, il veut être au niveau de toutes les situations, prêt aux grandeurs comme à la vie privée, selon les ordres de la destinée. Quelle que soit l'opinion qu'on nourrit pour ou contre le sang qui coule dans ses veines, quelle que soit l'idée qu'on se forme de son avenir, on ne peut qu'applaudir à un tel emploi de ses jeunes années. Prince ou particulier, il faut être homme avant tout, et si on est digne de son nom, il faut montrer qu'on le porte noblement. Plus on est malheureux, plus il faut défier sa fortune en lui prouvant qu'on vaut mieux qu'elle. Voilà des sentiments royaux qu'on ne peut que louer dans le duc de Bordeaux. Il commence son éducation par visiter le pays des Stuarts. »

M. de Châteaubriand est arrivé à Boulogne le 21. Le mauvais temps et la violence du vent l'ont empêché de s'embarquer. A peine son arrivée a-t-elle été connue, qu'une députation nombreuse d'habitants s'est présentée chez l'illustre voyageur pour le complimenter. M. de Châteaubriand s'embarqua directement pour Londres. MM. de Fitz-James, de Nugent, de Lépine, de Tocqueville, Sala, de Septmanville, et plusieurs autres voyageurs qui, arrivés en même temps que lui à Boulogne, se sont aussitôt empressés de devenir ses compagnons jusqu'à Londres. L'auteur du *Génie du Christianisme*, après avoir visité la colonne érigée à ce Napoléon, auquel il avait retiré son appui le jour où son pied impérial glissa dans le sang du duc d'Enghien, avait voulu prendre la plus longue voie de mer, et prouver qu'il ne redoutait ni les orages, ni les écueils, pour arriver au terme de son fervent pélerinage.

Le mal de mer n'eut point de prise sur le grand navigateur. Ses compagnons de voyage s'extasiaient à l'aspect du noble vieillard, qui, en pensant au jeune procrit, retrouvait une sorte de juvénilité, et revenait à ses plus beaux jours. Sa figure empreinte de sérénité, son regard animé et lumineux se fixait parfois du côté de la rive où il allait aborder, et alors sa lèvre émue semblait redire ce qu'il a écrit dans un de ses ouvrages politiques les plus célèbres :

« Quel que soit le conseil de Dieu, il restera au candidat de ma tendre et pieuse fidélité une majesté des âges que les hommes ne lui peuvent ravir. Mille ans noués à sa jeune tête le pareront toujours d'une pompe au dessus de celle de tous les monarques. Si, dans la condition privée, il porte bien ce diadème de jours, de souvenirs et de gloire ; si sa main soulève sans effort ce sceptre du temps que lui ont légué ses aïeux, quel empire pourrait-il regretter ? Dans la transformation sociale qui s'opère, le duc de Bordeaux ne serait peut-être rien sur le trône : hors du trône, le trentième descendant de

Hugues Capet, l'héritier de Philippe-Auguste, de saint Louis, de Charles V, de Louis XII, de François I*, de Henri IV, de Louis XIV et de Louis XVI, est le roi des siècles, le passé couronné vivant au milieu de l'avenir. »

Châteaubriand devait bientôt être à même de se convaincre que le candidat de sa pieuse fidélité avait non seulement bien soulevé le sceptre du temps, bien porté le diadème des jours et des souvenirs, mais qu'il était vraiment digne d'exciter à la fois les regrets des adversaires de sa famille et les sympathies de ses amis.

C'est sans doute ce que prévoyait le gouvernement de juillet, car sa recrudescence de rigueur et d'arbitraire se manifesta d'une façon inattendue. Il vit partout conspirations, révolte, contre-révolution, et pour victime il choisit M. le prince de Polignac. Celui-ci était venu en France pour assister à la première communion de sa fille. Sans égard pour son cœur paternel, on lui signifia brutalement l'ordre de quitter immédiatement la capitale.

Cette mesure souleva l'opinion publique de dégoût et de mépris. Le *National* s'exprima ainsi :

« Deux journaux annoncent ce matin que M. de Polignac, arrivé depuis quelques jours à

Paris, a reçu l'ordre de quitter immédiatement la capitale. Nous connaissons assez les hommes qui sont au pouvoir pour que rien ne nous étonne, venant d'eux, et cependant, lorsqu'on nous avait raconté le fait, nous avions voulu en douter pour l'honneur du ministère.

« Brutale, inutile, et par conséquent ridicule, la mesure qui frappe M. de Polignac n'est pas même justifiable au point de vue strictement légal; mais ce n'est ici ni le lieu ni le temps de traiter cette question de droit. Ce que nous tenons à constater seulement, c'est que l'ordre de départ intimé à M. de Polignac est un acte arbitraire.

« Et la chose prend un caractère plus grave encore s'il est vrai, comme on l'affirme, que M. de Polignac ait pu se mettre à l'abri de la persécution dont il est victime au prix d'une lâcheté. « Quelques lignes au *roi*, lui aurait-on dit, et vous ne serez pas inquiété. » Un refus clair et net a répondu à cette proposition, qui compromettait singulièrement la dignité de la couronne, et aujourd'hui, la décision ministérielle a le tort de ressembler à la mesquine vengeance d'un amour-propre blessé.

« Ce qui nous étonne le plus dans toute cette affaire, nous devons l'avouer, c'est l'ardeur inusitée que le cabinet a mise à persécuter un légitimiste.

Nous pensions, et le mont Saint-Michel nous donnait le droit de le croire, nous pensions que les ministres réservaient toutes leurs colères pour les hommes d'une autre opinion ; nous nous étions trompés. Si le pouvoir est plein de tendresse et de bon vouloir pour les légitimistes qui sont disposés à trahir leur drapeau, il est impitoyable pour les consciences qui ne fléchissent pas devant l'appât des faveurs.

M. de Polignac n'aurait eu qu'à dire un seul mot ou à laisser faire la moindre démarche pour qu'on se hâtât de rétracter cet ordre de départ ; mais, fidèle à ses habitudes de fermeté, il préféra se priver du bonheur d'être auprès de sa fille en cette solennelle circonstance, et reprit la route de la Bavière.

Quant à Châteaubriand, les caquetages officiels, les triviales récriminations, les banales stupidités amoncelées contre son voyage, lui faisaient hausser les épaules, et cette tourbe de pygmées ne réussissait qu'à servir de jouet au géant. S'il eût daigné les toucher de son bourdon de pèlerin, il les eût fait rentrer sous terre. Ses compagnons de traversée étaient en tous points dignes de former l'état-major de ce monarque par le génie. Et d'abord, ses deux neveux, MM. de Tocqueville et d'Espeuilles, bien faits pour être près d'un tel oncle ; puis, en qualité de secrétaire, M. Daniel, écrivain distingué, et connu dans le monde scientifique et littéraire par la *Vie de madame Isabelle*, sœur de saint Louis et fondatrice de l'abbaye de Longchamps; par les *Mœurs chrétiennes du moyen-âge*, et surtout par son *Histoire et Tableau de l'Univers*, qui résume, d'après les découvertes les plus récentes de la science, les idées, les systèmes et les littératures de l'Orient; M. le comte de Nugent, ancien préfet, et M. Adolphe Sala, ex-officier de la garde royale, qui, en 1832, avait fait aussi une traversée, devenue périlleuse, avec la mère de Henri de France, sur le *Carlo-Alberto*; MM. de Sepmanville, de Rancher, Lepiplat, Jankowitz, de Boutray, de Charnacé, et plusieurs autres, escortaient M. de Châteaubriand, que tant de vœux suivaient, et que tous les cœurs généreux applaudissaient de cette nouvelle marque de fidélité au malheur.

Et ici, le grand homme, sur la vie duquel tant d'événements ont passé, que tant de rois et d'empereurs ont flatté, et qui n'a flatté personne, apparut à ses compagnons dans un état rêveur et contemplatif. Lui, en qui ses compatriotes, n'importe à quelle opinion ils appartiennent, voient résumés tous les talents, toutes les gloires et toutes les autorités, il oubliait ses propres douleurs, il quittait Paris, que dis-je? il quittait la France pour se rendre à l'appel du pauvre proscrit, qui s'empressait de rechercher en lui la plus heureuse, la plus complète personnification de sa patrie.

Le chemin de fer emportait Mgr le duc de Bordeaux vers Londres, tandis que la Tamise caressait de ses flots le bâtiment qui allait déposer M. de Châteaubriand au rivage, où quelques amis l'attendaient.

Voici Londres! Que dis-je? Ce n'est pas une capitale, ce n'est pas une ville, c'est tout au plus un amas de maisons qu'un voile épais permet de voir. Au premier aspect, la métropole britannique offre l'image du chaos et des ténèbres; on dirait une cité qu'un tremblement a précipité dans les entrailles de la terre, et dont les rues sont des souterrains. Il est impossible d'abord de rien distinguer, malgré les becs de gaz qui, durant le jour, prodiguent leurs flambeaux. Il faut être habitué à cette lutte perpétuelle de l'obscurité contre la lumière, du brouillard envahisseur contre le soleil d'hiver, auquel la fumée vient encore opposer un obstacle, pour apercevoir quelque chose au milieu de cette nuit. Cependant, à force de regarder, on finit par reconnaître qu'autour de soi on a des habitations dont on voit seulement le rez-de-chaussée, resplendissant, il est vrai, de fenêtres, de portes ornées de cuivre bien poli, de balustrades et de perrons d'une propreté irréprochable; mais elles sont comme décapitées par le brouillard, et l'œil cherche en vain à en détailler l'ensemble. Quant aux maisons, tout ce qui est à hauteur d'homme atteste un soin vraiment extraordinaire, et précisément parceque le charbon de terre est là continuellement pour ternir les dorures et le vernis, les gens de service ont ordre d'essuyer et d'*astiquer* sans cesse. L'Angleterre, en tous points, tient particulièrement à avoir le mérite de la difficulté vaincue. Sa capitale n'existe réellement que dans l'été, alors que le soleil est assez fort pour repousser la noire concurrence qui, huit mois durant, reste victorieuse.

On pourrait croire qu'elle en agit ainsi par générosité, et qu'elle ne se montre pas de peur d'éblouir quand elle quitte ses voiles et se découvre tout entière aux mois de juin, de juillet, d'août et de septembre. A cette époque, elle scintille sous toutes les formes, elle fascine le voyageur par la splendide largeur de ses *streets*, la magnificence de ses hôtels, la vaste étendue de ses squares, la majesté de ses édifices et l'immensité de ses parcs. ; aussi l'aristocratie quitte-t-elle alors seulement ses terres pour apporter à Londres l'éclat de son opulence et de son luxe, et lancer ses équipages, ses chevaux, à travers de superbes promenades. Puis, en octobre, elle va en Italie ou retourne dans ses terres, laissant la capitale livrée aux grands seigneurs de la Banque, du commerce, de l'industrie, aux affaires, en un mot. En ce moment, la Tamise reprend ses droits, ou plutôt ses brouillards, et tout rentre dans l'ombre.

Si je ne me sentais reconnaissant de l'hospitalité que M. le comte de Chambord a reçu en Angleterre, je serais presque tenté de croire qu'Albion a besoin de s'ensevelir pour cacher des actes que sa diplomatie toujours à l'œuvre, sa dévorante ambition, son amour des richesses et de l'omnipotence, lui inspirent surtout contre les intérêts de la France depuis 1830. Que peut-on, en effet, comparer à ces efforts prodigieux, à ces combinaisons inouïes, à ces spéculations de tout genre auxquelles elle se livre incessamment pour obéir aux insatiables exigences de sa politique et de sa fortune?

Et, pour en bien juger, il suffit de voir le lieu

de si peu d'apparence où se trament les affaires de l'état. Les ministres ont de beaux hôtels, mais c'est hors de là qu'ils travaillent, c'est dans leurs bureaux, dont les bâtiments mesquins ressemblent beaucoup à ces laboratoires pour lesquels on choisit des endroits retirés, parcequ'on y prépare des substances dangereuses et pouvant faire explosion. Là, des légions de commis expédient activement une besogne à laquelle ils ne comprennent rien ; ils sont les instruments aveugles d'une pensée supérieure et insaisissable ; toutes ces énigmes et tous ces mystères, ils en apprennent les résultats sans se douter même qu'ils y ont matériellement participé. Le conseil des ministres est seul dans le secret, et encore, le ministre des relations étrangères ne dit-il pas tout ce qu'il fait, ni tout ce qu'il pense, ni tout ce qu'il projette. La France lui a trop payé son tribut depuis douze années, pour qu'elle n'admette pas cette appréciation,

L'Angleterre ne se dissimule point la partie faible de sa façon d'agir ; peut-être même ne s'en absout-elle pas *in petto*, mais elle s'étourdit, elle étouffe la voix de sa conscience et celle du remords (si remords elle a), en prononçant bien haut le mot patrie, en parlant de son amour, de son orgueil pour elle, de tous les sentiments nationaux qu'elle possède, il est vrai, à un point excessif. Elle regarde toujours en avant et à côté, jamais en arrière ; si par hasard elle recule un peu, c'est en prenant de tels détours et de tels moyens, que le public doit croire qu'elle n'a pas fait une seule concession.

Voilà ses habitudes depuis le jour où on prend son avis, où on reçoit ses ordres, au lieu de lui signifier comme en juin 1830, qu'il plaît aux troupes françaises de faire une croisade et d'aller punir l'Algérie d'une insulte à notre pavillon.

En outre, son gouvernement s'appuie en toutes circonstances sur les hautes classes qui exercent à tous les degrés le monopole des institutions, des établissements indispensables au peuple, et tiennent ainsi tout dans leurs mains. Enfin il s'abrite au besoin sous le manteau royal, qui sert de prête-nom à tous ses actes, sans en discuter ni contrôler aucun. Tout se fait, tout s'achève à Londres, puis, par un convoi spécial sur le chemin de fer, un ministre va trouver la souveraineté féminine, qui, entre une visite à sa laiterie de Windsor et une promenade dans le parc, sur un charmant poney, donne, gracieusement insouciante, sa signature, d'où parfois peut dépendre l'équilibre européen.

Et maintenant il faut aller chercher d'autres

impressions à la Bourse ; c'est là seulement qu'il est possible de se former une idée de l'exorbitante fécondité de l'Angleterre, traitant, correspondant, marchandant, trafiquant, gagnant surtout avec tous autant que possible. C'est le tableau vivant de la recrudescente ardeur, de toutes les agitations du commerce, des entreprises colossales des compagnies, et, pardessus tout, des étonnants progrès de l'industrie, qui, pour ses innovations, ses essais, ses perfectionnements, sacrifie à la fois hommes et argent, ne s'inquiétant que du résultat devant se convertir en schellings, en couronnes ou en bancknotes. Oh oui! en ce pays, la Bourse est une fournaise immense, un gouffre sans fond où souvent se consument et s'abîment les existences des habitants de toutes les contrées du globe!..

Et c'était cette ville universelle que Mgr le duc de Bordeaux venait visiter ; c'était là qu'il allait assister au grand mouvement social, politique et industriel ; c'était là qu'il devait trouver ses compatriotes..... Arrivons avec lui à Belgrave-Square.

A peine il touchait aux portes de Londres, que le *Journal des Débats,* continuant les calomnies qu'il avait déjà lancées au sujet de

M. Berryer, se hâta de proclamer que son séjour à Alton-Towers avait été un rendez-vous de conjurés dont apparemment M. de Châteaubriand, comme premier occupant, deviendrait le chef redoutable à Belgrave-Square. Il se livra à tant de récriminations furibondes que la presse anglaise crut de sa dignité de le réfuter aussitôt :

« Si nous avions pensé, dit le *Post*, que l'hospitalité fût offerte au prince pour prendre des mesures contre la dynastie régnante en France, nous sympathiserions peut-être avec quelques-unes des idées des *Débats* ; mais user d'expressions qui assimilent à une espèce de conspiration la réunion chez lord Shrewsbury, ce n'est pas ce qu'aurait dû faire un journaliste circonspect. Qu'y a-t-il dans les fleurs de lis et dans les cocardes blanches qui puisse offenser nos contemporains parisiens ? Peut-on assimiler à un complot contre un pouvoir existant les respectueux hommages rendus au représentant d'une famille qui fut illustre par ses succès, qui est encore illustre par son infortune ? »

Le 27 novembre, à huit heures du soir, Mgr le duc de Bordeaux arrivait à l'hôtel qui lui était destiné. M. de Châteaubriand vint le premier au devant de lui ; dès que le prince l'aperçut il se précipita dans ses bras et l'embrassa avec la plus vive effusion. En ce moment le noble vieillard fut tellement impressionné que ses jambes ne purent plus le soutenir, ses yeux se remplirent de larmes, et le petit-fils d'Henri IV fut obligé de lui servir d'appui. C'est avec M. de Châteaubriand que Mgr le duc de Bordeaux voulut passer la soirée; c'est avec lui qu'il voulut parler de la France, et par lui surtout qu'il voulait en entendre parler. Leur entretien fut long et animé; le prince, après avoir donné un libre cours à sa joie en voyant l'homme que son pays couronne de tant d'admiration, se mit à l'écouter d'une façon si attentive qu'elle intimida presque le sublime pèlerin, qui eut beaucoup de peine à maîtriser son émotion. Il est fort regrettable qu'on n'ait pu recueillir tout ce qui fut dit dans cet entretien; mais on peut en donner une juste idée en affirmant que le dévouement et l'expérience répondirent merveilleusement à l'appel de la confiance et de l'affection. Dieu seul, qui avait réservé cette consolation à l'exilé de juillet, fut à la fois le témoin et le juge de l'épanchement d'une jeune âme pleine d'un ardent patriotisme dans le cœur encore si chaud du grand homme d'État, et du mystérieux échange des sentiments les plus français.

Le lendemain, 28, M. le comte de Chambord

se réveilla plus tôt que de coutume, et son premier soin fut de sortir de son lit pour aller à sa fenêtre donnant sur Belgrave-Square, afin d'y voir passer quelques-uns des compatriotes qu'il était impatient de réunir près de lui. Une grande partie de la matinée fut consacrée à M. de Châteaubriand, dont la nuit aussi avait été fort agitée par tant d'impressions et de souvenirs. Ce fut avec un empressement filial qu'il se rendit à son appartement et lui prodigua des égards pleins de délicatesse.

Midi était l'heure fixée pour la réception de tous les Français. A l'approche de ce moment, Henri de France se retira dans sa chambre durant quelques minutes. Il voulait sans doute, en se recueillant, dominer son agitation et sa sensibilité, et être mieux à même de témoigner à tous sa reconnaissance pour le bonheur qu'il en recevait.

Ici j'arrive à la partie sinon la plus grave, du moins la plus difficile. Et en effet, je veux tracer une notice biographique sur un certain nombre de visiteurs, et pourtant je n'ai nullement la prétention d'exclure qui que ce soit. J'ai, autant que possible, par la voie de la publicité, donné à tous mes compagnons de voyage le moyen de me faire connaître les particularités de leur vie et de leurs familles, non en ce qui concerne les généalogies, mais les services rendus au pays par les actes dignes d'être rappelés.

En agissant ainsi, je prouverai que toutes les imputations relatives à la *foule de courtisans*, dont se sont plues à parler les feuilles ministérielles, sont d'insignes faussetés. C'est donc l'histoire à la main, par ma propre mémoire, ou par les récits de contemporains, que j'accompagnerai divers noms d'indications spéciales. Je regrette que la modestie du grand nombre ne m'ait pas permis de satisfaire plus entièrement à cet égard le besoin de mon cœur, et je m'empresse de déclarer que mon silence sur beaucoup de personnes provient de ce que je n'ai pas été suffisamment renseigné. J'aurais voulu mieux remplir une telle tâche; toutefois en songeant à la douce fraternité qui régnait dans les salons de Belgrave, je ne crains pas qu'on songe jamais à s'en prendre à mon intention de mes oublis, de mes omissions ou de mes erreurs involontaires, car je n'ai rien négligé pour être à la fois véridique et moins incomplet. Puissent tous mes *co-flétris*, sans exception, en être bien convaincus!...

Il était midi lorsque les Français se rendirent à l'hôtel du Prince, n° 35, à Belgrave-Square.

Les noms qui vont être cités seront presque tous connus des royalistes et de la France entière, car ceux qui les portent appartiennent à des familles célèbres dans notre histoire, ou recommandables par les plus nobles sentiments et leur amour national.

La première réception de M. le comte de Chambord fut le digne prélude de toutes les autres. Point de cérémonial, nulle étiquette dans ces salons spacieux, mais simples; on s'y sentait tout de suite à l'aise comme chez un ami. Tel avait été le plus vif désir du jeune Prince, et madame la duchesse de Lévis, chargée de donner des ordres relatifs à l'intérieur, avait aussi bien compris qu'exécuté les intentions de celui dont l'unique ambition était d'être le premier Français en cette solennelle circonstance.

Quand tous les arrivés furent réunis dans une pièce d'attente, la porte du salon, ou plutôt de la France, s'ouvrit pour Mgr le duc de Bordeaux. Cet aspect fit naître d'abord en lui une noble timidité, un touchant embarras: sa modestie, sa sensibilité, s'attendaient à recevoir seulement quelques amis, et point à se voir entouré d'une telle foule de compatriotes dont le dévouement, le zèle et les convictions venaient se manifester près de sa personne, et auxquels allaient si bien répondre sa reconnaissance et se montrer toutes ses qualités.

M. le duc de Lévis, M. le duc des Cars, M. Villaret de Joyeuse et M. Barrande étaient près de lui. Le Prince s'avança avec beaucoup de grâce; son émotion visible disparut quand il aperçut dans un groupe M. de Châteaubriand debout. Il alla droit à lui, et lui prenant les mains : « De grâce, M. de Châteaubriand, lui « dit-il, veuillez vous asseoir pour que je puisse « m'appuyer sur vous. » C'est ainsi que Henri de France voulut se présenter à ses compatriotes et les recevoir l'un après l'autre, après que tour à tour MM. de Montmorency, Berryer, Rohan, Cossé-Brissac, s'étaient joints à MM. de Lévis, des Cars, Villaret de Joyeuse et Barrande, pour les lui nommer. Citons entre autres M. le prince de Beauffremont et son fils, M. le vicomte d'Ambray, M. le duc de Fitz-James, M. le vicomte de Damas, dont les caractères honorés de tous sont les types de la bravoure et de la loyauté; M. le duc de Lorge, M. le marquis et M. le comte de Durfort, M. le comte Arthur du Lau, les trois premiers, fils, et le quatrième, gendre de ce vénérable duc de Lorge qui a légué tant d'exemples de sa fidélité et de sa bienfaisance sans bornes à sa famille empressée de l'imiter; M. le comte de Béthune-Sully, digne de son beau nom ; M. Desmoutis de Boisgautier, ancien commandant de la garde royale, et d'un dévouement si précieux à son pays, M. le comte de Biancourt, M. le comte de Blancmesnil, M. le comte de Caux, M. le général Brèche, le statuaire Flatters, M. le vicomte de Flamarens, M. le marquis Albert de Malet, qui ajouta un grand éclat de plus à son nom déjà glorieux par les croisades, en devenant le gendre de l'héroïque veuve de Lescure et de Louis de Larochejaquelein, M. Albert de Saint-Léger, M. le chevalier de Jankovitz, fils de l'ancien député, M. Adolphe Sala, M. le baron de Sepmanville, M. le comte de Nugent, dont l'administration a laissé de si bons souvenirs dans un département, le comte Jules de Cosnac, fils d'un membre du conseil-général de la Creuse et petit-neveu de Mgr l'archevêque de Sens, le comte de Blangy, le comte Grimouard de Saint-Laurent, le marquis de la Haye-Montbault, les comtes Charles et Gaspard de Bourbon-Busset, le comte de Béarn, M. Gustave d'Autane, le vicomte Blin de Bourdon, l'ancien préfet et le député de la Somme, et son fils, le comte Emilien de Nieuwerkerke, M. le baron de Boutray et son fils Henri, le vicomte de Richemond, le vicomte du Ponceau,

MM. Pérignon et Amédée Jauge, M. Léo de Laborde, connu par son intelligente activité pour le bien, le comte de Rancher, MM. Alfred et Frédéric Le Pippre des Montils, le vicomte d'Espinay Saint-Luc, un de nos braves anciens officiers supérieurs, M. Gaston et M. Henri de Saint-Luc, ses fils, le comte d'Estampes, M. Sabatier, qui a figuré au premier rang dans l'armée de Charles V, M. de Lignac, le vicomte de Praille, M. Descuns, le duc d'Almazan, M. d'Astis, le marquis de Civrac; ce nom rappelait au Prince un des plus tristes événements de notre époque. On sait que le père de M. de Civrac était le compagnon du brave, du saint Cathelineau, qui tomba tué à bout portant sous ses yeux par le lieutenant Regnier, et dont il faillit partager le sort. Il fut, avec M. Moricet, arraché à ce sanglant théâtre pour être conduit en prison, puis à la cour d'assises d'Orléans, où, après huit jours de dramatiques débats et une magnifique plaidoirie de M⁰ Eugène Janvier, il fut acquitté. Le marquis de Civrac alla trouver une compensation à Beaupréau, auprès de sa noble compagne, la descendante du maréchal d'Aubeterre, de ses filles, de ses gendres, les comtes de Quinsonnas et Paul de Juigné; de ses deux fils, dans toute sa famille, enfin, véritable modèle de dévouement à la foi religieuse et monarchique, en ce pays, comblé de ses bienfaits. Il était blessé au cœur ; le souvenir de cette horrible scène l'accablait sans cesse. La mort de son admirable frère, M. le duc de Lorge, lui porta un nouveau coup; il expira plein de calme, de sécurité, car il savait que ses héritiers recueilleraient avant tout ses vertus et ses habitudes, et que le château de Beaupréau serait toujours la maison du pauvre. Son plus jeune fils, le comte Henri de Durfort-Civrac, a fait d'immenses voyages, en dernier lieu, en Orient et en Perse, d'où il a rapporté des travaux et une instruction dont Mgr le duc de Bordeaux, auquel il alla présenter ses hommages il y a deux ans, fut vivement frappé. Les habitants de sa contrée saluèrent son retour avec bonheur, et trouvèrent développées en lui l'intelligence de cœur et la haute capacité qu'il veut consacrer aux intérêts de son pays, et surtout de cette nationalité locale que la Vendée conserve avec tant de prédilection. Son arrondissement l'a nommé membre du conseil général de Maine-et-Loire.

Vinrent aussi MM. les marquis et comtes de Coislin, trois frères portant l'un des noms de Bretagne les plus notables par leur fidélité; le comte de La Ferronnays, fils de l'ancien ambassadeur de Charles X à Rome, M. Louis Paira, ex-officier de la garde, chez qui le républicain Carrel trouva une généreuse hospitalité après le duel où il a succombé, M. le baron et M. Henri de Boutray, le comte Guy de La Tour-du-Pin, le chevalier L'Évêque de la Basse-Moûturie, appartenant à une noble famille de l'Anjou, membre de la légion d'honneur, volontaire à Gand, l'un des douze élus auxquels fut confiée la garde de S. M. Louis XVIII durant son séjour en Belgique. Officier de gendarmerie, démissionnaire, il fut éprouvé par les persécutions du pouvoir de juillet, qui l'incarcéra et le traduisit devant le jury sous le poids d'une accusation que fit tomber l'éloquence de M* Hennequin, à l'élection duquel il avait grandement contribué. Précédemment trois articles sortis de sa plume incisive l'avaient fait condamner, à Douai, à six mois de prison et trois mille francs d'amende; il s'en vengea en devenant un des fondateurs de la *Gazette de Flandre et d'Artois*, à Lille, et de *l'Émancipateur* à Cambrai. Il est difficile de mieux joindre l'énergie à la fidélité et à l'abnégation.

Le comte Gabriel de Charnacé rappelait d'autres poursuites judiciaires, celles dont les propriétaires de la Mayenne furent l'objet lors de l'insurrection de l'Ouest; le vicomte d'Arjuzon, le comte Paul de Malartic, MM. Ludovic et Émile de Franqueville, représentant d'une des meilleures familles du Nord; puis le comte Patrice de Goulaine, dont le père et la mère malades n'avaient pu venir renouveler près du prince l'hommage d'un dévouement qu'ils ont souvent prouvé en de bien difficiles circonstances.

Furent encore immédiatement présentés le marquis de Roncherolles, M. de Triqueville, M. Picot de Bois-Feuillet, membre d'une famille ayant fourni plusieurs victimes à la révolution de 1793, le comte de Montesquiou, le comte Alphonse de Buisseret, qui ne pouvait réitérer une preuve plus évidente de son invariable attachement à ses principes qu'en arrivant à Belgrave escorté de ses deux neveux, le comte Emmanuel de Buisseret et le vicomte de La Salle; le marquis du Blaisel, M. d'Haussonville, M. Postel d'Ivry-la-Bataille, chevaleresque vétéran de la fidélité, le marquis de Rochefontenille, le baron Lambert, le comte de Clermont, et le comte Charles de Valori, fils du marquis de Valori, dont les sentiments élevés retracent le rare dévouement que son parent,

M. de Valori, prodigua à Louis XVI lors du voyage de Varennes. Le prince ne l'avait point oublié, et sa bienveillance pour le jeune rejeton de cette race fidèle aura été au cœur d'un père et d'une mère une consolation pour la perte cruelle qu'ils ont faite, presque en même temps, de leurs deux filles, véritables anges gardiens des pauvres et des prisonniers politiques, mademoiselle Charlotte de Valori et madame la marquise de Saint-Paul.

M. Berryer, en sa qualité de premier arrivé, eut l'honneur de présenter lui-même au prince ses collègues, M. le duc de Valmy, qui a pris une si belle position parlementaire depuis le jour où les électeurs de Toulouse l'ont récompensé par leur choix de ses luttes dans la presse; M. Blin de Bourdon, l'homme de bien par excellence, le chef de famille vénéré, le député consciencieux auquel toutes les opinions rendent publiquement hommage, et M. le marquis de Preigne, ancien officier de hussards, jeune représentant du Midi. M. Berryer était ému en redisant les efforts que, d'accord avec lui, ces députés font chaque jour pour le bien de la France.

Un grand nombre de dames vinrent aussi à cette réception, et parmi elles le prince en reconnut d'abord qu'il avait vues aux Tuileries avant juillet 1830.

Au premier rang il faut citer madame la marquise de Rougé, ancienne dame d'honneur de S. A. R. Madame la Dauphine, près de laquelle, depuis son exil, elle s'était hâtée d'aller plusieurs fois reprendre ses hautes fonctions. Sa présence était une consolation pour l'auguste fille de Louis XVI, qui devait être bientôt affligée par la mort de sa digne filleule, mademoiselle Marie-Thérèse de Rougé, enlevée au moment même où elle allait, avec sa mère, reprendre la route de Goritz et chercher près de la femme de toutes les douleurs un adoucissement au profond chagrin que lui causait la mort de son excellent père. M. le marquis de Rougé était colonel des Cent-Suisses et l'un des plus ardents serviteurs de la royauté, à laquelle il apportait son heureux concours en ne cessant de faire le bien tout autour de lui. Nous nous souviendrons toujours d'avoir suivi ses dépouilles mortelles jusqu'à sa terre de Moreuil, où les habitants de la commune et des environs vinrent déplorer le malheur de la contrée.

Près de madame la marquise de Rougé, ses deux fils, le marquis du Plessis-Bellière, ancien officier de cavalerie qui, l'année précédente, avait accompagné le Prince dans sa visite aux champs de bataille de la Prusse. Il devait être d'autant mieux distingué dans cette réunion, qu'il a eu l'honneur de joindre au sien un nom célèbre dans les annales des services rendus à la monarchie, en épousant mademoiselle de Pastoret, fille et petite-fille de trois tuteurs qui ont eu des pupilles royaux. Le vicomte Louis de Rougé allait être page du roi Charles X, quand la révolution de juillet est venu le condamner à des loisirs heureusement employés par des excursions en France, en Vendée surtout, et à l'étranger. Et, comme si le nom de Pastoret devait toujours apporter un nouvel éclat à cette famille, nous rappellerons que dans les remarquables récits de ses voyages, M. le marquis de Pastoret s'applaudit d'avoir eu pour compagnon M. Louis de Rougé. — M. le comte de Lostange, gendre de madame de Rougé, ancien capitaine de la garde royale, qui a brisé son épée pour ne pas prêter serment, vint aussi avec deux de ses parents, les vicomtes Armel de Rougé et de Perrien, démontrer combien chez de tels hommes les convictions et les habitudes sont communes à tous.

Madame la duchesse de Lorge rappelait à la fois au comte de Chambord et la fidélité héroïque des Tourzel et celle dont, avec son mari, elle avait fourni tant d'exemples en des circonstances que nous redirons plus tard. Elle était accompagnée de Mlle de Lorge, qui, parmi les pèlerins de Londres, devait trouver un époux selon le cœur de sa famille, le vicomte de Guébriant. Mais hélas! quel voile de deuil il faut jeter sur sa tombe, ouverte entre les joies d'un devoir rempli envers l'exil et celles que lui promettait le bonheur de sa fille!.,... Madame la duchesse de Lorge est morte à la fleur de l'âge, et ici encore nous pouvons dire que nous avons été l'un des premiers témoins de cette cérémonie funèbre, où la foule agenouillée sanglottait en voyant la mère prendre place près de ses six enfants dans le sanctuaire des morts, tout peuplé des siens. Plusieurs des assistants l'avaient vue dans les salons de Belgrave, et prévoyaient combien le Prince serait sensible à cette perte.

Madame la duchesse des Cars, sœur de madame la duchesse de Lorge, et mademoiselle des Cars, madame la duchesse de Valmy, madame Descuns, madame la comtesse de Goulaine, madame d'Astis, madame la vicomtesse de Quélen, madame et mademoiselle Colomb, la marquise de Civrac, madame Alfred Lepippre, madame la comtesse d'Arjuzon, la comtesse F. de La Ferronnays et plusieurs autres dames furent l'objet de la courtoisie du Prince, dont le maintien et les paroles dirent bien haut comment il appréciait un empressement si affectueux et si touchant. Mgr le duc de Bordeaux prouva que, pour être vraiment un modèle de grâce et d'exquise politesse auprès des femmes, il n'avait pas eu besoin de vivre au milieu du luxe des cours ni de la splendeur des fêtes.

Parmi les visiteurs, il faut encore citer M. Ch. Bayart et son fils Henri, filleul de Henri de France et de S. A. R. *Madame*. Leur présence avait vivement touché le Prince, car elle était la continuation de cet infatigable dévouement, de cette constante abnégation dont madame Bayart a multiplié les complètes preuves avant et depuis le jour où elle avait sollicité et obtenu l'honneur d'être la première nourrice de l'enfant du miracle. C'est ici le lieu de constater que le nom de madame Bayart ne doit pas seulement sa célébrité à cette circonstance déjà si flatteuse pour une famille, surtout quand on songe aux périls auxquels ces hautes fonctions étaient vouées. Il faut qu'on sache bien qu'on ne lui avait pas accordé cette préférence tant recherchée, à titre de faveur, mais plutôt d'un droit qu'elle avait conquis grâce aux importants services rendus par elle et par son mari.

En 1815, M. Ch. Bayart partit d'Armentières comme volontaire royal, et se distingua tellement que, tour à tour, S. A. R. M⁰ le duc de Berry, le comte de Galiffet, officier supérieur des mousquetaires du roi, M. le duc de Duras, le prince de Croy-Solre, etc., attestèrent ses actes de bravoure et de désintéressement. Il fut nommé commissaire extraordinaire et fondé de pouvoirs autographes de S. A. R. *Monsieur*, frère de Louis XVIII, en ces termes :

« J'autorise M. Bayart à parler au nom du roi, et on doit prendre une entière confiance dans tout ce qu'il dira de ma part pour le service de Sa Majesté.

« Gand, le 16 avril 1815.

« Signé CHARLES-PHILIPPE. »

Un autre fait doit encore être consigné. Il s'agit d'une chose trop peu commune, d'une offre considérable d'argent que faisait alors, de concert avec quelques parents et amis, M. Bayart, comme il résulte de la pièce ci-dessous, textuellement copiée :

Nous soussignés, maréchaux-de-camp, lieutenants des gardes du corps, compagnies écossaises.
Certifions avoir vu à Gand M. Bayart d'Armentières, dans les appartements du roi, vers le 10 avril 1815 ; que nous

l'entendîmes prononcer son discours par lequel il informait Sa Majesté qu'il lui apportait *cinq cent mille francs;* qu'il est à notre connaissance qu'il a rendu les plus grands services à la cause du roi; qu'il l'a soutenue avec une activité et une intelligence dignes d'éloge; qu'il a préparé et soulevé trente communes du département du Nord; qu'il nous a été du plus grand secours pendant que nous avons été chargés de protéger le canton d'Armentières contre les sorties de la garnison de la ville de Lille. En foi de quoi il lui est donné le présent attestat pour lui servir en cas de besoin.

A Paris, le 3 août 1815.

Scellé et signé le comte Louis DE CLERMONT-TONNERRE et marquis DU BOSCAGE.

Dans une lettre des plus mémorables écrites à cette époque, un des fidèles serviteurs du roi, M. le duc de Duras, disait que M. Bayart « a si- « gnalé son attachement à la cause royale de la « manière la plus éminente, en venant offrir au « roi une somme de *cinq cent mille francs.* » La Restauration donna à M. Ch. Bayart la croix de la Légion-d'Honneur, et un emploi dans les finances, à Lille.

Depuis la révolution de juillet il n'a cessé de rester au poste de l'honneur, en protestant dans les journaux de sa localité contre les actes arbitraires, entre autres la captivité de S. A. R., *Madame*, duchesse de Berry, et dans toutes les circonstances où l'intérêt de la France lui semblaient le demander.

Madame Bayart (alors mademoiselle Sophie de Witte), prit aussi aux événements de 1815 une part qui rappelle le courage et l'inspiration des femmes célébrées dans notre histoire. Son intelligence, sa discrétion, lui valurent diverses missions de haute confiance à des époques de crise, et lui fournirent l'occasion de déployer une énergie et une ténacité bien au dessus de son âge. Ici encore, au risque de blesser une modestie susceptible, nous laissons parler des preuves authentiques recueillies par nous dans la mémoire de ses compatriotes et dans les archives de la fidélité du département du Nord.

Mademoiselle,

Je viens de recevoir de M. le comte de Rochechouart, chef d'état-major du ministre de la guerre, à Gand, une lettre par laquelle il me prie de vous écrire, au nom de M. le duc de Feltre, à qui vous avez été signalée comme la personne que la divine Providence semble avoir formée tout exprès pour porter au général La Poyppe, gouverneur de Lille, la sommation du roi, afin qu'il rendît à son souverain légitime cette ville fidèle, dont la reddition épargnerait à la France les plus grands maux. (Le roi était alors secrètement informé que les Anglais voulaient se diriger sur Lille, et qu'une fois maîtres de cette ville, c'est à dire de ses ruines, car la population, toute Française, s'y serait ensevelie avant de se rendre, ils voulaient s'emparer du département du Nord.) Je suis chargé de solliciter de votre dévouement au roi une entrevue sur la frontière, si mieux vous n'aimez vous rendre à Courtray, pour que je vous donne mes instructions, et vous remette en même temps les dépêches importantes que je ne puis confier qu'à vous seule. Je ne dois pas vous laisser ignorer (et j'en ai reçu la recommandation expresse) tous les dangers que vous allez courir en vous chargeant de cette mission difficile et dangereuse ; mais d'après ce qu'il est revenu au roi et à ses ministres, sur votre courage et votre beau caractère, je suis en droit d'espérer que vous daignerez vous rendre à ma pressante invitation.

Agréez, je vous prie, Mademoiselle, l'assurance, etc.

Le chevalier DE BERTHIER-BISY,

Major de cavalerie, officier d'état-major
de S. A. R. *Monsieur.*

Courtray, le 20 mai 1815.

Mademoiselle de Witte répondit en bravant aussitôt tous les périls, et en consacrant son habileté, son sang-froid et sa présence d'esprit à la mission dont le résultat fut très heureux, ainsi que les documents ci-joints en convaincront facilement :

Le comte de Beurnonville à mademoiselle Sophie de Witte, à Neuville-en-Ferrain (Nord).

Je ne puis différer plus longtemps, Mademoiselle, de vous informer que j'ai souvent entretenu Sa Majesté, ainsi que les princes de la famille royale, des preuves de zèle et de dévouement que vous n'avez cessé de donner pendant et depuis notre séjour à Gand, et notamment de toutes les démarches que vous avez faites auprès de M. le lieutenant-général La Poyppe, pour faire remettre la ville de Lille au roi.

Vos belles actions, Mademoiselle, ne seront jamais oubliées de notre bon roi, ni de LL. AA. RR., et je suis bien heureux d'être autorisé à vous en donner l'assurance de la part de Sa Majesté et de son auguste famille.

J'ai l'honneur de vous offrir l'hommage de mon sincère attachement.

Le général, pair de France, ministre d'état,

Comte DE BEURNONVILLE.

Paris, le 15 novembre 1815.

Le lieutenant-général comte de Bourmont à mademoiselle Sophie de Witte.

J'atteste que mademoiselle de Witte, née à Neuville, département du Nord, a montré un zèle et un dévouement admirables pour la cause du roi pendant les Cent-Jours.

J'atteste, en outre, qu'à mon arrivée dans la 16° division militaire, je l'ai chargé de missions importantes et périlleuses relativement à la reddition *des places de cette division.*

Elle a rendu des services qui sont personnellement connus de son Excellence le ministre de la guerre et de M. le comte de Beurnonville, qui lui confièrent pendant leur séjour à Gand des missions importantes et difficiles, dont elle s'acquitta à leur satisfaction.

Paris, le 4 juillet 1816.

Signé le lieutenant-général

Comte DE BOURMONT.

Le colonel du régiment de Douai (artillerie) à mademoiselle Sophie de Witte.

Mademoiselle, je ne connais personne qui, plus que vous, ait des droits à la reconnaissance du roi et de son auguste famille, par les services importants que vous avez rendus lors de leur absence de France.

Je serais désespéré que Sa Majesté ne connût pas votre généreux dévouement ; mais on l'a trop admiré dans la capitale du royalisme pour qu'il ait besoin de mon attestation.

J'ai l'honneur d'être, etc.

Le colonel HULOT.

Douai, le 6 juillet 1816.

Sous la Restauration, madame Bayart vécut près de ses enfants, que la mort a presque tous décimés, et fut toujours affectionnée par la famille royale. En 1830, elle prit le chemin de l'exil, se rendit à Lultworth, où S. A. R. *Madame,* duchesse de Berry, dit en apprenant son arrivée :
« Madame Bayart... déjà... cela ne me surprend « pas ; je l'attendais !.. » Tour à tour, à Holy-Rood, à Bath, en Italie, en Autriche, en Bohême, en Styrie, elle a fait des pélerinages utiles, et a donné de nouvelles marques de son habileté et de son inaltérable dévouement. Non contente de solliciter par la voie des journaux l'honneur de s'enfermer avec S. A. R. *Madame,* à Blaye, elle a constamment contribué à soutenir sous toutes les formes la cause royaliste, et avec tant de générosité et de sincérité que tous les partis lui paient leur tribut d'estime et de respect. Sa santé ne lui avait pas permis de quitter sa modeste demeure, où le reconnaissant souvenir du Prince est allé la chercher.

Je regrette de n'avoir pas pour peindre dignement de si belles qualités une plume comme celle d'un vieil ami de M. et de madame Bayart, M. de Châteaubriand ; mais, faute de mieux, j'ai essayé de redire ce qui d'ailleurs a été indiqué avant moi dans la *Vie de Charles X,* page 295.

J'ai d'autant plus insisté sur les détails relatifs à M. et madame Bayart, que des efforts et des actes de cette nature, loin d'avoir exclusivement en vue le triomphe d'une opinion, ont pour but le bien de la patrie, l'intérêt général, dans des occurrences où le courage est souvent trop rare. En outre, si certaines familles de France sont aujourd'hui bien connues et au premier rang, par les exploits de leurs aïeux, leur position sociale ou leur fortune, il en est dont les sacrifices, les travaux, les immenses services sont ignorés. J'ai voulu saisir cette occasion de mettre dans son vrai jour ce qui constitue une véritable noblesse, égale à celle des plus vieux parchemins. Telle est, j'en suis sûr, l'opinion de Mgr le duc de Bordeaux, et il éprouvera, j'espère, une satisfaction de plus en voyant que c'est à la famille de sa nourrice que j'ai appliqué une révélation de faits si méritoires, dont une coupable modestie lui a peut-être caché une grande partie.

Le prince remarqua M. Alexis Cousin, dont il connaissait la conduite. Percepteur de l'arrondissement de Boulogne en 1830, M. Cousin et son frère, procureur du roi en la même ville, donnèrent leur démission. En 1831, il eut à subir deux visites domiciliaires, accusé qu'il était de recevoir la correspondance du roi Charles X avec la France. Constamment occupé des intérêts de sa localité, il obtint le plus beau triomphe dans la question restée indécise de la ligne du chemin fer d'Amiens à Boulogne. Un journal du département, l'*Observateur*, du 6 avril 1843, contient ces ligues :

« Le président a aussitôt lu les noms des délégués choisis par le bureau provisoire. Chaque nom en particulier et tous les noms en général ont été acceptés avec acclamation ; cependant pour être vrais nous devons dire que la proclamation du nom de M. Alexis Cousin a été suivie d'applaudissements unanimes de la nombreuse assemblée, qui s'est montrée en cela reconnaissante des démarches actives de ce citoyen pour la défense des intérêts boulonnais. »

Les huit délégués dont faisait partie M. Alexis Cousin furent nommés par trois mille habitants. Arrivé l'un des premiers, il était à la reception du 28, et, en l'entendant nommer, Mgr le duc de Bordeaux lui dit très haut : « Vous faites du bien à Boulogne.... » En prononçant ces paroles, le Prince n'était pas moins ému que celui auquel il les adressait, car il s'agissait des intérêts de la France, de ces intérêts pour lesquels, en voyageant, il cherche surtout à compléter ses recherches et ses études assidues.

Il faut ajouter un fait important.

Le ministre de Hanovre à Londres a demandé une audience dans laquelle il a remis à Mgr le duc de Bordeaux une lettre autographe de son souverain.

A cette première entrevue le Prince avait été tout à tous, communiquant son émotion en faisant admirer en lui l'expression naïve et touchante du bonheur dont son âme était inondée. Les Français étaient sous le coup d'un saisissement indicible, le cœur à la fois plein des joies du moment, et l'esprit surchargé des reminiscences du passé qui semblait soudain s'être changé en un heureux présent, auquel la triste réflexion venait trop tôt, hélas! restituer sa désolante réalité. La plupart des hommes qui se pressaient dans le salon de Belgrave s'étaient, treize années avant, trouvés réunis au palais des Tuileries; Henri de France leur apparaissait alors, comme aujourd'hui, entouré des Lévis, des Fitz-James, des Berryer, des Beauffremont, des de Lorge, des Damas, des des Cars, des Rougé, des Goulaine, des Coislin, des Valori, etc. Prenant leurs souvenirs ou leurs espérances pour une actualité, ils se croyaient à cette cour dont les prodigalités était la bienfaisance, et dont les splendeurs donnant chaque jour une vie nouvelle au commerce, répandait l'aisance dans toutes les conditions. Puis, n'entendant point retentir autour d'eux les noms des Vatout, des Cunin, des Martin, des Fulchiron, et de tant d'autres notabilités de cette splendeur qui reluisent au soleil de juillet, ils comprenaient que si la France était à Londres, le comte de Chambord n'était pas à Paris.....

Vers deux heures on sortit de l'hôtel du Prince, et les pélerins se dispersèrent çà et là en escouades, sans se dire un mot, car tandis qu'au dedans ils avaient rencontré à la fois un grand sujet de bonheur et une trop réelle affliction, au dehors celle-ci ne manquait pas. A la porte de l'hôtel où logeait l'héritier de cinquante rois, le petit-fils de Charles X dont, il y a quatorze ans, l'Angleterre s'enorgueillissait d'être l'alliée, pas un garde! Un ex-*coach-man* déguenillé était l'unique sentinelle qui, durant le jour, veillait sur le seuil de Belgrave, pour saisir au passage quelque pièce de monnaie de France. On ne peut se faire une idée de l'impression pénible que produisait ce spectacle au premier abord; mais elle était promptement détruite par le souvenir du maintien plein de dignité, de résignation du prince auquel on aurait fait une injure en s'arrêtant à croire qu'il eût un seul instant regretté d'avoir seulement ses compatriotes pour sauve-garde.

Dès son arrivée à son hôtel, il fut facile de se convaincre que sa réputation de charité était déjà venue d'Écosse à la métropole. Des groupes de pauvres stationnaient aux environs, et n'attendaient pas longtemps l'aumône, ou plutôt le don généreux du royal et pauvre étranger. Il n'est pas possible d'oublier aussi que, rôdant autour du Square, on apercevait parfois les figures douteuses de gens chargés par M. de Saint-Aulaire de tout observer et de tout redire. Mais en voyant l'allure franche des visiteurs de Bélgrave, et la haute considération que les habitants de la capitale britannique leur témoignèrent dès l'origine, leur courage défaillit; ils hésitèrent à gagner ainsi leur honteux salaire, ils devinrent plus rares, et quand ils rencontraient M. le comte de Chambord, leurs misérables projets étaient déconcertés et confondus comme les artifices du démon par le signe de la croix.

L'attention, l'intérêt visible que Londres apportait à l'arrivée du Prince n'était rien auprès de l'agitation, de l'anxiété, de la rage qu'elle causait à Paris, principalement au ministère des affaires étrangères. M. Guizot séchait sur pieds, il passait ses nuits et ses jours à écrire, à envoyer des courriers à lord Aberdeen, qui le plus souvent ne lui répondait pas. Les autres ministres partageaient les inquiétudes de leur collègue. Un diplomate étranger ayant depuis longtemps demandé l'expédition d'une grave affaire, dans un des bureaux ministériels, il lui fut formellement répondu : « Que voulez-vous ? on ne « s'occupe que du voyage de M. le duc de Bor- « deaux. »

VII.

Visite des Français à M. de Chateaubriand.—Discours de M. le duc de Fitz-James. — Arrivée subite du Prince chez M. de Chateaubriand. — Réceptions. — Preuves de la sollicitude de Mgr le duc de Bordeaux envers la classe ouvrière.

Le 29 au matin, tous les Français arrivés la veille, et ceux qui débarquèrent à Londres, résolurent d'aller en masse rendre hommage à celui qui, après le prince, méritaient le plus la reconnaissance de ses compatriotes. Ils entrèrent donc dans l'appartement de l'auteur du *Génie du Christianisme*, et le digne fils de l'éloquent duc de Fitz-James, qui fut un véritable dictateur à la tribune, s'avança vers lui en s'exprimant ainsi :

« Monsieur le vicomte,

« Après avoir salué Henri de France, il nous restait un devoir à remplir; c'était de venir saluer en vous la royauté de l'intelligence. Vous avez conseillé, hélas! vous avez averti les rois au jour de la prospérité. Vous venez aujourd'hui soutenir et défendre le petit-fils de Louis XIV ; vous donnez un grand spectacle au monde.

« La France, qui, malgré tout, est toujours la noble France, vous suit et vous admire ; elle vous a laissé partir entouré de ses sympathies, parcequ'elle comprenait que vous aviez une grande mission à remplir. Nous plaçons en vous notre espoir.

« Vous parlerez du passé pour qu'on évite les écueils, et votre génie montrera de loin l'avenir.

« Recevez les hommages de ces Français restés fidèles à la patrie ; et moi, Monsieur, le fils de votre ancien ami, permettez-moi de regarder comme le plus grand honneur d'avoir été choisi par ces messieurs pour être leur interprète auprès de vous. »

Henri de France entra accompagné de M. Berryer et de M. le duc de Valmy, et, s'avançant au milieu de cette réunion improvisée et sans apprêt, dit d'une voix forte et sonore :

« J'ai appris, Messieurs, que vous étiez réunis chez M. de Châteaubriand, et j'ai voulu venir ici vous rendre votre visite.

« Je suis si heureux de me trouver au milieu des Français! J'aime la France, parceque c'est ma patrie, et je ne pense au trône de mes pères que pour la servir avec les sentiments et les principes que M. de Châteaubriand a si glorieusement proclamés, et qui ont dans le pays tant de bons défenseurs! »

Ces paroles étaient à peine prononcées que les cris de : *Vive Henri de France!* leur répondirent en chœur. Alors le prince parut animé d'une indicible émotion ; il se tourna soudain vers la foule enthousiasmée, et sa voix vibrante, dominant tout ce bruit, fit entendre aussitôt ces mots, qui produisirent l'effet d'un coup de tonnerre : « Et moi, messieurs, je crie : *Vive la* « *France!* » Puis il s'éloigna après avoir affectueusement salué l'assistance, qui put librement féliciter le noble duc de Fitz-James d'avoir une fois de plus fait sortir de la poitrine de Henri de France ce cri national.

Certains journaux anglais, auxquels se joignirent bientôt des feuilles ministérielles en France, ne manquèrent pas de tirer de ce discours et de cette réponse des conséquences d'autant plus terribles à leurs yeux, qu'ils y voyaient la consécration d'un titre et d'un droit, à laquelle le tact parfait, la merveilleuse convenance du Prince avaient apporté une force invincible.

Le 29, arrivèrent ensemble M. le baron de Larcy, député de Montpellier, dont l'esprit et le cœur sont animés des convictions ardentes de son pays, et qui devait trouver à Londres de chaleureuses, d'éloquentes inspirations pour la tribune; M. le comte de Boissard et son fils Arthur; M. de Villebois, le comte de Rohan-Chabot, le chevalier La Villatte, qui employa tant d'années à veiller jour et nuit sur l'enfance et la jeunesse de Mgr le duc de Bordeaux; son gendre, M. de Fayet, le colonel Cadoudal et le fils du général son frère, nom qu'on salue en

Bretagne comme celui de La Rochejaquelein de Vendée ; M. le comte d'Indy et ses deux fils, M. de Quatrebarbes, M. Henri de Cornulier, auquel le Prince, se rappelant la perte que la Vendée et la cause royaliste venaient de faire dans son excellent et valeureux père, adressa des paroles qui démontrèrent combien il appréciait le dévouement héréditaire dans toutes les branches des Cornulier ; M. Alfred Nettement, le célèbre écrivain de *la Mode,* l'un des plus redoutables écrivains de la presse royaliste ; M. le comte et Mme la comtesse de Bérard, M. de Belleval, jeune avocat du barreau de Paris, que son talent et son zèle ont rendu cher aux accusés politiques, et auquel son désintéressement et ses efforts ont conquis la gratitude des prisonniers de la même cause ; M. le marquis de Villaine, M. Blacket, le marquis de Saint-Amand, le comte d'Aubeterre, M. de Montaignac, le comte de Lichy, le vicomte de Chaignon, le baron de Marilhac, M. de Chalaniat, le vicomte de Saint-Didier, M. de Matharel, M. Lécuyer de Villers, M. Espivent de la Ville-Boisnet, le vicomte de Cussy, ancien capitaine de la garde et savant distingué, le comte de Montmorency-Luxembourg, le vicomte d'Orglande, le marquis de Croismare, le comte Albert de La Rochefoucault, le marquis et le vicomte Chassepot de Pissy, M. Lambert de Bussy, le vicomte d'Albon, M. Gagelin, M. Defontaine, juge-suppléant et membre du conseil général à Lille, le colonel suisse Theubet, le chevalier de Coson (Anglais), M. Boscal des Réals, M. Fournier de Bellevue, aimé de tous les habitants du Morbihan par son caractère plein de loyauté et de franchise. Son père était, sous la restauration, membre du conseil général d'Ille-et-Vilaine. Le marquis Emmanuel de Catuélan, arrière petit-fils du dernier premier président du parlement de Bretagne, petit-neveu de Mgr de Girac, évêque de Rennes en 1789; M. le comte de Boispéan, d'une famille distinguée de Bretagne et qui a donné plusieurs membres au parlement de cette province; M. Bloyet de Kérouartz, digne enfant de du même pays; le comte de Carné, imitateur de ses ancêtres qui combattirent aux croisades de S. Louis et se retrouvent continuellement dans l'histoire contemporaine, était un brave officier des hussards de la garde royale; il fut en 1842, lors de ses explorations sur les champs de bataille de Prusse, l'un des compagnons de Mgr le duc de Bordeaux, qui a été parrain de son premier enfant; le comte d'Andigné de Mayneuf, d'une famille trop connue pour qu'il soit besoin d'en parler; M. Blanchet, avocat breton d'un grand mérite et d'un dévouement invariable, le comte d'Erlach, MM. Jules et Ernest Urvoy de Closmadeuc, d'une race qui a souvent montré sa fidélité et qu'entoure l'estime générale, le comte et la comtesse de Brissac, leur fils et leur fille, le comte de La Châtre et la comtesse de La Châtre, sœur de M. le prince Gaston de Montmorency, complice de toutes ses bonnes œuvres; le comte et la comtesse de Saint-Venant, le comte et la comtesse de Clercy et leur fils, M. Betoulle, avocat à Paris; le baron et la baronne de Malortie (de Dieppe), le marquis et la marquise d'Iquelon, le comte Étienne de Biron.

Le comte de Montrichard et son fils, qui s'empressa d'aider M. Barrande dans les travaux du cabinet particulier de M. le comte de Chambord, sont vraiment les dignes neveux de l'admirable abbé de Montrichard, grand-vicaire de Bordeaux et chanoine du noble chapitre de Liége, qui, durant l'émigration, à Fribourg, était parvenu à réunir trois cents prêtres ses compatriotes et à subvenir à leurs besoins, quand un envoyé de la république française obtint du gouvernement helvétique un ordre d'expulser du territoire tous les émigrés français, sous prétexte *qu'ils affamaient la Suisse*. Désespéré de cette nouvelle, l'abbé de Montrichard redouble de zèle et d'activité, court chez ses amis, obtient d'être entendu par un nouveau conseil. Là, après avoir chaudement plaidé la cause de ces malheureux, il conclut en prenant l'engagement personnel de nourrir la Suisse, si le conseil veut rétracter l'ordre donné. La proposition est accueillie, et sur la promesse d'un pauvre prêtre n'ayant pour garantie de sa parole que l'ascendant de sa vertu, sa charité et sa foi dans la Providence, tous ces malheureux purent rester là jusqu'à l'invasion de l'armée française après la bataille de Zurich. Des lettres de Madame Clotilde de France, de Mademoiselle Adélaïde d'Orléans attestent sa belle conduite et combien il avait su les intéresser à son œuvre; il mourut peu de temps après le retour du roi en 1814, à Nevers, où sa mémoire est encore bénie, surtout par les pauvres. Le comte de Montrichard n'a quitté Londres qu'après le départ du Prince. Un affreux malheur l'attendait : trois mois à peine s'étaient écoulés que sa charmante fille, âgée de dix-sept ans, lui était ravie. L'infortuné père aura sans doute trouvé une consolation dans cette pensée que Mgr le duc de Bordeaux s'est associé au chagrin de ses nobles serviteurs.

Il me semble bon, avant de passer au récit d'autres réceptions, de répondre à une critique qui sera peut être faite (si déjà elle ne l'a été) à l'aspect des noms qui composent ces premières indications et se trouveront encore dans les suivantes. Des gens mal intentionnés ne manqueront sans doute pas de dire : « Mais ce sont des nobles, des grands seigneurs, des courtisans en un mot, qui ont été à Belgrave-Square, et on a tout droit de s'en défier. » Loin de nous la pensée de nier qu'en effet la majorité était formée de personnages riches, et cela est fort naturel, car eux seuls pouvaient entreprendre un voyage si lointain, si coûteux ; là est toute la question. Il est bien démontré que si le séjour du Prince eût été d'un facile abord, une notable partie de la France se fût rendue près de lui dans l'exil.

L'essentiel est de savoir si ces gentilshommes étaient de fades flatteurs, ou si, au contraire, ils n'ont pas, suivant les traditions de leurs aïeux, bien servi leur pays, s'ils ont gagné ou soutenu leur noblesse à la pointe de leur épée, au péril de leur vie, en défendant le sol natal, et si ce n'est pas ainsi qu'ils sont vraiment gentilshommes, *gentis homines,* hommes de la nation. Ce titre de gentilhomme est glorieux, qu'on le sache bien, quand il se traduit de cette façon ; il atteste jusqu'à quel point on s'est voué aux intérêts de sa patrie, de même que le mot *paysan* bien entendu veut dire homme du pays, l'homme qui lui consacre ses bras, son temps, qui est en quelque sorte inhérent à la terre dont les sillons sont arrosés de ses sueurs, puis qui va la défendre quand le sort l'arrache à la vie des champs pour l'enrôler sous les drapeaux.

Le Prince, dont la France est la préoccupation constante et chérie, s'était fait rendre compte de la ligne de conduite suivie par ses visiteurs, et il avait été heureux d'apprendre qu'il leur devait sa gratitude, non seulement pour leur démarche touchante près de sa personne, mais surtout pour la manière dont ils pratiquaient les devoirs de leur position et employaient les loisirs de leur retraite des affaires publiques. Il n'avait pas été trompé, et on peut en toute assurance défier les contradicteurs de nier les honorables efforts que dans leur sphère, dans leurs localités respectives, ils ont faits pour être utiles et pour obéir à cette dévise : *Noblesse oblige.*

D'ailleurs ne savait-on pas qu'elle était à cet égard l'opinion de Mgr le duc de Bordeaux ? Lors de sa visite à M. de Châteaubriand, ces mots :

« Et moi, messieurs, je crie ; Vive la France ! »
n'avaient-ils pas résonné longtemps comme un
écho plein d'harmonie dans le cœur de tous
ceux qui l'avaient entendu ? Ils eurent en outre
un salutaire retentissement en France et en
Europe. Que de choses ils exprimaient à la fois
dans leur éloquente concision, et comme ils
étaient bien la meilleure preuve de l'amour rempli d'abnégation, de désintéressement que le
jeune Prince porte à sa patrie ! *Vive la France !*
N'était-ce pas dire à tous qu'un long exil l'avait
toujours trouvé sans colère, sans haine, parcequ'il ne l'imputait point au pays qui l'en avait
accablé, et que s'il songeait à la France avec
tant d'exaltation et de persévérance, c'était
pour elle et non pour lui-même. Son intérêt
personnel ne le préoccupe nullement, l'égoïsme
n'a point de place dans cette âme véritablement
patriotique, et si elle a été souvent surexcitée
au récit des hontes et des malheurs de la France,
ce n'est pas d'une joie cruelle, mais d'une vive
douleur, et ses vœux comme ses efforts de tous
les jours ont pour but de connaître ce qui peut
le mieux assurer sa gloire et sa prospérité. A
chaque instant on va voir se développer chez lui
au plus haut degré ce sentiment national qui
fait sa force contre ses adversaires. *Vive la*

France! N'était-ce pas dire hautement à ceux qui l'entouraient comme à ceux qui allaient se rendre près de lui que leur premier devoir à ses yeux était de contribuer sans cesse à son bien-être, par leurs talents, par leur fortune, par tous les moyens à leur disposition? N'était-ce pas dire à ces hommes qui avaient abandonné en juillet leurs fonctions, que la seule vengeance qu'ils dussent en tirer était de consacrer leurs loisirs aux intérêts de leur localité, en s'associant à toutes les bonnes œuvres, quand ils ne les auraient pas fondées, en encourageant les innovations salutaires, les progrès utiles? N'était-ce pas encore inviter les grands propriétaires, dépossédés des charges qu'ils tenaient jadis de leur rang, et dont les revenus étaient par eux dépensés au profit des classes ouvrières, à se consacrer plus que jamais aux expériences agricoles, à l'amélioration du sort des populations des campagnes? N'était-ce pas enfin les féliciter d'avoir accepté des fonctions gratuites qui à divers degrés les mettent à même de prendre une part active aux affaires de leur pays, et de se rendre utiles d'une manière aussi complète que désintéressée? Et le Prince avait si bien pensé tout cela, il l'avait surtout si noblement exprimé, que dès l'origine le pouvoir de juillet en prit note, et que ses paroles toutes françaises devinrent comme la base sur laquelle s'appuyèrent ces déplorables destitutions qui suivirent le pélerinage de Londres et amenèrent la *flétrissure*.

Le nombre toujours croissant des visiteurs nécessita une organisation régulière pour [les ré]ceptions de M. le comte de Chambord, et c'est ce qui donna à certains journaux m[alveillants] l'occasion de dire que le Prince avait [formé] une *cour*, un *cérémonial* et *une étiquette*. [Il] n'en était absolument rien, le cérémonial se bornait à une lettre ou à une visite à M. le duc de Lévis, à M. le duc des Cars ou à M. Villaret de Joyeuse, et aussitôt on était informé de l'heure à laquelle on serait présenté. M. Barrande et un autre fidèle serviteur du Prince, M. le comte O'Geherty, étaient d'ordinaire chargés de transmettre cette bonne nouvelle. Au moment de l'audience, on était introduit sans nulle étiquette dans un salon d'où on parvenait bientôt à celui du Prince, qui se montrait toujours charmé d'employer au plaisir de recevoir ses compatriotes le temps qu'il comptait d'abord consacrer à de sérieuses explorations. Le train de sa maison était parfaitement en rapport avec la simplicité de ses manières;

ses domestiques peu nombreux, une voiture louée pour quelques heures chaque jour, une table modestement servie, attestaient combien son unique désir est de faire des épargnes en faveur des malheureux. Aussi, doit-on le proclamer à la louange des marchands anglais, ils voulurent venir en aide à la générosité du royal banni, et ils firent des remises de 10 pour 100 sur leurs fournitures à l'hôtel de Belgrave.

Ces égards délicats devenaient en outre de la confiance dans tous les Français qui étaient venus rendre visite à Mᵍʳ le duc de Bordeaux. C'est ainsi que l'un d'eux ayant dit, dans un magasin où il venait de faire diverses emplettes, que s'il avait eu des fonds, il aurait acheté un fort beau service de linge de table, il lui fut répliqué : « Prenez, prenez, monsieur, vous nous
« paierez quand vous voudrez à votre retour
« chez vous, nous ne sommes nullement in-
« quiets, puisque vous êtes un des visiteurs de
« Henri de France. »

Les réceptions du matin et du soir exigèrent d'autant plus de temps que presque tous les Français établis à Londres ou en Angleterre lors de la révolution de 1793 ou depuis, sollicitèrent l'honneur d'y être admis, ainsi que beaucoup d'Anglais de distinction.

La position du Prince vis-à-vis du cabinet britannique était officieusement tout ce qu'elle pouvait être puisqu'il n'avait pas voulu prendre d'autre titre que celui de comte de Chambord. Le gouvernement anglais lui a fait ouvrir tous les établissements publics, l'a environné des égards dus à sa personne; l'aristocratie, cette réelle, j'allais dire cette seule puissance, jusqu'à nouvel ordre au moins, de la Grande-Bretagne, s'est disputé l'honneur d'aller saluer en lui la double majesté de la naissance et du malheur. Partout la sympathie non commandée, la sincère admiration, se sont attachées à ses pas, à ses actes; partout aussi il a été l'objet d'une respectueuse, mais pourtant d'une intentionnelle curiosité. On jugeait nécessaire de s'assurer de ses qualités, de son instruction dont on parlait tant; afin de pouvoir exprimer sur son compte une opinion bien raisonnée et positive. Mgr le duc de Bordeaux subit, à son insu ces difficiles épreuves, et son caractère privilégié ayant satisfait à toutes les investigations auxquelles on le soumettait à chaque moment; triompha dans cette sorte de lutte, où il était seul, sans défiance et sans autres armes que sa franchise et sa capacité naturelles.

Si sa présentation chez la reine n'a pas eu

lieu, c'est qu'il n'a jamais voulu la demander, ni laisser faire à ce sujet la moindre démarche. Quant au désir de la reine de le recevoir, il n'était pas douteux parmi les gens bien informés en Angleterre surtout; Victoria a trop de bon goût et trop le sentiment des convenances pour n'avoir pas vivement souhaité de voir un prince de l'une des plus grandes maisons de l'Europe, en qui se résument d'ailleurs, au dire de tous ses sujets, toutes les grâces de la jeunesse, toute la dignité royale, toute la noblesse, toute la force, toute la puissance indéfinissable que donnent une infortune imméritée et un exil supporté avec une telle résignation. La seule chose qui l'ait contrainte à s'imposer cette privation, c'est un antécédent dont elle pouvait d'autant moins se débarrasser qu'il était plus récent et avait causé de véritables dommages à la France.

En effet, la reine en apprenant que sa capitale contenait tout ce que la France compte de plus distingué, non seulement par le rang, mais par des sentiments d'invariable fidélité, grandement honorés chez tous les peuples, eût été heureuse de saisir l'occasion de s'indemniser de son séjour à Eu, et des illustrations de contrebande dont se composait la cour citoyenne à grand effort réunie en son honneur. Elle eût été charmée de recevoir à Windsor cette magnifique députation de la noblesse française, venue pour former non pas une cour, mais une sorte de cuirasse au jeune Henri, de voir briller de tout l'éclat de leurs noms et de leur fidélité chevaleresque les Montmorency, les de Lorge, les Fitz-James, les des Cars, les Lévis, les La Rochejaquelein, etc..... Comme jeune femme et comme reine, Victoria enviait les fêtes et les splendeurs dont son palais eût été le témoin, elle eût été fière de réunir à la haute noblesse de son royaume celle de la vraie France..... Toutefois, elle ne devait, elle ne pouvait pas oublier que sans doute, afin de faire mieux expier aux ministres de juillet les ennuis et les insipidités dont son excursion à Eu avait été comblée, elle en avait obtenu un traité aussi favorable pour sa nation qu'onéreux pour le pays où elle semblait d'abord avoir été amenée seulement par un caprice de curiosité.

Henri de France savait cela; il n'ignorait pas non plus les résultats vraiment déplorables de cette concession au détriment du commerce et des classes ouvrières de sa patrie. Aussi ne laissa-t-il jamais supposer en lui une autre intention que celle de séjourner à Londres uniquement pour s'y rendre compte des progrès utiles, des innovations bienfaisantes que ce sol inventif et fécond produit sans cesse.

Victoria sut à quoi s'en tenir à cet égard, et renonça à voir, sur un terrain que la politique rendit neutre, le prince dont les membres de son conseil comme de sa cour ne manquaient pas de lui vanter les brillantes qualités. En outre, le voyage récent du duc et de la duchesse de Nemours avait prouvé quelle importance M. Guizot attachait à l'absence de toute réception pour le royal voyageur, et sans doute il faisait dépendre de cette satisfaction ses condescendances futures à de nouvelles exigences du cabinet britannique. Enfin, il est probable qu'une autre influence s'interposa près des évidentes velléités de la jeune souveraine, celle du prince Albert, lequel se croyait bien fort depuis le jour où la reine avait permis qu'on haussât d'un degré son tabouret sur les marches de son trône, lors de la dernière ouverture du parlement. Il désira sans doute que son cousin n'eût pas perdu tout son temps en venant à Londres, où d'ailleurs il n'avait pu réussir à attirer à son grand lever officiel splendidement annoncé, les éminents personnages accourus spontanément sur le passage de Mgr le duc de Bordeaux, ou dans les salons de Belgrave-Square.

On connaît maintenant la naturelle cause de sa non-apparition chez Victoria ; mais on peut juger des sympathies que son caractère et son mérite personnel ont inspiré en ce pays, où il a reçu un accueil si empressé de la part de toutes les conditions sociales. Ce fait est éminemment significatif, car en Angleterre le gouvernement n'est certainement pas la reine, mais le ministère, et celui-ci a senti ce qu'il devait à un Bourbon auquel les rois de Prusse et d'Autriche venaient d'ouvrir leurs palais, ce qu'il devait à cette aristocratie dont il dépend, puisqu'en elle réside la véritable force, la suprême influence, à cette aristocratie qui a groupé autour de Henri de France ses plus illustres représentants, et lui a offert ses châteaux avant de le rechercher à Londres et dans les villes dans lesquelles il s'est arrêté.

Une chose remarquable au milieu de toutes ces occupations qui prenaient ses heures, ses minutes, c'est que le prince trouvait encore le moyen de se livrer à ses études, à sa correspondance. Il ne se reposait pas un instant et accordait toujours les audiences particulières qu'on lui demandait. Son plus grand bonheur était de ne pas quitter ses compatriotes, de s'entretenir avec eux de ce qui pouvait intéresser les lieux qu'ils habitaient, il était aux petits soins pour leur plaire, en leur parlant de leurs familles, de leurs services, et, pour en jouir plus souvent, il se couchait fort tard et se levait de très bonne heure. On eut dit, en le voyant, que le cœur de l'exilé français voulait ratifier ce vers :

Ce qu'on ôte à ses nuits, on l'ajoute à ses jours.

VIII.

Excursions dans Londres. — Suite des réceptions.

L'emploi du temps fut bientôt l'objet d'un véritable calcul, d'une série de combinaisons de la part de M. le comte de Chambord, qui, d'heure en heure, voyait en quelque sorte ses jours absorbés par les devoirs si doux à remplir envers ses compatriotes. Et cependant le but qu'il s'était proposé d'abord dans l'intérêt de ses études exigeait qu'il visitât tour à tour, à Londres, les monuments, les établissements publics, et répondît aux politesses que, bien avant son arrivée, le gouvernement anglais lui avait faites, en mettant à sa disposition les meilleurs moyens de tout connaître et de tout juger. C'est un devoir de le proclamer, la Grande-Bretagne rendait trop de justice aux goûts sérieux, aux habitudes laborieuses du jeune prince, pour ne pas lui préparer toutes les voies, lui ouvrir tous les accès que chez elle la science et l'industrie ferment d'ordinaire.

Henri de France, accompagné seulement de M. de Lévis, de M. des Cars, de M. Villaret de Joyeuse ou de M. Barrande, alla successivement voir Saint-Paul, magnifique temple dont le dôme grisâtre a tant de peine à se faire jour au milieu des brouillards, Buckingham-Palace, auquel son style étrange et varié donne l'air d'une apparition prête à s'évanouir sous la fumée du charbon de terre.

Westminster, le Saint-Denis de Londres, où Marie Stuart est couchée non loin de son bourreau Élisabeth; où les rois, les ministres, les artistes, les reines, les comédiens sont entassés pêle-mêle et fraternisent de par la mort.

L'antique palais de Saint-James, qui semble un monument saxon transporté à Londres.

White-Hall, surchargé de ses régicides et que l'histoire dévoue à l'expiation.

La Tour, si peuplée d'armures, de simulacres de guerriers, et qui ne craint pas de laisser voir une hache et un billot encore ensanglantés.

La Bourse, ce temple de l'agiotage, sorte de cénotaphe élevé par anticipation à tous ceux qui courent s'y ruiner.

Hyde-Park, qui vous introduit par un arc de triomphe colossal à ses magnifiques prairies couvertes de daims et de cerfs.

Sommerset-House, que ses tableaux, rangés d'après leur école, recommandent aux amateurs de la belle peinture.

Kensington, véritable jardin de France, dont la symétrie diffère tant des habitudes des parcs anglis.

British-Muséum, qui étale sans remords les enlèvements que lord Elgin a commis au Parthénon, et en agit comme si ce dernier n'avait fait que lui rendre son bien.

La Tamise ayant à peine assez d'eau pour donner place à toutes les embarcations gigantesques ou minimes qui de l'Inde, de l'Amérique ou des ponts de Londres font naviguer sur son sein des milliers d'étrangers et d'indigènes.

Regent's-Street et Regent's-Park, avec sa burlesque architecture, ses colonnades, ses statues, entre autres celle, soi-disant nationale, de Wellington, qui depuis quelques années s'est enfin décidé à rougir de poser ainsi en Achille grossièrement disproportionné.

Le palais en ce moment construit pour les deux Chambres, où l'art de la sculpture déploie à l'infini ses riches détails et ses imposantes conceptions.

Les squares, les trottoirs et les places merveilleusement distribués pour l'agrément des promeneurs non moins que pour la sûreté de la circulation des voitures publiques et des équipages, qui souvent lancés au galop semblent se disputer un prix comme dans un champ de course.

Le Prince, avide de voir, d'observer, aurait consacré bien plus de temps à l'examen détaillé de tout ce qui passait sous ses yeux, mais sans cesse il se rappelait que tandis qu'il donnait satisfaction à sa curiosité et à son désir de s'instruire, de nouveaux arrivants débarquaient en Angleterre pour accourir aussitôt vers lui ; alors il s'arrachait sans regret à ces merveilles :

> Et l'on revient toujours
> A ses premières amours.

Les présentations continuèrent donc à Belgrave-Square, chaque jour à midi, puis la soirée réunissait tous les Français que le Prince aurait voulu pouvoir admettre aussi à sa table, ce que le grand nombre rendit impossible. M. le duc de Fitz-James, M. Berryer y dînèrent avec M. de Châteaubriand, qui ce jour-là, par exception, ne demanda pas à être servi dans sa chambre où sa santé l'obligeait à rester habituellement. M. Berryer allait bientôt partir, et l'Angleterre le pressentant bien, se hâtait de lui faire témoigner son admiration et son estime par ses hommes d'État les plus éminents. L'un des ministres anglais lui offrit un dîner auquel assista le duc de Wellington, et quand il arriva dans la principale cour de justice, le président suspendit la séance durant un quart d'heure, puis le fit asseoir sur un fauteuil près de lui. Lord Denmon, président de la cour du banc du roi, l'invita à se rendre à Old-Bailey pour assister à de grands débats judiciaires. Les établissements publics industriels ou autres, les arsenaux, etc., lui furent ouverts, et on l'y reçut avec une grande distinction.

Les organes des diverses opinions anglaises saluèrent son départ de leurs regrets, et l'un d'eux s'exprimait ainsi :

« Le voyage que M. Berryer a fait dans notre

pays ne peut manquer de produire des résultats utiles. M. Berryer a été accueilli avec affabilité par les hommes les plus distingués de l'Angleterre. Il a visité les districts agricoles et manufacturiers ; il a vu nos universités et nos tribunaux. Il se propose de revenir au printemps pour mieux étudier ce grand pays, comme il l'appelle lui-même. M. Berryer n'est pas seulement un avocat et un orateur politique, il a d'autres talents : sa prodigieuse mémoire et sa fécondité d'esprit rendent sa conversation très attachante. En effet, ses talents l'ont rendu populaire en France dans tous les partis. »

Presque tous les Français avaient eu soin aussi de visiter l'illustre orateur à l'hôtel Mivart, où chacun fut heureux de l'entendre exprimer son enthousiasme bien motivé par le séjour qu'il avait eu le bonheur de faire près de M. le comte de Chambord, dont la confiance avait trouvé en lui un sûr dépositaire.

M. Berryer pouvait sans crainte retourner à Paris, il laissait le prince sous la garde de ses amis de France, et surtout sous celle de M. de Châteaubriand.

Les présentations se succédèrent et virent paraître M. le marquis d'Hérouville, MM. de Turet, de Saint-Martin, le marquis de Lastic, puis MM. le baron de Colbert, Hector, Louis et Eugène de Rosny, trois fils de l'ancien maire et député de Boulogne, de Trevet, Donjon de Saint-Martin, qui, d'après le désir du prince, furent nommés par leur compatriote M. Alexis Cousin.

Vinrent ensuite M. le comte de Jumilhac, le chevalier Odoart, le comte de Rosambo, le comte de Grasse, le comte d'Auberville, le comte de Charpin et son beau-frère le vicomte de Dampierre, qui accompagnait son père, dont le château de Plassac servit d'asile à S. A. R. *Madame*, duchesse de Berry, après son débarquement sur les côtes de France en 1832, le comte de Kerdrel, M. de Merval, M. Raoul de Poix de Freminville, Edmond et Julien de Thieulloy, M. de Boncourt, le vicomte et le chevalier Leclerc de Bussy, M. de Corbière, fils unique de l'ancien ministre de ce nom, conseiller démissionnaire de la cour de Rennes en 1830; M. Joseph Beschu de Lohéac, homme d'un caractère ferme et loyal, ancien conseiller à la cour de Rennes lors de la révolution. Il présidait les assises lorsque le résultat de l'insurrection fut connu ; il exigea que tous les arrêts continuassent pendant la session à être rendus sous le nom du roi Charles X, dont il maintint le buste dans la salle d'audience, malgré les efforts des ennemis de la famille partant pour l'exil. Depuis cette époque il prit une part active à la rédaction de la *Gazette de Bretagne*, jusqu'à ce que ce courageux journal succombât sous le poids des amendes. Il était accompagné de son frère, M. Edouard Beschu de Lohéac, aussi magistrat avant 1830, et comme lui fortement attaché aux mêmes principes.

M. le marquis et madame la marquise de Béthisy, M. le prince de Léon, le comte de Labourdonnaye, fils du député, M. le comte de Bréon, M. le vicomte de Quélen, ancien colonel, frère du saint archevêque de Paris et du député de ce nom, le vicomte de Carrière, ancien préfet, MM. Descoutil de Merlemont, de Chavaudon, le vicomte de La Haye, Louis de Quénissac, Charles de St-Prix, Charles de Cargouet, le chevalier de la Broise, ex-officier de la garde royale, Charles de Boisberthelot, de Curzon, neveu de feu Mgr de Beauregard, évêque d'Orléans, Lorette et son fils, Gouhier de Peteville, le vicomte de Cazes, bien digne de résider à Villeneuve-l'Étang, ancienne maison de campagne favorite de Madame la Dauphine; ses fils le vicomte Albert et le baron de Cases, le marquis de Gontaut-St-Blanquart, le vicomte Octave de Curzay, fils de l'intrépide préfet de Bordeaux, qui fit un rempart de son corps au drapeau blanc qu'on voulait enlever de son hôtel en 1830, et fut horriblement mutilé par une populace furieuse, M. le marquis d'Espinay-Saint-Luc, le vicomte Elie de Gontaut-Biron, MM. Jules d'Adhémar de la Baume, de Nouel, de Kerever, le vicomte de Carné, le chevalier de la Noue, le vicomte Timoléon de Villebresme, membre du conseil-général d'Eure-et-Loir, le vicomte Adolphe de Tristan, ancien officier de cavalerie, le comte Alexandre de Billy, que le prince avait déjà vu avec sa famille en Italie, le vicomte Anatole de la Touanne, le vicomte Alphonse de Morogues, M. Th. de Beauregard, fils d'un ancien magistrat, le baron de Montarand, qui, au moment de la révolution de juillet, jeta pour ainsi dire sa démission de substitut du procureur-général devant toutes les chambres réunies, et protesta énergiquement contre le serment que l'on demandait aux membres de la cour pour la continuation de leurs fonctions.

Ces sept derniers sont Orléanais, et on peut assurer que tous, par leur talent comme par leur fortune, ne cessent de se rendre utiles à leurs localités, depuis le jour où leur concience a renoncé à des fonctions judiciaires, militaires ou autres. Le prince trouva dans cette première députation d'Orléans la preuve que cette ville est restée fidèle à ses antécédents. Bientôt on lui nomma le marquis et le vicomte de Clermont-Tonnerre, dont le grand nom se rattache à tant d'événements anciens et modernes de notre histoire, le vicomte de Soussaye, noble fils d'un ancien commandant de la garde et neveu de Mme la comtesse du Botdéru, cette fière et vaillante bretonne qui, par sa généreuse insistance auprès des ministres, a obtenu tour à tour la commutation ou la grâce d'un grand nombre de captifs politiques dont elle était la consolatrice, et pour lesquels elle a subi plusieurs persécutions et un emprisonnement.

M. Legall du Tertre, honorable industriel de Nantes; après avoir longtemps causé avec le prince sur tout ce qui concerne le commerce, les divers procédés, les innovations faites ou à faire et spécialement sur le moyen d'améliorer le sort des classes ouvrières, disait à tous ses compatriotes au retour : « Dans M. le comte de « Chambord, j'ai trouvé un homme et un prince « comme il nous en faut un à notre époque. »

Et en effet, Mgr le duc de Bordeaux affectionne évidemment tout ce qui a rapport de près ou de loin à l'existence des populations laborieuses, et ne laisse échapper aucune occasion de leur témoigner sa réelle sympathie. Bientôt M. Poncelet, bottier, rue Neuve-Saint-Roch, n° 33, et divers autres maîtres ouvriers parisiens, lui furent présentés. Il s'entretint avec eux d'un façon qui prouvait à la fois combien il était sensible à leurs démarches et l'intérêt qu'il prenait à la situation commerciale de Paris dont il connaît les crises, les périls et les immenses besoins. Il revint vers eux, les reçut en particulier, et voulut même leur faire plusieurs commandes. En agissant ainsi, sa royale bonté ne s'efforçait pas seulement d'encourager chacun dans sa profession, elle semblait dire à tous ses amis que leur devoir était de donner du travail à ceux qui ont été éprouvés pour sa cause, et ne cherchent leur récompense et souvent leur compensation que dans la préférence des gens de bien sans le concours desquels ils ressentent parfois une cruelle gêne.

Le prince arriva à un groupe composé d'hommes que l'énergie de leur plume, non moins que la noblesse de leur sentiments, recommandaient à sa bienveillance spéciale; MM. le vicomte Walsh, son fils Edouard, le courageux directeur de la *Mode*, et M. Alfred Nettement, près desquels se trouvaient M. Olivier Walsh et M. Amédée de La Haye, fils et neveu de l'auteur des *Lettres Vendéennes*, M. le comte de Boissard, ancien aide-de-camp du maréchal duc de Reggio, et maire de la commune de Saint-Germain-des-Prés, MM. Alexandre et Alfred de Gautret, enfants de la Vendée.

M. le comte de Chambord prolongea son entretien avec ces écrivains loyaux et consciencieux; il avait déjà vu souvent le vicomte Edouard Walsh, qui, profitant des rares loisirs que lui laissent les amis de la liberté de la presse, trouve toujours le moyen d'aller, entre deux captivités, visiter deux exils, celui de la famille royale de France, en Autriche, et celui de Charles V, à Bourges. M. le duc des Cars ayant prié M. Walsh père de nommer au prince les Bretons et les Vendéens arrivés avec lui, celui-ci dit en présentant M. Amédée de La Haye : « Mon neveu
« est fils d'un Vendéen et d'une Vendéenne;
« son oncle, le baron de La Haye, ancien capi-
« taine de cavalerie sous l'empire, a eu l'hon-
« neur de recevoir sous son toit, pendant plu-
« sieurs jours, l'auguste mère de Monseigneur. »
Alors le prince, serrant la main de M. de La Haye, répondit aussitôt : « Tous les services
« rendus à ma mère, je les regarde et j'en suis

« reconnaissant comme s'ils m'avaient été ren-
« dus à moi-même. » Au nom de M. Henri de
Cornulier il s'empressa de dire : « Je sais, Mon-
« sieur, ce que valait votre père, et tout ce qu'il
« a fait dans des temps difficiles, j'ai écrit à
« madame votre mère pour lui dire toute la
« part que je prends au malheur qui l'a frappée
« ainsi que vous. Votre père était un de ces
« modèles comme il en faut à la société actuelle,
« un modèle d'honneur et de loyauté. » Quelle
consolation ces paroles n'apportaient-elles pas
à madame Louis de Cornulier, dont le cœur
maternel était en outre affligé par la perte récente de son fils, M. de l'Epinay, officier de
marine démissionnaire! Quel encouragement
pour ses enfants Auguste et Henri, et son
neveu, Victor de Cornulier, que ses compatriotes viennent de récompenser de ses efforts
assidus pour le bien, en l'appelant au conseil
général de la Loire-Inférieure!

Les présentations continuèrent ainsi : M. le
baron de Croismare, le respectable duc de Narbonne, venu, malgré ses souffrances, à Londres pour saluer le prince, auquel son dévouement rappelait celui de madame la duchesse de Narbonne, qui, avec plusieurs autres
nobles femmes, ne cesse de se préoccuper

des misères de toutes sortes, et est toujours prête à se montrer la seconde providence des royalistes malheureux. M. le comte de Pradel, ancien ministre de la maison du roi Charles X, et l'un des membres du conseil de famille de Mgr le duc de Bordeaux, lors de sa tutelle, M. le baron et madame la baronne de Pierre, le comte de Guernon-Ranville, ancien ministre victime de la révolution, puis des habitants du département du Nord, MM. Charles de Vogelsang, ex-officier d'infanterie, officier de la garde nationale à Lille, Jombard-Hallez, Léopold de La Chaussée, Camille de Vicq et le chevalier Victor de Carrière, rédacteur en chef de la *Gazette de Flandre et d'Artois,* qui, par sa plume, est un des fermes soutiens de l'opinion royaliste et des libertés nationales. Mgr le duc de Bordeaux honora d'une justice toute particulière ses services rendus, en l'invitant à sa table. Vinrent ensuite le comte de Forceville, le vicomte de Morry, le chevalier de Lagarenne, le brave prince de Lucinge, beau-frère du fidèle et vaillant baron de Charrette, le baron de Frémiot, le chevalier de Faucigny, les comtes Henri et Victor du Hamel, le vicomte de Grente, le marquis Anjorrant, ex-officier d'ordonnance du général Louis de Larochejaquelein. Il reçut le brevet de chef d'escadron après l'affaire du pont de Vrine, où il fraya un passage à travers les barricades et les rangs ennemis, au quatrième corps, qui fut sauvé. Il a servi dans la garde royale, et par refus de serment, il est, comme tant d'autres, rayé des cadres de l'armée. Depuis ce temps, il a été maire de la commune de Flogny (Yonne), et le conseil général de ce département s'est plu, en 1843, à reconnaître quel noble usage il fait de sa fortune, ce dont il a donné une nouvelle preuve cet hiver, en consacrant son hôtel à une grande fête au profit des réfugiés espagnols, qui ont, grâce à sa générosité, recueilli une moins petite part de secours. Le département du Pas-de-Calais était bien représenté par M. Emile Le Franc, jadis agrégé de l'Université, et professeur de Mgr le duc de Bordeaux; son frère, M. Le Franc, négociant à Saint-Omer, le chevalier Régis Levavasseur de Mazinghem, le comte Frédéric de Beaulaincourt, ancien garde du corps, Amédée de Beugny d'Hagerue et le baron de Hautecloque, ancien officier d'infanterie, chevalier de Malte et de la Légion-d'Honneur, maire d'Arras en 1830. Cinquième frère d'une famille ancienne qui, à toutes les époques a scellé de son sang son attachement à la monarchie, ce magistrat, durant les journées de juillet, a failli payer de sa tête l'obstination qu'il a montrée pour l'accomplissement de ses devoirs, et, comme M. de Curzay à Bordeaux, il a couru de grands dangers.

Un Anglais, M. J. Hephurn, esquire, fut aussi présenté, puis arrivèrent successivement MM. le colonel de Remoult, Louis de France, de Conchy, le vicomte de la Bourdonnaye, de Julvécourt, Chassainy d'Augerolles, le comte Hippolyte de Bernis, MM. Betout, Louis de Tréverret, Pichot, enfin de braves Bretons, le comte du Bourblanc, autrefois sous-préfet de Dinan, préfet de Saône-et-Loire et de la Sarthe. Son père fut avocat-général au parlement de Bretagne, et conseiller d'état sous la Restauration. Dans sa retraite, le comte du Bourblanc est investi de la considération générale due à sa haute capacité et à son nom vénéré. Le comte Fortuné du Boberil, bien jeune encore, suit avec ardeur la route que lui ont tracée ses ancêtres et son oncle, vrai type de l'honneur. Le comte Hay de Nétumières a, depuis bien des siècles, habitué la Bretagne à voir les siens figurer parmi ses plus courageux enfants. Plusieurs genres d'illustrations se rencontrent dans sa famille. Ainsi Hay du Châtelet, l'un des ancêtres du jeune

Breton, a écrit la *Vie de Duguesclin* avec une naïveté pleine de charme.

Les réceptions du soir devenaient de plus en plus nombreuses ; les Françaises, dont les toilettes étaient élégantes et de bon goût, composaient un cercle que venaient souvent agrandir des ladys et des miss dans tout l'éclat de leur beauté et de leurs parures. Chaque dame se levait à l'approche de M. le comte de Chambord, qui causait avec elle pendant quelques minutes, et montrait autant d'esprit que de gaieté. Il fut heureux de remarquer que les dames arrivaient de tous les points de la France, et représentaient presque tous les départements. A ses yeux charmés, elles formaient comme un bouquet de belles fleurs de sa patrie et de fleurs réunissant tous les parfums.

Son affabilité trouvait toujours le moyen de parler à chacun de ses visiteurs, et souvent de leur dire des choses remplies d'un tel à-propos, qu'on était émerveillé de sa mémoire et de sa présence d'esprit vraiment extraordinaires. Parfois il prenait sous le bras l'un de ceux qu'il avait vus dans son enfance, ou donnait un signe spécial de bienveillance à quelques autres ; il saluait tous particulièrement, avec un air gracieux qui voulait dire : « Je vous reconnais. »

On a pu se convaincre que M le duc de Bordeaux n'a pas l'habitude de prodiguer des poignées de main à tous venants; il témoigne délicatement sa sincère affection par un serrement qui va au cœur et qu'on ressent longtemps après, tant il diffère de ces banales démonstrations et de ces hypocrites caresses qui, en d'autres lieux, inondent ceux dont on a peur ou besoin.

Essaierais-je maintenant d'esquisser un portrait du prince? Je ne puis avoir une telle prétention vis-à-vis de ceux qui ont été à Belgrave-Square, car il est resté gravé dans leur souvenir, et ma témérité serait à leurs yeux sans excuse. D'ailleurs, M le duc de Bordeaux a trop de modestie pour qu'on ne lui déplaise pas beaucoup en adressant à sa personne les fades compliments de la flatterie, et son rang est trop élevé pour qu'on ne se borne pas, à son égard, à raconter des impressions si fortes et si vraies, qu'elles ne peuvent toujours se concentrer dans le cœur. Le prince n'aime pas les courtisans, et moi je tiens infiniment à être historien. Ce que je me permettrai de dire sera donc, avant tout, pour ceux qui n'ont pas été des pélerins de Londres.

Je ne tenterai pas de faire en détails la description de toute sa personne, dont on ne saurait jamais donner une juste idée. Toute mon ambition est d'inspirer à mes lecteurs le désir d'aller lui rendre leurs hommages.

Lorsqu'on a eu le bonheur d'approcher Mʳ le duc de Bordeaux, il est impossible de n'en pas parler de manière à susciter chez tous ceux qui vous entendent l'envie de le connaître. Aussi, au retour des premiers visiteurs de Belgrave-Square, la foule des arrivants s'est elle beaucoup accrue à Londres. Chacun, en effet, voulait voir ce front si pur, ce teint si radieux, ce regard magnétique qui attire et qui retient, cette physionomie empreinte à la fois de douceur et de fermeté, cette tête, enfin, si bien faite pour la devise de Louis XIV : *Nec pluribus impar*. Dès que le prince entre dans un salon, on dirait qu'il l'illumine soudain, tant sa physionomie animée et son gracieux sourire répandent sur les visages des assistants un air de contentement général et de véritable bonheur. Son maintien, d'une dignité pleine de naturel, sa conversation, tour à tour grave, spirituelle et gaie, toujours remarquable de tact et d'à-propos, viennent bientôt redoubler la respectueuse sympathie et la sincère admiration que son aspect inspire d'abord.

On a ressenti une indicible émotion en le voyant chez lui, dans diverses circonstances, rechercher les hommes qui, par leur position, sont le plus à même de veiller aux besoins des classes souffrantes. Ainsi, les manufacturiers, les fabricants qui, du Nord comme d'autres lieux, sont venus le visiter, ont-ils été l'objet de ses prévenances, de ses entretiens privilégiés. « Les travaux vont-ils bien dans votre pays? disait-il à celui-ci. Oh! combien je le souhaite! combien j'ai pris part aux souffrances des pauvres ouvriers Lyonnais! » — « Si le commerce languit dans votre contrée, répétait-il à celui-là, tâchez, je vous en prie, de continuer à occuper les malheureux qui, sans cela, manqueraient de pain. Faites des sacrifices, je vous en serai personnellement reconnaissant. » Puis, afin de les revoir et de leur renouveler les mêmes instances, il les invitait à dîner avec lui, et leur parlait toujours de la France, du peuple français.

Un soir entre autres, il s'entretint longtemps avec un fabricant près duquel il eut soin de s'enquérir des divers produits, des procédés nouveaux dont, pour le moment, la mode consacrait l'usage. Ce fabricant lui cita entre autres choses un certain tissu spécialement confectionné sous le nom d'*alpaga*, qui était en effet fort recherché l'année dernière, puis tout en reconnaissant qu'il lui avait procuré d'importants bénéfices, il ajoutait qu'il cessait d'être en faveur, et que prochainement il serait forcé de renvoyer les hommes employés à ce travail durant plusieurs mois. Le prince ne manqua pas d'inviter le fabricant, dans l'intérêt des ouvriers, à prendre cette détermination le plus tard possible; mais des devoirs envers ses nombreux invités le réclamant, il fut obligé de quitter son heureux interlocuteur. Il continua donc sa promenade à travers le salon, tantôt saluant, tantôt disant un mot spirituel ou aimable, ici retournant auprès des dames, là conversant avec M. de Châteaubriand. Toutefois on le voyait préoccupé, et bientôt on en comprit la cause lorsqu'il alla vivement vers le fabricant qu'il aperçut au milieu d'un groupe : « Mon « cher Monsieur, lui dit-il assez haut pour être « entendu autour de lui, j'ai pensé à ce que « vous m'avez dit des alpagas, et je viens vous « en reparler. — Je suis tout à vos ordres, Mon- « seigneur, reprit le fabricant. — Je le veux « croire, et voici ce dont il s'agit : Vous ne m'a- « vez pas dissimulé que vous aviez beaucoup « gagné sur les alpagas, eh bien ! il faut consa- « crer une partie de vos bénéfices à donner de « l'ouvrage à ceux que la cessation de la vogue « laisserait sans ressources. De cette façon,

« tout le monde sera content et vous aurez plus
« de droit d'obtenir une nouvelle veine de suc-
« cès. — Votre idée est, à coup sûr bien géné-
« reuse, Monseigneur..... — C'est convenu,
« c'est convenu, mon cher monsieur, et je vous
« remercie de ce que vous me tranquillisez sur
« le sort des faiseurs d'alpagas. »

On pourrait citer mille traits de ce genre profondément gravés dans la mémoire de ceux qui en ont été les témoins et n'ont pas voulu les transmettre dans la crainte de blesser un prince qui, fidèle aux traditions de sa famille, a toujours soin d'oublier ses bienfaits.

La politique, il faut le dire, avait très peu de place dans les entretiens, aux soirées de Belgrave ; les invités étaient visiblement et sans exception, tout entiers au bonheur d'être réunis sous les auspices d'un proscrit, auquel l'aspect des Français semblait rendre momentanément sa patrie. Cependant l'un d'eux lui demanda ce qu'il pensait des fortifications, de ces fortifications que, dans les journaux de Paris ou dans des brochures, divers écrivains spéciaux, entre autres MM. Arago, Vauvilliers, Louis Stofflet, avaient appréciés à des points de vue différents. La question n'embarrassa pas Mgr le duc de Bordeaux ; il n'hésita pas à répondre d'un ton

plein d'assurance : « Il y a dans toutes ces cons-
« tructions de grands éléments pour former des
« hôpitaux, des ateliers, et surtout des habita-
« tions pour les indigents. » C'était, en d'autres
termes, parler comme le bon roi qui disait ne
vouloir pour le défendre d'autre citadelle que
l'amour de son peuple. La *Démocratie pacifique*
émettait ainsi sa pensée au sujet de cette réponse : « Si la France était bien convaincue que
« ces paroles fussent l'expression sincère de la
« politique du prétendant; si, de plus, elle es-
« pérait que ce prétendant, en montant sur le
« trône, réalisât une semblable politique, ce
« prétendant serait, dès aujourd'hui, pour le
« gouvernement actuel, un concurrent fort sé-
« rieux. »

Les réceptions du soir ne se prolongeaient
jamais au-delà de dix heures et demie. Alors le
Prince rentrait dans son appartement pour s'occuper, au moins jusqu'à minuit, à écrire à
S. A. R. *Mademoiselle,* cette sœur si dévouée,
dont la pensée continuelle escortait et protégeait son frère, et à l'héroïque fille de Louis XVI,
qui, avec l'héritier du roi Charles X, ne cessait
de se réjouir des heureux résultats du voyage
de leur bien cher neveu. S. A. R. *Madame*
était aussi, par son respectueux fils, tenue au

courant des divers incidents du séjour en Angleterre. Il n'oubliait pas non plus de répondre à ceux qui lui avaient adressé, par des lettres, leurs regrets de n'avoir pu venir jusqu'à lui. Quand Monseigneur s'était retiré, les Français se rendaient près de là, à l'hôtel Farrance, chez madame la duchesse des Cars, qui ouvrait son salon, où sa grâce parfaite et l'exquise politesse de ses fils et de ses parents mettaient tellement tout le monde à l'aise qu'on s'y trouvait comme en famille. Là on se communiquait librement les impressions qu'on avait renfermées dans son cœur à Belgrave, et il s'opérait un doux échange de sympathies, résultat d'une ineffable conformité d'opinions, de sentiments et de vœux.

IX.

La chapelle de King-Street. — Souvenirs d'autrefois. — Nouvelles courses dans Londres. — Le tunnel et M. Brunel. — Les Docks. — Le testament de Napoléon. — Les adieux de M. de Châteaubriand. — Lettre de celui-ci. — Suite des réceptions du prince. — Réponse à des calomnies. — Encore la classe ouvrière.

Le 3 décembre, Mgr le duc de Bordeaux se rendit à la chapelle de King-Street pour y entendre la messe. Tous les Français s'y étaient réunis. Voici comment la plume éloquente du vicomte Walsh raconte son origine dans la *Mode* du 6 décembre 1844.

« Cet humble oratoire fut élevé, il y a quarante ans, par de nobles mains, lorsque vingt-cinq mille émigrés de France s'étaient réfugiés à Londres, et vivaient du pain dur de l'exil. Alors, je m'en souviens, de vieux officiers, de jeunes prêtres, d'anciens magistrats, des hommes accoutumés aux aisances de la vie, de fidèles domestiques, d'honnêtes artisans, travaillaient ensemble à transformer une ancienne écurie en église. L'abbé Bourret, fils d'un fermier-général, dirigeait les travaux. Le zèle des pieux ouvriers était si grand, tous ces fervents catholiques avaient un désir si ardent d'avoir une chapelle à eux, que le saint édifice fut bientôt achevé. De grandes dames avaient préparé des ornements pour le sanctuaire pendant que les murs s'étaient construits. Un peintre anglais, madame Cosway, fit don d'un tableau (une Annonciation) pour le maître-autel. Enfin la pauvreté des émigrés trouva le moyen de faire des largesses pour orner la maison de prière, qui est aussi celle de l'espérance. M. de Boisgelin, archevêque d'Aix, fit la dédicace de ce nouveau temple, et je me rappelle les larmes de joie que répandaient ceux qui l'avaient bâti, quand le prélat y entonna pour la première fois le *Domine salvum fac regem*. Le vrai roi était alors Louis XVIII.

« Hier cette chapelle, qui peut contenir de sept à huit cents fidèles, était comble.

« Autrefois j'avais vu l'exil déployer ces pompes dans ce sanctuaire de King-Street; j'y avais vu réunis Mgr le comte d'Artois, ses fils, Mgr le duc d'Angoulême et Mgr le duc de Berry, M. le duc d'Orléans, M. le duc de Montpensier, M. le comte de Beaujolais, M. le prince de Condé et M. le duc de Bourbon ; puis, en face de ces illustrations françaises, dix ou douze évêques et archevêques, avec leurs mitres et leurs crosses d'or ; et devant cette auguste et chrétienne assemblée, et devant une foule pressée d'émigrés, j'avais entendu le père Mandard laisser tomber ces paroles sur les têtes que la main du Seigneur avait courbées :

« Vous qui souffrez, pourquoi murmurez-
« vous ? Le murmure ne fait qu'accroître la
« souffrance. Espérez, et votre fardeau devien-
« dra moins lourd, moins accablant. Israël avait
« allumé la colère du Seigneur son Dieu, et le
« peuple choisi a gémi longtemps dans la cap-
« tivité... Cette captivité n'a pas été éternelle,
« le jour de la délivrance est venu, et des chants
« d'allégresse ont retenti là où il y avait eu des
« larmes et des gémissements. »

« A ces paroles, je me le rappelle comme si c'était d'hier, je vis la belle tête du comte d'Artois se tourner du côté du prédicateur, son regard avait l'air de remercier le prêtre qui lui défendait le désespoir.

« A cette même époque, je me souviens que les trois princes d'Orléans nous édifiaient tous par leur dévotion. J'ai vu le jeune comte de Beaujolais faire sa première communion dans cette chapelle, où j'ai prié hier avec une ferveur que je voudrais toujours avoir. »

Ce jour-là, l'ambassade de M. de Saint-Aulaire ne parut point à la chapelle, et quand l'heure fut arrivée, le petit-fils de S. Louis entra seul d'un air confiant, d'un pas assuré, car il était au milieu des siens, et surtout il était dans le sanctuaire du Dieu protecteur de ses ancêtres, les rois très chrétiens. M. de Chateaubriand, appuyé sur le bras de M. le duc de Lévis, M. le duc des Cars, le suivaient et prirent place dans le même banc, vis-à-vis une chaire au dessus de laquelle est encore fixée une fleur de lis dont elle fut décorée il y a plus de quarante ans. Durant la messe, on put remarquer l'attitude pleine de recueillement du Prince, sa piété sans nulle affectation. Jamais la pureté de son âme ne s'était mieux peinte sur son beau front, jamais son visage n'avait été empreint d'une plus grande sérénité, d'une joie plus franche, car jamais, depuis le jour où, enfant, il avait quitté Paris, il n'avait eu le bonheur de se trouver en si nombreuse réunion de compatriotes, ni de prier en commun avec eux pour la France.

Dès que le Prince put consacrer quelques heures à des courses dans Londres, il s'empressa d'aller visiter le tunnel sous la Tamise, accompagné de MM. Villaret de Joyeuse et Barrande. Avant tout, il désira voir M. Brunel, l'illustre ingénieur français, seul auteur de cette œuvre gigantesque, fruit des combinaisons inouïes dont le succès a étonné l'univers. M. Brunel était gravement malade, et l'abssence de son fils le força de se faire remplacer près du royal voyageur par deux ingénieurs, MM. Page et Charlier, auxquels le prince dit en apprenant que l'état de M. Brunel ne lui permettait pas de recevoir sa visite : « Veuillez ex-
« primer mes regrets à Mme et M. Brunel ; je
« désirais depuis longtemps voir une merveille
« telle que celle-ci conçue et achevée par un
« de mes compatriotes. Les travaux de M. Bru-
« nel, les difficultés qu'il rencontrait m'ont plus
« d'une fois occupé alors que j'étais bien loin
« de Londres, et j'aurais été heureux de le trou-
« ver ici pour qu'il fût témoin de mon admira-
« tion. »

Conduit par ces Messieurs, il écouta attentivement tous les détails de cette entreprise, ses dramatiques péripéties, et tandis qu'à la lueur du gaz vainqueur des ténèbres, sous ces arcades solidement construites malgré les flots rugissants de la Tamise, il regardait la triomphante voûte, le fleuve dompté faisait entendre au-dessus de sa tête comme des cris de rage impuissante. Alors l'exilé, habitué depuis quatorze ans à supporter les vicissitudes du sort sur tant de coins de la terre étrangère, dut croire qu'un jour s'éleverait pour lui un asile inaccessible aux tempêtes, et que grâce à cette Provivence qui donne à la persévérance le mérite de la difficulté vaincue, il serait récompensé de sa résignation et de sa foi dans l'avenir.

En quittant le tunnel, M. le comte de Chambord, avec lequel resta M. Page, dirigea ses pas vers les Docks, véritable cité jetée sur la Tamise en l'honneur des innombrables bâtiments qui vont porter ou chercher des richesses dans les quatre parties du monde. On ne peut se faire une idée exacte de l'imposant spectacle que présentent à la fois et la quantité énorme des marchandises, et l'étendue des constructions destinées à les recevoir lors de leur arrivée. Rien de plus admirable que les réservoirs creusés et accommodés exprès pour accueillir et reposer féodalement à leur retour ces hauts et puissants seigneurs de la mer, autour desquels des gardes veillent continuellement. On y trouve l'image de la prépondérance de l'aristocratie maritime de la compagnie des Indes, dont les hôtels ou plutôt les palais s'élèvent aux environs, non loin des immenses édifices où s'amoncèlent leurs trésors en produits de toute espèce. Au moment où le Prince observait tout cela, questionnait les directeurs qui avaient voulu être ses guides, et leur donnait la preuve de son savoir en même temps que de son désir de s'instruire, un navire, chargé de vins de France, arrivait. Aussitôt il parut ne plus pouvoir se préoccuper que de son entrée dans un de ces lacs, chaque jour remplis par la marée. Il se hâta d'assister au débarquement et de s'entretenir cordialement avec les matelots d'une façon qui exprimait bien l'intérêt qu'ils lui inspiraient.

Après être monté à bord de divers bâtiments, le Prince ramena dans sa voiture M. Page. Il se rendit ensuite à la Banque. Les principaux chefs, avertis par M. Jauge, lui servirent d'introducteurs et le mirent à même de connaître ce lieu qui possède, au premier degré, le secret des affaires politiques ou commerciales du globe, et est en réalité plus que partout, le grand levier de toutes les opérations gouvernementales.

En rentrant à son hôtel, il apprit l'arrivée d'un grand nombre de Français qui s'étaient déjà présentés pour être admis. Il s'empressa de les recevoir. Un nom le frappa d'abord, celui d'un homme qui, en maintes circonstances, s'est au premier rang constitué le vigoureux champion de la cause royaliste, des intérêts nationaux, et dont les luttes parlementaires ont compromis la santé, M. le marquis de Dreux-Brézé. N'ayant pu venir lui-même, il avait choisi un heureux remplaçant dans son frère, le vicomte Emmanuel de Dreux-Brézé. Le *Morning-Post* lui paya aussi le tribut d'admiration qu'il inspire en Angleterre :

« Quelques personnes auraient pu être étonnées de voir près du duc le grand orateur, ce chef royaliste de la chambre des députés, M. Berryer, tandis que le chef parlementaire de la chambre des pairs, l'intrépide et brave marquis de Dreux-Brézé, le modèle des chevaliers sans peur et sans reproche ne se trouvait pas à côté de lui, ce noble marquis dont la voix avait osé, au Luxembourg, prononcer le nom d'Henri au milieu des impérialistes et des orléanistes. Il paraît que le marquis est retenu à Paris par une sérieuse indisposition ; mais son dévouement n'a pas fait défaut ; il s'est fait représenter ici par son frère, le vicomte de Dreux-Brézé, dont le nom a figuré sur notre liste. »

Vinrent ensuite le vicomte de Crêvecœur, le général marquis d'Hautpoul, glorieusement connu, le comte de Crouy-Tchitchagoff, le vicomte de Vaufreland, ancien avocat-général à Paris, et plusieurs fois candidat de l'opposition, le baron Sacy de l'Isle, le baron de Bressac, le comte de Beaurepaire, le marquis de Puivert, le vicomte de Montenol, M. Jannon, M. Alphonse de Cardevacque, le vicomte Alexandre du Tertre, maréchal-de-camp, chevalier de Saint-Louis, de Saint-Ferdinand et du Phœnix, officier de la Légion-d'Honneur, ancien député du Pas-de-Calais, le comte Charles du Tertre et M. Armand du Tertre, M. Louis Carrié, le comte de Lardemelle, le baron et le vicomte de Ségonzac, le docteur Baron, le comte de Champgrand, M. Gustave de Champgrand, le chevalier de Chatelain, M. Lemoine de Varny, Mme et Mlle Faulder, le baron d'Huart, M. Bertier de Sauvigny, le baron de Veauce, M. Legrand, peintre, le vicomte Isoré de Pleumartin, le comte de Cossé, le marquis et la marquise de Champigny, le comte Hocquart, le duc et le marquis de Rivière, qui rappelèrent au prince de précieux souvenirs, le comte de Solages, M. de Bougainville, le marquis de Brissac, le comte de Flers, M. Charles de St-Prix, le vicomte d'Isarn de Fressinet, le marquis de Beaumont-Villemanzy, lieutenant-colonel de la garde et pair de France démissionnaire, qui, pour mieux faire voir combien dans sa famille privilégiée les convictions restent invariables, était accouru avec ses deux fils, Léopold et J. de Beaumont, et un de ses parents, le comte de Beaucorps-Créquy, ancien commandant des grenadiers à cheval de la garde royale, lequel joint le beau nom de Créquy à celui qu'un de ses ancêtres, l'un des trente Bretons, illustra au champ de Mi-Voie. Près de ce dernier étaient ses deux neveux, le marquis Edouard de Beaucorps, homme distingué d'esprit et de cœur dont l'intelligente charité est proverbiale dans la contrée qu'il habite, et le comte Eugène de Beaucorps, ex-lieutenant de cavalerie. Feu leur excellent père fut un officier supérieur de notre armée, et leur oncle a épousé la sœur de Henri, de Louis et d'Auguste de La Rochejaquelein. Le Prince, auquel tous ces noms redisaient des services rendus au pays, montra qu'il connaissait l'histoire de France ancienne et moderne.

Cependant un chagrin était réservé à M. le comte de Chambord. M. de Châteaubriand avait annoncé son départ pour le lendemain, et le regret qu'il témoignait à tous, d'être obligé de s'éloigner, aurait pu faire deviner ce qu'il devait bientôt dire dans la *Vie de Rancé :*

« A cent cinquante lieues d'ici je rencontrai, il y a huit mois, en terre étrangère, près du jeune orphelin, M. le duc de Lévis, fidèle héritier du compagnon de Simon de Montfort. Mirepoix était *maréchal de la Foi,* titre qui semble avoir passé à son dernier neveu. J'ai retrouvé aussi madame la duchesse de Lévis, qui porte le nom d'Aubusson ; elle aurait pu écrire l'histoire de Philippine-Hélène, si elle n'avait des malheurs moins romanesques à pleurer. Je n'étais pas, dans mon dernier voyage à Londres, reçu dans un grenier de Holborn par un de mes cousins émigrés, mais par *l'héritier des siècles.* Cet héritier se plaisait à me donner l'hospitalité dans les lieux où je l'avais si longtemps attendu. Il se cachait derrière moi comme le soleil derrière des ruines. Le paravent déchiré qui me servait d'abri me semblait plus magnifique que les lambris de Versailles. Henri était mon dernier garde-malade : voilà les revenants-bons du malheur. Quand l'orphelin entrait, j'essayais de me lever; je ne pouvais lui prouver autrement ma reconnaissance. A mon âge, on n'a plus que les impuissances de la vie. Henri a rendu sacrées mes misères; tout dépouillé qu'il est, il n'est pas sans autorité : chaque matin je voyais une Anglaise passer le long de ma fenêtre; elle s'arrêtait; elle fondait en larmes aussitôt qu'elle avait aperçu le jeune Bourbon : quel roi sur le trône aurait eu la puissance de faire couler de pareilles larmes? Tels sont les sujets inconnus que donne le malheur. »

En lisant l'hommage que M. de Châteaubriand adresse au représentant de la monarchie dont il a été le constant défenseur, et aux personnes qui avaient l'honneur de l'entourer à Londres, on comprend de quelle joie et de quel bonheur son séjour près de *l'héritier des siècles* n'avait cessé d'être rempli. La veille, le Prince lui écrivait la lettre suivante :

Londres, le 4 décembre 1843.

« Monsieur le vicomte de Châteaubriand,

« Au moment où je vais avoir le chagrin de

me séparer de vous, je veux encore vous parler de ma reconnaissance pour la visite que vous êtes venu me faire sur la terre étrangère, et vous dire tout le plaisir que j'ai eu à vous revoir et à vous entretenir des grands intérêts de l'avenir. En me trouvant avec vous en parfaite communauté d'opinions et de sentiments, je suis heureux de voir que la ligne que j'ai adoptée dans l'exil et la position que j'ai prise sont en tous points conformes aux conseils que j'ai voulu demander à votre expérience et à vos lumières. Je marcherai donc encore avec plus de confiance et de fermeté dans la voie que je me suis tracée.

« Plus heureux que moi, vous allez revoir notre chère patrie. Dites à la France tout ce qu'il y a dans mon cœur d'amour pour elle; j'aime à prendre pour mon interprète cette voix si chère à la France, et qui a si glorieusement défendu, dans tous les temps, les principes monarchiques et les libertés nationales.

« Je vous renouvelle, monsieur le vicomte, l'assurance de ma sincère amitié.

Signé « HENRI. »

M. de Châteaubriand répondit aussitôt :

Londres, le 5 décembre 1843.

« Monseigneur,

« Les marques de votre estime me consoleraient de toutes les disgrâces ; mais, exprimées comme elles le sont, c'est plus que de la bienveillance pour moi, c'est un autre monde qu'elles découvrent, c'est un autre univers qui apparaît à la France.

« Je salue avec des larmes de joie l'avenir que vous annoncez. Vous, innocent de tout, vous à qui l'on ne peut rien opposer que d'être descendu de la race de S. Louis, seriez-vous donc le seul malheureux parmi la jeunesse qui tourne les yeux vers vous !

« Vous me dites que, plus heureux que vous, je vais revoir la France : *Plus heureux que vous !* c'est le seul reproche que vous trouviez à adresser à votre patrie. Non, Prince, je ne puis jamais être heureux tant que le bonheur vous manque. J'ai peu de temps à vivre, et c'est ma consolation. J'ose vous demander, après moi, un souvenir pour votre vieux serviteur.

« Je suis avec le plus profond respect,

Monseigneur,

de Votre Altesse Royale,

Le très humble et très obéissant serviteur,

CHATEAUBRIAND. »

Cette lettre et cette réponse devinrent l'objet de commentaires animés de la part de quelques organes de la presse française et anglaise. Les derniers faisaient merveilleusement l'office de calomniateurs en représentant tour à tour les visiteurs de Belgrave comme de sombres conspirateurs ou des gentilshommes *amenant avec eux quelques échantillons choisis des paysans de la Bretagne, pour représenter les populations dévouées à la cause du prétendant.* Oh oui! c'était une indigne calomnie! car, s'il est vrai qu'à la nouvelle de l'arrivée du petit-fils d'Henri IV en Angleterre les vaillants et fidèles Bretons se sont sentis émus et ont quitté leurs retraites, où ils entretiennent le culte de la loyauté par leurs exemples ; s'il est vrai que, pour entreprendre ce long, ce coûteux voyage, plusieurs d'entre eux ont mis leur argenterie en gage, ou fait des emprunts ; s'il est vrai qu'une mère et son fils ont, à cette occasion, vendu un coin du petit champ paternel ; s'il est vrai que cette terre, restée, Dieu merci, féconde en héroïsme, ait, en pareille occurrence, renouvelé ses sacrifices et ses dévouements exceptionnels, il est vrai aussi que pas un de ses fils n'a pris le bâton de pélerin sans s'être inspiré au pied de l'autel du Dieu voulant, avant tout, qu'on songe à son pays, et que tous savaient d'avance combien de tels sentiments et de semblables pensées seraient en rapport avec les sentiments et les pensées du prince, qui, comme sa valeureuse mère, a toujours dit : « Tout par la France et pour la « France. »

Et ici une réflexion arrive tout naturellement. Pourquoi donc les banales, les stupides récriminations de certains hommes s'acharnent-elles constamment contre la Vendée et la Bretagne ? Ceci est inexplicable ; et, plutôt que de s'irriter, il vaut mieux dire qu'ils injurient ce qu'ils ignorent. Et d'abord, pour répondre avec les faits accomplis il y a un demi-siècle, il suffit de comparer les événements qui ont tour à tour agité les empires et fournis ces combats fameux dont les poètes et les historiens du temps se sont emparés pour leurs ouvrages devenus classiques. Alors on se demande comment la bravoure si spontanée, le désintéressement si complet, comment surtout la foi si ardente, si pure, des chefs et des soldats, de la grande croisade vendéenne, n'ont pas servi de texte aux Virgile, aux Homère, aux Tacite, aux Tite-Live modernes, qui auraient mis à la portée de tous tant de faits héroïques, dans lesquels les enseignements et les modèles se seraient multipliés à chaque page. Placé au premier rang dans les archives de l'état et dans les bibliothèques publiques, le récit des guerres de la Vendée et de la Bretagne devrait être à la fois l'alphabet historique de l'enfance, et le sujet des études et des méditations des hommes de tous les âges et de toutes les conditions. En effet, le privilége de ces contrées, c'est d'avoir été, avant tout, inspiré par leur amour pour leur nationalité, et par leur attachement aux vrais principes, dont leurs rois étaient, à leurs yeux, les représentants consacrés.

Et d'ailleurs de quelque côté que l'on considère la Vendée et la Bretagne, on les trouvera toujours à la hauteur de leurs gloires et plus grandes que leurs malheurs, même en ces derniers temps, où ceux-ci ont dépassé la mesure. L'instant est venu où tous les partis, sans aucune exception, leur rendront hommage, car il est impossible de ne pas voir en elles la terre hospitalière de l'honneur. En ce siècle d'égoïsme, de perversité, n'est-ce pas chose rare qu'un pays conservant, au plus fort des persécutions et de ses revers, l'intègre tradition des vertus et la pratique des sentiments vrais que les familles ne connaissent guère aujourd'hui? Il suffit d'être de bonne foi pour admettre que, par un heureux privilège, il est devenu comme l'asile des habitudes de probité et de sagesse, et que ses habitants peuvent être proposés pour modèles, non plus dans l'intérêt d'un parti, mais dans celui de la société, qui tôt ou tard viendra leur demander le moyen de reconstituer un ordre durable.

Certains journaux français firent écho aux invectives britanniques et furent énergiquement réfutés par les organes royalistes et par ceux de l'opposition. Le *Journal des Débats* fut tellement convaincu d'apostasie et d'impudence qu'il n'osa plus continuer sur le même ton.

Les réceptions suivaient leur cours quotidien, et on y remarqua M. le vicomte de Puységur, M. le comte de Trogoff, M. l'abbé du Lin, M. le marquis de Ste-Maure, M. le vicomte de Bonneuil, M. le vicomte d'Armaillé, M. le comte de Gontault, M. le vicomte Fostaing de Pracomtal, M. le comte de Périgord et son frère le prince de Chalais, que la ville de Blois espère avoir bientôt pour député et qui, dans son canton, s'est acquis une grande influence, surtout depuis le jour où, avec M. le marquis Paul de Vibraye et M. Laurentie, rédacteur en chef de la *Quotidienne*, jadis inspecteur de l'Université et écrivain d'un haut mérite, il est devenu propriétaire du beau collége de Pont-le-Voy.

Le Prince fit un gracieux accueil à M. Roche, jeune Français résidant depuis plusieurs années en Angleterre, où il est le trésorier d'une société de bienfaisance, à la tête de laquelle s'est noblement placé un Français, le comte d'Orsay. Marie-Amélie, épouse de Louis-Philippe, mademoiselle Adélaïde d'Orléans, la Reine des Belges ont donné en trois 42 livres sterling (1050 francs) ; M. le comte de Chambord, après avoir particulièrement secouru plusieurs de ses compatriotes malheureux, a, seul, envoyé mille *francs* à M. Roche, qui lui en a publiquement adressé des remerciements au nom de cette salutaire association. En outre, il a engagé ses amis à se joindre à lui, et bientôt une souscription, confiée au zèle du comte Louis de Bourmont, produisit des sommes considérables. A cette même réception, M. Alexis Cousin ayant parlé de l'arrivée de M. Caumont, bottier, électeur à Boulogne-sur-Mer, où il tient un bel établissement, Mgr le duc de Bordeaux voulut le recevoir dès le lendemain, et durant vingt minutes l'entretint de sa profession et des diverses phases que le commerce avait eu à subir depuis plusieurs années. Non loin de M. Caumont, et comme lui comblés des égards du Prince, se trouvaient quatre artisans, venus de Paris en députation, MM. Pernin, peintre en bâtiments, Lefondeur, ébéniste, Rambat, charpentier et Gérard, serrurier.

Voici comment un honorable marchand tailleur de Toulouse, M. Richard, racontait ses impressions à la *Gazette du Languedoc* :

Londres, 9 décembre.

« Mon cher père,

« Réjouissez-vous, soyez tous contents, car je

viens d'avoir une entrevue avec notre cher Prince. Je suis très heureux, car tout s'est passé au gré de mes désirs, et par conséquent les vôtres, je l'espère, seront accomplis.

« Je savais depuis longtemps que le Prince était en Ecosse, et conformément à votre lettre, je cherchai à connaître sa résidence à Londres aussitôt qu'il y serait arrivé. L'ayant connue, je m'empressai de rendre une visite à M. le duc de Lévis.

Ici M. Richard rend compte de cette démarche et de l'obtention d'une audience dont elle fut suivie, puis il continue en ces termes :

« Le 8 au matin, je recevais une lettre qui m'invitait à me rendre le lendemain à la résidence royale. Le 9, je m'y suis transporté. J'ai été introduit dans la salle de réception où j'ai pu causer avec M. le duc de Lévis. Nous étions bien quatre-vingts dans cette salle, tous gens de première noblesse, excepté moi et quelques autres. La réception a eu lieu à une heure; je suis donc resté dans l'appartement de S. A. R.; M. le duc de Lévis m'a fait connaître au Prince, et aussitôt S. A. R. a bien voulu m'exprimer des remerciements. J'étais saisi, et ce que je ressentais est inexprimable, je ne pouvais presque pas parler, car Henri de France était à mon côté, presque aussi près de moi que cette lettre que vous lisez maintenant l'est de vous.

« Au nom de *Richard*, de Toulouse, prononcé d'abord par M. le duc de Lévis, je me suis incliné avec respect. Mgr le duc de Bordeaux m'a dit en souriant que j'avais entrepris un bien long voyage. Je lui ai répondu que ce voyage était un plaisir et un bonheur pour moi, puisque je voyais le digne rejeton d'Henri IV. Il m'a comblé d'éloges et toujours en souriant, car les paroles sortent de sa bouche avec une douceur et une bonté inexprimables. Il a ajouté : « Mon
« ami, portez pour moi à la bonne ville de
« Toulouse, que j'aime du plus profond de mon
« cœur, et à tous ses habitants qui sont mes
« vrais amis, mes regrets de ne pouvoir leur té-
« moigner ma reconnaissance. Dites-leur bien
« que je connais leurs bons sentiments pour
« moi, et que je ne cesserai jamais de m'en
« rendre digne. » Henri de France a constamment causé avec moi pendant cette entrevue, qui a bien duré un quart d'heure, et quand il m'a demandé si mes affaires particulières allaient au gré de mes désirs, j'ai compris tout le fond de son bon cœur. Quand je l'ai quitté, il m'a témoigné toute la bonté qu'un fils d'une si noble race puisse

avoir. Vraiment, je suis enchanté de lui. »

Déjà, en visitant l'Italie, le prince avait donné des marques de sa vive sympathie aux membres de la classe ouvrière, notamment à un brave menuisier de Marseille, M. Liautard. Il l'invita à dîner à sa table et ne cessa de le combler de la plus flatteuse bienveillance.

M. le comte de Chambord, au milieu des joies qui l'environnaient d'autant plus que sans cesse elles remontaient à lui comme à leur source, ne perdait pas de vue le premier but de son voyage, et trouvait le moyen de faire chaque jour quelque nouvelle exploration dans Londres. Il aimait à prendre pour compagnon un Français, c'est ainsi que le comte Albert de La Rochefoucault eut l'honneur d'aller avec lui voir le testament de Napoléon Bonaparte déposé à la cour des prérogatives de l'archevêque de Cantorbéry, dont un Anglais très versé dans l'histoire politique de son pays lui avait préparé l'accès. Dans ce document curieux il a pu lire en entier les dernières pensées du captif de Sainte-Hélène, et surtout les deux paragraphes où sont consignés ses intimes sentiments, l'un qui cherche à justifier le meurtre du duc d'Enghien, et l'autre le legs fait à Cantillon, jugé pour assassinat sur le duc de Wellington.

Les spectateurs purent remarquer l'effet produit par cette lecture sur le petit-neveu de Louis XVI, qui en montant à l'échafaud écrivait un testament uniquement pour pardonner et recommander à sa famille de pardonner à ses ennemis, sur le fils du duc de Berry, qui, mourant sous le poignard de Louvel, s'écriait : « Grâce, grâce pour l'homme qui m'a frappé ! »

La réponse du Prince au discours de M. le duc de Fitz-James et sa lettre à M. de Châteaubriand devaient augmenter le nombre de ses visiteurs. La fermeté de son langage avait prouvé combien il était décidé à se maintenir dans la voie qu'il s'était tracée ; la ligne de conduite des royalistes restait la même ; ils avaient à défendre avec plus de confiance et d'énergie *les principes monarchiques et les libertés nationales* qui furent toujours unis dans leur pensée comme dans les œuvres du noble interprète que le Prince avait choisi.

Aux nouvelles présentations on distingua : M. le comte de Lévis-Mirepoix, le comte Guy de Lévis-Mirepoix, M. Sigismond de Lévis-Mirepoix, ces descendants du *maréchal de la foi*, comme le dit M. de Châteaubriand ; le marquis et le vicomte de Quinsonnas, dont le nom rappelle des illustrations guerrières ; M. de Marsac, le vicomte de Nouaillau, le comte du Boisbaudry, M. Delatre de Tassigny, le comte de Chamoy, le marquis Paul de Vibraye, jeune savant connu par ses études géologiques, et propriétaire du magnifique château de Cheverny, où l'on voit figurer plusieurs collections, achetées par lui lors de la vente du château de Rosny à S. A. R. *Madame*. De si précieuses choses ne pouvaient mieux tomber qu'aux mains du fils de l'ancien chevalier d'honneur de madame la Dauphine. J'ai déjà eu occasion de dire quelle reconnaissance méritait la participation que, de concert avec MM. le prince de Chalais et Laurenthe, M. de Vibraye prend à la direction du collège de Pont-le-Voy. Puis, le chevalier de Bonvouloir, le baron de Chaulieu, M. de Monceau, le vicomte de Banville, M. de Banville du Rosel, le marquis de Monterot, et ses deux fils les comte et vicomte de Monterot, M. de la Rochelle, le marquis du Quesnoy, M. de Chénédollé, M. le comte de Canisy, M. de Pracontal, le marquis de La Ferté-Meun, M. le vicomte Louis de Kérouart, M. de Carondelet, M. Louis Lernout, marchand, ex-débitant de tabac à Flêtre (Nord) et membre du conseil municipal, le comte Adalbert d'Hespel, membre du conseil municipal d'Haubourdin, et du conseil d'arrondissement de Lille, chef de bataillon de la garde nationale d'Ennétières ; le baron Arnould de Bertoult, M. Edmond de Bertoult, le duc d'Avaray, maréchal-de-camp et pair de France démissionnaire, nom cher à la famille royale : le frère du duc d'Avaray a été le vigilant, le *cher d'Avaray* de Louis XVIII durant l'émigration ; son fils le marquis d'Avaray, le duc de Luxembourg, autre vieille renommée de bravoure et de fidélité, le vicomte Frédéric de Fromessant, ex-officier de cavalerie, M. Jules de Cacheleu, le vicomte de Malart, le baron Ruinart de Brimont, fils de l'ancien maire de Reims, pair de France démissionnaire, le chevalier de Cossette, le comte de Riencourt, le duc de Richelieu, pair de France, M. de Lamarre, le comte Jules de Monbreton, le comte de Pina, le baron de Viviers, le marquis Desmontiers de Mérinville, M. Renaud Desmontiers de Mérinville, le marquis de Raffignac, le duc de Tourzel, petit-fils de la noble gouvernante des enfants de France et héritier de toutes ses vertus ; le marquis de Sommery, le comte d'Imécourt, le comte de Bethune-Sully, M. Pichon de Longueville, le vicomte d'Anvers, M. Th. de Périnelle, beau-frère de M. le comte de Bouillé, le comte de Rastignac, le vicomte de Nugent, fils de l'ancien préfet, énergique et courageux écrivain, ancien rédacteur en chef du *Revenant*, pour le compte duquel il a subi un emprisonnement. M. de Nugent est un des hommes les plus actifs et les plus généreux de son opinion, et il prouve bien qu'il est le rejeton d'une famille dans laquelle les Stuarts ont trouvé des défenseurs.

On put remarquer encore parmi les nouveaux arrivés de la Bretagne, M. Rogon de Carcaradec, dont le père fut député de Lannion et membre du conseil général des Côtes-du-Nord, et madame de Carcaradec; M. de Sévoy, connu par sa générosité et son zèle pour les bons principes, frère de l'ancien sous-préfet de Dinan et beau-frère d'un de nos marins qui ont inspiré le plus de terreurs à l'Angleterre, le célèbre Surcouf; le comte Fortuné de Saint-Luc, naguère page de Charles X et officier de cavalerie démissionnaire, le vicomte et le baron de Saint-Luc, tous trois fils de l'ex-préfet des Côtes-du-Nord, de Loir-et-Cher et de la Creuse, où il a laissé de précieux souvenirs; madame Obet et son fils, d'un dévouement et d'une abnégation comme on en trouve seulement en Bretagne.

Le comte de La Motte-Rouge a fait le pèlerinage de Gand avant celui de Belgrave; c'est lui que M. Guizot prit pour confident de son amour pour les cours prévôtales et de ses idées bien veillantes sur ce sujet. M. Mazas a reproduit dans l'un de ses ouvrages la conversation du ministre flétrisseur, et *l'Impartial de Bretagne* a complété cette anecdote en racontant comment l'austère M. Guizot déserta la compagnie dans laquelle il était incorporé avec M. de La Motte-Rouge, pour se rapprocher de la source des grâces. M. de La Motte-Rouge après avoir servi avec distinction sous le règne de la branche aînée, s'est retiré à la campagne dans les environs de Lamballe. Le vicomte du Breil est le neveu de M. le colonel du Breil de Pontbriand, dont la Bretagne déplore la mort récente. Personne n'ignore la réputation qu'il acquit dans les guerres de la chouannerie et de la Vendée. Ce fut un chef actif et courageux, qui depuis la fin de nos discordes civiles avait su se conquérir l'estime et l'affection de ses adversaires. De nombreux membres de la famille du Breil de Pontbriand se sont signalés à toutes les époques de notre histoire.

Le baron Roland Onffroy est le fils de M. le comte Onffroy, qui dut à son grade élevé dans l'artillerie, et plus encore à ses talents militaires et à son énergique dévouement, d'être nommé, en 1832, par S. A. R. *Madame*, duchesse de Berry, *commandant-général de l'artillerie de l'ar-*

mée royale de Bretagne. Le comte Onffroy fut gravement compromis dans les événements de Vitré, lors du mouvement de l'Ouest. Il prit les armes avec ses quatre fils, Armand, Jules, Roland et Emile, abandonnant à la garde de Dieu une partie de sa famille, et au sort des combats, sa vie, sa fortune et celle de tous les siens. Le lendemain de l'affaire de la Gaudinière, le 31 mai 1832, trois de ses fils, Jules, Roland et Emile, furent arrêtés avec M. Tharin, par la gendarmerie, qui les incarcéra à Rennes, d'où ils passèrent devant un conseil de guerre. Le comte Onffroy, avec son fils aîné, prit la route de la terre étrangère; il mourut en 1839, à Mayence, laissant une veuve désolée, une fille qui avait consolé son long exil en épousant un brave Vendéen, condamné à mort comme son père, M. Arthur Du Doré, ancien capitaine de carabiniers, et ses fils, restés inébranlables dans leurs convictions. L'un d'eux, le vicomte Jules Onffroy, a commandé en chef, en 1840, les chrétiens maronites du Mont-Liban, et les journaux du temps racontent ses brillantes expéditions. Le baron Roland Onffroy arrivait à Belgrave précédé de cette réputation de capacité, de délicatesse et de fermeté qui n'ont d'égales que la modestie et le désintéressement avec lesquels il s'occupe de toutes les bonnes œuvres, notamment de celles qui ont pour but d'améliorer l'affreuse position de nos frères catholiques en Syrie. Le prince, en voyant un des membres d'une famille si éprouvée pour sa cause, témoigna hautement sa satisfaction.

Parmi les habitants de Lille, de Douai, de Cambrai, de Tourcoing, etc., de tout ce pays, enfin, que l'on peut appeler la Vendée du Nord, Mgr le duc de Bordeaux fut heureux de trouver une femme renommée par l'élévation de son esprit, par les éminentes qualités de son cœur, et surtout par les prodigalités de son inépuisable bienfaisance, madame la comtesse de la Grandville, fille du marquis de Beauffort, qui, dans l'émigration, vendit tout ce qu'il possédait pour subvenir aux besoins de ses compatriotes. Non content d'offrir à *Monsieur*, comte d'Artois, une somme considérable, il multiplia depuis, en toutes occasions, les preuves de son actif dévouement, de cette fidélité, de ce courage qui, dans un grand nombre de fameux combats, ont placé ses ancêtres au premier rang. Elle acquit une gloire de plus en portant le nom de la Grandville. Le grand-père de son mari, mort lieutenant-général en 1827, commandait Saint-Omer au commencement de la révolution de 1793, et rendit d'énormes services. Madame la comtesse de la Grandville a trop d'intelligence dans le cœur pour n'avoir pas compris qu'un des premiers devoirs des royalistes est de faire d'une grande fortune un noble usage, en s'occupant sans cesse des malheureux et des bonnes institutions. En conséquence, elle n'a pas voulu se borner à se rendre très utile en maintes circonstances politiques, ni à charmer la société par des productions littéraires où fraternisent l'amour filial et la foi monarchique, elle s'est vouée au bien sous toutes les formes. Le département du Nord la nomme sa seconde providence. On peut citer des fondations d'écoles, de couvents, qu'elle a faites et qu'elle entretient, et dans l'espace de plus de dix lieues aux alentours, des églises réparées, reconstruites même à Sainghin, à Ennetières, à Loos surtout, une école de frères à Beaucamp, où l'on vient de douze communes, une autre, tenue par des sœurs de charité, une autre encore, par celles de la Sainte-Famille. Le couvent du Bon Pasteur, les séminaires, les colléges, pourraient redire les riches aumônes que sa discrétion cache avec soin. Il y a deux ans, son neveu, le marquis de Beaufort, descendant de Baudouin de Beaufort, compagnon d'armes d'un Châteaubriand, tué à la Massoure, en 1248, a épousé la nièce de *l'auteur du Génie du Christianisme*, mademoiselle de Châteaubriand, sœur de madame la baronne de Baulny. Madame de la Grandville, dès son arrivée, fut invitée à dîner par Mgr le duc de Bordeaux.

Le lendemain furent présentés M. le marquis d'Argence, le comte de Beaurepaire Louvagny, le comte de Vaudœuvre, ancien préfet auquel son administration a valu tant d'estime, madame la comtesse de Vaudœuvre, le comte et la comtesse de la Barthe, le vicomte de la Barthe, le duc de Caylus, pair de France, le comte d'Espieds, le vicomte d'Espieds et MM. Ferdinand et Aimé d'Espieds, M. l'abbé Casse, le comte de Joybert-Mouillart, le vicomte de Baulny, le comte Arthur de Jobal, dont le nom redisait d'anciens services militaires, petit-neveu de feu l'illustre président Amy, premier président de chambre à la cour royale de Paris, conseiller d'état démissionnaire en 1830, qui, chaque jour, est de plus en plus regretté par les justiciables ; M. Félix-Pierre Moulart de Vilmarest, baron de Torsy, maire de Campigneulles, M. Jules Moulart de Vilmarest, officier de dragons, et M. Auguste Moulart de Vilmarest, officier au 61° de ligne, démissionnaires ; le vicomte Quemper de Lanascol, ancien officier aux cuirassiers de la garde royale, le comte de Dixmude de Montbrun, page et officier de cavalerie avant 1830, le vicomte Henri de Barde, de Bernes de Longvilliers, le comte Arthur de Bréda, le comte Sismonde de Montbrun, M. Roussel de Préville, le vicomte de Ludre, M. du Feugray, ancien préfet, le baron et la baronne d'Argenton, MM. Eugène et Félix de Brunville, le comte et la comtesse de Bouillé, le comte Olivier de Sesmaisons, membre de l'une des plus nobles familles de Bretagne, et neveu de MM. Humbert et Donatien de Sesmaisons, tour à tour députés et pairs de France, de si regrettable mémoire; le comte de Bonneval, l'abbé de Moligny, le comte de Laporte, le comte de Château-Villars, le comte et la comtesse de Bourbon-Busset, M. de Saint-Didier, le comte de Divonne, M. Gaston de Lavau, fils de l'ancien préfet de police de Paris, le comte Albert de Rességuier, fils d'un poète monarchique, M. Léon Schneider, M. Prodet de Santerre, M. de Rastignac, M. Emile de Kermenguy, membre du conseil-général du Finistère et maire de sa commune. La famille de sa mère, née Gouyon de Vaurouault, a été cruellement décimée durant la crise révolutionnaire.

M. Alexis Cousin présenta encore le propriétaire du magnifique hôtel des Bains, à Boulogne-sur-Mer, M. Noé Mesureur, auquel le prince fit l'accueil le plus cordial. Il fut invité à plusieurs soirées, et a toujours été l'objet de prévenances de la part de son hôte auguste, qui, dernièrement encore, dans une lettre bienveillante, faisait adresser ses compliments à MM. Mesureur et Caumont.

Tandis que tous ces noms si honorés en France paraissaient sur les listes des personnes qui accouraient à Londres, les injures du *Times* et du *Standard* redoublaient d'acharnement contre les royalistes et Mgr le duc de Bordeaux. Elles n'eurent point d'échos dans la presse française, qui a vu promptement tout ce qu'il y avait d'égoïsme et d'injustice dans ces attaques imméritées. Le *Courrier Français* fit à ce sujet ces réflexions :

« Le *Times* dresse un acte d'accusation d'une violence inouïe contre le duc de Bordeaux et le parti légitimiste. D'après le journal anglais, la manifestation qui se produit en ce moment à Londres serait le prélude de mouvements plus sérieux ; le prétendant se préparerait à disputer

18

le pouvoir aux faibles mains à qui seront confiées les destinées du gouvernement.

« Ce complot à ciel ouvert, cette conspiration de comédie dont tout le monde a le secret, ajoute le *Times*, n'excitent en Angleterre qu'un dédaigneux dégoût. Pourquoi donc alors combattre par tant d'injures de ridicules prétentions? La France n'a pas donné aux visiteurs de Belgrave Square procuration pour disposer d'elle, et elle ne s'inquiète ni ne s'alarme des petits levers et des réceptions officielles du duc de Bordeaux. A quoi bon la rhétorique furieuse du *Times* et ses injures de mauvais goût contre la cour d'un proscrit? Le cabinet anglais voudrait-il obtenir de M. Guizot quelque concession nouvelle, et lui donne-t-il des arrhes en faisant jeter de la boue par son organe au parti légitimiste et au duc de Bordeaux? »

Quelques jours après, un autre journal, la *Démocratie pacifique*, qui n'est point hostile à la dynastie d'Orléans, donna au gouvernement de juillet, à l'occasion du voyage de M⁰ʳ le duc de Bordeaux, la leçon suivante :

« En présence de cette concurrence dynastique, le gouvernement fondé en 1830 doit faire un salutaire retour sur lui-même. Il doit se demander si cette levée de boucliers n'accuse pas une lacune dans son œuvre. Il doit se demander si ce n'est pas parceque la branche cadette n'a pas encore réalisé tout ce qu'on était en droit d'en attendre que l'on voit aujourd'hui la branche aînée se dresser contre elle.

« Depuis treize ans, le gouvernement de juillet, au milieu de bien des périls, mais avec le concours de la nation, a réprimé les tentatives violentes des partis au dedans, et maintenu la paix au dehors. C'est là un titre incontestable à la gratitude de la France et de l'Europe. Mais réprimer les tentatives désordonnées des partis, prévenir une conflagration universelle, ce sont là des bienfaits purement négatifs; c'est détourner le mal, ce n'est pas produire le bien.

« Nous n'avons point à juger ici les moyens employés pour maintenir l'ordre au dedans et la paix au dehors; mais ce qu'il y a de certain, c'est que le gouvernement de 1830 n'a pas fait tout ce qu'il pouvait, tout ce qu'il devait faire. Après avoir vaincu les fauteurs de désordres, il devait lui-même travailler à fonder un ordre meilleur, un ordre plus conforme à la justice et à la liberté. Les anciennes royautés étaient portées sur le pavois par des soldats, et elles ne manquaient pas de s'occuper des intérêts militaires. La royauté de 1830 a été élevée au trône par des bourgeois et des ouvriers; elle devait s'occuper des intérêts de l'industrie et des classes laborieuses.

« Il ne fallait pas se contenter d'avoir abattu les partis au profit de la féodalité du coffre-fort; il ne fallait pas se contenter de ces menteuses théories du *laissez faire, laissez passer*, qui ne sont autre chose que l'impunité de tous les crimes mercantiles et l'exploitation des masses laborieuses; il fallait étudier, il fallait invoquer le grand principe de l'association, il fallait mettre la nation française sur la voie de la réorganisation industrielle, où elle trouve la réalisation, non seulement de la devise de 1830 :

« Liberté, ordre public; » mais encore des plus saintes, des plus généreuses inspirations de 89.

« Que le gouvernement de 1830 y songe enfin ! La partie essentielle, la partie positive et organisatrice de sa tâche réclame toute son attention, toute son activité. Le temps d'arrêt, l'immobilité où le retient la politique de M. Guizot et des faux conservateurs pourrait finir par sembler un aveu d'impuissance. Nous ne craignons pas de le dire, la prolongation indéfinie du système d'immobilité pourrait faire naître un sentiment de *désespérance* fâcheux pour la royauté de 1830, fâcheux pour l'avenir et la tranquillité du pays. Les faux conservateurs, par leur entêtement et leur ignorance, pourraient bien ainsi r'ouvrir la carrière des révolutions, et compromettre ce qu'ils prétendent conserver.

« Oui, à l'heure qu'il est, c'est la politique de fausse conservation qui donne de la valeur aux démonstrations des légitimistes en Angleterre; c'est M. Guizot qui crée pour concurrent au roi des Français le roi de France. Si la royauté de Londres doit grandir, ce sera parceque le gouvernement de 1830 n'aura pas fait son œuvre. Si les Français pouvaient croire que le gouvernement de juillet renonce à sa mission ; s'ils pouvaient espérer jamais que le dernier rejeton de la branche aînée comprît mieux les besoins de l'époque, c'est à la politique de fausse conservation qu'il faudrait imputer un revirement fâcheux pour la dynastie régnante.

« Il est donc urgent que le gouvernement songe à prévenir une supposition qui ne pourrait que lui être funeste. Il y va de son avenir, il y va de la tranquillité du pays. Cette auréole d'espoir qui pourrait s'attacher à la royauté de Londres, la royauté de Paris doit l'attirer, la fixer sur sa tête. Le gouvernement ne doit pas laisser les vœux de la nation s'égarer au-delà du détroit sur le prétendant. Les chambres vont se réunir, et elles auront à examiner cette situation nouvelle. Le cabinet du 29 octobre serait coupable de trahison envers la royauté de 1830, envers la nation elle-même, s'il persistait, par sa politique d'immobilité, à entretenir cette concurrence dynastique.

« Le gouvernement de 1830, après avoir vaincu les partis révolutionnaires, n'a su que copier le gouvernement de la Restauration, en cherchant à exploiter à son profit les traditions légitimistes et l'influence du clergé. Mais la noblesse et le clergé lui font défaut, et persistent à se ranger du côté de la branche aînée. Ne pouvant retourner aux partis révolutionnaires, le gouvernement de 1830 n'a donc plus qu'une voie de salut : c'est d'aller où sont les véritables novateurs, d'aller où sont les principes de conservation et de progrès, qui lui fourniront les moyens d'accomplir la partie positive et organique de sa tâche et de réunir ainsi autour de lui toutes les espérances et tous les vœux. Que le gouvernement de 1830 fasse le bien du pays, on ne lui contestera plus sa légitimité, et la royauté de Londres ne prévaudra pas contre lui. »

X.

Audiences particulières du Prince. — MM. Walsh et Nettement. — Les Français dans Londres. — Coup d'œil sur certaines parties de cette capitale. — La boxe. — Grenwich. — Windsor. — Nouvelles réceptions. — Visite au duc de Beaufort à Badminton.

La foule toujours croissante des visiteurs français et étrangers qui se pressait dans les salons de Belgrave empêchait le ministère et autres de dormir à Paris, tandis qu'elle servait de prétexte aux fausses et grossières imputations du *Times* et du *Standard*, qu'alimentaient sans doute les fonds secrets du bureau de l'esprit public de notre capitale. Il ne s'agissait plus désormais de rendre sourds et aveugles les lecteurs qu'on avait intérêt à tromper sur l'accueil fait à Mgr le duc de Bordeaux en Écosse et en Angleterre, il fallait en outre leur ôter la mémoire et donner un démenti aux faits récemment accomplis, en affirmant que le jeune prince n'avait été à Berlin l'objet d'aucune distinction royale. Le *Morning-Post* rendit ainsi un éclatant hommage à la vérité :

« Le *Times* a prétendu que le roi de Prusse n'avait point reçu le duc de Bordeaux avec les honneurs dus à la royauté. Nous lui répondrons que le roi a reçu le duc au pied de l'escalier de son palais, l'a fait asseoir entre lui et la reine à dîner, et lui a adressé la parole en ces termes : *Monsieur mon frère.* Voilà ce que le *Times* appelle une réception polie. Le *Times* veut bien honorer de sa pitié M. le duc de Bordeaux. Il est fâcheux que d'autres grandes puissances ne l'imitent pas. Le roi de Hanovre ne lui a-t-il pas fait remettre une lettre autographe par son ambassadeur? Et qui sait si, avant son départ, l'ambassadeur de Prusse ne lui en remettra pas une également?

« Le *Times* prétend que l'Angleterre n'accorde point l'hospitalité au duc de Bordeaux, mais une simple tolérance. Nous lui répondrons qu'après avoir été accueilli avec la plus grande distinction par les ducs de Hamilton, Buccleugh, Northumberland, lundi prochain il se rendra à Badminton. Est-ce là une simple tolérance?

« La conspiration imaginée par le *Times* est la chose du monde la plus absurde. Conçoit-on une conspiration de la part de personnes qui, toute une soirée, réunies dans un salon, ne disent pas un mot de politique? Des ouvriers, d'ailleurs sont-ils admis aux conciliabules de nobles qui conspirent?

« Enfin, le *Times* traite de noblesse dégénérée les gentilshommes qui sont venus offrir leurs hommages à Mgr le duc de Bordeaux, mais le *Times* n'a donc jamais entendu parler de l'armée de Condé? Ne se souvient-il plus des héros martyrs de la Vendée? Ces hommes ne sont pas des chevaliers d'une époque qui n'est plus, ils figurent dans l'histoire contemporaine; plusieurs d'entre eux se trouvent parmi les nobles dégénérés, comme dit le *Times*. »

On alla plus loin encore ; le bruit fut répandu que le gouvernement britannique avait fait notifier, à Mgr le duc de Bordeaux, l'invitation de ne pas rester davantage en Angleterre. Ce bruit, malheureusement répandu, était complétement mensonger, il était une grave injure pour l'Angleterre, mais il eut un triste résultat, celui d'empêcher le départ d'un grand nombre de Français qui, en ce moment même allaient prendre la route de Londres. M. le comte de Chambord, avec le tact qui le caractérise, s'empressa de protester contre cette perfide, cette coupable insinuation, contre un pays où il recevait une si noble hospitalité, en reprenant le cours de ses promenades dans Londres, et en rendant plus fréquentes ses réceptions. Celles du soir étaient encore plus brillantes par le nombre des invités, et le bonheur qui animait tous les visages. Au milieu de quatre ou cinq cents personnes, le prince réussissait toujours à trouver ceux auxquels il voulait parler en particulier; il affectionnait surtout la réunion des dames à la tête desquelles Mme la duchesse de Lévis continuait à faire les honneurs du salon royal avec une politesse et une affabilité chaque jour plus complètes. Ensuite, c'était de préférence avec les commerçants, les ouvriers qu'il aimait à s'entretenir, puis on le voyait cordialement accueillir les braves Bretons et les Vendéens dont les députations nombreuses venaient lui exprimer que leurs longs malheurs n'avaient pas altéré leur foi monarchique. Il confondait dans les mêmes marques de grati-

tude les représentants des départements de
Loir-et-Cher et du Loiret. Sa mémoire du cœur
lui rappelait à la fois et les événements de 1793,
de 1815, de 1832, et les témoignages d'intérêt
que Blois et Orléans leur donnèrent lors des
procès politiques, il y a onze ans. En un mot,
jamais le prince ne quittait son salon sans avoir,
au moins par un salut aimable, montré à chacun de ses visiteurs qu'il les avait reconnus et
espérait les revoir.

En apercevant M. le vicomte Edouard Walsh,
il s'avança vers lui et lui dit : « Hier, dans ma
« joie de me trouver au milieu de tant de Fran-
« çais, je ne vous ai point parlé, mon cher
« Walsh, de la perte que vous avez..... que
« nous avons tous faite par la mort de votre ex-
« cellente femme. Je me souviens du plaisir
« que nous avons eu à la voir à Kirchberg, et
« je n'ai pu oublier combien elle a toujours été
« active à secourir les fidèles Espagnols et à se-
« conder tous vos courageux efforts ; je savais
« aussi avec quelle grâce elle réunissait chez elle
« des hommes de haute intelligence, divisés
« d'opinions parcequ'ils ne se connaissaient pas,
« mais au fond faits pour s'entendre... Je vous
« répète ce que je vous ai écrit dans les premiers
« moments de votre malheur, que les peines

« de mes amis seront toujours les miennes,
« comme leur bonheur sera toujours le mien. »

Le Prince, en dehors de ses réceptions du matin et du soir, ne consacrait pas seulement son temps aux soins de sa correspondance ou à des visites à divers établissements publics, mais à des audiences particulières qu'il accordait très volontiers. Parmi ceux qui sollicitèrent cet insigne honneur et l'obtinrent aussitôt, on pourrait citer des magistrats, des militaires d'un haut grade, des administrateurs, des négociants, des écrivains, qui tous conversèrent avec M. le comte de Chambord sur des sujets fort sérieux et très spéciaux, sans que jamais il ait cessé de montrer qu'il n'était étranger à aucune partie de la science, de l'industrie, de la jurisprudence, de la politique générale, et avant tout à la situation de la France depuis son exil. M. Alfred Nettement, rédacteur en chef de la *Mode,* eut avec S. A. R. un entretien durant lequel de graves questions durent être discutées. Le Prince avait devant lui un homme convaincu, habitué à combattre sans relâche et à vaincre les œuvres d'une perpétuelle mauvaise foi, ou d'une odieuse perfidie, à s'indigner généreusement contre tout ce qui s'opère d'anti-national, à flageller de sa critique chaleureuse et incisive les torts et les ridicules des hommes du jour. Henri de France lui fit voir comment il possède l'histoire de son pays et avec quelle modération énergique, avec quelle merveilleuse justesse il apprécie les événements et exprime sur les hommes, comme sur les choses, une opinion qui atteste toujours une étonnante pénétration et une incontestable supériorité. Le noble et utile serviteur qu'il comblait de sa bonté en daignant lui communiquer ses idées si élevées, ses sentiments si français, en conservera une reconnaissance d'autant plus entière que sans doute ils ont déjà servi et serviront encore d'inspiration à ces éloquents articles dont la *Mode* est l'heureuse dépositaire. D'ailleurs, dans M. Nettement, le Prince honorait aussi un journal spirituel et courageux, et ceux qui, avec M. Walsh, sont victimes de condamnations réitérées, ses loyaux gérants, MM. Voillet de Saint-Philbert et de Kergau.

C'est ici le lieu d'affirmer que le prince se complaît à exercer sa mémoire en faveur des hommes qui, à Paris et en province, ont souffert pour cette fameuse liberté dont le chef du gouvernement de juillet disait le 7 août : « Des « procès de presse, il n'y en aura plus ! » Ces derniers mots font allusion à la Restauration, à la *tyrannie de quinze ans*, laquelle pendant tout son règne n'a pas fourni la centième partie des poursuites ni des condamnations qui depuis 1830 ont pullulé terribles et ruineuses. Mgr le duc de Bordeaux se souvenait à la fois des longues captivités subies à la *Quotidienne* par MM. de Brian, de Lostanges, Dieudé, etc.; à la *Gazette de France*, par MM. Aubry-Foucault père et fils; au *Rénovateur*, par M. le Duc; à la *France*, par M. le chevalier d'Escrivieux, le baron de Verteuil de Feuillas, le marquis Charles de St-Maurice, lieutenant de frégate démissionnaire (aujourd'hui rédacteur en chef d'un excellent journal, l'*Orléanais*), surtout par M. Ernest de Montour et M. Lubis, en qui, par une détention préventive, déshéritant à la fois un journal redouté de la signature de son gérant et du concours nécessaire de son habile rédacteur en chef, l'arbitraire viola outrageusement la liberté individuelle et la légalité.

Ne doit-on pas ajouter que le prince n'était pas ainsi accessible exclusivement pour les royalistes et en fournir une preuve positive? M. Charles Duveyrier était à Londres livré à ses travaux politiques, industriels et littéraires pour lesquels il recherchait de nouveaux sujets d'observation; mais, homme d'esprit et de cœur, poussé peut-être aussi par sa curiosité, il souhaita vivement de connaître le royal exilé. A peine avait-il manifesté ce désir qu'il fut libre de le satisfaire ; une heure lui fut indiquée et il ne manqua pas de s'y rendre. Chacun sait que M. Charles Duveyrier a été l'un des plus ardents prédicants de la religion saint simonnienne. Son imagination que tant de systèmes, de projets ont incessamment exaltée ; sa vie, que les passions incandescentes de la jeunesse et les tendances de toute nature ont agitée, se reproduisent dans son langage brillant, dans son style imagé, pittoresque, dans sa discussion animée, pressante, mais pas toujours d'une logique rigoureuse. Le prince le mit fort à l'aise, et il en usa complétement pour développer ces idées de la nouvelle école, ces théories qui de nos jours font impression précisément parcequ'on ne les soumet pas à une pratique difficile, ces doctrines dont les inventeurs, ou les propagateurs, esclaves de leur bonne foi, de leur inexpérience, ne voient pas les dangers possibles. Cependant il y avait au fond de tout cela des intentions généreuses, des pensées de réforme et d'amélioration désirables que le prince saisit tout d'abord ; il les fit promptement remonter à la surfarce, s'en empara, et dans un entretien plein d'abandon, il chercha avec son interlocuteur le moyen de les appliquer le mieux à l'état actuel de la société. Il était frappé surtout du besoin que les classes ouvrières et indigentes ont d'être secourues, non seulement par l'aumône du chrétien et l'assistance du riche, mais par le travail bien réparti, et pour cela il comprenait de quelle réelle importance, de quelle urgente utilité serait une organisation sagement combinée et d'un effet durable. M. Charles Duveyrier ne fut pas seulement charmé, il fut touché de ce qu'il entendit sortir de la bouche de Mgr le duc de Bordeaux et resta convaincu que ses études se portaient de préférence vers la recherche constante des modifications et des perfectionnements pouvant rendre plus supportables la condition des populations laborieuses. Il acquit par lui-même la preuve de ce qu'on lui avait déjà dit du soin avec lequel il lit chaque jour les journaux de France, et spécialement ceux dont le principal dessein est de transformer une société qui serait disposée à se prêter un peu à leurs essais, àseconder leurs efforts, si elle n'était sous le joug d'un matérialisme dégradant, d'un égoïsme chaque jour plus expert dans l'art de dessécher les cœurs et de tarir la source des vertus religieuses, morales et civiles.

L'indifférence est aussi la grande plaie d'un siècle que la cupidité, la spéculation, la soif des places et des honneurs et l'incrédulité dominent au plus haut point, et c'est précisément dans la résistance froide, non raisonnée, cruelle, inexorable, qu'il oppose à ses adversaires que ceux-ci puisent leur obstination, leur exagération peut-être, car rien n'irrite comme l'insensibilité et n'excite la colère comme la stupide persistance dans le mal. La perspicacité et la haute raison de Mgr le duc de Bordeaux savent discerner les causes de cette confusion d'idées, de cette exubérance d'énergie, qui se remarquent dans les travaux de certains publicistes, il sait faire la part de leur position difficile, et leur tenant compte du but qu'ils se proposent, ne se dissimule pas le parti que la réflexion et la prudence pourraient en tirer dans l'intérêt de son pays.

De telles pensées existaient depuis longtemps chez Mgr le duc de Bordeaux; il les avait souvent manifestées dans divers entretiens, et aussi dans ses correspondances avec des Français, notamment à l'époque où un des visiteurs de son exil, un de ceux qui pratiquent le mieux les devoirs imposés aux hommes d'état que les révolutions condamnent à rester dans leur propriétés, M. Hyde de Neuville, ancien ministre de la marine, adressait au ministre de l'intérieur une pétition ayant pour but d'attirer sa sollicitude sur le sort des habitants des campagnes. A cette époque M. Hyde de Neuville, se souvenant sans doute des désirs du Prince à cet égard, réclama énergiquement et excita l'attention du pouvoir sur cette question, que depuis a traitée avec chaleur et talent, dans un *Mémoire en faveur des travailleurs et indigents de la classe agricole de France.* M. A. de Bourgoing, président du comité agricole de l'arrondissement de Cosne.

La presse prit part à cette impulsion, et voici ce que disait alors un de ses principaux organes :

« La grave question soulevée par M. le baron Hyde de Neuville, dans l'intérêt trop méconnu des populations rurales, a un heureux retentissement dans tous les journaux qui s'occupent avec une sincère sollicitude du sort des classes indigentes. Cette disposition légale mise en oubli par les administrations des villes : « Tout « malade domicilié de droit *ou non*, qui sera sans « ressources, sera secouru ou à son domicile de « fait, ou dans l'hospice *le plus voisin;* » cette disposition, disons-nous, ne saurait plus rester une lettre morte. Le *Journal de l'Ain*, qui s'associe de cœur à cette restauration d'un droit de l'humanité, rend hommage en ces termes à la noble initiative de l'homme d'état qui plaide la cause du pauvre :

« Un homme, dit-il, auquel nous donnons
« une approbation sincère et que nous appuie-
« rons de tous nos efforts, a entrepris de faire
« reconnaître la loi aux administrateurs des
« communes qui ne le savent pas ou l'éludent
« par un blâmable esprit de charité restreinte.
« Cet homme, qu'animent de généreux senti-
« ments, a élevé la voix contre un abus dans
« l'intérêt de l'humanité; c'est M. Hyde de Neu-
« ville, ancien ministre de Charles X, qui ho-
« nore l'opinion à laquelle il appartient par une
« patriotique sollicitude pour les souffrances des
« malheureux. »

Le Prince fut heureux de voir ces utiles et incessants efforts ; déjà il avait dit dans une grave occurrence : « Si Dieu m'avait laissé aux
« Tuileries, je ne serais pas le roi de telle ou
« telle classe, je serais le roi de tout le monde,
« et je voudrais que chacun eût bonne et large
« part de bonheur et de liberté. »

Cependant Londres était rempli de Français qui, en débarquant, envahissaient tous les hôtels les moins éloignés de Belgrave-Square, mais c'est à celui de *la Sablonnière,* Leicester-Square, que le plus grand nombre était réuni, et vivait comme en famille. Quatre-vingt-dix ou cent convives prenaient place matin et soir à la même table, où la conversation était toujours très animée et très intéressante, car il s'y rencontrait à la fois des hommes qui avaient occupé jadis de hautes fonctions dans l'armée, dans la magistrature, dans les finances, et de grands propriétaires, des avocats, des gens de lettres, des commerçants; en un mot c'était une foule de nuances, de variétés, qui se confondaient dans le même but et le même désir, et formaient une fraternité que rien n'a jamais troublé. Après le déjeuner, les pèlerins se répandaient par groupes précédés de *cicerones* dans les divers quartiers de la ville. Ceux qui parlaient anglais servaient de guide à leurs compagnons; or un bon guide est indispensable, car si on ne sait qu'à demi la langue britannique, on obtient difficilement d'un passant une réponse ou un renseignement. Rien ne vexe plus les Anglais que d'entendre parler incorrectement leur langue, en revanche ils ont la prétention de savoir le français, et il est juste de reconnaître que beaucoup l'écorchent à plaisir et sont presque inintelligibles pour les habitants de Paris.

En Angleterre notre langue fait partie de l'éducation de la haute société, mais c'est dans le haut commerce surtout qu'elle est étudiée avec un soin extrême, et cela s'explique tout naturellement par les fréquents rapports que la Grande-Bretagne entretient avec toutes les parties du globe; aussi n'est-il pas rare de voir des Anglais parlant très bien l'allemand, le français, l'italien, l'espagnol, et connaître même les idiomes des pays les plus lointains.

Londres, considéré comme capitale, est certainement une magnifique cité, que ses rues spacieuses, ses squares, ses vastes monuments, ses superbes parcs, et avant tout le prodigieux développement de son commerce, rendent supérieure à Paris sous le rapport de la distribution intérieure et de la confortabilité de la circulation; mais à la place du grandiose, de l'élégance, de la gaieté, de la coquetterie de Paris, si pompeux dans ses divers édifices ou palais, si bruyant, si animé, si multiforme, si agaçant pour les étrangers, Londres présente une régularité sérieuse, une monotonie fatigante, on ne s'y sent pas à l'aise, et surtout on y est perpétuellement aveuglé et asphyxié par le brouillard. Pous s'y plaire toujours, il faudrait l'habiter l'été, passer de Regent's-Street à Regent's-Park, ou à Grenwich, ne quitter les belles avenues où les ladys et les lords fendent l'air sur leurs coursiers ou dans leurs splendides équipages, que pour aller se promener familièrement avec les daims, jouer avec les cerfs bondissants, puis flâner à travers les immenses tapis de verdure peuplés de superbes troupeaux.

Londres apparut sous toutes ses formes à la curiosité et à l'examen des Français. Ils purent donc bientôt remarquer ses usages, ses tendances, sa situation réelle à tous les degrés de l'échelle sociale. Le haut de l'échelle, c'est l'aristocratie exerçant la souveraineté par le droit de la naissance et de la fortune; là, tout brille, tout éblouit; le milieu, ce sont les classes intermédiaires, qui présentent une grande aisance et une dévorante activité; le bas, c'est le peuple qui travaille, l'artisan, l'ouvrier gagnant, avec son salaire, le pain de chaque jour; cela n'a rien d'affligeant. Mais, sous le pied de l'échelle, voyez se mouvoir dans la boue, dans la fange, ce qu'on nomme la populace. C'est une espèce hideuse, infecte, et pourtant très nombreuse, composée de gens qui manquent d'ouvrage et de toutes ressources, ou de fainéants, de voleurs faisant métier de vivre de rapines; ils errent par les rues, s'arrêtant à la porte des taverenes, où leur aspect horrible et leur langage effrayant parviennent toujours à arracher quelque menue monnaie. Ils sont vêtus d'une manière véritablement étrange et bien faite pour donner une idée de leur dégradation, comme pour offrir un sujet de comparaison exceptionnelle. En France, les mendiants, les vagabonds, ont dans leurs haillons quelque chose qui atteste encore leur condition ; leur misère ne déroge pas, elle reste dans ses habitudes d'une façon plus ou moins restreinte et propre. En Angleterre, à Londres surtout, ces hordes parcourent en tous sens la capitale ; les hommes, affublés d'une moitié de paletot naguère élégant, d'un pantalon en lambeaux, souvent chaussés (quand ils le sont) d'une botte trouée ou d'un vieux soulier et d'une sale pantoufle. Ils ont à peine un chapeau crasseux, et rarement une chemise quelconque. Les femmes sont encore plus dégoûtantes à voir. Leur corps est plutôt bariolé que recouvert de morceaux de laine, de soie, de crêpe, de velours, mal recousus les uns aux autres ; elles s'entortillent dans des débris d'écharpe ou de châles déchirés, et leur coiffure est un ignoble mélange de fleurs fanées, de rubans souillés. En un mot, ces excentriques fractions des deux sexes semblent, plutôt que de se procurer par le travail ou par l'aumône des vêtements analogues à leur position, avoir pris à tâche de ramasser dans le ruisseau ce qu'y jettent les domestiques des riches, et, comme pour faire un repoussant contraste, d'éparpiller sur leur nudité les oripeaux dédaignés du luxe.

Si, dans le jour, Londres présente ce triste spectacle, le soir, on est épouvanté par un déplorable scandale. L'immoralité s'y pavane effrontément, sans contrainte, sans lois, sans répression, sans aucune distinction d'âge; elle pullule brillante ou échevelée, insolente, fière de l'impunité, et comme heureuse à l'avance des désastres qu'elle produit. En vérité, rien n'est plus navrant que ce résultat de l'insouciance, de l'égoïsme, j'allais presque dire de la cruauté d'un gouvernement qui, loin de se préoccuper de pareils excès, leur laisse le champ libre et les encourage à force de tolérance de la part de sa police. Et pourtant, ce gouvernement vit malgré tout cela, peut-être même vit-il de tout cela; mais quelle existence, grand Dieu! que celle qui défie la dépravation, et s'en alimente? Ne craint-il pas qu'un jour la fermentation sourde et invisible en ce moment, de tous ces éléments corrupteurs, ne vienne à le miner et à le précipiter dans l'abîme?

Détournons nos regards de ces infamies, pour les porter vers un genre d'*amusement* dont l'Angleterre a le monopole. Je veux parler de *la boxe*, qui précisément, à cette époque, rouvrit à Londres une salle où le public fut convié à solenniser son retour.

On avait choisi pour théâtre un emplacement qui pendant l'été est rempli par une quantité d'eau destinée à servir d'école de natation. Au milieu se trouvait une soi-disant petite île qui, pour le quart-d'heure, formait une sorte de champs-clos suspendu, ou plutôt d'échafaud, où venait s'accomplir la lutte d'ordinaire sanglante. Au pied, c'est à dire dans toute l'étendue de l'ancien étang, se tenaient les spectateurs à un schelling par tête, tout autour, des loges improvisées et, en face, des stalles spéciales pour les membres du *Club-Boxe*, lesquels s'étaient bien gardés de manquer à l'appel. Les deux premiers boxeurs furent salués par des *hurrahs* frénétiques. Ils s'escrimèrent en conséquence, se portant des coups violents, et s'acharnant l'un contre l'autre avec une évidente ténacité.

Le combat touchait à sa fin lorsque des cris

furieux se firent entendre. Plusieurs spectateurs affirmèrent avoir remarqué qu'un homme qu'ils désignaient avait fait des signes ou donné des conseils à l'un des boxeurs, et enfreint ainsi les règlements souverains. Au même instant, cet homme fut entouré, assailli, et on se mettait en devoir de le jeter à la porte, lorsque soudain il imagina de s'écrier : « Je demande la pa-
« role! » Cette exclamation produisit l'effet d'un coup de foudre, tant sont grands dans ce pays le pouvoir parlementaire et le respect pour la liberté de la tribune. A peine il avait prononcé ces mots qu'il fut transporté au lieu du combat, et se mit en devoir de haranguer la nombreuse assistance. Le plus grand silence s'établit. On le vit se tourner vers le parterre, puis on l'entendit bien distinctement s'exprimer en ces termes : « Messieurs, mes amis, je m'em-
« presse de vous donner des explications au su-
« jet des signes et des paroles que l'on m'a vu
« adresser à l'un des combattants. Il est très
« vrai que je me suis permis d'en agir ainsi
« contrairement aux saintes lois de la boxe (des
« cris de fureur retentissent de toutes parts),
« mais ce n'était nullement pour commettre un
« crime en lui donnant le moindre conseil...
« (Mouvement de satisfaction dans l'audi-

« toile......) Je vais tout franchement vous
« communiquer ce que je voulais lui dire......
« (et ici l'orateur eut l'air de chercher un
« verre d'eau ou d'*ale*, mais il n'y en avait pas).
« Je voulais... je voulais... (Marques d'impa-
« tience) je voulais l'engager à ne pas se bat-
« tre... (Ici la rage se manifeste par des trépi-
« gnements); car il faut que vous le sachiez,
« messieurs, mes amis, le propriétaire de cette
« salle, celui qui prétend faire revivre le goût
« national (des bravos éclatent à l'envi), ce
« noble goût qui, malgré les prétentions de cer-
« tains calomniateurs, n'est nullement éteint
« dans les trois royaumes... (les bravos redou-
» blent), ne veut donner que deux schellings à
« chacun des boxeurs!!! (Rumeur dans le
« parterre.) Or, je vous le demande, à vous
« messieurs (et en ce moment, il se retourna
« soudain vers le *Club-Boxé*), lorsque par un ins-
« tinct patriotique (bravo! bravo!) nous nous
« dévouons à ces luttes périlleuses, lorsque par
« un amour sacré de l'art et pour conserver la
« foi et les habitudes de nos aïeux (bravissimo!)
« nous nous exposons à des coups terribles,
» devons-nous être si mal récompensés?.....
« Vous l'avouerai-je, messieurs? Eh bien!
« cette sordide cupidité nous dégoûte et nous

« énerve ; elle seule est la cause du peu d'inté-
« rêt que vous offre et vous offrira ce spectacle,
« qui pourrait être, comme aux beaux jours de
« la boxe, si magnifique... Oui, messieurs, mes
« amis, vous croirez volontiers qu'en pensant
« à cette mesquine rétribution nous sommes
« moins disposés à dévouer nos côtes, nos bras
« et nos poitrines à ces rudes atteintes, qui
« vous diraient bien haut que le goût national
« de la boxe est encore bien vivace chez nous...
« (Ici il est impossible de peindre l'émotion
« des assistants). Voilà, milords et messieurs,
« ce que j'avais à dire. » Le boxeur salua avec
assurance l'assemblée, qui put remarquer que
son unique vêtement, son demi-pantalon se
composait d'un morceau d'étoffe auquel était
cousu un fragment du journal le *Times*.

A cet instant, l'enthousiasme fut à son comble, et on aurait volontiers écharpé le propriétaire, si on l'eût connu, lorsqu'on entendit une
voix s'écrier : « Je demande la parole ! » Le
calme se rétablit immédiatement, toujours par
respect pour la liberté de la tribune, et un
nouvel orateur parut. C'était le propriétaire.
« Messieurs, dit-il en s'adressant à tout le
« monde, j'ai rendu parfaitement justice aux
« sentiments patriotiques qui ont inspiré le préo-

« pinant (applaudissements prolongés); mais je
« dois vous dire qu'en voulant donner un nouvel
« essor au goût national, à l'une de nos gloires,
« j'ai tout pris sur ma responsabilité, et que j'ai
« à ma charge des frais très considérables. En
« ce moment donc, je ne puis offrir aux boxeurs
« un salaire plus élevé; j'espère que l'affluence
« du public me mettra bientôt à même de sa-
« tisfaire à cet égard le besoin de mon cœur,
« car je sens que vos plaisirs y gagneraient, en
« même temps que la boxe y acquerrait un
« précieux développement. En conséquence, et
« pour vous prouver mon bon vouloir, je dé-
« clare ne pas m'opposer à ce que votre libéra-
« lité se manifeste en faveur des braves com-
« battants.... » Cette habile improvisation fut
fort approuvée, et le premier orateur remonta à
la tribune. « Messieurs, mes amis, s'écria-t-il,
« je viens à mon tour rendre justice aux senti-
« ments de M. le propriétaire, et je le prouve
« en vous disant que, nous autres boxeurs, nous
« allons nous battre à outrance sur la foi de
« votre générosité, car nous sommes sûrs que,
« se joignant à votre amour pour un exercice
« patriotique, elle ne nous fera pas défaut. »
Un murmure d'assentiment lui ayant répondu,
les deux champions commencèrent avec une

fureur inouïe, et bientôt leurs corps furent meurtris et leurs poitrines couvertes de sang, malgré les gantelets qui tamponnaient leurs poings. De nombreuses pièces de monnaie, voire même des schellings et des demi-couronnes, leur furent jetées de toutes parts. La victoire resta à un jeune homme de vingt-deux ans, dont la figure expressive, l'allure svelte et le maintien honnête intéressaient les spectateurs. Il traversa le parterre pour se rendre à sa loge, espèce de bouge, où tout aussitôt ses amis étanchèrent son sang et appliquèrent sur ses plaies un baume et du taffetas d'Angleterre. Je le vis sortir, et ne put m'empêcher de regarder avec quelque attention sa figure déchirée et saignante. Tout à coup il s'approcha de moi. « France vous! me dit-il! » C'était tout ce qu'il savait de français. J'épuisai une partie de mon répertoire anglais en lui répondant : *Ies!* Il parut flatté et continua : « *Irlande, O'Connel, moi!* » Alors nous nous comprîmes tout à fait, sans avoir besoin de nous en dire davantage. Je remis dans sa main un schelling, qu'il accepta en me témoignant beaucoup de gratitude, puis il parla à un monsieur, qui bientôt vint me dire que ce boxeur était un malheureux Irlandais qui s'immolait ainsi pour avoir le moyen de payer son tribut au *repeal*. Aussitôt je le cherchai pour doubler mon aumône ; mais sa modestie l'avait fait disparaître.

Le lendemain une affiche portait qu'une boxe *intime* aurait lieu chez un marchand d'*ale*, William Count, dans un salon particulier, et je voulus en avoir une idée. Je m'y rendis avec plusieurs amis ; mais cette fois on se trouvait si près des lutteurs qu'on était pour ainsi dire atteint par leur coup et par leur sang. Nous nous éloignâmes donc, laissant le champ libre à de beaux messieurs, qui s'empressaient d'encourager vivement du geste et de la bourse ce goût national.

Il faut d'autant plus blâmer cette même capitale, qui ne craint pas de présenter au dehors ou au dedans certains spectacles véritablement bien faits pour inspirer la répulsion et exciter le dégoût, que, sous d'autres rapports, elle offre un merveilleux assemblage de rares perfectionnements, et une haute idée de son amour pour la science, et de son goût à la fois sévère et éclairé. Les collections sont à Londres un type de recherches et de soins qu'il est difficile de trouver ailleurs au même degré ; la méthode et la symétrie y surabondent et ouvrent une carrière bien préparée aux études des savants ou des amateurs. Les monuments ont extérieurement et intérieurement un caractère local aussi complet que possible, et partout on y retrouve grandiose et éternisée par la peinture, le dessin, le marbre ou la pierre, la preuve de son amour national et de son culte pour les hommes qui ont été l'honneur ou la gloire de la patrie. C'est ainsi qu'à Grenwich, ce magnifique hôpital des Invalides de la marine, on voit apparaître sous toutes les formes, en statues, en bas-reliefs, en tableaux, en bustes, en statuettes, le grand amiral Nelson, qui semble là commander toujours à ses braves matelots, dont quelques-uns subsistent encore, et sont l'objet d'une sorte de vénération publique. Ce n'est pas seulement à des morts illustres que l'Angleterre décerne des hommages civiques, son patriotisme empressé s'attache pour ainsi dire implacable aux vivants; elle les inonde de dignités, de richesses, de louanges, elle en fait des demi-dieux contemporains. Wellington est la meilleure preuve de cette passion, j'allais dire de cette manie britannique, on l'expose partout comme s'il avait déjà subi la tombe et l'épitaphe, et il faut bien rendre cette justice au héros de Waterloo, qu'il se laisse faire avec une imperturbable sang-froid, il pose avec une naïve assurance, et passe devant ses images sans que la modestie fasse rougir son front, je crois même qu'il les salue.

Les musées et les galeries particulières attestent aussi l'irrésistible habitude d'une véritable idolâtrie de l'Angleterre pour ses grands citoyens, et en interrogeant son histoire ancienne ou moderne, il est facile de se convaincre que c'est évidemment à cela qu'elle doit les prodigieux efforts, les étonnantes inventions, les actes de courages civil, militaire et maritime de certains hommes. Elle comprend largement les devoirs à remplir envers ceux qui se dévouent pour elle, et non contente de leur donner une superbe position sociale, elle demande à l'amour-propre le moyen de mieux payer son tribut à l'amour du pays. Il est à regretter qu'en France les partis n'aient ni cette intelligence, ni cette justice, et qu'ils ne sachent pas récompenser noblement ceux qui font leurs affaires et sont leurs glorieux représentants. C'est par l'indépendance dont on l'a doté, bien plus, c'est par les belles indemnités dont on l'a comblé qu'O'Connell est devenu si supérieur et si influent ; c'est ainsi que son talent s'est développé chaque jour plus vigoureux et plus logique, que sa foi a trouvé de plus vives, de plus concluantes inspirations, que son éloquence a rencontré des élans plus pathétiques et plus terribles ; c'est ainsi qu'il est arrivé à ce point de popularité, et qu'il a rallié tout un pays, que dis-je ! tout un royaume autour de lui et pour sa cause sainte. C'est parcequ'il avait tous les moyens de prodiguer les bienfaits et l'aumône, de subvenir à tous les frais de ses excursions, et à toutes les exigences de sa situation quasi-souveraine qu'il a marché, marché toujours dans la vaste voie de l'apostolat catholique ; c'est ainsi qu'il a acquis et a maintenu une prépondérance et une autorité vraiment royales, qu'il a tenu dans sa main la destinée de l'Angleterre peut-être, et est resté le *grand agitateur*, sans sortir de la légalité ! ! C'est ainsi qu'en ce moment encore il règne sous les verrous, et que le *rappel* s'étend à mesure que la captivité de son fondateur s'accroît, et sera, au moment de sa libération, plus formidable à force de soumission et de calme. C'est ainsi que le condamné, que le martyr du protestantisme soi-disant gouvernemental sera tôt ou tard proclamé par ses adversaires eux-mêmes, un des plus grands hommes de son siècle, et léguera à la postérité un nom auquel l'univers décernera des hommages.

Le palais de la reine, Windsor, est aussi une

sorte de muséum consacré à tous les faits d'armes des grands capitaines ; ils se retrouvent jusque dans ses fresques et dans ses tapis, et le plus bel ornement de la grande salle de fête, ce sont les armures et les écussons des chevaliers qui combattirent pour leur patrie, ou des hommes d'état qui la défendirent à la tribune ou dans les diverses administrations. Au dehors, Windsor semble plutôt une fantastique apparition, et, en effet, cette résidence chérie de la jeune et charmante souveraine est d'une architecture tout à fait bizarre, quoique correcte et très remarquable ; ses créneaux à jour forment une sorte de diadème aérien dont l'aspect est poétique, surtout quand on l'aperçoit du fond des vallées ou sur la pente des coteaux qu'elle domine en leur souriant. De loin c'est un palais gracieux, coquet, brillant comme celle qui l'habite ; de près et dans le détail, en bas surtout, c'est une réunion de tours massives, de pavillons assez lourds, d'un abord peu séduisant, comme la politique qui chaque jour y vient chercher et parfois troubler Victoria pour lui faire sanctionner ses actes.

La chapelle est d'une splendeur inouie d'architecture, les tombeaux y sont animés par des figures dont le relief est vivant, le marbre a le soupir et la douce quiétude du bon sommeil, la pierre pose délicatement ses voiles de gaze sur la tête des reines endormies comme pour se réveiller au bruit des pas des visiteurs indiscrets. —Et puis, levez les yeux : voici des colonettes et des pendentifs qui semblent des arbustes que le vent va balancer, ou des fleurs que va caresser le zéphir. — Regardez autour de vous : ces stalles sculptées avec une aiguille, ne sont-elles pas faites pour des anges? Ecoutez! quelle harmonie s'échappe de l'orgue logée dans un fronton du chœur, comme sont les oiseaux le matin sur le même rameau ; ces sons viennent-ils du ciel ou de la terre?

Mais hélas! quand l'admiration s'est laissée suprendre par la l'opposition de ces merveilles, l'âme y cherche en vain une consolation; on éprouve soudain un vide immense. N'est-il pas vrai que ce temple est froid, incolore, inanimé, si ce n'est par l'art qui, au premier moment, lui donne une sorte de vie factice? C'est un lieu splendide, mais ce n'est point une église. La pensée religieuse n'y est point satisfaite, on se sent comme serré par l'étroit protestantisme, glacé par cette nudité monotone sur laquelle le catholicisme seul pourrait jeter la chaude, la vivifiante énergie de ses croyances et de ses pratiques, et la parer de tout son éclat et de toute sa vérité.

Parmi les grands personnages d'Angleterre qui vinrent présenter leurs hommages à M. le comte de Chambord à Belgrave, plusieurs sollicitèrent l'honneur de le recevoir dans leurs châteaux, mais la foule toujours plus pressée des Français était la légitime raison de ses remerciements. Cependant il ne put résister aux instances de M. le duc de Beaufort, qui d'ailleurs l'avait invité durant son séjour à Alton-Towers.

Le duc de Beaufort est un des plus puissants et plus magnifiques seigneurs de la Grande-Bretagne, et l'hospitalité par lui préparée à son château de Badminton, pour Mgr le duc de Bordeaux, était d'une splendeur vraiment royale. De superbes voitures attelées de quatre chevaux furent envoyées au devant du Prince, qui était, comme d'ordinaire, accompagné de M. le duc de Lévis, M. le duc des Cars, M. Villaret de Joyeuse, et M. Barrande. Le duc de Beaufort avait spécialement invité M. le duc et M. le marquis de Fitz-James et M. le prince de Robecq.

A peine le pied de Henri de France eut-il touché le seuil du château, que M. le duc de Beaufort dit à M. le duc de Lévis : « Dès ce moment,
« monsieur le duc, monsieur le comte de Cham-

« bord est chez lui ; veuillez prendre ses ordres
« et les transmettre ; tout le monde ici sera em-
« pressé d'obéir. »

Un tel langage était bien digne d'un descendant du roi Edward IV, et M. le duc de Beaufort suivait les belles traditions de sa famille, célèbre encore par son inébranlable fidélité aux Stuarts. Tous les matins le noble duc venait lui-même demander à son royal hôte ses projets pour la journée, et prenait ses ordres. A la suite du dîner, il se faisait honneur d'offrir le café au Prince sur un plateau de vermeil, et durant tout son séjour il ne cessa de lui prodiguer les égards et les soins les plus délicats.

Les écuries de Badminton sont une des merveilles de cette demeure. M. le comte de Chambord les visita aux flambeaux, et admira près de cent chevaux de race fameuse, dans des stalles d'acajou illuminées par des lampes éblouissantes et des torches enflammées.

Fidèle à ses habitudes, le Prince voulut faire quelques excursions dans les environs, et visita tout ce qui, sous le rapport de l'agriculture et de l'industrie, pouvait l'intéresser ou lui fournir le sujet de nouvelles observations.

Après deux jours passés à Badminton, il reprit le chemin de Londres, non sans avoir témoigné au duc de Beaufort combien il était flatté d'une réception qui lui avait rappelé celle de lord Shrewsbury et des autres personnages chez lesquels il s'était arrêté avant d'arriver à Belgrave.

XI.

Esquisses biographiques de quelques visiteurs. — Chambord. — Effets du voyage en France. — Destitution des maires et autres visiteurs de Belgrave. — Excursion à Birmingham et à Oscott. — Retour. — Nouvelles réceptions. — Les Bretons, les Orléanais, les habitants du Nord.

Chaque jour s'augmentait l'affluence, et M. le comte de Chambord, de plus en plus touché de ces marques non équivoques d'attachement, apprenait à connaître ceux dont le dévouement sincère et désintéressé étaient comme la sauvegarde de son présent et de son avenir. On ne doit pas se le dissimuler, il n'était pas possible que parmi toutes ces fidélités, qu'au milieu de tous ces pélerins si également nobles par leurs intentions comme par leurs sentiments, certains hommes ne fussent pas l'objet spécial de la distinction, je ne dirai pas du prince qui confondait tous les Français dans son affection, mais des nombreux visiteurs que le lieu disposait à porter leur attention et à donner leur opinion sur eux. Et c'est chose fort bonne vraiment qu'une occasion solennelle ait été fournie de constater, en les voyant en quelque sorte personnifiés, des devoirs religieusement accomplis, de grands services rendus. C'est ainsi que de telles réunions ont leur côté fort utile, et que celles de Belgrave ont été toutes providentielles. Les habitants de pays éloignés les uns des autres ont pu, grâce à ce foyer royal, connaître et mieux apprécier ceux pour lesquels, à la suite de graves entretiens ou d'aimables rapports, ils ont emporté estime et amitié. En première ligne, citons un homme qui venait d'arriver, le général Auguste de La Rochejaquelein. Pour le prince comme pour tous les habitués de Belgrave, son nom était à lui seul une histoire. Que n'y trouve-t-on pas en y ajoutant sa vie personnelle si bien remplie depuis le jour où, pour se débarrasser des chaînes dans lesquelles Napoléon le retenait afin de le contraindre à le servir, il courut chercher, au champ de bataille de la Moskowa, cette glorieuse balafre qui burina sur son front le radieux titre de frère d'Henri et de Louis de La Rochejaquelein. Si de toutes les qualités et les vertus qu'il possède, on ne craignait de blesser la première et la plus haute, il serait facile de montrer en lui le rare assemblage de la bravoure, de la piété et de la bienfaisance; mais sa modestie est chose trop respectable et trop complète pour qu'on se permettre de l'offenser dans cette sainte, dans cette invincible susceptibilité. Et cependant on aurait bien le droit de lui témoigner moins d'égards, lorsque la Providence elle-même, en sillonnant sa figure d'une éloquente et visible cicatrice, semble s'être plu à le décorer de son sceau divin, et à le signaler à tous pour modèle. Quoi qu'il en soit, laissons là le valeureux et l'habile général de 1815, l'intrépide colonel des grenadiers à cheval de la garde royale, l'actif maréchal de camp toujours préoccupé des intérêts du soldat, le vaillant général blessé encore en Portugal en 1833, près de son neveu Louis frappé mortellement, pour ne plus considérer en lui que le côté historique de sa famille. Que d'événements et de hauts faits sa présence ne rappelait-elle pas? C'était à la fois et son frère :

Henri de La Rochejaquelein, élu généralissime à vingt ans par les siens, multipliant à chaque pas l'héroïsme du courage, et mourant sous le coup de celui dont il venait d'épargner la vie ;

Son autre frère, Louis, le général en chef de 1815, choisi par son roi, et qui succombe les armes à la main, en bravant l'ennemi, au combat des Mathes ;

Son beau-frère, M. Guerry de Beaurégard, l'un des plus braves chefs de l'armée royale, mourant sur le champ de bataille en laissant huit enfants ;

Sa sœur, mademoiselle Lucie de La Rochejaquelein, aujourd'hui madame la comtesse de Songy, qui en 1815 fut brave comme ses frères et partagea avec eux tous les périls des Vendéens dont elle était tour à tour la compagne d'armes et la sœur de charité ;

Son autre sœur, mademoiselle Louise de La Rochejaquelein, dont la santé est en ce moment épuisée par les fatigues, les dangers au-devant desquels elle a couru en 1815, mais surtout par les innombrables efforts que sous la Restauration elle n'a cessé de prodiguer pour faire rendre justice au dévouement et aux immenses sacrifices des habitants de la Vendée. Depuis 1832, sa vie a été un véritable apostolat, et la paralysie est en cet instant sa récompense sur cette terre. Le soin des accusés et des prisonniers politiques devint sa mission privilégiée ; sans cesse et toujours elle s'en préoccupait comme d'un devoir quotidien pour elle, et alors même que ses infirmités lui permettaient à peine de marcher, elle se jetait en diligence et arrivait à Paris. C'est là qu'il fallait voir la femme guerrière autrefois, maintenant solliciteuse infatigable, faire le siége des bureaux du ministre, entrer dans la place, c'est à dire dans son cabinet, et après avoir repoussé toutes les attaques, essuyé tous les refus, triompher et finir par emporter d'assaut les grâces ou au moins les commutations de ses chers captifs.

Enfin sa digne épouse, la veuve du prince de Talmont, qui crut honorer la mémoire de son mari en s'unissant à un La Rochejaquelein, et qui en 1832 déploya un courage et une abnégation qu'une condamnation à mort et un exil ont consacrés.

Voici l'esquisse de l'histoire ancienne et contemporaine, dont le général Aug. de La Rochejaquelein était le représentant.

Près de lui, le général Bresche, ancien inspecteur-général de l'artillerie de marine, dont l'armée a tant regretté l'éloignement, et qui en donnant sa démission offrit un haut exemple de délicatesse de conscience et de sublime désintéressement.

Le duc de Lorge, si jeune encore d'âge et de cœur, et pourtant si vieilli déjà dans la pratique d'un dévouement sans bornes. A son aspect on se souvenait de quelle abnégation entière, de quelle rare discrétion, de quelle prodigieuse adresse le brillant capitaine de cavalerie de la garde, le valeureux aide-de-camp du duc des Cars en Espagne et lors de la prise d'Alger, le noble rejeton d'une des plus célèbres familles de France enfin, avait été le type parfait, dans une circonstance présente encore à tous les esprits. On sait en effet que, en 1832, du Midi dans l'Anjou, il conduisit, lui déguisé en simple domestique et en remplissant les fonctions, la courageuse princesse que son élan maternel amenait en Vendée au milieu des plus terribles et inévitables périls. En outre, son allure franche, sa physionomie empreinte de douceur et de fermeté, annoncent bien le chevalier sans peur et sans reproche, qui après avoir brisé son épée se retire dans sa famille pour consacrer avec elle son loisir et sa fortune à des essais d'améliorations agricoles, à d'utiles innovations dont l'inappréciable avantage est de faire l'aumône par le travail et de moraliser les populations des campagnes.

M. le comte Adrien de Calonne en accourant à Belgrave avec Mme de Calonne, son fils Henri, et sa fille, Mlle Marie de Calonne, filleule de M^{r} le duc de Bordeaux, n'avait pas seulement donné au prince une nouvelle preuve d'une fidélité et d'un attachement rendus publics par ses services militaires, par ses écrits monarchiques, il était pour lui un souvenir vivant de ce Chambord si cher à son cœur que chaque jour il fait palpiter d'amour et de reconnaissance envers son pays. On n'a pu oublier que sur la proposition de M. le comte de Calonne, alors fourrier des logis du roi, Chambord devint l'objet d'une souscription nationale et fut offert au fils du duc de Berry par la France. Depuis ce temps, M. de Calonne qui, le premier en fut nommé conservateur, n'a pas cessé de résider en ce lieu confié à sa garde, et d'être le dispensateur des bienfaits de l'exilé. Chambord est un chef-d'œuvre d'architecture pour lequel l'art du ciseau semble s'être surpassé ; rien de plus majestueux et de plus pittoresque que ce château placé au milieu d'une vallée, dans laquelle le Cosson, fleuve sinueux, s'étend à l'aise comme un long ruban d'argent et qu'environnent de vastes forêts ou d'immenses prairies formant un parc de sept lieues de tour clos de murs. Vu de loin surtout, Chambord, si bizarre par sa variété de style, et si imposant par son énorme déploiement de tours, de clochetons à jour et de minarets ardoisés, semble une forteresse installée dans une position inexpugnable. C'est qu'effectivement l'origine de cette propriété la défend et la protége contre l'acharnement qu'une prétendue légalité lui a prodigué, par suite de la proscription de la branche aînée des Bourbons. Grâce à un autre pélerin de Belgrave, M. Bérard des Glageux, jadis membre du parquet de la cour royale de Paris, et maintenant avocat très distingué, M. le comte de Chambord est, jusqu'à présent, resté vainqueur de toutes ces attaques, et son conseil de famille, dirigé par M. de Pastoret, a fait valoir énergiquement tous ses droits. Le moment est venu de dire comment depuis son départ pour la terre étrangère, Henri de France n'a cessé de se venger de son exil et des insultantes tracasseries dont on l'a poursuivi devant les tribunaux. Jamais, non jamais M. le comte de Chambord n'a reçu la moindre partie des revenus de son domaine, il a voulu que la totalité fût consacrée d'abord aux grosses réparations qu'exigent la prudence et l'intérêt de l'art pour la conservation extérieure de ce beau monument historique, puis à opérer des semis, des plantations, des défrichements, qui en procurant des travaux à tous les habitants de la contrée, ont amélioré le sol et donné de nouveaux produits. Ceux-ci ont encore augmenté la part des travailleurs et des pauvres, car tout ce qui, sous l'habile et généreuse gestion de M. Bourcier, régisseur de Chambord, n'est pas appliqué à l'agriculture, est dépensé en aumônes, en secours de tout genre dans l'enceinte du pays et aux environs. Le jeune propriétaire se sert des revenus de Chambord comme d'une liste civile destinée aux Français, surtout à ceux du département où cette terre est située.

En agissant ainsi, Henri de France donne un noble exemple que doivent s'efforcer de suivre tous ses amis, les propriétaires, celui de l'emploi de la fortune au profit des localités. Une circonstance particulière fournit à M. le comte de Chambord l'occasion de montrer combien il est sensible aux calamités qui affligent ses compatriotes; et voici la lettre qu'il écrivit à M. de Pastoret :

Kirchberg, le 15 juillet 1839.

« Monsieur le marquis de Pastoret,

« Je viens d'apprendre tous les désastres que les orages ont causés dans plusieurs provinces du royaume, et particulièrement, dans le département de Loir-et-Cher. Un de mes plus grands regrets sur la terre étrangère est de n'avoir plus le pouvoir, le plaisir de secourir en France toutes les infortunes. Je veux du moins contribuer à réparer les malheurs qui ont frappé le département où est situé Chambord, Chambord qui m'est si cher, puisque je le tiens de la France. Je vous prie d'envoyer tout de suite, de ma part, *trois mille francs* à la commission formée, à Blois, pour la distribution des secours dans le département.

« *Signé* HENRI. »

Un nouvel arrivant allait être d'autant plus l'objet d'une distinction particulière, que son caractère, rempli de désintéressement, le disposait à se tenir à l'écart. Le vicomte de Baulny débarquait à Londres peu de temps après que l'acquittement de la *France,* dont il est un des patrons, eût annoncé comment le jury parisien avait apprécié le parallèle établi par ce courageux journal, entre le voyage de Mgr le duc de Bordeaux et celui de M. le duc et de madame la duchesse de Nemours. Cette bonne nouvelle avait été accueillie avec transport, car elle fut le prélude et, pour ainsi dire, le pronostic de tous les succès et de toutes les joies du séjour en Angleterre. Le vicomte de Baulny avait voulu prendre sa part du plaisir d'un triomphe qui devait apporter à d'augustes exilés tant de consolations ; mais son abnégation s'alarmait à la seule pensée qu'une expression de gratitude pût sortir pour lui d'une bouche royale. Toutefois il avait trop d'admirateurs sincères, trop d'ennemis de sa modestie implacable, pour qu'en cette solennelle circonstance il ne devînt pas le point de mire de leurs indiscrétions et de leur reconnaissance. Il fut donc désigné à tous comme l'un des plus actifs et des plus chevaleresques soutiens de la cause royaliste, en même temps que l'habituel fondateur et propagateur des œuvres ayant pour but de faire le bien. On redisait comment il a toujours mis *la France* au service des besoins du peuple, notamment lors des inondations, par une souscription ouverte par lui en premier lieu, et qui, sous toutes les formes, a été très fructueuse. On redisait encore comment les prisonniers politiques, les réfugiés espagnols, les chrétiens du Liban, ont recueillis les heureux résultats de son ardente sollicitude toujours empressée de prendre les devants. En lui témoignant affection et estime, le prince fut donc l'interprète aussi des sentiments de toute l'assistance. Après avoir été ainsi découvert, reconnu et félicité, le vicomte de Baulny prit congé de M. le comte de Chambord, et revint à Paris tout juste assez à temps pour être témoin d'une nouvelle saisie, braver de nouveaux dangers, accomplir de nouveaux sacrifices ; en un mot, pour être à son poste...

Le comte Louis de Bourmont était le représentant de toute sa famille, dont l'illustre chef n'avait pu, à cause de sa santé, venir jusqu'à Londres. La présence du fils aîné du maréchal vainqueur d'Alger devait être et fut pour le prince un sujet de réel bonheur. Elle lui retraçait tout à la fois une grande gloire et une grande infortune. Le drapeau blanc que le maréchal avait arboré à Alger, en ce moment où on l'arrachait à Paris, avait tour à tour servi comme de linceul à son fils, le vaillant Amédée, mort en combattant sur la rive africaine, à sa mère, à sa digne compagne, à sa fille, madame la marquise de Langle, et les souvenirs de ses services rendus à la patrie n'avaient pu préserver sa vieillesse de l'exil, ni son retour d'une odieuse agression, ignoble mélange de barbarie et d'ingratitude, dont son fils César faillit être victime. Le comte Louis de Bourmont possède lui seul assez de capacité et d'énergie pour donner une haute idée des rares qualités qui distinguent son père et ses trois frères, Charles, Adolphe et César. Mgr le duc de Bordeaux savait tout ce que la France doit à sa famille, et aussi combien lui-même, dans la garde royale, en Espagne, comme auprès de son père, en Algérie, multiplia les preuves de sa bravoure. Il n'ignorait pas, en outre, que, toujours prêt à prendre les combats pour le passe-temps des hommes condamnés par leur conscience à l'inaction, il avait été colonel en Portugal, sous les ordres du général Auguste de Larochejaquelein. Mais ce qui devait encore lui conquérir davantage la bienveillance dont Henri de France se plaisait à le combler dans les salons de Belgrave, c'étaient son infatigable activité pour le bien, son cœur, toujours prêt à s'ouvrir, en même temps que sa bourse, en faveur des malheureux, et surtout de ses anciens frères d'armes.

Ici, je m'arrête. Ma plume pourtant pourrait continuer sur le même sujet, ou esquisser de nouvelles biographies ; mais je me souviens que la bonne conscience est une fleur qui se fane sous d'indiscrets éloges.

Tous les jours à midi les présentations continuaient et on y vit entre autres M. le prince Max de Croy-d'Havré, le marquis et le comte de Bouthilliers, le vicomte Odon de St-Chamans, M. d'Argy, lieutenant-colonel de cuirassiers, démissionnaire, M. Armand de Pracontal, M. de Bretignière de Courteilles, le comte de Marcillac, le baron de Seroux, le comte de Chaumont-Quitry et son fils Félix, le marquis de La Rochetulon, beau-frère de M. le duc de Lorge, le baron Léonce de Bonnefoy, le marquis de St-Maure, le comte Moreau de Favernay, le comte d'Auger et son fils le vicomte Camille d'Auger, le marquis de Nicolaï, le général vicomte de Lamalle, le vicomte Henri Hutteau d'Origny, ex-auditeur à la Chancellerie, et fils de M. Hutteau d'Origny, ancien maître des requêtes et maire de deux arrondissements de

Paris, où son habile et paternelle administration a rendu de grands services ; le marquis de Maupas, M. de Penneley. M. Moutier de la Brosse, le vicomte Albert de Bois-Robert et sa sœur Mlle Hortense de Bois-Robert, le comte de Nadaillac, le comte d'Armaillé, le comte de Neuville, le comte d'Anglade, le comte de Calvière, M. Lemaire-Réquillart, membre du conseil municipal de Tourcoing, et l'un des hommes les plus considérés de ce pays, M. le chevalier de Breuil, M. de Feugré, le marquis de Langle, M. Cauliez, le marquis de Galard Terraube, M. Lemancel de Senqueville, M. André Michel-Walon, M. Dubois d'Ernemont, le comte de Lascours, le marquis de Montecot et ses deux fils, le vicomte de Maupas et son fils Anatole, le comte de la Fare, l'abbé Gaillard de Pomayrols, le comte Onffroy, qui s'est fixé en Angleterre avec son père depuis leur condamnation à mort en 1832, M. Philibert de Chevarnier, le comte Eugène de Gomer, M. Alphonse Hémart, le marquis d'Ecquevilly, M. Lebrun de Sesseval fils, le comte de St-Maur, le vicomte de Puységur, M. le duc de Berghes et M. le prince de Berghes, le jeune prince Eugène de Berghes qui était venu, sous les yeux de son père et de son oncle, faire l'hommage d'un dévouement qu'ils ont toujours pratiqué et qu'ils lui ont transmis comme son plus bel héritage ; M. Queyras, M. de Ramont, MM. le vicomte Ferdinand de Langle et son fils Augustin de Langle, M. Marcelin de Coneridone, M. le comte Ludovic d'Osseville, fils de l'ancien maire de Caen et Mme la comtesse d'Osseville ; M. Sylvain Caubert, connu à Paris par toutes les bonnes œuvres qu'il dirige et propage, frère de M. Alexandre Javon, homme de bien par excellence, dont Mgr le duc de Bordeaux venait de déplorer la mort dans une touchante lettre remise à M. Berryer ; M. Meslin, ancien conseiller à la cour royale de Paris, M. de Bousquet, ex-administrateur des postes, les princes Octave, Auguste et Raymond de Broglie, le comte Elie de Bourdeille, le vicomte Marc d'Abzac de la Serre, le marquis d'Avelon, le comte Richemont de Richardson, le comte du Plessis, M. Gosselin, le chevalier Auguste de Bonvouloir, le comte de Berthier-Pinsaguel, le comte de St-Maurice, M. Auguste de Cantel, ex-major de dragons, M. Blin de St-Quentin, parent de M. Blin de Bourdon, le baron de Chandenier, ex-officier de cavalerie, président de la société d'agriculture de l'arrondissement de St-Pol, M. Eugène Roger, ex-officier des grenadiers à cheval de la garde royale, fils du colonel Roger qui seconda M. Louis de La Rochejaquelein à Bordeaux en 1814, le comte Edme et le vicomte Paul de Marcy, M. Alexandre Bisson de la Roque, de Kertanguy, Couffon de Kerdellech, Camille de Linière, le comte Gaspard de Ste-Aldegonde, Athanase Subtil de Franqueville, M. Alphonse de Crény, M. Follet, négociant à Londres, et Mme Follet, M. Albert d'Agier, le comte de Chastellux, officier général démissionnaire, M. l'abbé d'Ormancey de Fréjacques, le comte d'Oillamson, le comte et le chevalier le Doulcet de Méré, le baron de Beauffort, M. l'abbé Orel, le comte de Montholon-Sémonville dont le père et la mère étaient en ce même moment à Goritz, où pendant plusieurs mois leur présence a calmé les souffrances d'un auguste malade, le comte d'Amboise et son fils Charles, M. Philippe de Bengy et le marquis de Frotté, proche parent du grand capitaine de ce nom. Lorsqu'il passa devant lui avec cinq fils, Ernest, Henri, Louis, Charles et Alphonse, le Prince parut fort ému. Alors le noble père lui dit, en se mettant à la tête de ses dignes fils : « Monseigneur, je vous les présente, je vous les offre, je vous les donne. » M. le marquis de Frotté, dont le beau caractère n'a d'égal que son maintien plein d'énergie, reçut avec son entourage les marques de la bienveillance de M⁹ʳ le duc de Bordeaux, qui le fit aussitôt inviter à dîner.

Vinrent successivement M. le marquis de Vogué, le baron de Maistre, le comte Maxime de Damas, le vicomte de Tarragon, le vicomte de Déservillers, le vicomte Ange de Guernisac, Green de Préjean, le comte Xavier de Pazzis, le chevalier Zéloni, le comte Ferrand, petit-neveu de l'historien, M. d'Ault-Dumesnil, ancien aide-de-camp du maréchal de Bourmont, M. Adolphe de la Perraudière, M. de Boisguilbert, le comte de Broyes, madame de Broyes, mademoiselle Grébet, le vicomte et la vicomtesse de Cugnac, madame Alfred de Batz, leur fille, mademoiselle Thierry, le comte d'Aramon et son fils, le comte Raymond de Monteynard, le comte Charles de Guitaut, le marquis et le comte de Virieu, le comte Léon de Montbrun, les comtes Gabriel et Anatole d'Autichamp, dont le nom rappelait une des gloires de l'armée vendéenne, le comte de Taverny, le comte de Montaigu, le vicomte de Monbreton, le marquis de Barbançois, ancien sous-gouverneur de Mᵍʳ le duc de Bordeaux, qui se montra si heureux de le revoir.

Le vicomte du Passage, les comtes Ernest et

Henri de Valanglart, MM. Gueroult de Valmet, Le Gaucher de Broutel, anciens gardes du corps, le comte de la Villestreux, de Barrois, et M. Desmirail, délégué de la Guadeloupe. M. Desmirail fut l'objet de la l'attention particulière du prince, qui savait quelle utile carrière il a parcouru. Substitut du procureur du roi à Bordeaux, en 1816, avocat-général à la cour de la même ville, en 1821, procureur du roi au tribunal de première instance, au même chef-lieu, en 1826, procureur-général à la cour royale d'Angers, en 1827, chevalier de la Légion-d'Honneur en 1828, nommé président du grand collége de Laval et d'Angers en 1829, M. Desmirail donna sa démission en 1830. Depuis ce temps il s'est retiré à Bordeaux. Il fut choisi pour candidat par les électeurs indépendants, puis nommé délégué de la Guadeloupe en 1841. On sait quel zèle il a déployé dans l'intérêt de ses mandataires, et quelle part lui revient dans le succès des souscriptions partout ouvertes pour indemniser les victimes de l'affreux tremblement de terre. M. Desmirail put renouveler à Henri de France les remerciements dus à l'acte bienfaisant que le prince accompagna de cette lettre :

Goritz, le 21 mars 1842.

« Monsieur le marquis de Pastoret,

« Je viens d'apprendre l'affreux désastre qui cause la ruine de la Guadeloupe, et je m'empresse de vous prier d'envoyer de ma part *cinq mille francs* aux personnes qui sont chargées de recueillir et de distribuer les secours. C'est seulement à la vue de tant de Français malheureux, de tant d'infortunes à secourir que je regrette de n'être pas plus riche. Je veux du moins que ma faible offrande témoigne de ma sympathie pour des malheurs dont la nouvelle m'a bien péniblement affecté.

« Je vous renouvelle, monsieur le Marquis, l'assurance de tous mes sentiments.

« *Signé* Henri. »

L'effet inattendu produit par le voyage de M^r le duc de Bordeaux s'accroissait avec le nombre des arrivants; il n'occupait pas exclusivement la presse britannique et française, il devenait le texte des entretiens des hommes les plus graves des trois royaumes, et des appréciations des journaux étrangers. On lisait dans la *Gazette universelle de Prusse* du 13 décembre :

« Les pélerinages royalistes à Londres ne peuvent être pour le cabinet des Tuileries un spectacle indifférent; mais il nous semble pourtant qu'on les suit avec une inquiétude trop visible, et qui fait ainsi voir les soucis et les mécomptes d'une manière par trop ostensible. Les feuilles ministérielles de Paris perdent à ce sujet toute convenance et retombent dans les fautes qu'elles ont maintes fois reprochées aux feuilles royalistes dans leur polémique vis-à-vis de l'ordre de choses actuel. Les feuilles ministérielles abandonnent dans leur examen du voyage de Londres le point de vue monarchique, en voulant blesser leurs adversaires par des arguments révolutionnaires. Cette faute est d'autant plus remarquable que les attaques des feuilles ministérielles devaient servir de contre-poids aux émigrations de Londres. »

Une autre feuille allemande ajoutait :

« Le voyage de M. le duc de Bordeaux révèle une assez singulière situation, celle d'une grande inquiétude dans les hautes régions du pouvoir. Jadis, quand Mgr le duc de Bordeaux vivait retiré et abandonné aux études, les feuilles ministérielles et autres de France disaient : « Le « Prince est oublié; il ne se montre point; ce « n'est point ainsi qu'on porte son drapeau. » Aujourd'hui que le prince est arrivé à Londres, où les hommages affluent, et qu'il s'est montré, on lui prêche ardemment la résignation et le rôle du cardinal d'York. On comprend facilement ces contradictions des porte-drapeaux de la peur. »

Le prince, devant faire une absence de quelques jours, voulut que ses audiences et ses réceptions fussent encore plus fréquentes, et on y vit paraître M. de Cressolles, M. Arthur de Tarades, fils d'un ancien officier des gardes, M. Ludovic de Fougères, d'une famille si dévouée, M. de la Ville de Baugé, ex-officier de cavalerie, dont le nom rappelait celui d'un fameux chef vendéen, le baron de Bar, M. de Varieux, le baron de Lambert, le comte Charles de Fitz-James, frère du duc, MM. Ratel, horloger, Mille, marchand de toile, à Paris, le comte Armand et le vicomte Alfred d'Argœuvre, M. d'Hamonville, M. Cornet d'Hunval, le vicomte d'Hervilly, M. Formon, maître des requêtes durant

les quinze années de la Restauration, député de
Savenay et conseiller d'Etat, démissionnaire en
1830; le marquis de Charnois, le comte de Meyronnet, le comte de Ranville, M. de Roquemartine et son fils, M. Henri Bricout, petit-fils
de l'ancien et excellent député de Cambrai,
M. d'Arthel, M. le comte de Labédoyère, son
fils et son gendre, M. Louis Wandrisse, ouvrier
typographe à Lille, le comte de Kerdern,
M. Henri Carion, directeur de l'*Émancipateur*
de Cambrai, littérateur distingué, et écrivain
courageux : son talent a grandi sous les poursuites nombreuses du parquet de Douai, dont,
grâce à ses deux éloquents défenseurs, MM. Laloux et Pellieux, il est toujours sorti triomphant;
Mme Henri Carion, M. Chardin, le comte de
Sainte-Marie, M. Chapelle, M. le général baron
d'Arlincourt, M. Jules Dupuis, négociant, M. le
comte César de la Bellnaye, ex-officier de cavalerie, M. Ledouarain de Trevelec, ancien garde-
du-corps, M. de Mauduit, lieutenant de vaisseau, le baron de Lépine, ancien député du
Nord, les comtes Victor et Gustave de Tramecourt, neveu du marquis de Tramecourt, ex-
pair de France, et M. le chevalier Lecourt de la
Villethassetz. Ce dernier était procureur du roi
à Fougères sous la Restauration, et donna sa

démission en 1830, fidèle aux traditions de son père, qui rendit des services pour lesquels il reçut de la main de son roi de flatteurs témoignages. M. Lecourt de la Villethassetz habite maintenant Dinan, où il a eu l'occasion de défendre avec talent des religieuses Ursulines que la ville voulait déposséder d'une propriété qu'elle leur avait concédée sous la branche aînée. Il s'est toujours montré le zélé soutien des Espagnols, et S. M. Charles V a daigné lui donner une marque de sa gratitude. Il s'occupe beaucoup de littérature, d'archéologie, et a publié de bons articles dans divers recueils.

En France les regards des royalistes étaient tournés vers Londres, en même temps que toutes les opinions indépendantes se préoccupaient de ce jeune prince qu'un accord unanime représentait méritant de vives sympathies. Et tout cela était l'œuvre de M. le comte de Chambord, dont la sagesse et la prudence étonnaient ceux qui avaient le bonheur de l'approcher. Grâce à ses qualités puisées à l'école de la vertu et du malheur, on le reconnaissait le digne héritier de la maison de Bourbon si fertile en grands hommes. En quelques mots il avait révélé sa pensée, acceptée aussitôt par toutes les volontés et par tous les dévouements. Il n'y avait plus de confusions ni de mal-entendus possibles, car il ne s'était ps seulement adressé au cœur, il avait voulu avant tout frapper les intelligences, et il avait été compris et obéi. Aussi l'unité de vues se manifestait-elle de toutes parts chez les royalistes, tandis que l'Europe attentive et émue s'intéressait hautement à la destinée du prince proscrit auquel la Providence venait déjà de rendre presque la France, en le plaçant au milieu de ses compatriotes.

La société anglaise, à l'approche du départ de Mgr le duc de Bordeaux, redoublait d'empressement, et chaque jour en offrait de nouveaux membres aux réceptions de Belgrave. On peut citer entre autres le révérend Nerinske et M. le baron de Thoren qui, de sa résidence d'Underdown-House, vint, quoique malade, à Londres pour présenter ses hommages à l'orphelin royal, qui apprécia la démarche du baron de Thoren, dont la famille est d'origine française. Bon sang ne ment jamais.

Un grand nom venait encore de se joindre à toutes les illustrations qui semblaient s'être donné rendez-vous de tous les coins de la France à Belgrave. M. le marquis Henri de La Rochejaquelein, député de Ploermel, arrivait là où son beau-frère, le marquis Albert de Malet, et son oncle, le général Auguste, l'avaient précédé de quelques jours. Je devrais peut-être ici encore m'incliner et me taire devant une modestie qui, comme la bravoure et la bienfaisance, est héréditaire dans cette famille vraiment exceptionnelle ; mais il y a des circonstances où le silence serait coupable, surtout quand il s'agit de redire l'émotion que le prince éprouva en voyant le fils de la veuve de Lescure et de Louis de La Rochejaquelein. Cette femme a toujours été héroïque sans le vouloir et sans le savoir ; elle l'était quand elle assistait, à Clisson, au départ de Henri de La Rochejaquelein et de son mari, allant prendre part à la sublime croisade qu'avait commencée Cathelineau ; elle l'était quand elle accompagnait l'armée vendéenne dans toutes ses excursions et au milieu de tous les périls ; elle l'était quand elle suivait M. de Lescure mourant, au passage de la Loire, et recueillait plus tard, son dernier soupir ; elle l'était lorsque, pour ne pas abandonner l'armée royale, qui, en la perdant, eût cru perdre sa sauve-garde, elle prenait à peine le temps de confier aux habitants d'une chaumière ses deux nouveaux-nés, dont peu de jours après elle apprenait la mort ; elle l'était aussi quand elle consolait sa mère de la mort de son père, le marquis de Donnissan, l'âme du Conseil de l'armée vendéenne, massacré par les républicains; elle l'était encore quand, dans l'exil, elle travaillait de ses mains pour soulager les victimes de la cause de Dieu et du roi... Elle l'était encore plus lorsqu'en 1816 elle s'applaudit surtout, elle, veuve de Lescure, d'avoir épousé le frère de Henri de La Rochejaquelein, en voyant son mari courir, au nom du roi qu'il avait suivi à Gand, dans cette Vendée où il devait trouver bientôt une fin glorieuse; elle l'était quand, sous la Restauration, modeste, retirée à Clisson ou à Paris, loin de la cour et des honneurs, elle ne songeait qu'à faire partager aux infortunés Vendéens, si méconnus d'abord, les revenus de la fortune de M. de Lescure; elle l'était surtout quand elle écrivait ses *Mémoires,* véritable Bible vendéenne; elle l'était toujours quand, en apprenant l'élévation de son fils à la pairie, elle déclara n'être heureuse qu'à demi, parcequ'on avait oublié le digne fils du grand Cathelineau... Elle continuait à l'être quand, après la révolution de juillet, fixée à Orléans, comme par prévision des malheurs qui devaient y amener ses chers compatriotes captifs, elle ne cessa de prodiguer ses soins et ceux de ses filles aux nombreux prisonniers que chaque jour elle allait visiter, qu'elle suivait souvent aux audiences, et au profit desquels elle achevait de se rendre aveugle en consacrant ses jours et ses veilles à leur tricoter de chauds vêtements, à cette occupation favorite qui, en ce moment même, absorbe tout son temps..... C'est par le bienfait qu'elle a charmé toutes ses douleurs, qu'elle a trouvé la force de supporter la perte de ses filles, de son gendre, et surtout de son fils Louis, tué en Portugal.

La vie de madame la marquise de La Rochejaquelein contient trop de vertus et trop d'événements pour qu'elle puisse être exquissée même en un volume. Je n'aurai donc pas la témérité de chercher plus longtemps à donner une idée de tous les sentiments que M. Henri de La Rochejaquelein réveilla dans le cœur du prince, si admirateur et si reconnaissant d'un dévouement et d'une abnégation incomparables.

Mgr le duc de Bordeaux n'ignorait pas non plus quel empressement M. Henri de La Rochejaquelein a mis à marcher sur les traces de sa mère, de son père et de ses oncles, avec quelle bravoure il est allé, à peine adolescent, faire ses preuves en Espagne, et plus tard, afin de passer son temps, comme il l'a dit naïvement à la tribune, se battre pour les Russes contre les Turcs.

Sa carrière militaire ayant été brisée à son début par la révolution de juillet, il occupa ses loisirs à faire du bien sous toutes les formes aux anciens compagnons d'armes de M. de Lescure, de ses oncles et de son frère, puis il a prodigué la générosité de son cœur et son goût pour les innovations utiles, en aidant de sa bourse de laborieux inventeurs qui n'avaient pas le moyen de faire connaître leur création ou leur perfectionnement. C'est ainsi qu'en fournissant à un mécanicien de Nantes, M. Gâche, les fonds indispensables à la mise en œuvre de sa machine à basse pression, il a doté son pays d'un merveilleux procédé pour la navigation en tout temps, et les rivages de la Loire des bateaux à vapeur les *Inexplosibles* qui, en facilitant beaucoup la circulation, ont donné une vie nouvelle au commerce de Nantes à Nevers. Plusieurs entreprises industrielles ont encore été largement encouragées par M. Henri de La Rochejaquelein, dont l'obligeance excessive fut toujours sans défiance comme sans calcul. Loin de chercher jamais à réaliser des bénéfices, il n'a cessé de pratiquer le plus rare, le plus complet désintéressement. Lorsque la vogue fut acquise à la navigation des *Inexplosibles,* il y a quelques années, il aurait pu trouver une juste indemnité à ses immenses sacrifices, en gardant un grand nombre d'actions, mais il a préféré les livrer au pair à ses compatriotes auxquels elles ont produit d'importants avantages.

La ville d'Orléans ne lui ayant pas témoigné une reconnaissance bien méritée en le nommant député, M. Henri de La Rochejaquelein, impatient de combattre, dans l'intérêt national, à la tribune, est devenu le représentant de la Bretagne, et Ploërmel a eu l'honneur de l'élire. Sa tête ardente, son caractère bouillant, son âme éminemment patriotique, devaient bientôt en faire un orateur exceptionnel, et lui donner place dans la phalange royaliste auprès de M. Berryer. Sa figure si belle à la fois de noblesse et d'énergie, son maintien plein de dignité, sa stature herculéenne, sa voix tonnante, son regard éclatant faisaient pressentir les beaux succès qui signalèrent son essai parlementaire. Il foudroya les adversaires ds son élection par une réplique dans laquelle l'esprit le disputait à la vivacité de l'expression et au ton du vrai gentilhomme; mais il ne s'en tint pas là.

Bientôt vinrent de graves questions qu'il traita toutes avec supériorité et dans la discussion générale du projet d'adresse, et lorsqu'à propos du droit de visite il disait entre

autres : « A une menace la France ne peut
« répondre que la main sur la garde de son
« épée? » Et plus loin : « Non, ne craignez pas,
« si la France veut se montrer libre en face de
« l'Angleterre, si elle ne veut pas *rester perpé-*
« *tuellement à la merci d'une volonté étrangère,*
« ne craignez pas les tentatives des partis, il n'y
« aurait qu'un parti en France, celui de la
« France! Pour moi, qui peux me glorifier d'a-
« voir été élu au pied de la colonne du combat
« des Trente, je puis vous dire : *Comptez sur*
« *nous au jour de l'honneur, nous verrons qui fera*
« *le mieux!* » A ce moment un vieil auditeur,
placé dans une tribune, crut être transporté à
cette époque où, lui aussi, il avait entendu Henri
de La Rochejaquelein répondant à l'acclamation
universelle des chevaleresques paysans qui venaient de le choisir pour chef : « Si j'avance,
« suivez-moi! Si je recule, tuez-moi! Si je
« meurs, vengez-moi!

En effet ces immortelles paroles semblent servir d'inspiration habituelle au député de Ploërmel, qui par la concision et l'éclat de certaines
parties de ses discours, rappelle la sublime improvisation de son oncle.

La liberté de l'enseignement et sa proposition
relative aux chemins de fer lui fournirent, ainsi

que le budget du ministère des travaux publics, l'occasion de signaler un talent et un zèle que tous les partis saluèrent de leurs vives approbations. Plus tard, il montra une fois de plus sa sollicitude pour les intérêts du peuple en publiant une remarquable brochure intitulée : *Considérations sur l'impôt du sel,* dans laquelle des documents très curieux, des appréciations pleines de justesse attestaient les recherches et les études de l'auteur. Une belle popularité est donc acquise à M. de La Rochejaquelein, et sa présence était un heureux événement pour les pélerins de Belgrave-Square.

Cependant le gouvernement de juillet ne put longtemps contenir sa colère contre les royalistes, et surtout, chose étrange! contre ceux auxquels il avait si souvent fait un crime de ne pas s'associer aux affaires de leur pays, aux intérêts de leurs localités. Ces mêmes hommes s'étaient décidés à accepter les fonctions gratuites municipales ou autres que les habitants de leur contrée leur offraient depuis longtemps, ils y multipliaient beaucoup d'efforts pour le bien, leur administration était reconnue salutaire, même par leurs adversaires politiques, et voilà qu'ils sont tout à coup brutalement destitués. Les premières victimes de cette rancune, de cette fureur inexplicable, furent :

M. le marquis de Mun, maire de **Lumigny** (Seine-et-Marne);

M. de La Marre, maire de Marchais, arrondissement de Laon (Aisne);

M. de Bretignières de Courteilles, **maire de** Chaise-Dieu-du-Theil (Eure);

M. le comte de Riencourt, maire de **Beausourt** (Somme);

M. Meslin, maire d'Occochez (Somme);

M. Dubois d'Ernemont (Théobald), **maire** d'Ernemont-la-Villette (Seine-Inférieure);

M. le comte de Boissard, maire de Saint-Germain-des-Prés (Maine-et-Loire);

M. le baron de Pierres, maire de Pommerieux (Mayenne).

Le pouvoir prétendait agir dans la limite de ses droits, mais l'opinion publique, dès le premier jour, protesta contre une telle mesure par son indignation motivée, et la sympathie qu'elle témoigna aux maires si injustement enlevés à leurs communes.

Au sujet de cette destitution le *Charivari* disait : « On vient de révoquer huit maires qui « étaient allé visiter M. le duc de Bordeaux, ce « sont huit adjoints qu'on lui a créés. »

Bientôt on s'aperçut de quelques omissions,

et on s'empressa de les réparer en destituant successivement :

M. le comte Moreau de Favernay, maire de Droué (Loir-et-Cher);

M. Moulart, baron de Torsy, maire de Campigneulles-lez-Grandes (Pas-de-Calais);

M. le comte Jules de Monbreton, maire de Couvron (Aisne);

M. le marquis Aujorrant, maire de Flogny (Yonne);

M. le comte de Boissard adressa la lettre suivante au journal ministériel d'Angers :

« Paris, 21 décembre 1843.

« Monsieur le rédacteur,

« J'apprends par votre journal ma destitution des fonctions de maire. Les réflexions dont vous faites suivre cette nouvelle me donnent le droit de répondre.

« Les fonctions de maire m'avaient semblé une charge, non une faveur. Je les avais acceptées afin d'apporter à mon pays mon tribut de travail et d'efforts, et c'est envers lui seul que je me suis engagé en me soumettant au principe de la révolution de 1830. Je n'avais point entendu enchaîner autrement ma liberté, ni devenir homme-lige de qui que ce soit.

« Or, je ne crois point avoir manqué à mes devoirs envers mon pays en allant, non pas grossir une cour (car il n'y avait à Belgrave-Square ni cour ni courtisans), mais porter au malheur un hommage mérité, dire à l'exil la vérité sur la France, applaudir et m'associer aux nobles sentiments, aux paroles toutes françaises d'un jeune prince innocent des fautes du passé, et qui appartient à l'avenir, qui repousse toute idée de privilége, de despotisme, de restauration par le désordre ou par l'étranger, qui ne sépare point les principes monarchiques des libertés nationales, qui ne veut rien que par la France et pour la France, qui ne nous a parlé que d'aimer et de servir notre commune patrie!

« Puisque le préfet et le ministère l'ont entendu autrement, je les remercie de m'avoir rendu une liberté que je n'avais pas prétendu aliéner, et je leur souhaite de trouver, pour administrer les communes, beaucoup d'hommes plus dévoués que moi aux vrais intérêts de la France, plus amis de l'ordre, plus sincèrement attachés aux principes de la monarchie et aux libertés de la nation.

« Agréez, etc.

« Comte de BOISSARD. »

On alla plus loin encore, M. Defontaine, juge suppléant à Lille, avait soulevé la colère ministérielle par son voyage à Londres. Il fut aussitôt question de le poursuivre pour *forfaiture* devant la cour de cassation. M. Martin (du Nord), tenu en éveil par les lauriers de M. Duchâtel, voulait avoir au moins une petite condamnation à mettre à côté de la révocation des maires royalistes. Le ministre de la justice n'était pas satisfait d'avoir la plaque de grand-officier de la Légion-d'Honneur, il lui fallait la grand-croix, et il espérait l'obtenir en faisant tomber sa colère sur M. Defontaine. Le procureur du roi de Lille a donc signalé ce voyage et la présentation de M. Defontaine à Mgr le duc de Bordeaux, au procureur-général de Douai, qui en a référé à Paris. Aussitôt M. Martin (du Nord) a envoyé l'ordre de procéder à une enquête, et d'obtenir les explications *les plus catégoriques*. En conséquence, M. Danel, avocat-général, a été expédié à Lille, avec une délégation du premier président pour M. Josson, président du tribunal de Lille. M. Defontaine a été appelé dans la chambre du conseil, et là, il a subi devant ces messieurs un interrogatoire de deux heures et demie. Cet interrogatoire n'a rien appris aux magistrats instructeurs, mais il a fourni à M. Defontaine l'occasion de rétorquer par des réponses claires et lucides les questions qui lui étaient posées. L'*accusé*, si l'on peut se servir de ce mot, a déclaré qu'il était allé à Londres comme simple particulier; que là, il s'était rendu auprès de Mgr le duc de Bordeaux, et qu'il lui avait été présenté avec un grand nombre de Français; qu'aucun discours n'avait été prononcé en sa présence; que personne n'avait donné, lui présent, le titre de Roi de France à Mgr le duc de Bordeaux.

M. Defontaine a ajouté qu'il n'avait pas, comme on le prétendait, à rendre compte de ses sentiments, pas même de ses actes, comme simple particulier; que, si le gouvernement au nom duquel on voulait agir, pensait qu'il eût commis un délit, on devait articuler les faits qui constituaient ce prétendu délit, poursuivre, et qu'il se défendrait.

Presque en même temps, M. le comte Adalbert d'Hespel, chef de bataillon de la garde nationale d'Ennetières (Nord), et M. Charles de Vogelsang, officier de la garde nationale de Lille, étaient suspendus par ordre administratif. Bien plus, le baron de Colbert se vit, par le même motif, enlever les fonctions de membre du bureau de charité de la commune de Pihem (Pas-de-Calais), et M. le baron de Chandenier, celles de membre du bureau de bienfaisance de la commune du Vieil-Hesdin, et d'inspecteur du travail des enfants dans les manufactures. Ainsi l'ostracisme fut prononcé contre ceux qui évidemment concouraient bénévolement à l'ordre, à l'exercice bien entendu de l'humanité, et la rage ne calculait pas les funestes effets qu'une telle iniquité devait produire dans les masses.

D'autre part, le ministère répandait hautement, à Paris, les menaces contre les députés royalistes; mais ces jactances furent bientôt réduites, par la presse surtout, à leur juste valeur. Le *Courrier Français* disait alors :

« Quel résultat peut-il sortir de cette lutte corps à corps que M. Guizot veut engager avec le grand orateur du parti légitimiste? Le ministre des affaires étrangères veut-il briser le masque sur la figure de M. Berryer? Mais les opinions de M. Berryer ne sont un mystère pour personne; il était hier ce qu'il est aujourd'hui, et son voyage de Londres ne peut le rendre plus criminel que ses précédents voyages à Goritz. M. Guizot compte beaucoup sur le coup de théâtre qu'il prépare. M. Guizot ne se souvient-il plus du jour où M. Berryer le foudroya en lui jetant à la face le *cynisme des apostasies.* »

La prédiction était formelle. On verra pourtant que M. Guizot n'en tint nullement compte.

Lorsque le démenti donné à la nouvelle du départ précipité de M. le comte de Chambord parvint à Paris et dans les provinces, un assez grand nombre de Français se remit en route dans l'espoir de trouver encore le prince à Londres. Arrivèrent alors M. le vicomte de Beaurepaire-Louvagny, M. Valérius, négociant à Paris, connu par les persécutions dont il fut l'objet lors du service funèbre célébré pour l'âme de Mgr le duc de Berry, à Saint-Germain-l'Auxerrois, qui fut alors saccagé comme l'archevêché; le comte de Monteynard, M. Raoul du Joncheray, M. de Sambucy, le comte d'Etampes, M. Joubert, négociant à Nantes, le vicomte d'Hardouineau, ancien officier des gardes du corps, le comte Charles de Monteynard, M. le Marié, le vicomte le Rebours, le comte de Prunelé, le comte de Guernisac, gentilhomme breton, au cœur ardent, fils d'un des hommes les plus influents et les plus considérés de son département ; le comte de Lapanouze et le comte Arthur de Lapanouze, M. de Vroïl, qui, malgré son état de souffrances, était accouru du fond de la Champagne, avec mademoiselle de Vroïl, sa fille, M. Leprévot, négociant français établi à Londres, M. Raison du Cleusion et son fils Charles, royalistes éprouvés de la Bretagne.

M. le marquis de Villette vint réitérer à Belgrave l'hommage de sa fidélité vigilante, toujours prête à se signaler sous toutes les formes, et retraçant bien le beau dévouement de son oncle, M. de Varicourt, garde-du-corps de Louis XVI, assassiné pour la défense et sous les yeux de son roi. Mgr le duc de Bordeaux fut profondément sensible à la nouvelle démarche d'un pareil serviteur. Il témoigna aussi de grands égards et une haute satisfaction à M. de Barois de Lemmery qui a honoré lui-même son nom déjà estimé par Henri IV. Jeune au commencement de la révolution, M. de Barois montra un grand courage à la Guadeloupe, en 1792 ; il contribua à la retraite de M. Duval, commandant la Pointe-à-Pître, et rendit d'importants services à ce pays. Malgré ces quatre-vingt ans, cet ancien chevalier de St-Louis est venu à Londres. Au surplus de tels sentiments sont héréditaires dans cette généreuse famille, dans laquelle se trouvent réunis plusieurs genres de mérites. Madame Dodar, née Barois, sœur du chevalier, a sauvé nombre de prêtres, de malheureux, dans le moment de la persécution, les a entretenus à ses frais, a fait de grandes libéralités à l'Eglise, etc., etc.

On annonçait un voyage du prince, et l'époque de son retour n'étant pas bien fixée, presque tous les Français présents à Londres se déterminèrent à partir. M. le comte de Chambord, désirant se séparer d'eux le plus tard possible, les reçut encore une fois, à sept heures du matin, au moment où il allait monter en voiture. Il arriva au milieu d'eux en habit de voyage, les remercia avec effusion, et se retira en jetant les yeux sur toute l'assistance, et en disant d'une voix forte, quoiqu'émue : « Messieurs, je ne vous dis pas adieu, mais au revoir ! »

M. le comte de Chambord s'absenta donc pour quelques jours. Accompagné de M. le duc de Lévis, de M. le général Brèche, de M. Barrande, de M. Albert de St-Léger, très versé dans la science métallurgique et dont l'instruction égale le dévouement, et de M. le comte Maximilien de Béthune-Sully, il se rendit d'abord à Birmingham par le chemin de fer, puis il se dirigea vers le collége d'Oscott.

Mᵍʳ Wiseman, évêque catholique romain du diocèse, le révérend docteur Weedale et plusieurs ecclésiastiques catholiques, attendaient le Prince au débarcadère. Monseigneur est monté en voiture pour se rendre au collége où il a couché. On avait fait des préparatifs magnifiques pour recevoir dignement le petit-fils de Charles X. Un grand nombre de membres de la noblesse sont venus lui offrir leurs respects. Il a consacré le reste de la journée à visiter ce bel établissement dirigé par le docteur Wiseman, l'homme le plus éminent du clergé catholique en Angleterre. La jeunesse nombreuse formée par ce savant évêque et par ses habiles collaborateurs, prouve par sa bonne tenue, par son instruction très variée et par son affection visible pour ses maîtres, toute l'excellence de cette institution.

M. le comte de Chambord a passé la nuit à Oscott, et, le lendemain 19, il est retourné de bon matin à Birmingham, pour y étudier les manufactures. Avant d'entrer dans les ateliers, il a visité une église catholique, récemment bâtie par M. Pugin, et dont le style gothique mérite l'attention des voyageurs. Henri de France a commencé sa journée industrielle par la fabrique de boutons de M. Hardman. Ce fabricant actif et intelligent a soumis à l'attention du jeune Prince une grande variété de machines destinées à cette fabrication très étendue et très diversifiée.

De cette fabrique, le royal voyageur, entouré d'une foule très désireuse de le voir, s'est rendu à pied jusqu'à l'Hôtel-de-Ville, où l'attirait l'orgue construit dans la salle des concerts. Cet instrument, qui dispute le premier rang à toutes les orgues connues par ses dimensions et sa perfection, a fait entendre, sous les doigts d'un habile organiste, de puissants et majestueux accords.

En sortant de l'Hôtel-de-Ville, M. le comte de Chambord a visité la fabrique d'épingles de M. Phipson. La multiplicité des opérations à l'aide desquelles on obtient un produit d'une si minime apparence a donné au royal visiteur une nouvelle occasion de sentir toute l'importance de la division du travail, dans le double but du bon marché et de la perfection des objets fabriqués.

Le Prince s'est rendu ensuite à la manufacture de MM. Winfield, qui donnent toutes les formes imaginables au cuivre, au laiton et aux fers creux. La fabrication des tubes de fer recouverts d'une enveloppe de cuivre a attiré spécialement l'attention du comte de Chambord, au milieu de la grande diversité d'objets manufacturés dans la même enceinte, et qui forment ailleurs différentes branches d'industrie.

A peu de distance des ateliers de M. Winfield, M. le comte de Chambord a visité ceux de MM. Gillots, fabricants de plumes métalliques. Là travaillent quelques centaines d'ouvrières qui, dans le courant d'une année, produisent le nombre presque effrayant de cent millions de plumes. Les chefs de cette maison, guidant eux-mêmes le prince dans toutes les salles de travail, l'ont introduit, ainsi que sa suite, dans les ateliers ordinairement fermés à tout étranger, où se pratiquent les opérations les plus délicates et les secrets du métier.

La fabrique de M. Elkington, vers laquelle M. le comte de Chambord s'est dirigé en quittant la précédente, avait pour lui un attrait de plus, parcequ'il savait qu'un Français, M. de Ruolz, était arrivé par une voie différente, mais simultanée, à la même découverte, savoir : l'application galvanoplastique d'un métal quelconque sur un autre métal. M. Elkington a expliqué lui-même les détails de ses procédés. Henri de France lui a témoigné à plusieurs reprises la satisfaction qu'il éprouvait en voyant la beauté des produits obtenus, la simplicité et la sûreté de l'exécution, et la salubrité désormais assurée à des ateliers de dorure naguère si funestes à la santé des ouvriers.

Cette journée d'études industrielles s'est terminée aux usines de M. Sargant, où se fabriquent des fusils et des armes blanches. Le comte de Chambord y a remarqué surtout la fabrication rapide des canons de fusils, et leur étirage au moyen de cylindres qui remplacent la main du marteau. Le prince a suivi avec beaucoup d'attention les procédés nouveaux adoptés pour la fabrication d'armes de choix récemment commandées par l'arsenal de Londres. Il a examiné en détail un tour de nouvelle invention pour dresser la surface extérieure des canons de fusil, d'une manière à la fois exacte et expéditive, qui laisse très peu de chose à faire à la meule.

En parcourant un des districts les plus manufacturiers de l'Angleterre, qui offrait un si vaste champ aux observations, le Prince s'est principalement appliqué à comparer l'état relatif de l'industrie anglaise et de l'industrie française. Il était assisté, dans cette intéressante comparaison, par des Français éclairés entre autres, M. Albert de St-Léger, pouvant présenter à son esprit le tableau de notre civilisation à côté de celui qui se déroulait sous ses yeux. Lord Hatherton, membre de la chambre des pairs, et plusieurs propriétaires et chefs d'établissements, s'étaient fait un devoir d'accompagner le Prince dans ses visites, et de répondre à toutes les questions qu'il croyait devoir faire sur le salaire des ouvriers, sur le bien-être qu'ils achètent au prix de tant de sueurs.

M. le comte de Chambord, en traversant la ville de Dudley, a consacré quelques moments à la collection géologique, formée principalement des beaux restes fossiles qu'offre la contrée, et qui sont considérés comme classiques par le monde savant. Une nombreuse réunion de toutes les notabilités du voisinage, que la présence du Prince attirait, a bientôt rempli toute la salle du Musée. Cette société distinguée s'est transportée chez M. Richard Smith, directeur des terres et usines de lord Ward, où une collation a été servie. Le maire et les magistrats de la ville de Dudley sont venus, pendant que M. le comte de Chambord était dans cette habitation, offrir leurs hommages au fils de France.

M. Smith avait préparé pour son hôte auguste un spectacle de l'aspect le plus brillant. Il avait fait illuminer, au moyen de quelques milliers de lumières, les immenses carrières d'où l'on extrait, depuis un temps immémorial, la pierre calcaire destinée à la production de la fonte. Ces souterrains, dont les formes fantastiques semblent avoir été destinées pour une magique décorations d'opéra, sont situés sous les ruines du vieux château de Dudley. On y pénètre par diverses ouvertures qui percent les flancs d'une haute colline, et on peut y circuler soit sur un canal souterrain qui en occupe la ligne la plus basse, soit par un chemin tortueux suspendu entre les eaux de ce canal et les masses calcaires qui forment une voûte irrégulière.

Au moment où M. le comte de Chambord, guidé par lord Hatherthon et M. Richard Smith, est entré dans ces souterrains, une foule considérable s'est pressée à sa suite pour jouir de ce beau spectacle. A des signaux donnés, des feux de diverses couleurs ont successivement éclairé le fond lointain de la caverne; des groupes de mineurs se sont pittoresquement disposés sur les points les plus saillants, produisant chaque fois de nouveaux effets de lumière. A plusieurs reprises, des centaines de mines chargées ont éclaté à la fois avec un fracas qui ébranlait le sol, et offrait des contrastes que l'artificier chercherait en vain à reproduire.

L'ordre le plus parfait a régné durant cette fête, et malgré la difficulté du terrain où on se pressait, malgré les dangers des explosions, on n'a eu à regretter aucun accident.

Le 22, à sept heures du matin, le comte de Chambord, en quittant Birmingham, a voyagé par le rail-way jusqu'à Tring, d'où il s'est dirigé vers Hartwell. Le pieux sentiment qui guidait le jeune exilé vers cette demeure silencieuse et triste où une autre génération de princes a passé dans la retraite de longues années d'exil, n'a pas besoin d'être expliqué à qui connaît la sainteté et la puissance des liens de famille dans la branche aînée des Bourbons. Et d'ailleurs la visite à Hartwell n'est pas sans enseignements.

Le même jour, M. le comte de Chambord est allé coucher à Oxford. Le 23, il a parcouru cette cité de colléges, qui ne ressemble à aucune autre au monde, et visité en détail les principaux de ces établissements, dont la richesse, la grandeur et la beauté s'allient cependant avec la science, qui se trouve comme pliée aux institutions et aux mœurs du pays, sans perdre ni la dignité ni l'indépendance intellectuelle.

Le soir, M. le comte de Chambord est retourné à Londres par le chemin de fer qui joint Bristol à la capitale.

Voici comment s'exprimait à cette époque le *Morning-Post* :

« Le voyage de S. A. R. à Birmingham a été signalé par les honneurs rendus au Prince par les évêques et le clergé catholique romain; assurément les égards du clergé ont bien dédommagé le Prince de l'absence de la royauté. Il faut le dire en toute justice, le Prince ne s'est pas montré désireux de produire un grand effet sur le public par les dehors de l'ostentation. Le Prince a toujours voyagé modestement dans une chaise de poste à deux chevaux : sans la célébrité que sa naissance doit assurer à son nom et à ses mouvements, sa manière de vivre pendant son court séjour parmi nous n'aurait pas excité plus d'attention que celle d'un voyageur ordinaire que l'on verrait en passant. »

D'autres journaux anglais reproduisirent beaucoup de détails sur le séjour du Prince à Birmingham et à Oscott. A l'évêché, M. Moore présenta à Mgr le duc de Bordeaux l'adresse suivante, de la part des catholiques romains de Birmingham :

« Nous savons qu'en visitant l'industrie an-

« glaise, S. A. R. ne perd pas de vue l'état
« moral et social de notre peuple ; nous savons
« aussi que l'attachement à la foi catholique des
« ancêtres de V. A. R. n'a pas dégénéré dans leur
« dernier descendant, mais au contraire elle a
« trouvé en lui un vrai et zélé représentant.
« Nous vénérons V. A. R. comme le représen-
« tant de cette longue suite de princes qui se
« sont glorifiés du titre de fils aînés de l'É-
« glise. »

Le *Standard* racontait ainsi le voyage à Oscott :

« L'arrivée du Duc a été saluée par l'air
de *Vive Henri IV !* joué par la musique du
collége.

« L'adresse suivante a été présentée au nom
des élèves à S. A. R. :

« Monseigneur, nous sommes heureux de sa-
« luer, dans cet asile catholique, le descendant
« de S. Louis et l'héritier de sa foi. Nous savons
« aussi peu de choses du monde que de l'his-
« toire, Monseigneur, mais le peu que nous en
« avons lu nous a fait connaître les hauts faits
« de vos illustres ancêtres et les épreuves aux-
« quelles la Providence a soumis le neveu de
« Louis XVI et le petit-fils de Charles X.

« Mais la grandeur et l'adversité, Monseigneur,

« ne sont pas vos seuls titres à notre profond
« respect. Nous vous devons aussi notre recon-
« naissance. Ce collége, comme tous ceux que
« notre religion possède en Angleterre, doit son
« origine à d'anciens séminaires français, dans
« lesquels nos ancêtres, et surtout le clergé de
« notre nation, reçurent, avec l'appui tutélaire
« des Bourbons, cette éducation religieuse et
« forte qui les préparait au martyre et perpétuait
« la foi parmi nous.

« Daignez, illustre Prince, recevoir l'hommage
« de jeunes gens qui honorent en votre auguste
« personne le noble rejeton de ces rois très
« chrétiens, de ces puissants bienfaiteurs, repré-
« sentants de l'ancien honneur français et alliés
« de la foi catholique. »

A son retour, M. le comte de Chambord reçut encore un grand nombre de Français. Parmi eux on remarquait le baron de l'Espinay, les comtes François et Amédée des Cars, M. Mazas, qui a publié de si piquants et si curieux travaux; les comtes Louis et Charles de Mellet, le comte Leonce de Lambertye, le comte d'Adhémar, le comte Charles de Béthune-Sully, frère de celui qui venait d'accompagner le prince, M. Fe- rer, ex-lieutenant près de Charles V, le comte de Verclos, le comte Septime de Villeneuve, le comte Renaud de La Roche-Aymon, le vicomte de La Roche-Aymon, le vicomte d'Adhémar, le général baron de Farincourt, ancien colonel de la garde royale, le vicomte de Villermont, le baron Priot d'Aligny, M. François de Lestang-de-Busquec, le vicomte de Bouville, M. A. Bonamy de La Ville-Bachelier, madame la comtesse de Cardiguan, M. Alexandre Lemareschal, madame la comtesse douairière de Gomer, le comte Eugène de Gomer, le comte et la comtesse Gustave de Gomer, le comte d'Advisard, le chevalier Léon de Perrey, le comte Fernand de Bertier, M. Henri de La Fresnaye, le marquis d'Aubery, le comte et le vicomte d'Avila, le vicomte Félix de Conny, ancien député, l'historien monarchique, ses fils le baron de Conny et M. Edouard de Conny; le marquis de L'Aubespin, le baron de La Grange, le comte Léon Lebègue de Germiny, M. Théodore Aronio, le vicomte de Favière, M. Louis Vander Cruyssen-Deswasiers, M. Jean-Baptiste Delobel fils, fabricant à Tourcoing, et appartenant à une famille des plus recommandables; M. Droulers fils, fabricant à Wasquehal près Roubaix, jeune homme plein de zèle pour le bien, M. Vandermersch, ouvrier à Wervicq. Ces neuf derniers pèlerins venaient du département du Nord, qui déjà en avait fourni beaucoup d'autres.

Bientôt une nouvelle députation d'Orléanais, la troisième depuis le séjour à Belgrave, fut présentée; elle se composait de M. le comte Albert de Rocheplatte, capitaine de carabiniers démissionnaire en 1830, fils de l'ancien maire et député d'Orléans; M. le baron d'Haffrengues, M. le vicomte de Vélard, blessé pour la cause royaliste en Espagne, M. de Nesle, M. le vicomte Adrien de Grémion, dont le père fut maréchal-des-logis des gardes du roi Louis XVI, émigra, se distingua à l'armée des princes, puis suivit Louis XVIII à Mittau, et ne rentra en France qu'en 1813; de M. le baron de Piessac, ancien capitaine de lanciers; M. Félix Germon, fils de l'ancien président du tribunal de commerce d'Orléans, dont la perte a été si déplorée par tous les habitants de cette ville; M. A. Rouillé d'Orfeuil, fils de l'ancien officier-supérieur de la garde royale, M. Joël de Meux, MM. Albert et Alfred de Laage, fils d'un des propriétaires de France qui ont rendu le plus de services aux populations rurales par leurs améliorations agricoles; le comte Alexandre de Fricon, fils d'un ancien capitaine de cavalerie et petit-fils de feu M. le baron Arthuys de Charnisay, premier président de la cour royale d'Orléans.

MM. de Rocheplatte et de Piessac furent invités à dîner avec le Prince.

Vinrent ensuite : M. Henri Lafosse, jeune littérateur connu par plusieurs ouvrages, entre autres *Agnès Sorel,* le vicomte de La Bretonnière, le comte Edouard de Fraguier, M. Alex. Guillemin, volontaire royal à Gand, depuis avocat à la cour de cassation et maintenant avocat à Paris et poète distingué; le chevalier Albert de Roux, fils de l'ancien député de Marseille, le comte Brandt de Galametz, M. Leroy, le marquis de Chabannes, ex-colonel des lanciers de la garde royale, et Mme la marquise de Chabannes, M. Meyer, fils du consul de Hambourg à Bordeaux, le comte du Buat, le comte Georges de Salaberry, fils de l'ancien député de Loir-et-Cher ; son père fut un des membres les plus influents de la chambre et un des plus fidèles et ardents serviteurs de la monarchie.

Lorsque le prince arriva près de M. Georges de Salaberry, celui-ci fut si ému qu'il fondit en larmes et ne put dire un seul mot. Mgr le duc de Bordeaux en fut très touché, et le fit prier à dîner pour le lendemain. On remarqua encore M. Ernest de Beaulieu, le vicomte de Choiseul-Praslin, le chevalier de Lagrenée, le comte Adolphe de Rougé, le comte de Castries, le marquis de Crux, M. Edmond de Solérac, le comte de Bonneval, le vicomte Gustave de Carbonnière, le comte de Grandeffe, M. Louis de Giry, le vicomte de Montal d'Astorg, le comte de Lannoy, ex-officier de cavalerie, le marquis Henri de Dion ; enfin une nouvelle députation de Bretons, au nombre desquels on doit citer M. Hay de la Rougerais, dont le père donna sa démission en 1830, M. de Kéranfleck père, M. de Kéranfleck fils, M. de Kermoysan, ex-officier cuirassiers, M. Chevrier, fils d'un honorable négociant de Redon, MM. les comte et vicomte Riquetti de Mirabeau, petits-neveux de l'orateur de l'Assemblée constituante, M. Charles de Gouvello, d'une vieille et noble race.

Le vicomte Joseph de la Fruglaye, beau-frère du précédent et neveu du comte de la Fruglaye, pair de France sous la Restauration. Tête ardente et énergique, cœur rempli des sentiments les plus chevaleresques, Joseph de la Fruglaye était bien digne de la bienveillance que Mgr le duc de Bordeaux lui a témoignée. Il a épousé mademoiselle Adèle de Beaumont, qui, en 1833, fut poursuivie et acquittée à Orléans pour avoir distribué des écrits soi-disant séditieux.

M. Ludovic d'Hérouville, neveu, par sa mère, de Saint-Hilaire, l'un des chefs du Morbihan, sous les ordres de Georges Cadoudal. M. de Ricouart d'Hérouville a été emprisonné, en 1832, pour affaires politiques. Il avait, en 1815, fait partie de la légion des Côtes-du-Nord.

M. Albert de la Boëssière, neveu du général marquis de la Boëssière, et pénétré des mêmes sentiments que cet ancien chef royaliste si respecté en Bretagne.

M. le comte de Freslon de Saint-Aubin, ex-colonel d'état-major sous la Restauration, homme plein d'énergie et de loyauté. Un membre de la famille de Freslon accompagna S. Louis aux croisades. L'histoire de l'ordre de Malte cite un bailly de Freslon qui se distingua dans plusieurs batailles. Le père de M. le colonel de Freslon était, en 1789, président au parlement de Bretagne. Madame de Freslon, sœur de M. Ange de Léon, qui fut condamné par la cour d'assises de Nantes, pour une lettre insérée dans l'*Hermine*, accompagnait son mari.

M. le comte de Freslon de la Freslonnière, de la même famille que le précédent. Il est fils de M. le comte de Freslon, préfet de la Mayenne et de la Haute-Loire sous la Restauration, démissionnaire en 1830. Dire que M. Alexandre de Freslon de la Freslonnière est neveu de mademoiselle du Guigny, chez qui S. A. R. *Madame,* duchesse de Berry, trouva un asile à **Nantes**, c'est faire assez connaître et son dévouement à la cause royaliste, et ses titres à la **bienveillance** de Mgr le duc de Bordeaux.

M. Alfred de Tesson. Le nom de Tesson remonte jusqu'à la cession de la Neustrie aux Normands. Il se trouve mêlé à tous les événements de l'histoire de la Normandie, et souvent de l'histoire de Bretagne. Les Tesson, à ce qu'il paraît, furent du nombre des derniers païens de la Normandie, car on lit dans le roman du Rou :

Raoul Tesson criant : *Thor ye* (Thor nous aide).

Et Guillaume criant : *Diex ye* (Dieu nous aide).

C'est le cri de la Normandie.

Un Tesson fut compagnon de Duguesclin dans toutes ses expéditions. M. Alfred de Tesson servait dans la cavalerie en 1830. Il donna alors sa démission. Il a porté à Londres l'hommage d'un père et d'un oncle qui ont donné à la monarchie bien des gages de leur fidélité. Il est frère de M. L. de Tesson, auteur d'un *Voyage au mont Sinaï.*

Comte du Couëdic. Peu de noms ont fait plus d'honneur à la Bretagne que celui de du Couëdie. La marine française le cite avec orgueil dans ses annales. Le comte du Couëdic de Kergoualer est le petit-neveu de l'illustre marin. Son père a payé glorieusement sa dette à la monarchie à la bataille d'Auray, en 1815. Il y fut tué.

Le vicomte de Kergariou. Il est fils du comte de Kergariou, pair de France, nommé par Charles X. Un Kergariou accompagna S. Louis aux Croisades. Plusieurs autres Kergariou se sont distingués à diverses autres époques.

Le comte Edmond Le Mintier, fils du colonel Le Mintier qui se distingua d'une manière toute particulière dans les armées royales de l'Ouest. La famille Le Mintier figure au premier rang parmi les familles bretonnes; elle compte de nombreuses illustrations dans l'armée et dans la magistrature, dans la marine et dans le clergé.

Le vicomte Hippolyte de Lorgeril, d'une des plus anciennes familles de Bretagne. Un de ses ancêtres suivit S. Louis aux Croisades; un autre est cité par d'Argentré comme l'un des compagnons d'armes habituels de Duguesclin. Son aïeul fut élu, en 1752, président de la noblesse aux Etats de Bretagne en l'absence de l'un des barons de Bretagne, auxquels la présidence appartenait de droit. Son grand-père fut l'un des députés de la noblesse envoyés par la Bretagne vers Louis XVI, en 1788, pour réclamer le rappel des parlements, les franchises de la province et la mise en liberté des membres de la première députation, qui, comme on le sait, avait été renfermés à la Bastille. Son père, qui fut nommé deux fois par le roi président du collége électoral de Dinan, en 1820 et 1827, était membre du conseil général des Côtes-du-Nord depuis 1817 jusqu'en 1830 ; il donna alors sa démission. M. de Lorgeril, ancien maire de Rennes, ancien député et fondateur des Comices agricoles en Bretagne, était l'oncle de M. Hippolyte de Lorgeril.

M. Hippolyte de Lorgeril a publié successivement deux volumes de poésie : *Récits et ballades* et l'*Art de parvenir*, satire dirigée contre la corruption de notre époque. Il rédige depuis trois ans l'*Impartial de Bretagne* dont il est le directeur. On sait quelle rude guerre M. de Lorgeril, avec ses énergiques collaborateurs. MM. E.-F. Jan, Francis Thibault, de Bizien, ancien député, H. du Bois-Hamon, F. Chasle de la Touche, n'a cessé de faire aux trahisons, aux lâchetés, et comment l'*Impartial* se mit à la tête du combat contre le ralliement, lors de la formation du camp de Thélin.

M. Auber de Trégomain. Ce nom a rappelé à Mgr le duc de Bordeaux l'un des hommes qui ont payé de leur sang leur dévouement à sa famille. Le frère de M. Aube de Trégomain a été tué, en 1832, en combattant avec le plus grand courage dans l'un des engagements qui eurent lieu entre les Vendéens et la troupe de ligne. L'oncle de M. de Trégomain était député sous la Restauration, et peu d'hommes justifièrent mieux par leur conduite la confiance qu'on lui témoignait. M. Auber de Trégomain compte parmi ses ancêtres deux illustrations de genres bien différents : *Lamotte-Piquet* et Jouvenet le grand peintre.

M. de Monthuchon, d'une excellente famille de Normandie joignant l'élévation des sentiments, la solidité des principes à la noblesse du nom et du cœur. Les goûts artistiques sont héréditaires dans la famille de Monthuchon, dont plusieurs membres, et notamment celui-ci, se livrent à la peinture avec succès. M. de Monthuchon demeure à Rennes, où il jouit de l'estime que méritent son goût et son caractère loyal.

M. le comte de Trobriand, qui, après avoir versé son sang pour la patrie en Espagne et en Algérie, a brisé son épée en 1830, et a cultivé la poésie et le dessin avec succès en faveur de la cause monarchique et surtout des malheureux. Le commandant Guillemot, cet intrépide Breton fameux par son courage et ses malheurs lors des événements de 1832, et M. Auguste de la Houssaye, qui a si noblement payé de sa personne dans des occasions périlleuses, et a vu périr son frère en Espagne sous les balles des christinos, quittèrent la contrée de l'Angleterre où ils sont fixés pour accourir à Belgrave.

Le Prince se montra bien heureux de la nouvelle affluence des Français, et il apprit bientôt que sans le bruit répandu sur son départ forcé de l'Angleterre, elle eût encore été beaucoup plus considérable. Les dernières réceptions avaient eu lieu le 24, et le lendemain, jour de Noël, tous ses compatriotes purent le revoir à la chapelle Cadogan, qui fut presque remplie par eux. Ce jour-là il envoya un don généreux à l'établissement de charité pour les femmes en couche de Belgrave-Square.

Dans la journée il fit adresser plusieurs invitations à dîner, entre autres à M. Jean-Baptiste Delobel, jeune fabricant de Tourcoing; il eut avec lui un entretien très suivi relatif aux manufactures et lui parla longuement de toute sa reconnaissance pour les habitants du Nord.

M. Alexandre Guillemin fut aussi admis à la table du Prince et à lire le soir un fragment de son nouveau poëme de *Jeanne d'Arc*. MM. de Kéranflech, de Trobriand, de Lorgeril, de la Fruglaye eurent le même honneur.

La soirée fut encore plus animée et plus gaie que de coutume, car lord et lady Shrewsbury avaient été des convives de Belgrave. Le Prince remerciait ceux qui étaient restés à Londres pour le revoir, et les nouveaux-venus. Là il causait encore avec M. Jean-Baptiste Delobel et avec M. Vandermersch sur l'état du commerce ; ici il redisait à chacun des jeunes pélerins orléanais combien leur démarche le touchait, puis il les faisait réunir afin de les prier d'être ses interprètes auprès de tous les habitants de cette ville qui lui a montré tant de dévouement. On remarquait que Mgr le duc de Bordeaux ne cessait de témoigner la plus vive affection à M. de Barbançois, son ancien sous-gouverneur. Dans un moment où MM. les généraux de La Rochejaquelein, Brèche, de Farincourt, d'Espinay St-Luc, de Chabannes, de Barbançois formaient un groupe, le Prince vint causer longtemps avec ces hommes qui ont si bien servi leur pays. Sa figure s'épanouissait de plaisir, on eût dit un beau lis fleurissant à l'ombre des lauriers.

Il quitta ses fidèles serviteurs pour aller s'asseoir auprès de lady Shrewsbury qui, avec son noble époux, fut aussi l'objet de l'empressement et de la visible gratitude des Français.

Il faut signaler un fait relatif à un ouvrier filateur de Wervicq (Nord), M. Vandermersch. En arrivant, son premier soin fut de se rendre à Belgrave-Square, à quatre heures du soir, et de demander une audience du prince, attendu, disait-il avec une naïve sincérité, qu'il *était d'abord bien pressé de voir Henri de France, puis de profiter du paquebot qui le lendemain repartait pour le rivage voisin de son pays, parceque ses moyens ne lui permettaient pas de séjourner plus longtemps à Londres.* Un des compagnons du prince, ayant été touché de cette insistance, en avertit aussitôt S. A. R., qui s'empressa de faire dire à M. Vendermersch qu'elle le recevrait avec grand plaisir le soir même à huit heures. Or déjà, ce jour-là, plus de soixante Français, dont plusieurs personnages de distinction, tels que MM. de Conny et autres, étaient arrivés, leur audience avait été fixée au lendemain. Pour la fidélité si touchante, pour la position si digne de son intérêt, de l'ouvrier werviquois, le prince avait voulu faire exception. Il accueillit avec une bonté particulière M. Vandermesch, dont l'émotion fut d'abord telle qu'il ne put parler. Mgr le duc de Bordeaux l'encouragea tellement par son aménité qu'il apprit bientôt de lui que, fils d'une mère Vendéenne et appartenant à un pays où les convictions monarchiques sont invariablement unies aux convictions religieuses, il avait voulu déposer à ses pieds l'hommage de son dévouement. Monseigneur l'entretint longtemps des fabriques, des manufactures dont le nord est rempli, des travaux et des besoins de la classe ouvrière, en un mot lui donna une nouvelle preuve de la véritable affection avec laquelle il se préoccupe et parle sans cesse des intérêts du peuple français. Puis, se souvenant de ce que le brave Vandermersch avait dit de la nécessité où il était de repartir vite après avoir rempli la douce mission de son zèle, et désirant sans doute lui fournir les moyens de rester à Londres où il le reverrait et lui renouvellerait son gracieux accueil à Belgrave, le prince lui remit son portrait, sous lequel se trouvait six pièces d'or. Cependant le bon M. Vandermersch ne se sentit pas blessé lorsqu'il s'aperçut de la délicate attention de S. A. R. Il resta effectivement à Londres, alla chaque soir chez Mgr le duc de Bordeaux, qui lui parla plusieurs fois, le recherchant dans les

groupes de grands personnages, et reçut de lui cette réponse : « Je suis encore ici, monsei-
« gneur, parceque votre bonté ma donné le
« moyen d'avoir le bonheur de vous revoir. » Le but du prince était rempli; M. Vandermersch raconta à tous son histoire, dont chacun ne le félicita pas moins que de la bienveillance spéciale dont S. A. R. le comblait publiquement.

Voilà l'exacte vérité que le libéralisme de l'*Écho du Nord*, journal qui s'imprime à Lille, son intérêt surtout pour les ouvriers, se plurent à travestir indignement, à remplacer par des moqueries et des outrages, qui, loin de remplir leur tâche en humiliant l'insulté, l'honorent au contraire aux yeux des gens de bonne foi de tous les partis. Et ainsi sont faits ces hommes qui se prétendent les défenseurs du peuple; il l'attaquent dans ses sentiments, dans son amour-propre, dans son honneur même, quand ce peuple ne se prête pas servilement à ses mauvaises passions!... Et tandis qu'une nombreuse population a ressenti une vive reconnaissance pour la sympathie si noblement exprimée à son égard, par le prince dont M. Vandermersch a dû se rendre l'organe, l'*Écho du Nord* a cédé à je ne sais quel besoin de calomnie et de sarcarmes, en dénaturant des faits qui heureusement parlent trop haut d'eux-mêmes et par la bouche de l'honorable Werviquois, pour qu'ils ne conservent pas toute leur force, toute leur influence, et n'anéantissent pas jusqu'au souvenir d'un semblable article.

J'ai déjà dit que les nombreux Bretons et Vendéens avaient été constamment l'objet de la cordialité du Prince, et on le conçoit bien, quand on se rappelle les calamités dont leur pays a été écrasé depuis 1789 jusqu'à nos jours; mais il s'occupait aussi des absents, surtout de ceux qui ont été victimes de leur dévouement. Il savait que beaucoup d'entre eux seraient venus le visiter si, d'une part, la surveillance de la haute police, cette autre captivité; de l'autre, faut-il le dire ? si la gêne profonde dans laquelle leurs sacrifices de tous genres, puis les exactions du fisc et des garnisaires, ont plongé eux et leurs familles, ne leur eussent pas interdit un pareil déplacement. Il s'informaient d'eux près de leurs compatriotes, il parlait spécialement des infortunés qui, après avoir porté la livrée de l'infamie au bagne, où des arrêts changeant des actes politiques en crimes ordinaires les ont jetés, sont encore dans des prisons subissant toutes les horreurs du nouveau système pénitentiaire. Il savait aussi quelle douceur, quelle piété, quelle résignation ils n'ont cessé et ne cessent de montrer dans leurs supplices, à ce point qu'on serait tenté de croire qu'on ne les a retenus et qu'on ne les retient encore que parcequ'ils sont les modèles et l'édification des grands coupables, leurs compagnons de captivité. N'est-il pas vrai aussi que tous les rapports des directeurs des maisons d'arrêt leur sont unanimement favorables, et que néanmoins ils restent captifs, tandis que tant d'autres, non politiques, obtiennent leur liberté?...

A cette occasion aussi il redisait les noms de leurs généreux défenseurs de diverses opinions ; il se rappelait celui de M. Eugène Janvier qui, après avoir publié une véhémente brochure sur l'*Illégalité des Conseils de guerre,* entreprit comme une grande mission de défendre les accusés de l'Ouest dont sa parole a sauvé la tête; de M. Janvier, qui demanda à la mère de M⁽ʳ⁾ le duc de Bordeaux, prisonnière, l'honneur d'être son avocat devant un jury français ; de M. Janvier qui, pour juste récompense de ses services rendus et de ses constants efforts, a été élu député par les royalistes de Montauban. Il n'oubliait pas non plus un avocat de sainte mémoire, dont le nom est au cœur de tous les Vendéens,

M. Hennequin, qui s'est plu en outre à former par ses leçons, dans ses fils, et dans deux de ses chers élèves, MM. de Belleval et Du Teil, des héritiers de son beau talent et de sa générosité. Oh! il n'oubliait pas encore les noms de tant d'autres de Paris ou de province, et aussi ceux des hommes bienfaisants et des nobles femmes qui sans cesse se préoccupent du sort des malheureuses victimes de la révolution de juillet, et du mouvement de la Vendée. Je ne les cite pas ici, à mon grand regret, non pour épargner leur modestie, mais parceque ce serait les dénoncer à la colère de certains puissants du jour qui se font un cruel bonheur d'incriminer les purs sentiments, et de trouver à la monnaie de l'aumône une effigie séditieuse......

XII.

Préparatifs de départ. — État des choses en France. — Dernières audiences et réceptions du Prince. — Ses adieux.

Le Prince continua ses excursions dans Londres, et alla faire plusieurs visites, entre autres à M. le duc de Narbonne, assez gravement malade, et à lord et lady Shrewsbury, auxquels il voulait encore prouver qu'il avait toujours présentes à sa mémoire les belles journées que, grâce à leur hospitalité, il avait passées à leur château d'Alton-Towers.

Les adieux commençaient, et les audiences particulières devenaient plus fréquentes. Chacun aurait voulu pouvoir prendre congé du Prince dans un de ces tête-à-tête où on était si heureux de lui parler de la France, et surtout de l'entendre en parler avec une chaleur et une émotion qui n'appartiennent qu'à lui seul et ne peuvent être reproduites. M⊃gr&/sup; le duc de Bordeaux recevait en outre toutes les communications que par écrit ou verbalement ses compatriotes désiraient lui faire, il se plaisait à observer ainsi le mouvement des esprits, les nuances des opinions, en un mot les inspirations consciencieuses d'hommes cherchant uniquement le meilleur moyen d'être utiles à leur pays, d'assurer sa gloire et sa prospérité. Il écoutait et lisait avec soin les discours, ou les lettres qui, du Midi, comme du Nord, d'Orléans, de Normandie, etc., lui furent adressés par de fidèles serviteurs, et il y répondit toujours avec un tact parfait et une justesse remarquable. Plusieurs lui présentèrent leurs avis, leurs conseils même, et en furent fort bien accueillis, car ce qu'il redoute le plus c'est l'indifférence, et il sait gré de quelque forme que l'on donne à l'action politique dans l'intérêt national.

Un jour il reçut les adieux d'un des braves Bretons, qui lui exprima les plus nobles sentiments au nom des habitants de sa contrée. En

voyant sa physionomie si franche, en écoutant sa voix émue, le prince lui dit : « On m'a sou-
« vent présenté des conseils, et j'en ai été heu-
« reux. Je le serais bien aussi de savoir ce que
« vous pourriez avoir à me dire.... — Moi,
« Monseigneur, oh! rien, rien... je n'oserais...
« Si... pourtant... je veux dire à tous mes amis
« que je vous ai embrassé pour eux, et que vous
« m'avez chargé de le leur rendre!... » Et au même instant, le maître et le serviteur étaient dans les bras l'un de l'autre.

Dans une autre circonstance, M. le comte de Chambord insistait pour qu'un de ses visiteurs lui exprimât son opinion, lui donnât des avis : « Prenez garde, Monseigneur, reprit le Fran-
« çais encouragé, je vais vous dire toute la vé-
« rité... — Loin de la craindre, je la recherche,
« repartit le prince. — Vous êtes si bien, Mon-
« seigneur! ne changez jamais; restez toujours
« comme vous êtes..... — Flatteur, lui répondit
« le prince en lui serrant la main. Mais si j'ai
« eu le bonheur de vous paraître tel, c'est sans
« doute à l'affection, au dévouement de mes
« compatriotes que je le dois, et Dieu aura per-
« mis que je vous en parusses digne... » Tant de modestie n'étonneront pas ceux qui ont le bonheur de connaître le prince, et dans cette

occasion il semblait vouloir ratifier ce qu'a dit
M. de Châteaubriand : « C'est être soi-même
« digne de la gloire que de la rendre à celui
« qui nous la donne. »

Un grand nombre d'ouvriers de Paris et des
départements avaient signé des adresses qui témoignaient au petit-fils de Charles X leurs sympathies et leurs regrets de ne pouvoir aller près
de lui. M. le comte de Chazelles, ancien préfet
du Morbihan, homme d'une loyauté et d'un
dévouement vraiment chevaleresque, en remit
une au bas de laquelle étaient les noms suivants :

MM. Denis père, ex-percepteur d'Auray, démissionnaire en 1830 pour refus de serment,
quoique père de onze enfants; de Gambert, ex-percepteur d'Elven ; Lucas (Pierre-Marie), boulanger à Auray, conseiller municipal; L. Diraison, propriétaire d'Erdeven; Lebras, marchand
à Auray, membre du conseil municipal; Jean
Poitevin, Vincent et Mathurin Le Marouille,
cultivateurs à Plescop; Thomas Cloarec, cultivateur à Plerin; Pierre Leguen, cultivateur;
Jean Jouan, jardinier à Vannes; Goupil, cordonnier; François Lefée, Pierre Seignard, Julien Nico, meuniers à Vannes; Pierre et Mathurin Guillemot, cultivateurs à Baden; Fortuné
Caris, propriétaire à Grandchamp; Tual Bertho,

cultivateur, Jean-Louis Le Thiec, cultivateur; Jean-Marie Mené, scieur de long; Guillaume Gegat, cultivateur; Joseph Gambert, boulanger; Yves Gatinel, laboureur, Jacques Guérin, laboureur à Elven; Vincent Leray, cultivateur à Grandchamp; Louis Levisage, propriétaire à Erdeven; Pierre-Marie Nicolas, propriétaire à Brech; Hyacinthe Pasco, cultivateur à Crach; Guy Caillos, cultivateur à Locmariaquer; Joseph Rosnarho, cultivateur, Chassic, cultivateur, Pierre Buleon, cultivateur à Plumergat, Vincent Guézel, cultivateur, Jean-Marie Lebaron, cultivateur à Plœmel; Vincent Lebayon, propriétaire de Pluvigner; Turiaf, cultivateur à Baden; Mathurin Carado, cultivateur, Lesergent, cultivateur à Guenen; Guillermot, cultivateur, François Lecompagnon, cultivateur, François Leclache, cultivateur ; Jean-Marie Lepoëtvin, propriétaire à Remangol; Legoff, cultivateur électeur; Joseph Evenot, cultivateur électeur; Ledain, cultivateur électeur de Plumelin; Lestratte, cultivateur; Rebic, cultivateur à Raud; Lamour, cultivateur électeur à Moréac; Mathieu Lemoigne, cultivateur à Camors; Louis Legoff, cultivateur à Plumelin; Leluchern, cultivateur; Leguyodo, cultivateur électeur; Brenugat, cultivateur à Saint-Nolf.

Un incident vint faire diversion aux habitudes de la confiance que les Français, uniquement occupés du but de leur voyage, avaient dans leurs logements ou dans leurs flâneries. MM. et mesdames de Gomer, venant des environs de Saint-Omer, furent, le lendemain de leur arrivée, presque complétement dévalisés. On leur enleva leurs diamants et tout leur argent. Ce fut l'affaire d'un instant. Elles s'en plaignirent aussitôt ; mais en Angleterre la liberté individuelle est singulièrement respectée, et on ne prend pas des mesures préventives si vite qu'en France, où on ne ménage rien, surtout quand il s'agit de l'ombre d'un délit politique. Le vol eut lieu un samedi soir. On prévint un *policeman,* et pendant que celui-ci employait divers degrés de juridiction pour opérer des recherches, le dimanche survenait. Or le dimanche est un jour si complétement observé en ce pays protestant que pas une boutique n'est ouverte ; les boulangers même ne fonctionnent point ; la justice chôme encore bien plus ; et les voleurs s'appliquent volontiers cette sorte d'immunité. Ceux qui avaient exercé leur industrie contre mesdames de Gomer eurent donc tout le temps de prendre le large, et il ne fut pas possible de mettre la main dessus. Le prince ne manqua pas de témoigner chaque soir à ces dames le chagrin qu'il éprouvait de cet événement; il leur offrit de si gracieuses condoléances, qu'elles reconnurent la vérité de ce proverbe : « à quelque chose malheur est bon, » et prirent gaiement leur parti. Leur résignation se soutient sans doute par l'effet de leurs souvenirs, si même elles n'ont pas déjà imité leurs voleurs, qui paraissent avoir complétement oublié cette aventure.

Londres en général, et les maîtres d'hôtels en particulier, semblaient vivement regretter le départ des Français, faisant chaque jour leurs préparatifs. Sablonnière-Hôtel était en deuil. M. Pabliano, propriétaire de l'établissement, jetait chaque soir un coup d'œil morne sur cette table où, depuis un mois, venaient d'ordinaire s'asseoir quatre-vingt-dix ou cent convives, sous la présidence de M. le général Bresche, de M. Formon, et où retentissaient les beaux noms de la noblesse française, fraternisant avec les hommes de toutes les classes, pèlerins comme eux.

Les Français, d'ailleurs, commençaient à faire assez bonne contenance vis-à-vis de la cuisine anglaise, et la soupe au lièvre, les roast-beefs, les plumb-puddings à toutes sauces, trouvaient grâce devant eux, non moins que *l'ale* et *le porter,* le xérès et le porto. Le dessert se terminait toujours par un toast en l'honneur de la France, et tout était dit. La Bretagne était le principal ornement de la table, où ses habitants se trouvaient réunis à chaque repas. Le lendemain de Noël, ils invitèrent leurs amis, et M. le général Auguste de La Rochejaquelein fut le héros de cette fête de famille.

Le grand, le triste jour du départ approchait. M. le comte de Chambord ne pouvait plus continuer à le différer. Il fut donc tout entier à ses compatriotes ; il se fit comme un devoir pieux envers leur affection, comme un devoir filial envers la France, d'être tout entier à eux, et de leur consacrer jusqu'à son dernier instant. La veille, il fut exclusivement occupé à tracer de sa main royale ces délicats et précieux souvenirs par lesquels il daignait joindre son nom à celui de ses visiteurs. Il ne se bornait point là, il pensait aux absents, et il voulut faire parvenir cette preuve si touchante et si positive de sa mémoire du cœur, à ceux que diverses raisons avaient empêché de venir jusqu'à lui. Il pressentait qu'à ces fidélités inaltérables, à ces convictions profondes, elle serait une récompense, un remerciement ; il pressentait surtout qu'à ces blessures faites par la révolution de juillet, à ces misères si noblement souffertes, elle serait un baume et une compensation. Il ne se trompait pas, et il serait facile de citer un grand nombre d'hommes qui, en se voyant comblé des seules richesses du proscrit, ont béni leur pauvreté, et, trouvant des forces nouvelles, ont mieux supporté leurs maux, prié avec plus de ferveur et de foi en attendant l'avenir. Tant pis pour ceux qui ne comprennent pas, ou plutôt feignent de ne pas comprendre tout ce qu'il y a d'exquis, de touchant, dans ces rapports de bienveillance et de gratitude, avec le dévouement et la pauvreté, tout ce qu'il y a d'éloquent et de pur dans un tel échange de sentiments si élevés de part et d'autre.

Le prince écrivit en outre un grand nombre de lettres en réponse à celles qu'il avait reçues de ses anciens serviteurs forcément restés en France. Ici encore il me serait facile d'en citer beaucoup, mais je m'en dispenserai, car il faudrait y consacrer trop de pages. Je dirai seulement que le prince n'a oublié personne, et qu'il a trouvé miraculeusement le moyen de satisfaire tout le monde; c'est une grâce d'état dont il semble avoir le privilége. D'ailleurs la plupart de ceux qui n'avaient pu aller à Belgrave ne l'avaient-ils pas déjà vu à Holy-Rood, à Prague, à Goritz ou à Kirchberg? Ne connaissait-il pas déjà, par expérience, l'attachement invariable de ces incorrigibles courtisans du malheur qui l'avaient visité dans diverses contrées de la terre étrangère? Ne connaissait-il pas, entre autres, M. le comte de Semallé, qui, avec son fils Roger, avait plusieurs fois déjà suivi la route de son exil; de M. de Semallé, jadis page de son grand oncle, Louis XVI? Ne savait-il pas que, dès sa jeunesse, témoin d'événements si graves, vieilli dans l'exercice d'un dévouement intelligent, actif, cet officier-général a déployé un zèle qui s'est toujours accru et le fait considérer comme un des plus nobles serviteurs de la monarchie. Il lui écrivit en termes flatteurs. Il chargea aussi M. le baron d'Hautecloque, de remercier plusieurs habitants d'Arras, notamment M. le comte et Mme la comtesse de Bucy, M. et Mme de Chemont, et lui remit une réponse pour M. le marquis de Louverval, doyen des anciens officiers de l'armée française et de l'ordre de Saint-Louis.

Ne nommerai-je pas encore ce brave et loyal M. Alex. de Saint-Cirgue, ex-officier de cavalerie, qui, à la première nouvelle du voyage en Angleterre, prit le chemin de Londres, et y arrivait quand il apprit la maladie de l'excellent fils dont il eut à peine le temps de venir recueillir le dernier soupir? M. Alfred Nettement, dans sa *Vie de Marie-Thérèse,* pages 381 et 382, raconte que M. de Saint-Cirgue a déjà perdu un autre fils, et que l'auguste fille de Louis XVI daigna exprimer elle-même ses sympathies à ce noble serviteur. Quand M. de Saint-Cirgue fut présenté pour être admis aux gardes du corps, M. le marquis Le Tourneur refusa d'abord de le recevoir : « Il manque quatre « pouces à cet officier, » disait-il au roi, dans la salle des Maréchaux. Mgr le duc d'Angoulême et Mgr le duc de Berry prenaient sa défense, quand Louis XVIII, impatienté, dit vivement à M. Le Tourneur : « Admettez-le toujours; de « tels hommes ne se mesurent pas de la tête « aux pieds, mais de la tête au cœur. »

Il poursuivit sa carrière militaire. A la révolution de 1830, il était en province et reçut une lettre du roi, datée de Rambouillet, qui le rappelait comme officier d'ordonnance; mais les choses allèrent si vite qu'il ne put arriver qu'après le 29 juillet...... Maintenant, il vit dans la retraite à Saintes, et consacre sa plume comme jadis son épée aux luttes de la presse ou à des œuvres monarchiques, près de ses dignes amis, MM. le marquis de la Laurencie, de Latour, de Beaupré, de Luc, etc.

La soirée du 26 décembre était la dernière qui dût réunir tous les Français. Mgr le duc de Bordeaux se rendit de bonne heure au salon et multiplia ses soins pour n'oublier aucun des invités. Il se livra tantôt à d'aimables causeries avec les dames, tantôt à de graves entretiens avec ceux dont la vieille expérience lui était précieuse; on l'entendait toujours demander ou exprimer une opinion sur les hommes ou sur les choses, et toujours aussi dans des termes qui révélaient combien chez lui l'esprit de conciliation subsiste à un haut degré. Il ne se bornait pas à connaître ce qui avait été fait de bon, il voulait avant tout savoir ce qui restait de bon à faire. C'était là sa pensée prédominante ; aussi ne cessa-t-il, dans cette réunion d'adieux, de recommander à tous de concourir, chacun dans leur sphère et suivant tous leurs moyens d'action, aux intérêts du pays. Il les priait d'encourager tout ce qui est utile, de se vouer sans cesse à la progression des améliorations dans les villes et dans les campagnes, et principalement à la moralisation et au bien-être des classes ouvrières. Il les exhortait à prouver par leurs efforts, par leurs exemples qu'ils sont véritablement Français, et que toutes ses paroles, tous ses sentiments ont eu pour seul but de les convaincre de son vif regret de ne pouvoir travailler lui-même plus utilement encore pour la France.

Toute la soirée se passa dans une inexprimable saisissement... Quand la pendule marqua onze heures, le prince parcourut les salons distribuant à tous des mots charmants, un sourire affectueux, un regard plein de bonté, puis, au moment de se retirer et comme s'il ne pouvait se séparer de ses compatriotes, il s'écria soudain : « Messieurs, je ne veux pas vous quit-
« ter encore, c'est demain à six heures du ma-
« tin que je vous ferai mes adieux. » A ces mots, la joie se répandit sur tous les visages, le cœur se dilata et chacun regagna son hôtel heureux de cette espérance. Oh! c'est que voir une fois de plus un exilé ce n'est pas chose indifférente, c'en est une qui comble de bonheur lorsqu'il s'agit non pas uniquement d'un grand personnage de son siècle, d'une Altesse royale, mais d'un jeune prince dont toute l'ambition est d'aimer le plus la France, et dont chaque parole est l'écho de ses sentiments qu'il a le don de communiquer à tous, tant est réel l'ascen-

dant de sa droiture, de sa raison et de sa supériorité!...

Avant de sortir du salon, le prince alla saluer particulièrement les dames, au nombre desquelles étaient lady Shrewsbury, madame la comtesse de Calonne et sa fille, madame et mademoiselle Faulder, la marquise de la Belinaye et ses petites-filles, mademoiselle de Vroïl, mesdames les comtesses de Gomer, etc... Le lendemain à six heures du matin, les salons de Belgrave étaient remplis. M le comte de Chambord parut avec le général Auguste de La Rochejaquelein qu'il avait voulu prendre pour compagnon, M. le duc de Levis, M. le duc des Cars, M. Villaret de Joyeuse, M. le général Bresche et M. Barrande; il tenait son chapeau à la main, et son maintien était plein de dignité.

Lorsque le premier mouvement produit par son arrivée fut calmé, il se plaça au milieu de la foule muette et comme suspendue à ses lèvres qui s'entr'ouvrirent pour prononcer des paroles que le cœur écouta et conserve. Jamais sa voix n'avait été plus sonore, plus pénétrante; jamais son œil n'avait eu un pareil éclat, jamais sa physionomie n'avait mieux reflété la limpidité de son âme, jamais surtout sa conscience et son amour pour la France n'avaient trouvé

de si belles, de si sublimes expressions, n'a-
vaient eu autant d'autorité. Une respectueuse
une indicible émotion répondit à ses paroles,
vraiment dignes des plus beaux temps de
notre histoire. Philippe-Auguste, avant la bataille de Bouvines, déposait sa couronne sur
l'autel, et l'offrant au plus digne, il était averti
par les acclamations de son armée que nul
mieux que lui ne méritait de la porter.

M. le comte de Chambord salua tous les
Français qu'il embrassa d'un seul regard, puis
il monta dans sa voiture, laissant tout le monde
sous le charme indéfinissable de ce qu'il venait
de dire, et plein de consolation aussi, car la
Providence doit veiller sur sa destinée...

Il était déjà loin que chacun de nous croyait
encore l'entendre ; on faisait toujours silence,
comme pour l'écouter, mais bientôt il fallut se
persuader qu'il n'était plus là... Toutefois il
venait de s'éterniser dans le souvenir de ses
compatriotes, et tous le suivraient par la pensée,
le retrouvaient en quelque sorte par le récit de
leur voyage à leurs familles ; il allait pour ainsi
dire leur apparaître constamment, sous toutes
les formes, être comme le bon ange qui ne nous
abandonne jamais. D'ailleurs, S. Jean Chry-
sostôme n'a-t-il pas dit : « Il y a des hommes

« que l'on ne voit pas, lorsque même on les a
« sous les yeux, ce sont ceux pour lesquels on
« ne se sent rien ; il y en a d'autres que l'on
« voit continuellement malgré les mers qui en
« éloignent, ce sont ceux que l'on aime »

Le jour du départ du prince ne fut donc pas un jour de deuil. Tous les pèlerins le consacrèrent à se redire leurs impressions, à se rappeler ses moindres paroles, à faire en un mot provision de doux souvenirs en faveur de ceux qui en France les attendaient impatiemment pour avoir de précieux détails. Au dîner de Sablonnière-Hôtel, où tous se réunirent, le dessert se termina par un incident qui produisit beaucoup d'effet. Le comte Louis de Bourmont restait à Londres pour en emporter à la fois les dépouilles mortelles de sa grand-mère, le cœur de son frère Amédée, et le bâton de maréchal de France de son illustre père, qui ensemble y avaient été déposés depuis la révolution de juillet. Le matin même, cet insigne glorieux lui avait été remis, et il voulut bien nous le montrer. Chacun de nous fut saisi de respect et d'admiration à la vue de ce sceptre militaire qui retraçait tant de gloire et aussi tant de malheurs. Toutefois, le comte Louis de Bourmont avait un air si radieux, si justement fier, son orgueil national et son amour filial se reproduisaient si bien dans ses traits belliqueux que la joie prédomina bientôt et que tous s'empressèrent autour du fils de celui auquel la France dut une magnifique victoire. D'ailleurs, pour des hommes ainsi faits, la mort n'est qu'un accident dont ils s'inquiètent peu, le triomphe des principes et l'honneur de la patrie sont leur unique but, et ce serait les offenser que de ne pas comprendre que lorsqu'il s'agit de Dieu ou du Roi, ils rendent le dernier soupir avec joie et en chantant : *cum cantu et voluptate moriuntur.*

Le lendemain les Français, ayant à leur tête M. Louis de Bourmont, allèrent présenter leurs hommages à lady et lord Shrewsbury, auxquels était bien due cette marque de reconnaissance. Les nobles châtelains d'Alton-Towers en parurent très flattés; mais leur modestie persista à dire qu'en mettant leur château à la disposition de Henri de France, ils n'avaient fait que remplir un devoir.

XIII.

Voyage du Prince à Ugbrook, à Lullworth, à Plymouth, Devonport et Portsmouth. — Saisies et procès politiques en France. — Discours de M. Laffitte. — Son effet. — Retour du Prince à Londres. — Son départ définitif.

M. le comte de Chambord, arrivé à Bath dans la matinée, est allé visiter l'église remarquable par une voûte gothique très ornée, les établissements de bains avec leurs belles piscines publiques, et la maison de M. Beckford, père de la duchesse d'Hamilton ; cette habitation renferme une très nombreuse collection d'objets précieux ou intéressants. Il est arrivé le 29 décembre à Ugbrook, résidence de lord Clifford, qui l'a reçu avec l'"empressement et l'amabilité qu'il avait déjà eu l'occasion de signaler à Burton-Constable.

Le lendemain, 3o, le Prince est parti pour Plymouth, où il est entré à deux heures, et il a profité des dernières heures de la journée pour visiter en canot toute la partie de la rade qui s'étend en amont de Devonport, et en passant au milieu des bâtiments désarmés qui y sont amarrés, S. A. R. a eu l'occasion de se faire une idée assez exacte de la partie de la flotte qui appartient à ce port. L'arrivée du Prince ayant été annoncée d'avance, l'amiral sir David Milne, commandant en chef de la marine, lui envoya un de ses aides-de-camp pour prendre ses ordres, et lui demander quand il voudrait le recevoir. Ce jour-là, M*gr* le duc de Bordeaux invita à dîner M. le comte Onffroy, qui habite Plymouth, et qu'il avait déjà vu à Londres.

Le dimanche 3r, l'amiral vint voir le Prince à son hôtel, et comme son grand âge (81 ans) ne lui permet pas de faire des courses fatigantes, il chargea son aide-de-camp, le lieutenant Kemble, d'accompagner l'illustre voyageur. Le temps était assez mauvais, et M. Kemble répéta plusieurs fois que la partie serait peu agréable; mais le Prince n'en voulut pas moins se mettre en route par une pluie battante et un vent assez fort soufflant par rafales. Un cutter mit à la voile pour gagner l'entrée de la rade ; le comte de Chambord et sa suite se tinrent sur le pont de ce petit bâtiment, qui en moins de trois quarts d'heure atteignit le but de la course. On gouverna de manière à longer la jetée, au plus près à quelques mètres de distance ; mais on ne put débarquer, parceque les vagues venant du large balayaient à chaque instant la surface supérieure du *breakwater*. On était cependant assez près pour pouvoir examiner même les détails de construction de ce bel ouvrage, et l'agitation de la mer en ce moment devenait une excellente occasion de juger l'effet produit par cet abri artificiel.

Après avoir longé toute la jetée, le cutter vira de bord pour conduire le Prince à bord du vaisseau l'*Albion*, qu'il voulait visiter en détail.

L'amiral Milne avait promis de s'y rendre, et arriva en effet un instant après.

Au moment où le prince parut sur le pont, tout l'équipage monta sur les vergues, et les officiers et soldats de marine se placèrent sur l'arrière pour recevoir l'auguste voyageur.

L'*Albion* est un bâtiment tout neuf de 80 canons qu'on a mis en commission depuis deux mois, mais dont l'armement n'est pas achevé. Il est très remarquable par ses formes, ses dimensions et les bonnes dispositions qui y ont été faites pour faciliter les manœuvres. On assure que c'est le vaisseau modèle de la marine anglaise. Le Prince a donc eu beaucoup de plaisir à le voir dans tous ses détails. Les officiers anglais se sont empressés de lui montrer tout ce qui pouvait l'intéresser.

La présence de M. Villaret de Joyeuse lui fut d'un grand secours pour visiter avec fruit tout ce qui concerne la marine.

Sir Samuel Pym, amiral surintendant de l'arsenal ; le major-général Murray ; le colonel Oldfield, chef du génie de la place ; le colonel Rudyert, commandant l'artillerie ; le contre-amiral Ross, sir Thomas Fellowes, directeur des magasins et de la manutention de la marine, ainsi que beaucoup d'autres officiers supérieurs, s'étaient empressés de se présenter chez M. le comte de Chambord pour lui offrir leurs hommages et se mettre à sa disposition.

Dans sa visite au *Breakwater*, le Prince a particulièrement examiné des ouvrages comparables à ce qu'il savait d'une entreprise semblable qui s'achève à Cherbourg.

On sait que l'amiral sir David Milne était venu

à bord de l'*Albion* pour rendre honneur à l'auguste étranger. Il a accompagné le Prince depuis le pont jusqu'au fond de cale. Dans le cours des conversations amenées sur le sujet de cette visite, M. le comte de Chambord a eu la satisfaction d'entendre les officiers anglais rendre hommage à la perfection des constructions françaises, souvent imitées dans les chantiers de la Grande-Bretagne.

Le 1er janvier, le Prince a passé une bonne partie de la matinée à voir l'arsenal, les cales couvertes, les bassins de radoub, les forges, les ateliers de tout genre et les divers dépôts où se conservent tous les objets qui entrent dans le gréement et l'armement des vaisseaux de guerre. L'amiral sir Samuel Pym, assisté par les principaux chefs des diverses branches du service, a conduit M. le comte de Chambord partout où se trouvait quelque chose intéressante dans cette vaste enceinte, qui pourrait, en peu de semaines, armer une flotte formidable. Le Prince est ensuite allé visiter le *Saint-George*, vaisseau neuf, percé pour 120 canons.

Dans l'après-midi, l'auguste voyageur, ayant constamment à ses ordres le canot de l'amiral-commandant, a traversé la rade pour aller faire une visite à lord et à lady Mount Edgecumb, qui sont venus au devant lui jusqu'au rivage. Après une promenade dans le parc de Mount Edgecumb, dont les hauteurs présentent de magnifiques points de vue sur la Manche, le Breakwater, la rade et les quatre villes qui la bordent, M. le comte de Chambord s'est reposé quelques moments dans le vieux château de ses nobles hôtes qui lui ont offert une collation.

Avant de rentrer en ville, le prince a débarqué à la manutention, où l'attendait le directeur, capitaine sir Thomas Fellowes. Là il a vu les machines employées à la fabrication du biscuit, les moulins à farine et tous les appareils destinés à la préparation et à la conservation des provisions de bouche de tout genre. Il était nuit close lorsque M. le comte de Chambord est rentré à l'hôtel Royal, sans être fatigué de cette longue et active journée.

L'amiral-commandant ayant sollicité, dès la veille, l'honneur de donner un dîner à l'auguste voyageur, M. le comte de Chambord s'est rendu à cette invitation. Sir David Milne a réuni, à cette occasion, les chefs de l'état-major de la marine et ceux de tous les corps militaires qui résident à Plymouth, Devonport et Stone-House. Ces officiers ont tous paru dans la plus grande tenue. Après le dîner, les personnes les plus distinguées de la contrée ont été réunies pour passer la soirée chez l'amiral. Il était près de minuit lorsque M. le comte de Chambord s'est retiré.

Le 2 janvier, à six heures du matin, le Prince s'est mis en route pour continuer son voyage le long des côtes de la mer, vers Torbay et Teignouth, d'où il devait aller faire une courte visite au comte de Courtney, et se diriger ensuite vers Lullworth et Portsmouth.

Tandis que Mgr le duc de Bordeaux poursuivait son voyage dans les ports d'Angleterre, le ministère français, furieux de tant de marques de sympathie prodiguées à sa personne, se vengeait à sa manière. Il ne pouvait sans colère, et surtout sans rancune, songer à l'étrange et solennel spectacle que venait de donner ce jeune homme déchu de ses titres, proscrit de son pays, sans pompe, sans garde, sans trésor, sans places à donner, sans pouvoir pour protéger, sans force pour se faire craindre, autour duquel était venu pourtant se presser la cour la plus nombreuse qui ait jamais entouré un souverain au faîte de la puissance, cour nouvelle et illustre s'il en fut, car elle se composait des cœurs les plus dévoués de toutes classes, car tous les rangs de la société y avaient envoyé tout ce qu'ils comptaient parmi eux de plus loyal et de plus pur.

La presse royaliste fut, en conséquence, violemment attaquée. Soudain la *Quotidienne* fut saisie pour un article relatif à un incident du séjour à Londres. Le 29 décembre, la *France* le fut également pour un motif semblable. Quelques jours après, c'était le tour de la *Gazette de France* et de la *Nation*. Ainsi, en moins d'une semaine, on avait approvisionné la cour d'assises de cinq procès, qui devaient rapporter à la *Quotidienne*, et surtout à M. de Vaugrigneuse, l'un de ses rédacteurs les plus énergiques, et son courageux gérant, huit mille francs d'amende et un an de prison, à la *France*, à la *Gazette de France* et à la *Nation*, des condamnations à peu près aussi exorbitantes. En province, même recrudescence de rigueur. Et pourtant, sous la Restauration, M. Barthe, dont les opinions sont toujours représentées au ministère, s'écriait : « Huit jours d'emprisonnement pour un procès de presse sont une peine sévère; quinze jours seraient une peine énorme; un mois une peine terrible!! » Loin de ralentir le zèle des journaux indépendants, de telles mesures redoublaient leur courage et surexcitaient leur persévérance. L'*Hermine*, feuille royaliste de Nantes, qui venait d'être condamnée, avec M. Ange de Léon, auteur d'un article sur le voyage de M. le duc et de madame la duchesse de Nemours en Bretagne, à trois mille francs d'amende, disait alors :

« Habituée à de semblables épreuves, l'*Hermine* supportera ce nouveau sacrifice. M. Godin-Derice, condamné à trois mois d'emprisonnement, se rendra dans trois jours en prison ; il sera remplacé, comme signataire du journal, par M. le comte Charles Siochan de Kersabiec, et M. le colonel Arthur Duris, directeurs et propriétaires, qui, ce jour même, en vertu de leur déclaration faite au greffe et au parquet, se sont constitués gérants responsables de l'*Hermine*, devant, comme tels, la signer successivement à l'avenir.

« Plusieurs de nos amis qui veulent bien concourir à la rédaction de l'*Hermine* nous prient de faire connaître qu'ils acceptent, comme nous, la responsabilité de leurs articles, et qu'en s'associant à une œuvre consciencieuse, ils ne reculeront devant aucun des dangers de la situation que le ministère du 29 octobre et les lois de septembre ont fait à la presse indépendante. »

Le *National de l'Ouest*, après avoir annoncé

l'entrée en prison du gérant de l'*Hermine*, ajoutait ce qui suit :

« Nous ne pouvons qu'approuver la résolution de MM. de Kersabiec et Arthur Duris ; plus les lois contre la presse sont sévères, plus les dangers sont grands, et plus les hommes de cœur et de conviction qui se consacrent à la pénible mission de journaliste doivent assumer sur eux-mêmes la responsabilité de leurs œuvres et de leurs principes. Les opinions de l'*Hermine* ne sont pas celles du *National de l'Ouest*, bien loin de là ; mais, quelle que soit la distance qui les sépare, nous applaudissons à une résolution qui ne peut qu'augmenter encore la considération dont l'*Hermine* jouit dans son parti, et nous devons ajouter que cette résolution était prise par MM. Charles Siochan de Kersabiec et Arthur Duris avant la condamnation du journal qui se publie sous leur direction. »

Pour la satisfaction de son amour-propre, le ministère recevait les compliments du *Globe*, qui le félicitait *d'avoir fait preuve de courtoisie en attendant que les chambres fussent réunies pour que tous les comptes fussent réglés à la fois.* En revanche, M. de Lamartine, dans son journal le *Bien Public*, appelait cela un *coup d'état d'antichambre.*

Cependant l'ouverture de la session eut lieu avec la solennité accoutumée d'un discours insignifiant et d'un déploiement de forces plus formidables que jamais sur le passage de Louis-Philippe. En 1830, un homme a été souverain à Paris, et sa parole, appuyée par la victoire de juillet, renversait la vieille monarchie. Depuis, en voyant le gouvernement dévier des principes sur lesquels il le croyait destiné à s'appuyer pour jamais, M. Laffitte, dans une occasion solennelle, a demandé pardon à Dieu et à son pays de la part qu'il avait prise à la révolution de juillet. M. Laffitte renouvelait son cri de douleur par ce discours qu'il prononça à la chambre des députés en quittant le fauteuil qu'il y occupait comme président d'âge :

« Messieurs,

« Appelé pour la seconde fois à l'honneur de vous présider, je n'abuserai pas du privilége de mon âge et de mes fonctions. Les souvenirs douloureux que je retrouve à cette place me conduiraient peut-être à vous parler de mes appréhensions pour l'avenir (chuchotements), et je ne veux en ce moment que vous remercier de la bienveillance dont vous venez de me donner un nouveau témoignage ; mais en présence d'une situation qui ne me paraît pas sans danger (nouveaux chuchotements), ma conscience m'ordonne de vous dire ce que la France attend de vous.

« Dans le cours de votre session, en dehors du programme officiel de vos travaux, des occasions s'offriront sans doute d'examiner si nos dernières illusions (bruit aux centres) et notre fortune iront s'engloutir dans le gouffre ouvert à nos portes. (Violents murmures aux centres.) Si la lutte engagée dans quelques localités entre le gouvernement et les pouvoirs électifs ne contient pas en germe une lutte plus grave entre deux principes que depuis quatorze ans nous travaillons à concilier; si le calme artificiel (bruit aux centres) créé à la surface du pays suffit à notre dignité et à notre sécurité ; si le désordre et l'anarchie ne sont pas au fond de notre situation, et si la loyauté et la droiture dans l'administration des affaires publiques ne sont pas préférables aux ressources de la vénalité.... (Explosion de murmures aux centres.)

Voix aux centres. — A l'ordre ! à l'ordre !

Autres voix. — C'est intolérable !

A gauche. — Vos interruptions sont indécentes !

M. LAFFITTE, achevant sa phrase au milieu du bruit. Aux trafics de la corruption. (Nouvelles et plus violentes interruptions aux centres.)

Voix du même côté. — A l'ordre ! à l'ordre !

M. LAFFITTE. « Mon âge, mon caractère, mon ancienneté ici, me donnent, je crois, le droit de dire la vérité. (Non ! non ! — Si ! si !)

« Je ne pousserai pas plus loin mes investigations, mais, songez-y, les factions meurent, les ministres passent, les systèmes s'épuisent, et nous, messieurs, nous resterons responsables des obstacles que le pays rencontre dans le développement des conditions de puissance, de prospérité qu'il devait attendre de la révolution de juillet. (Mouvement prolongé.)

L'opinion générale vivement exprimée dans les journaux du temps fut que ce discours hardi était comme la révolution elle-même interpellant la contre-révolution. A cette époque M. de Lamartine disait :

« M. Laffitte, c'est la révolution de 1830 tout entière, et elle parle par sa bouche. Considéré sous ce point de vue, ce discours, à une date quelconque, mais à une date certaine, sera un fait historique, enregistré dans les annales du pays. Qui ne se souvient de l'adresse des 221 à la monarchie de la Restauration en 1830! Le document du discours de M. Laffitte sera quelque chose d'analogue un jour. Il y a cependant une différence : c'est qu'en 1830 c'était la majorité qui parlait dans l'adresse des 221 à Charles X, et qu'ici c'est la minorité qui parle par l'organe de M. Laffitte en 1844. Mais, chose remarquable, c'est cette minorité qui a fait la révolution de 1830. Eh bien! disons-le hardiment, un gouvernement ne met jamais impunément en minorité le parti qui l'a créé; un gouvernement réagissant à ce point contre son principe, et répudiant la minorité d'où il est sorti pour s'appuyer sur une majorité qui l'aurait repoussé, change de base. Or, tout gouvernement qui change de base chancelle dans la transition, et souvent il tombe pendant le trajet..... Le pouvoir y a-t-il pensé?

« Le gouvernement et le pays feront bien de méditer le discours plein de courage et de vertueuse indignation de M. Laffitte, qui renferme d'utiles enseignements. Quant au discours du trône... n'en parlons plus. »

La presse ministérielle essaya vainement de cacher sa profonde blessure et d'atténuer l'effet produit. Afin de s'indemniser un peu, avis fut donné à quelques membres du centre d'attaquer les députés, de lancer dans les bureaux, comme avant-coureurs, quelques grossières attaques contre les députés royalistes, MM. Berryer, de Valmy et de Larcy répondirent qu'ils seraient prêts à s'expliquer devant la chambre assemblée. Dans son bureau, M. Béchard, réclamant d'avance sa part de responsabilité que plus tard son noble caractère acceptait avec énergie, a courageusement placé la discussion sur le point important du voyage de Londres et de la dotation du futur régent, M. le duc de Nemours, que le Système, on s'en souvient, se proposait alors d'emporter d'assaut à l'aide du bruit qu'on allait faire de la prétendue conspiration de Belgrave. M. Billault, commissaire choisi par l'opposition, a repoussé à la fois la dotation et la pensée d'un blâme sur des actes accomplis en dehors de la chambre.

Ailleurs, un esprit de vertige vraiment extraordinaire commettait un abus de pouvoir et un excès de calomnie en imaginant de représenter, atteint d'une aliénation mentale, un conseiller à la cour de cassation qui avait eu la franchise de s'exprimer très haut et en termes très vifs sur l'intention qu'on avait de citer à la barre de la cour M. Defontaine, juge suppléant à Lille, et pélerin de Londres. Le *National* racontait à cette époque comment après avoir voulu empêcher M. Madier de Monjau d'aller en députation aux Tuileries le jour du premier de l'an, celui-ci fut regardé encore comme assez déraisonnable pour qu'on ne lui laissât pas devant le trône le libre usage de son bâton de vieillesse :

« Le magistrat complimenteur se présente donc, appuyé comme à l'ordinaire sur une canne, — notez bien ce point-ci, — sur une canne, dont ses douleurs rhumatismales lui ont rendu depuis longtemps le secours indispensable. Or, au moment où il allait pénétrer dans le salon royal, un aide-de-camp vint le sommer de se séparer de son menaçant bâton. Nous laissons à juger de la surprise du conseiller. En vain affirme-t-il que depuis douze ans sa canne avait passé devant le *roi* sans éveiller l'inquiétude, force lui fut, malgré tous ses protestations, de déposer l'arme dont il était muni : « Mainte-
« nant, s'écria-t-il alors en s'adressant à l'aide-
« camp, il ne vous reste plus, monsieur, qu'à
« faire un rempart de votre corps à Sa Majesté,
« quand je passerai devant elle. » Cela dit, il entra en boîtant, mais la monarchie fut sauvée.

« On le voit, cette scène de frayeur, ces précautions puériles ne sont rien autre chose que la continuation des mêmes manœuvres. En proscrivant la canne du magistrat, on s'inscrivait en faux non seulement contre les paroles prononcées à la cour de cassation, mais encore, et surtout contre les révélations que peut lui arracher plus tard le cri de sa conscience. Cette terreur jouée est d'une habile mise en scène ; mais, par malheur, le public, averti par la presse, ne sera pas dupe de la comédie, et pourrait bien siffler les auteurs avant le dénouement. »

Cette affaire amena un grand scandale et de vives récriminations, surtout de la part de l'insulté qui, dans une lettre excessivement énergique confondit un odieux mensonge et répandit dans le camp ministériel la terreur, qu'il a depuis laissée suspendue sur lui comme l'épée de Damoclès.

Une autre circonstance vint encore augmenter les embarras du pouvoir. Les jeunes gens des écoles allèrent en grand nombre féliciter M. Laffitte sur son fameux discours, dont l'effet se propageait dans les masses : ils lui adressèrent une harangue très animée, et contenant l'expression d'un mécontentement, d'un dégoût et même d'une indignation bien en rapport avec les mémorables paroles de M. Laffitte à la tribune. Il leur répondit :

« Messieurs,

« Je suis touché des sentiments que vous me témoignez, et je vous en remercie.

« Votre patriotisme, votre intelligence et votre courage me sont connus depuis longtemps ; et peut-être n'avez-vous pas oublié que, malgré les clameurs qui dominent aujourd'hui, j'ai su rendre à vos services et à votre dévouement d'une autre époque une éclatante et solennelle justice.

« La révolution de juillet avait alors la parole! elle l'a perdue depuis par l'ingratitude des uns, par l'incurie des autres, et vous savez comment on écoute ceux qui sont restés fidèles à ses promesses et à ses engagements. J'ai rappelé à la chambre sa responsabilité en face des périls qui nous menacent et de la corruption qui nous avilit ; la chambre n'a pas voulu me comprendre.

« Quant à moi, messieurs, je suis plus près de la tombe qu'aucun de vous de son berceau ; mais jusqu'à la fin je ferai mon devoir, et mon cœur, je vous le jure, ne cessera jamais de battre pour la liberté et le bonheur de la France. »

La situation était déjà fort grave ; on va voir comment elle vint encore se compliquer.

Le voyage de Londres devenant de plus en plus le cauchemar des ministres, ceux-ci ne connurent plus de bornes, et après avoir destitué encore M. Emile de Kermenguy, maire de Saint-Vougay (Finistère), M. Armand de Bonneval, maire de Thaumiers (Cher), M. Amador de la Porte, maire de Chalivoy-Milon (Cher), le vicomte de Chazelles, maire de Ravenel (Oise), M. du Plessis, maire de Neufmoustier (Seine-et-Marne), M. Septime de Villeneuve, maire de Ballan (Indre-et-Loire), le marquis d'Espeuilles, maire dans le département de Vaucluse, ils tournèrent leur fureur contre d'autres pélerins de Belgrave. M. Flatters, sculpteur plein de talent, fut rayé du budget des finances pour avoir fait un buste du prince. M. Lefranc, coupable d'avoir rempli un devoir envers son royal élève, en allant le saluer dans l'exil, se vit enlever une pension de cinq cents francs qu'il recevait à titre d'agrégé de l'Université. Bien plus, un estimable commerçant du département du Nord, M. Lernout, marchand à Flêtre, s'étant rendu aussi à Londres, on lui retira *son débit de tabac!*... C'est à de pareilles pauvretés que l'on avait recours pour se venger. Qu'en arriva-t-il ?

L'irritation générale fut promptement à son comble; une déplorable désorganisation s'ensuivit dans les communes auxquelles leurs chefs municipaux étaient brutalement arrachés. Cette mesure pouvait non seulement avoir pour effet de priver des localités du concours actif et puissant des principaux propriétaires, mais de dégoûter ceux-ci de toute espèce de participation aux intérêts que seuls souvent ils sont à même de servir, et déjà beaucoup de maires, se regardant comme solidaires de la conduite de leurs collègues, songeaient à donner leur démission. L'un d'eux n'hésita pas, et, dans un premier moment d'indignation, il adressa par le journal l'*Orléanais*, la lettre suivante au préfet :

« M. le préfet,

« Le gouvernement a cru devoir retirer sa confiance à ceux de mes collègues qui ont eu le bonheur de se rendre auprès de Mgr le duc de Bordeaux. J'y étais aussi... de cœur. Je suis dans la même catégorie; je ne veux pas renier mes principes. J'encours la même disgrâce, et, dès ce moment, je ne suis plus maire de la commune de Darvoy.

« Comte DE JOUFFREY,
« Chevalier de Saint-Louis. »

Heureusement les royalistes aiment leur pays avant tout, et les victimes de la destitution témoignèrent hautement de leur dédain et de leur pitié, en redoublant d'efforts pour se rendre utiles, en augmentant leurs bienfaits, et par conséquent les regrets qu'ils avaient causés et causent encore.

Sur ces entrefaites, M. Defontaine, assisté d'un des hommes les plus honorables, et des jurisconsultes les plus érudits, M. Mandaroux-Vertamy, avocat à la cour de cassation, comparut devant la cour. M. Defontaine est un ancien notaire de Lille, où il a exercé sa profession depuis 1811 jusqu'à 1830. En 1821, il fut nommé membre du conseil municipal. Juge suppléant depuis 1823, il fut nommé chevalier de la Légion-d'Honneur en 1829. En 1833, ses concitoyens l'appelèrent au conseil-général du département du Nord, où il a siégé pendant neuf ans. En 1843, il a été réélu de nouveau pour neuf autres années.

Il n'a jamais rempli que des fonctions *gratuites,* parcequ'il n'en a jamais ambitionné d'autres. Sa vie entière a été consacrée à de bonnes œuvres. Il fut, malgré tout cela et uniquement parcequ'il avait été à Londres, condamné à la censure avec réprimande, et le réquisitoire plein d'aigreur et de violentes imputations prononcé à huis-clos par le procureur-général Dupin, fut dès le lendemain publié, tandis que la belle défense de M⁰ Mandaroux-Vertamy n'eût pas le même avantage.

Il est difficile de comprendre que M. Dupin recherche avec tant d'empressement les occasions de requérir, surtout en pareille matière, lui à qui la mission d'accuser doit aller fort mal, qui doit être péniblement oppressé sous le poids de ses fonctions, de sa toge et même de son gros traitement, si l'on en croit du moins ce qu'il disait avec tant d'apparente bonne foi et de chaleur, il y a quinze années :

« Quel est l'avocat qui ne s'estime heureux
« de n'avoir jamais été qu'avocat défendant les
« *malheureux de tous les temps, les victimes de*
« *tous les partis, se mettant sur la voie de tous les*
« *principes, combattant toutes les injustices,* pro-
« clamant toutes les vérités utiles, et se décla-
« rant le protecteur de tous les droits, de tous
« les intérêts, de toutes les libertés ? Rappellons-
« nous les fortunes diverses de ceux qui ont
« quitté leur profession pour se jeter dans le
« tourbillon des affaires publiques ; interrogeons
« ceux qui, ayant vécu dans leur intimité, ont
« pu surprendre le secret de leur cœur ; et de-

« mandons à ces superbes déserteurs de notre
« ordre s'ils n'ont jamais éprouvé le regret de
« l'avoir quitté? »

Cependant M⁰ʳ le duc de Bordeaux continuait son voyage; comme en Écosse, les châteaux lui étaient offerts sur sa route, et les populations lui manifestaient une vive sympathie.

On lisait dans le *Morning-Post* du 1ᵉʳ janvier :

« Hier matin, S. A. R. M⁰ʳ le duc de Bordeaux est parti de Clifton pour le Devonshire, avec les gentilshommes de sa suite.

« Jeudi dernier, il y a eu une brillante soirée chez le marquis et la marquise de Sommery, en l'honneur de l'illustre prince. S. A. R. est arrivée quelques minutes après le diner. Après le concert, il y a eu bal. Monseigneur a dansé avec Mlle de Sommery. »

Des fêtes superbes lui étaient données par les propriétaires des environs. Sans doute il se montrait flatté de ces touchants témoignages, mais c'était toujours les manufactures, les ateliers qu'il se plaisait à visiter, afin d'acquérir partout où il passait de nouvelles connaissances, et de se tenir mieux au courant des divers procédés de l'industrie, de la situation du commerce, et surtout du sort des ouvriers, auxquels il aimait à demander des renseignements et des détails.

Henri de France était dans le voisinage de Lullworth, ce lieu où, pour la première fois, il avait fait l'apprentissage de l'exil. Il voulut l'aller revoir, et surtout saluer la vénérable famille Weld, qui, douze années avant, offrit une noble hospitalité à Charles X. En retrouvant les souvenirs de son enfance, si bien gardés par ses hôtes, le prince montra l'exquise sensibilité de cœur qui se joint, chez lui, à une grande fermeté de caractère.

Il se rendit ensuite à une invitation à déjeuner au château de Candford, chez lord Mauley, il passa à Neuwforest et à Southampton, et arriva le soir à Portmouth. Il fut agréablement surpris d'y trouver plusieurs Français, parmi lesquels on remarquait MM. F. de Kercaradec, Georges de Cadoudal, fils du colonel de ce nom et neveu du célèbre Georges, M. le vicomte de Saisy, M. Charles de Gouvello, M. de Mirabeau, M. Tancrède Guerry de Beauregard, neveu de M. le général Auguste de La Rochejaquelein, MM. le comte Charles de La Rochefoucauld, le comte d'Erm, de Bellenave, de Cussy, Arnoux-Rivière, le marquis de Piis; M. de Blou, fils d'un ancien commandant de la garde royale; le vicomte de Gaigneron; MM. de Maupas, Le Rebours, le comte de Lapanouse et le comte Arthur de Lapanouse, le vicomte de Gérés, le docteur Delaunay ; MM. les comtes de Chazelles père et fils, MM. Ferdinand Bouczo, de Kermoysan, Charles et François Dondel de la Faoudic, Obet, Odilon de Lar de Régoulière, Théodore Muret, l'auteur des *Souvenirs de l'Ouest* et l'historien si populaire de la vie et des voyages de Henri de France ; M. Henri Cathelineau, digne petit-fils et fils des deux Cathelineau, celui qui peu de jours après la mort de son père, vit passer près de lui son meurtrier, le lieutenant Regnier qui, à la tête d'une escouade, cherchait à faire de nouveaux prisonniers. C'est de lui que Me Janvier a dit, en plaidant pour M. le marquis de Civrac :

« Un des fils de Cathelineau, un de ses en-
« fants que la destinée paternelle aurait dû
« protéger, et que la justice de l'Ouest n'a pas
« épargné, a subi la vue du meurtrier de son
« père, et à son aspect il s'est senti tressaillir. Il
« s'est demandé un instant s'il n'y avait pas une
« justice supérieure à la justice sociale, et si de
« par cette loi naturelle le bras d'un fils ne
« pouvait légitimement s'armer pour venger la
« mort de son père, si en pareil cas la repres-
« saille n'était pas sacrée, et s'il n'y avait pas
» lieu d'appliquer la loi terrible mais équitable

« qui dit : *le sang pour le sang*. Oui, ces pen-
« sées d'une vérité profane ont traversé la cons-
« cience du fils de Cathelineau ; mais il s'est
« souvenu des préceptes et des exemples pater-
« nels ; le sentiment chrétien a prévalu, et il
« s'est écrié : *Au nom de mon père, puisse Dieu*
« *pardonner à Regnier comme je lui pardonne*
« *moi-même!*..... Que le lieutenant Regnier ap-
« prenne ces sublimes paroles, et ce sera assez
« pour sa punition!...... »

Un autre visiteur fut distingué, comme il devait l'être, par M. le comte de Chambord, c'était M. Battur, avocat à la cour royale de Paris, auteur des *Traités des priviléges et hypothèques du droit politique et de diplomatie; De la Communauté de biens entre époux; Du Régime dotal*, qui travaille en ce moment encore à un grand ouvrage de *la Législation et la Jurisprudence comparées*, et vient de faire paraître un remarquable travail sous le titre : *De l'indépendance et des rapports nécessaires de l'Église, de l'État et de l'Enseignement public*. M. Battur était, en 1829, chef de la librairie et de l'imprimerie, et prépara les travaux et réglements qui pouvaient en assurer la garantie et le libre exercice. En 1830, il s'occupait de la réorganisation de toute la partie administrative de la capitale, relative au commerce, aux approvisionnements et à la navigation ; il rentra au barreau en 1832. Il a combattu, par une série d'articles insérés dans la *Quotidienne*, les ordonnances qui avaient mis Paris en état de siége, et les principes développés dans ses énergiques discussions furent sanctionnés par le mémorable arrêt de la cour de cassation qui annula ces ordonnances. Il a défendu les Suisses arrêtés dans la Vendée, et les accusés dans l'affaire de la rue des Prouvaires; et il soutint alors cette thèse relative à la définition du complot et de l'attentat, qui a été si utile depuis dans les nombreux procès politiques. En 1833, il a réclamé énergiquement contre la séquestration de S. A. R. *Madame* à Blaye, et s'est constitué, avec un grand nombre d'hommes honorables, partie civile contre les auteurs de cette mesure, qui cessa quatre mois après. Le 13 février 1834, il défendit M. le comte Florian de Kergorlay devant la cour d'assises, près de Me Berryer, qui parlait pour la *Quotidienne*, et fut d'une grande logique, surtout en ce qui concerne le serment électoral.

Le prince s'empressa de le recevoir en audience particulière et eut avec lui un long entretien sur les hautes questions d'économie sociale, agricoles et commerciales, de crédit foncier, et sur tout ce qui regarde les masses. M. Battur fut vivement frappé de la lucidité avec laquelle le prince s'exprimait sur ces matières difficiles, et de la profondeur de ses études comme de ses pensées, relativement à ces sujets si divers. Le prince l'invita à dîner et en outre à l'accompagner dans les excursions maritimes pour lesquelles l'amiral Parker fut son guide, et à la soirée qui lui était offerte par le major-général Packenham. La fête fut charmante, tous les Français y avaient été conviés, l'air *Vive Henri IV* retentit au moment où le prince arrivait à l'hôtel. Le major-général vint, avec son état-major, le recevoir au pied de l'escalier, et lui rendit les plus grands honneurs.

A Brigthon, M. le comte de Chambord eut aussi une magnifique réception chez le duc et la duchesse de Sommerset, *à Eastern-Terrace*. Après le concert, on se souvint que c'était la fête des Rois, et un gâteau fut apporté. Cette fois le sort parut fort juste, ce n'était pas, il est vrai, madame la duchesse d'Orléans qui, comme le 6 janvier 1830, avait nommé Roi *Bordeaux*. On s'exprimait ainsi alors en l'embrassant...

Plus tard, Mgr le comte de Chambord se rendit à Deptford, où sir John Hill lui fit voir en détail l'arsenal de la marine, la préparation de toutes les provisions de bouche, en un mot tout ce qui concerne les besoins des vaisseaux de guerre et des hôpitaux militaires. Il visita les docks, les ateliers de corderie, de tonnellerie, où se confectionnent les cables, les cordages, etc., Après une collation servie chez lady Hill, le prince, dans le canot de sir John Hill, est allé à l'hôpital royal de Greenwich, d'où les astronomes le conduisirent à l'observatoire, puis le capitaine Calyell et le lieutenant Tucker l'ont mené à l'école de marine consacrée aux jeunes enfants, surtout aux fils des matelots invalides qui sont placés sous les yeux de leurs pères auxquels sans cesse ils rappellent leurs immenses navigations.

Après avoir couché à Wolwich, le prince a parcouru les arsenaux de l'artillerie de la marine, conduit par le commandant de l'arsenal sir Hew Ross et les colonnels Dundas Cockburn et Lacy, et le capitaine Frazer. Il a beaucoup questionné ces messieurs, qui lui ont donné toutes les indications qu'il recherchait. A la suite de cette grande exploration, un *luncheon* a été offert, et Mᵍʳ le duc de Bordeaux s'est montré charmé de l'accepter à la table commune des officiers, où il a continué à demander des renseignements nouveaux sur tout ce qui avait passé sous ses yeux attentifs. Il s'est arrêté avec un visible intérêt à l'école des ingénieurs, exclusivement consacrés à la direction des machines à vapeur sur les bâtiments de l'État, puis il a observé encore le vaisseau où sont détenus les condamnés, occupés durant le jour aux travaux de l'arsenal, et il a hautement exprimé son admiration pour la merveilleuse tenue de ces divers établissements.

De retour à Londres, Mgr le duc de Bordeaux a trouvé quelques nouveaux arrivants et aussi plusieurs de ses anciens visiteurs qui l'avaient attendu, entre autres M. et mademoiselle de Vroïl, envers lesquels il se montra d'une gracieuseté parfaite.

Tout à coup ses projets de voyages plus lointains furent rompus par la nouvelle de la maladie de son oncle, l'auguste époux de Marie-Thérèse. Il se disposa à partir avec ses compagnons habituels, MM. le duc de Lévis, le comte Auguste de La Rochejaquelein, le duc des Cars, le général Brèche, M. Villaret de Joyeuse, M. Barrande. Il donna un dîner d'adieu aux Français. C'étaient alors MM. Ferdinand de la Laurencie, Jules Robillard de Magnanville, James Revier de Mauny, de la Haye Saint-Hilaire, Maurice de Longevialle, Charles Loviste de Montbrian, Pont-Briand de la Caunelaye, Fournier de Bellevue, Louis de Parcevaux, etc.

Il reçut d'un ancien sous-officier de la garde royale, M. Rivard, une fort belle peinture sur porcelaine, représentant une visite que Mᵍʳ le duc de Bordeaux avait faite, en mai 1830, à l'un des postes du régiment de la garde royale, le 4ᵉ (je crois), dans lequel il servait. On sait que, dès sa plus tendre enfance, il apprenait l'exercice avec ses jeunes compagnons, qui, comme lui, portaient l'uniforme. Parmi ceux-ci étaient MM. de Bourbon-Busset, frères jumeaux, fils d'un lieutenant-général, et petits-fils de l'ancienne gouvernante des enfants de France, madame la duchesse de Gontault. Le prince, en les voyant à Belgrave, eut grand plaisir à retrouver ses anciens frères d'armes, et à leur parler du passé.

Je joins ici aux noms des nouveaux venus ceux que, faute de renseignements exacts, je n'ai pu placer dans leur ordre de présentation à Belgrave. MM. le marquis de Séneroy, le comte du Temple, le comte de Vauvineux, le marquis et la marquise de la Rochefontenille de Champigny, M. Hollande, négociant à Londres, M. E. de Montenot, MM. Louis et Stéphane de Merval, Laugier de Villards, Louis de Fontaine, le comte de Lastic, M. Amédée d'Espinay-Saint-Luc, ex-capitaine aux grenadiers à cheval de la garde royale, le comte de Lascours, M. Mélin d'Occoches, le comte de Butler, M. Hervey, le baron de Bar, M. Antonin Roche, le comte de Drouet, le marquis de Creuse, le marquis et la marquise de Champagny, M. de la Boussinière, M. de Bellangreville, le vicomte de Breil de la Caunelaye, le baron Albert de Bray, le comte d'Anglade, le comte Paul d'Armaillé, M. de Julien, le baron de l'Espinay, le marquis et le comte de Saint-Amans, M. Sartoris, le baron de Roubin et M. Amédée de Roubin, le marquis de Balleroy, le vicomte de Janville, M. de Nouël, le comte de Maupou, le comte et le vicomte de Jumilhac, le comte de Hautvel, M. Houdin, MM. de la Villéon, C. de Wendel, etc., etc.

J'ai certainement oublié beaucoup de noms, et je le regrette très sincèrement, car j'aurais été heureux de les consigner tous. Cependant je n'ai pas la prétention d'avoir fait un livre d'or, et ceux qui par erreur, par omission, ou faute de renseignements, ne se trouvent point spécifiés dans mon onvrage, doivent être certains que je les confonds dans les appréciations auxquelles j'ai pu me livrer pour beaucoup d'autres. Tous, soit qu'ils portent des noms parlant d'eux-mêmes, soit qu'ils aient rendus des services dont je n'ai pu redire la nature, méritent les mêmes éloges, ont droit à la même gratitude, car les pélerins de Londres, quels qu'ils soient, ont eu non seulement pour but de rendre hommage à l'exil et à l'infortune, mais aussi de prouver leur amour pour la France à celui qui veut qu'avant tout on se préoccupe des intérêts de son pays.

Le prince s'embarqua pour Ostende, traversa Bruges, s'arrêta à Malines. Là le fils d'un des pélerins de Belgrave, M. Jules de la Basse-Mouturie, se rendit à l'hôtel. Le prince le fit entrer pendant son dîner, lui parla de son père, pour lequel il le chargea de ses souvenirs, ainsi que pour tous les habitants du Nord, surtout pour MM. Defontaine, Adalbert d'Hespel et de Vogelsang, contre lesquels venaient de s'exercer des réprobations ministérielles. A Aix-la-Chapelle, madame la vicomtesse d'Arlincourt, femme de l'illustre auteur du *Pélerin,* de l'*Etoile polaire et des Trois royaumes,* qui dans une récente circonstance avait charmé par ses lectures les soirées de l'exil, fut reçue par Henri de France avec une distinction toute particulière et bien due à celle qui exprimait si bien les sentiments chevaleresques de son mari.

Il est certain que si le Prince eût fait savoir qu'il passerait à Malines, ou même à Cologne, seulement douze heures, une immense quantité d'habitants du Nord, de la Picardie, de l'Artois, y seraient, grâce aux chemins de fer, accourus pour lui rendre leurs hommages.

Le 16, Henri de France arrivait à Cologne, et peu de jours après, son amour filial remplissait ses devoirs au chevet de l'héritier de Charles X...

XIV.

Discussion de l'adresse à la chambre des pairs. — Discours de M. le duc de Fitz-James. — Discussion à la chambre des députés. — La Flétrissure.

En France, l'agitation était toujours la même, et les débats de la chambre des pairs, à propos de l'adresse, amenèrent cette foudroyante lettre du noble duc de Fitz-James, au discours duquel M. Guizot s'était permis de faire une allusion à la fois dédaigneuse et inconvenante.

« Château du Tertre (Sarthe), 11 janvier 1844.

« Monsieur,

« Vous m'avez indiqué, vous m'avez attaqué à une tribune que je ne peux pas aborder pour me défendre. Il ne me reste pour vous répondre que la voie de la presse; et encore, voulant donner à cette lettre toute la publicité possible, dois-je, par égard pour les journaux royalistes sous les coups de vos saisies, m'arrêter devant les lois de septembre et ne pas vous parler ici avec toute la netteté et la franchise qui conviennent à mon caractère. Je pourrais, monsieur, vous accabler sous le poids de votre passé! Mais à quoi bon? N'avez-vous pas déjà écrites sur le front, en caractères ineffaçables, ces paroles de notre grand orateur : *Cynisme des apostasies?*

« Dans votre réponse à MM. de Richelieu et de Vérac, vous avez, selon votre habitude, entassé sophismes sur sophismes.

« Vous avez parlé de scandale, à propos de certaines paroles prononcées par moi; vous avez osé dire qu'il y avait eu, de la part des royalistes, *oubli des devoirs du citoyen!*

« Ma réponse est bien facile. Si j'ai violé les lois de mon pays, pourquoi ne m'avez-vous pas fait traduire devant un tribunal?

« Il en est temps encore, monsieur; osez, je suis prêt. Faites-moi comparaître devant douze jurés français; là je m'expliquerai. Là, en présence peut-être d'une condamnation, ma voix ne faiblira pas, et je répéterai à la face de mon pays les paroles que j'ai prononcées à Belgrave-Square !

« Vos menaces imprudentes ne sauraient m'effrayer. J'ai fait ce que l'honneur me disait de faire. Vous ne me ferez pas reculer, monsieur ; vous ne me ferez pas saluer ce que je ne veux pas saluer ; vous ne me ferez pas respecter ce que je ne dois pas respecter.

« Si vous connaissiez l'histoire de ma famille, vous sauriez qu'il n'y a que le bourreau qui puisse nous faire courber la tête.

« J'attends, monsieur, et j'ai l'honneur de vous saluer.

« Duc DE FITZ-JAMES. »

On ne peut imaginer l'effet que cette lettre produisit dans Paris. On s'attendait généralement à voir le loyal duc de Fitz-James cité devant la cour des pairs ; mais M. Guizot préféra rester sous le coup de ce solennel défi.

La discussion fut orageuse. Dès que les mots *manœuvres criminelles,* placés dans un paragraphe, furent prononcés, M. le duc de Richelieu est monté à la tribune :

« *Je suis resté dans mon devoir et dans mon droit,* » a dit le noble pair, et il a ajouté : « Une occasion s'est offerte d'aller dans un pays voisin exprimer à Mᵍʳ le duc de Bordeaux *des sentiments dont je m'honorerai toujours;* j'en avais la liberté, j'ai cru que c'était un devoir pour moi.

« Si l'on voulait, s'est-il écrié, appliquer à ce qui s'est passé hors de cette enceinte l'expression de *manœuvres criminelles* que je lis dans l'adresse, ce serait devant la cour des pairs seule que je répondrais. »

Cette déclaration nette et ferme n'a rencontré aucun contradicteur. Mais au moment où le paragraphe allait être mis aux voix, **M. le marquis** de Vérac en a demandé la suppression, comme contraire à la dignité de la chambre et à l'indépendance de ses membres. Le noble orateur a motivé son opinion avec une franchise éloquente et une loyauté qui partait de la conscience. Il a rappelé qu'en 1830, Mᵍʳ le duc de Bordeaux, *ce royal enfant, héritier du trône par sa naissance et par la charte que son auguste aïeul avait donnée aux Français,* s'est trouvé enveloppé dans l'exil de sa famille, et jeté sur la terre étrangère.

M. de Vérac demanda quel était le crime de cet enfant? quel reproche on pouvait lui adresser? « La Providence, s'est-il écrié, a conservé ce royal enfant; elle en a fait un homme! » Puis, il montra Mᵍʳ le duc de Bordeaux arrivant en Angleterre, ayant à ses côtés un homme de génie que tous les partis s'accordent à considérer comme une des premières gloires de la France. Après M. de Châteaubriand sont accourus deux ou trois mille Français de toutes les conditions sociales, pour présenter leurs hommages au jeune prince exilé. Peut-on voir dans cette réunion une manœuvre criminelle?

M. de Vérac peignait le voyage de Londres comme la réunion des plus nobles sentiments auprès de la plus majestueuse infortune, et l'accent de conviction et de vérité qui éclatait dans chacune de ses pensées produisait dans l'assemblée une impression d'embarras, d'étonnement et de regret mal dissimulé.

M. Guizot s'est cru obligé de détruire l'effet de cette protestation pleine de calme et de dignité. Évidemment M. Guizot était mal à l'aise, il voulait se montrer sévère, et il craignait de l'être pour lui-même, il redoutait pour son propre compte l'effet de ses paroles. Aussi s'est-il contredit à chaque mot.

Le voyage de Londres, à l'entendre, n'a aucune importance ni aucun danger, mais il y voit un scandale. Le gouvernement n'en redoute point les conséquences, mais il s'adresse à tous les cabinets, et c'est à sa prière que la reine d'Angleterre n'a pas reçu Mgr le duc de Bordeaux. Tous les Français qui ont visité le prince ont oublié leur dignité et leur qualité de citoyen du jour où le prince s'est transformé en *prétendant déclaré*. Néanmoins le gouvernement n'en a conçu aucun ombrage. A ses yeux, le voyage de Londres est une *frivolité* et une *imprudence*. Toutefois il y a eu oubli de cette obéissance si nécessaire aux lois; il y a eu un grand mal dans ce qui s'est passé. Il ne faudrait pas beaucoup de tentatives de ce genre pour réveiller les vieilles animosités des partis et les vieilles passions révolutionnaires.

Au milieu de ces contradictions, M. Guizot a fait une dissection du *parti légitimiste,* qu'il croit composé de gens honorables, mais n'ayant pas la force de résister *aux brouillons.* C'est dans l'intérêt même de ce parti, et afin que *la queue ne mène pas la tête,* que le gouvernement prendra à l'avenir toutes les mesures qui pourront assurer le repos de la France et du parti lui-même.

M. Guizot s'est péniblement traîné de contradiction en contradiction, mais sa parole lourde et voilée trahissait une sorte de combat intérieur entre les souvenirs du passé et le besoin d'éluder une situation gênante.

M. le marquis de Boissy a immolé sans pitié

M. Guizot avec une franchise qui lui a porté bonheur. Il a été incisif, spirituel, mordant. Sa raillerie a été tantôt fine et acérée, tantôt acrimonieuse et poignante. Jetant les yeux sur cette assemblée, qui est la collection vivante de tous les serments prêtés depuis cinquante ans, il s'est modestement excusé de n'en avoir, grâce à son âge, prêté encore que deux.

M. de Boissy, élevé à la pairie par le gouvernement actuel, n'a point fait le voyage de Londres, mais il a déclaré n'y avoir vu autre chose qu'un hommage de respect et de reconnaissance *à l'aîné de la maison de Bourbon, de la plus glorieuse maison de France.*

M. de Boissy mit en parallèle ce voyage avec le voyage de Gand, et on ne saurait exprimer dans quelle position il a placé M. Guizot par ses allusions à brûle-pourpoint. Cette fois M. le ministre des affaires étrangères n'a pu trouver une parole pour répliquer; il est resté sous ce coup de massue.

M. Pasquier, qui interrompt d'ordinaire M. de Boissy, l'a laissé épuiser sa verve sur M. Guizot. D'où vient cette indulgence? Aurait-il craint que la mémoire de l'orateur remontât jusqu'au temps où M. Pasquier, ministre des affaires étrangères de Louis XVIII, proclamait les *Bourbons éternels?*

M. le duc de Nemours assistait à cette séance à côté de M. le duc Decazes.

M. Decazes était impassible.

Ainsi cette discussion a tourné contre ceux qui ont eu la mauvaise pensée de la provoquer. Notre pays, malgré la lutte des passions contraires, a toujours eu l'instinct des sentiments généreux. Les apostasies et les trahisons soulèvent son mépris et son indignation. Les sophistes peuvent nier la vérité, mais la vérité, comme le soleil, dissipe les nuages et brille à tous les yeux.

De toutes parts la presse indépendante lança ses appréciations plus ou moins sévères sur les prétentions du Luxembourg. Le *Charivari* disait :

« Puisqu'il est convenu, d'après la judicieuse observation de M. de Boissy, qu'aujourd'hui la vie se mesure aux serments prêtés, on ne dira plus de tel ou tel personnage politique : « Il a
« vécu soixante ou quatre-vingts ans, mais
« il a vécu deux cent soixante-quinze ou trois
« cent quatre-vingt-treize serments. »

On regretta vivement, dans cette circonstance, la maladie de M. le marquis de Dreux-Brézé, qui d'ordinaire, avec M. le vicomte du Bouchage et M. le duc de Noailles, fait si utilement intervenir l'autorité de sa parole.

Au Palais-Bourbon l'orage se préparait, et le paragraphe de M. le duc de Broglie à la chambre des pairs, était dépassé.

« *La conscience publique,* y est-il dit, *flétrit de coupables manifestations ; notre révolution de juillet, en punissant la violation de la foi jurée, a consacré chez nous la sainteté du serment.* »

Flétrit! Dès le premier jour, ce mot produisit un effet inénarrable. Aussi quand vint la discussion générale, le 15 janvier, les orateurs royalistes ne voulurent-ils pas rester sous le coup de ces insultantes expressions. Je crois devoir reproduire ici en entier ce mémorable débat. On a dit, je le sais, qu'en cette occasion M. Berryer n'avait pas été aussi éloquent que de coutume; et pourtant, son discours est fort remarquable sous tous les rapports. S'il n'eût pas été interrompu par de grossières plaisanteries ou d'ignobles clameurs à dessein réitérées, il eût certainement produit une grande sensation. Il faut reconnaître, en outre, que la supériorité de M. Berryer se manifeste surtout dans la réplique; aussi, dans ses habitudes de stratégie parlementaire, ne prend-il d'ordinaire la parole qu'en dernier lieu, afin de battre son adversaire avec ses propres armes, de le terrasser et d'anéantir tous ses arguments. Enfin il faut songer aux immenses difficultés de la position d'hommes qui parlent la langue du devoir et de l'honneur comme leur langue naturelle, devant des gens décidés à ne pas admettre qu'on persiste dans ses convictions, et qu'on reste fidèle à ses principes. En relisant les discours des députés royalistes, on trouvera qu'ils sont un beau monument historique, et que M. Berryer a traité cette question aussi bien qu'il pouvait le faire, arrivant le premier, et ayant, au lieu de réfuter des accusateurs, à exposer, à expliquer les motifs d'une conduite sur laquelle, à l'avance, les centres avaient l'ordre de ne rien entendre et de vociférer leur fureur.

Voici le récit de cette séance :

M. BERRYER. Messieurs, j'ai demandé la parole pour un fait personnel, parceque le paragraphe, le plus grave peut-être de l'adresse, s'applique évidemment à moi et à ceux de mes collègues qui, en obéissant aux sentiments de tous, à la pensée commune à tous, ont pu faire, ainsi que moi, dans ces derniers temps, le voyage d'Angleterre.

Je demande la parole à l'ouverture de la discussion, parceque vous comprenez, après avoir lu le projet d'adresse, qu'il ne nous est pas possible d'assister un moment sur ces bancs à la discussion de la proposition qui vous est faite...

Une voix au centre. — Eh bien, allez-vous en !... (Violentes exclamations.)

A droite et à gauche. — A l'ordre ! à l'ordre !

M. Berryer et M. le président parlent au milieu du bruit.

A gauche, avec force. — A l'ordre ! à l'ordre l'interrupteur ! (Vive agitation.)

M. LE PRÉSIDENT. Je profiterai de cette occasion pour rappeler à la chambre combien il importe que, dans un débat aussi grave, tous les orateurs soient entendus avec calme et avec attention. Le président saura maintenir les droits de chacun et faire respecter la liberté de la tribune.

A gauche, avec force. — A l'ordre ! à l'ordre ! celui qui a fait l'interruption.

M. LEDRU-ROLLIN. — Qu'il se nomme donc le membre qui a dit cela !...

M. HORTENSIUS SAINT-ALBIN. — Il se cache !... (Oui ! Oui !)

M. LEDRU-ROLLIN. — C'est une lâcheté. (Agitation prolongée.)

M. LE PRÉSIDENT. Vous n'avez pas la parole.

M. BERRYER. Malgré l'interruption, je suis convaincu, et tous les membres de la chambre comprennent que nous ne pouvons rester un moment sur nos bancs pendant la discussion de l'adresse, sans donner des explications à la chambre. Je vais les donner brièvement, complétement et pour toujours, messieurs, car il s'agit ici de nos droits et de la dignité de notre situation dans le pays et dans la chambre.

Je compte désormais sur le silence de la chambre dans une question de cette nature. Je parlerai avec toute la modération dont votre attention même me fera une loi.

On vous demande, messieurs, de nous appliquer les mots de *flétris* et de *coupables*. Que ferait-on de plus à l'égard d'hommes convaincus d'un crime ? Je m'étonne, je l'avoue, que parmi les membres qui ont proposé une telle rédaction, il n'en soit pas un qui soit venu déposer à cette tribune une proposition pour autoriser des poursuites contre nous.

On fut plus généreux pour moi, messieurs : en 1832, on demanda contre moi la peine de mort, et pas une voix ne s'éleva pour flétrir ma conduite avant qu'il y ait été régulièrement statué. (Très bien.)

Messieurs, je le comprends, on me dira que dans les circonstances dont il s'agit, les faits échappent à de telles accusations. Il est, je le sais, des devoirs d'honneur, de loyauté, imposés à un député, et qui peuvent être méconnus, qui peuvent être violés sans que cependant il y ait lieu d'appliquer le code pénal. Mais quand on demande à des membres de la chambre, à une commission, de prononcer un blâme contre quelques-uns de ses collègues, je vous le demande, était-ce obéir à ces devoirs de loyauté, était-ce obéir à toutes les convenances au moins de ne pas nous appeler au sein de la commission pour donner quelques explications. (Mouvement.)

Est-ce qu'on n'attend pas des paroles sincères? Et qu'a donc été notre conduite depuis treize ans? Jamais avons-nous nié nos sentiments, nos pensées, nos convictions, nos principes? En aucun temps et dans aucune assemblée, y a-t-il eu une minorité qui parlât en toute occasion plus ouvertement, plus sincèrement que nous? Nous vous avons donné pendant treize ans assez de gages de cette sincérité... (bruit) qui, après tout, était pour nous-mêmes un devoir. Elle nous était commandée parceque nous savions que, si nous devions au pouvoir, au pouvoir établi, une entière soumission aux lois, nous devions aussi à ceux qui nous ont envoyés la fermeté consciencieuse de garder et de défendre les principes et les sentiments qu'ils connaissent en nous, qu'ils honorent en nous, et dont, avec leur autorité irresponsable, ils ont voulu que nous fussions ici les représentants et les organes. (Rumeurs diverses.)

Messieurs, je voudrais pouvoir répondre à chaque interruption; mais, vous le comprenez cependant, je ne peux pas faire tout à la fois; veuillez m'entendre, écouter des explications complètes; je les ferai dans des termes tels qu'ils doivent et puissent être entendus de vous. Écoutez-les, je ne manquerai de répondre à rien.

Je le répète, notre loyauté, notre sincérité depuis treize ans est connue; nous en avons donné des gages constants dans toutes les occasions. On pouvait nous appeler; avant qu'on employât un tel langage à notre égard, nous avions au moins le droit d'être entendus sur les faits, sur cette démonstration dont on parle; avant qu'on jetât sur nous ce mot de *flétrir*, nous avions le droit de donner des explications.

Notre conduite depuis treize ans, notre loyauté, je le répète, est fondée avant tout sur la conscience que nous avons de notre propre droit, sur la sincérité, sur la vérité avec laquelle vous entendiez maintenir, garder pour tous, en ce pays, les principes en vertu desquels vous avez fait un changement de gouvernement.

Et, en effet, quelle est notre situation depuis treize ans ? Que s'est-il passé en 1830 ? Est-ce donc un changement de personnes ou une révolution de principes ? Oui, un grand principe politique a été victorieux d'autres principes. La lutte n'était pas nouvelle, messieurs. Depuis cinquante années bien des gouvernements se sont succédé en France; bien des principes, bases de gouvernements, ont été invoqués tour à tour; bien des hommes se sont consciencieusement, honnêtement, loyalement, sincèrement, dans l'intérêt du pays, attachés à tel ou tel principe politique qui a dominé tour à tour sur la France.

En 1830, messieurs, ces hommes de bonne foi, ces hommes persévérants dans une voie politique, étaient debout, ils étaient en face les uns des autres.

Je sais bien qu'il y avait là aussi les hommes du gouvernement de fait, je sais bien qu'à côté des hommes de principes, il y avait les hommes qui n'en ont pas, les hommes dont le propre est de n'avoir aucune foi politique, les hommes dont le caractère est de dédaigner les droits, les hommes pour qui les gouvernements sont parcequ'ils sont, parcequ'ils peuvent être tout ce qu'ils peuvent être ; les hommes enfin qui conduisent tous les gouvernements à quelque tyrannie. Ce n'est pas avec eux que je discute, mais avec les hommes de principe.

Qu'avez-vous fait, qu'avez-vous entendu, qu'avons-nous compris le jour où, en vertu de la souveraineté nationale, vous avez constitué le gouvernement nouveau, le jour où vous avez délégué cette souveraineté, le jour où vous avez voulu donner au pays la réalité du gouvernement des majorités ?

Eh bien ! ce jour-là, messieurs, nous, le parti vaincu, nous avons compris que nous pouvions rester au milieu de vous.

M. FEUILHADE-CHAUVIN. Je demande la parole.

M. BERRYER. Nous avons cru à la liberté telle que vous l'avez proclamée ; nous avons pensé que, dussions-nous rester à jamais sur les bases étroites d'une minorité, nous pouvions garder au milieu de vous nos convictions, notre foi politique, et entrer avec nos principes dans la discussion et dans l'examen des affaires du pays. C'est la liberté que vous proclamez, c'est le principe de gouvernement que vous avez posé, d'où, depuis 1830, tout découle ; c'est sur la foi de ce principe que depuis treize ans nous restons au milieu de vous.

Nous, messieurs, en particulier, qui sommes demeurés dans les chambres, nous ne nous étions attachés à un principe politique que parceque nous étions profondément convaincus que ce principe était utile, était nécessaire pour le développement intérieur de toutes les forces de la France, pour sa situation libre, grande et forte au milieu de l'Europe telle qu'elle est. Voilà la source de notre attachement à un principe politique : nous n'avons pas cru qu'après cette révolution nous dussions quitter le pays auquel nous sommes attachés, où nous avons dans le cœur les mêmes sentiments que vous.

(Mouvement.) Nous y sommes demeurés, et dans toutes les questions qui ont touché à nos libertés, à la dignité du pays, à sa position, au rôle qu'il pouvait jouer vis-à-vis des autres nations de l'Europe, nous avons parlé, et je ne crois pas que nous ayons trahi les pensées des hommes les plus dévoués à la dignité, à la grandeur de la cause nationale.

Oui, sans doute, nous avons défendu le gouvernement de la Restauration. Et pourquoi? parceque nous ne l'avions pas jugé comme vous; beaucoup d'entre nous ne l'avaient pas servi; mais si nous avions pensé de la nature, du caractère et de l'origine de ce gouvernement ce qu'en ont pensé beaucoup de ceux qui l'accusent, nous rougirions à jamais de l'avoir servi un seul jour. (Mouvement.)

Messieurs, il faut tout dire : notre action, quand notre position dans la chambre a été prise, résolus de la garder, l'ayant fidèlement gardée, notre action à nous, membres de la chambre, a été incessante ; je dois dire quelle elle a été. Et puisque je vous ai dit que je vous parlerais complétement, notre action incessante a été d'appeler tous nos amis politiques, tous les hommes de notre parti à prendre la même résolution que nous; nous avons compris qu'un grand parti, qu'un parti qui a des racines profondes dans le pays..... (dénégations nombreuses.) Permettez, je parle ici de la situation des hommes, et je dis qu'un parti qui compte dans son sein des hommes qui ont une situation grande, large, forte dans le pays, un tel parti, qui peut employer au bien public l'éducation et les loisirs que la fortune donne, dans notre opinion, ne devait pas plus émigrer à l'intérieur qu'au dehors, et nous l'avons conjuré, et nous avons agi incessamment pour le supplier de prendre la position que, sur la foi du pacte de 1830, nous avions cru devoir prendre avec honneur au milieu de vous, de se mêler aux affaires publiques, de se préoccuper des intérêts de la nation, de discuter les lois, de les améliorer, de travailler aux réformes utiles. Voilà, Messieurs, le zèle auquel nous avons convié par des efforts incessants nos amis politiques.

Ce n'est pas tout.

Messieurs, quand les événements ont éclaté dans le monde par la force et par la violence, il est tout naturel que les vaincus songent à employer les mêmes moyens. En d'autres temps le recours à la force a été presque toujours la raison du monde ; nous sommes en un temps, messieurs, dans un pays qui, après ce labeur de tant de révolutions successives, a compris qu'il y avait autre chose que les luttes à main armée, et que les luttes de l'intelligence pourraient conduire un pays à de bonnes, de solides et sérieuses solutions.

Il n'est pas aisé de persuader à un Français qu'il faut douter de l'épée ; nous cependant, persévéramment nous avons travaillé à déraciner toute pensée de recourir à la force, à de mauvais complots. (On rit.) Ne riez pas, messieurs, ne riez pas de ce qui dans d'autres temps a tant affligé le pays ; ne provoquez pas, par des dédains, des malheurs qui pourraient renaître. (Agitation.) N'insultez pas ceux qui se sont efforcés légalement de terminer de tels maux de leur pays, de ceux qui se sont réjouis le jour où l'un des noms les plus glorieux du temps très loin de nous, où malheureusement la France était armée, le jour, dis-je, où un de ces noms est venu s'asseoir dans cette enceinte.

Nous avons été satisfaits, et ce n'est pas, messieurs, un vain rôle que nous avons juré ; ce n'est pas un masque légal (rumeurs diverses), dont nous avons voulu couvrir les projets qui pouvaient être coupables. Non, non, nous avons été sincères, nous avons été loyaux, persévérants ; nous le serons encore. Et, messieurs, c'est avec ces sentiments qui sont, qui ont été et qui seront toujours les nôtres, que nous sommes allés en Angleterre..... (Au centre. Oh! oh!), comme nous étions allés à d'autres époques, depuis quatorze ans, soit en

Ecosse, soit à Prague, soit à Goritz, soit en d'autres lieux......
(Rumeurs.)

Messieurs, pourquoi le voyage d'Angleterre a-t-il un autre caractère à vos yeux que les voyages qui ont eu lieu précédemment auprès des princes exilés? C'est le concours plus nombreux des personnes qui s'y sont rendues. Eh bien, je dois dire, et c'est la vérité tout entière, je dois dire qu'il y a eu deux causes dans ce concours plus nombreux. La première, c'est que, dans ce pays de grande liberté, de grande publicité, chacun se trouve plus aisément persuadé qu'en s'y rendant il ne pouvait pas être accusé d'entrer dans des manœuvres secrètes, dans des machinations ténébreuses. (Mouvement.)

Il y a plus : Quel est ce pays, messieurs? Celui peut-être de l'Europe qui peut le plus systématiquement être étroitement lié à la politique du nouveau gouvernement en France ; ceux qui se rendaient en Angleterre échappaient du moins à ces vieilles suspicions de pacte, d'intelligence avec l'étranger, de provocation à l'invasion de la France par l'étranger. Voilà, je dis la vérité, j'exprime les sentiments de ceux que j'ai vus, voilà pourquoi un plus grand nombre de personnes se sont rendues en Angleterre.

Ici, je vous en conjure et je vous demande par grâce de nous accorder cet honneur d'avoir une suffisante intelligence, une appréciation des choses qui se passent dans notre pays, et de tout ce qui peut s'y accomplir, pour n'avoir pas à répondre à l'accusation d'avoir été en Angleterre dans le but d'y faire je ne sais quelle inutile et puérile intronisation, quelle sorte de déclaration d'avénement, quelle sorte de parodie de couronnement au fond d'un salon, dans une place de Londres.

Parlerai-je de ce qu'on a dit? que des hommes sérieux avaient été présenter une chambre des pairs composée d'un pair, ou une chambre des députés composée de deux députés. Ce n'est pas là ce qui s'est passé à Londres : ce qui s'y est passé, le voici : Oui, nous avons été à Londres avec un sentiment auquel nous demeurons fermement attachés ; d'abord porter nos hommages à l'héritier de cette longue suite de rois (mouvement. Voix au centre : Héritier !) descendant, si vous voulez, qui ont présidé si longtemps aux destinées de la France, et sous lesquels la France est devenue la première nation du monde, la plus avancée en civilisation, dominant le reste de la terre, moins encore par l'ascendant de sa force que par l'ascendant de son intelligence...

M. SAINT-MARC-GIRARDIN. Elle n'est pas déchue depuis 1789.

M. BERRYER. La France a marché ; mais comprenez le respect attaché au souvenir de toutes les grandeurs passées, et de cet immense avantage de position que le passé a livré au présent. Ne rejetez pas l'héritage de vos pères ; ne vous dépouillez pas, messieurs. La France jouera toujours son rôle ; mais la France ne doit pas oublier ce que les gouvernements anciens ont fait pour sa grandeur.

M. DUPIN. Nous venons d'inaugurer Molière aujourd'hui. (Hilarité bruyante.)

M. BERRYER. Je ne vous accuse pas. (Nouveaux rires). Vraiment, messieurs, aux rires qui dominent l'assemblée, malgré l'observation faite en l'honneur d'une des vieilles gloires de la France qui n'avait pas besoin de m'être adressée, je ne comprend pas l'hilarité de l'assemblée en ce moment. Il paraît que vous attachez bien peu d'importance aux paroles dont vous vous servez. Ou ces mots ont une haute portée, puisque le législateur a trouvé ces expressions trop cruelles et les a rayées du Code pénal, ou ces mots ne signifient rien pour vous, et alors il y a dans cette enceinte un sentiment bien peu sympathique pour un de vos semblables ; car vous ne nierez pas, après tout, que nous ne soyons encore des hommes. Il y a, dis-je, peu de sympathie pour des hommes qui viennent ouvrir leur conscience, parler le plus complétement, le plus sincèrement qu'ils peuvent puisque les rires dominent l'assemblée (Très bien!)

Messieurs, je devrais dire qu'en raison de ce sentiment qui semble animer la majorité qui est vis-à-vis de moi, je n'ai rien à répondre : que je devrais la laisser parler, la laisser voter ; que ses paroles ne me blessent pas, qu'elles me sont indifférentes. (A gauche : Très bien !)

En effet, si je n'avais pas besoin de protester, je m'arrêterais ici, et je devrais m'arrêter. Puisque c'est si peu de chose pour vous la position d'un collègue, de plusieurs collègues à qui vous adressez de telles paroles ; ah! c'est bien peu pour nous que de telles paroles nous viennent de vous, et nous n'avons rien à répondre, rien à dire, rien à combattre..... (A gauche et à droite : Très bien !) Je n'irai pas plus loin, je m'arrête.

(L'orateur quitte la tribune. (Vive agitation.)

Une vive agitation règne dans l'assemblée.

M. GUIZOT. Je regrette que l'honorable M. Berryer soit descendu si précipitemment de la tribune, lui qui, plus que personne est accoutumé à surmonter les impressions qui ne lui sont pas favorables. Je n'hésite pas à lui dire que le mouvement qu'il a appelé de l'hilarité ne s'adressait nullement à lui, ni à la situation dans laquelle il s'est trouvé.

La chambre a écouté avec un sentiment vif, impatient peut-être, les assertions de M. Berryer ; mais elle lui a prêté de l'attention, et une attention sérieuse. Il n'y avait, j'en suis certain, rien dans ce sentiment qui fût de nature à déterminer M. Berryer à descendre de la tribune. Si l'honorable membre veut reprendre la parole et remonter à la tribune, s'il lui reste encore quelque chose à dire, je suis tout prêt à lui céder la parole. (Très bien ! très bien !)

M. BERRYER quitte sa place et se dirige vers la tribune. (Vif mouvement de satisfaction.)

L'honorable orateur s'exprime ainsi :

M. BERRYER. Messieurs, si les paroles de M. le ministre rendent son caractère sérieux à la discussion et à l'ap osition de l'assemblée et à la nôtre, je n'hésite pas à reprendre la parole. (Mouvement d'attention.)

Je serai bref, les discussions sont à peu près inutiles ; la vérité tout entière, nos sentiments c'est tout ce que je veux produire incontinent devant vous.

Je vous ai dit comment, depuis 1830, j'avais compris, pour les hommes de mon opinion, de mon parti, la possibilité, le droit de siéger avec honneur dans les assemblées délibérantes. Je vous ai dit quelle était notre pensée persévérante ; et je vous disais que c'était avec ces sentiments, avec ces convictions, avec ces pensées que nous avons fait le voyage de Londres ; qu'avec ces sentiments nous avons porté des hommages ; qu'avec ces pensées nous avons dit la vérité, la vérité tout entière, la vérité sur l'état du pays, la vérité sur une grande révolution faite dans ce pays, la vérité sur la ruine entière de tout le passé, qui n'est que poussière et qui ne se peut pas ranimer, réveiller dans notre pays ; la vérité sur la nécessité de n'admettre rien en France, de rien entreprendre désormais en France que par la volonté nationale.

A gauche. — Très bien !

M. BERRYER. Vérité dans laquelle tout homme qui vit en France, qui s'y sent de l'intelligence et du cœur, doit coopérer à défendre les intérêts du pays avec fermeté et indépendance.

A gauche. — Très-bien !

C'est ce que nous avons fait et entendu tous. Oui, nous avons trouvé un jeune prince capable d'entendre la vérité, préparé à l'entendre. (Bruits divers.)

Et maintenant, il faut que je presse mes paroles, car vous êtes impatients, disait-on tout à l'heure. Eh bien ! je dois dire qu'en face de ce prince et entre tous les Français qui étaient à

Londres (j'adjure Dieu de me frapper comme parjure si ce n'est pas la vérité tout entière que j'apporte devant vous), pas un mot, pas une parole qui n'ait cimenté entre tous ceux qui étaient là apportant leur hommage devant cette jeune intelligence, devant une âme pure, exempte de ressentiment, parcequ'elle est étrangère aux faits du passé, pas un mot, dis-je, qui n'ait cimenté une pensée d'union, convaincu que la France est lasse, que le dernier malheur, pour un parti, ce serait d'être réputé pouvoir être accusé d'être la cause d'un malheur, d'un désordre dans ce pays ; qu'avant tout, il faut servir la France, y user noblement et fièrement de ses droits, s'unir étroitement aux intérêts du pays, repousser toute idée de guerre civile, toute idée de guerre étrangère, s'unir sincèrement, bravement tous, si jamais le territoire était menacé (rumeurs) pour aller tous le défendre envers et contre tous.

Voilà ce qui s'est dit ; voilà la conspiration de Londres tout entière. C'est cela, rien que cela, pas au-delà. (Exclamations diverses.)

Messieurs, je pourrais me dispenser d'entrer dans ce qui a un caractère de justification ; je pourrais dire que je n'admets constitutionnellement dans le droit, dans le besoin de l'indépendance du député, que la chambre sur aucune d'eux ait aucune juridiction, même morale (bruit), pour ce qui se passe hors de cette enceinte. Je ne le dis pas : sa juridiction n'est que dans le droit d'autoriser des poursuites, et cette autorisation, vous ne l'avez pas donnée. On ne vous l'a pas demandée, on ne la propose pas.

Je ne m'arrête pas à ces sortes d'exceptions ; je vous dis la vérité tout entière ; je repousse ce qu'il est absurde d'imputer à des hommes sérieux. Je vous ai dit tout parcequ'il n'y a rien au-delà de ce que je vous ai dit, et je crois qu'au-delà du détroit comme en France nous n'avons pas plus trahi la loyauté et la conscience que les lois écrites.

On nous a dit encore..... les objections m'arrivent en désordre, et ceci est une erreur ; on nous a dit qu'après tout, ces réunions, ce contact de plusieurs Français avec un prince exilé, c'est de notre part un manque de devoir, car ces rapprochements peuvent soulever de vieilles haines et réveiller, c'est le mot dont on s'est servi, les passions révolutionnaires.

Ah ! Messieurs, si je ne portais mon attention que sur le langage que certains écrivains ont tenu dans ces derniers temps, si je m'appesantissais sur les provocations qu'ils ont adressées à tous les partis en France, je pourrais dire qu'il y a eu dans ces reproches plus de regret que de crainte. Les vieilles haines ne se sont pas ranimées, les passions révolutionnaires ne se sont pas réveillées, les colères ne montèrent pas contre nous, non, elles ne sont pas montées et ne monteront pas, parceque notre vie est pure et que nous ne donnerons pas, un seul jour, un démenti à nos paroles, parcequ'on ne nous surprendra pas un seul jour animés ou occupés d'intérêts qui soient contraires aux intérêts de notre pays, parcequ'on peut bien nous resserrer sur le point de la minorité, repousser nos principes, déclarer dans toutes les discussions que la France n'en veut pas, qu'elle n'y adhérera jamais ; on peut bien repousser nos principes, condamner notre foi politique, mais on ne peut pas dire que nous ne sommes pas des gens d'honneur ; non, nous ne craignons pas que la colère monte contre nous !

Messieurs, j'ai voulu, et j'attendais en effet que le calme de l'assemblée me le permît, donner quelques développements à nos pensées comme à notre conduite. Mais j'en ai dit assez ; je vous ai tout dit, et je déclare qu'après m'être expliqué devant vous, et après avoir ouvert ma poitrine à cette tribune, devant le pays et devant la chambre, je ne crains pas de flétrissure ; nous ne la craignons pas, et nous ne demandons pas, nous, de modifications à l'adresse.

Messieurs, veuillez croire que la situation où nous sommes, si l'adresse est adoptée, si elle passe telle qu'elle a été conçue, cette situation, nous la supporterons, et ce n'est pas une tâche facile, ce n'est pas une tâche sans péril, ce n'est pas un devoir qu'il soit commode d'accomplir que le devoir que nous avons accepté, et auquel nous nous sommes soumis quand nous sommes entrés dans cette chambre.

Nous y demeurerons, Messieurs, tant que la confiance de nos concitoyens qui nous connaissent nous y appellera : nous y demeurerons tant qu'il ne nous sera pas possible de répondre à l'appel de ceux qui nous disent : « Rendez-vous là. »

Nous y demeurerons dans les mêmes convictions, dans les mêmes principes, dans la même foi politique.

Nous y demeurerons tant qu'il ne nous sera pas, je le répète, impossible de remplir le mandat qui nous a été donné.

Nous attendrons, avec notre foi politique, avec nos principes soumis aux lois, prenant part à toutes les délibérations sur les affaires du pays, nous attendrons l'avenir.

A qui appartient-il, et à qui ne l'a-t-on pas promis ? Ne parlons pas de ce grand nombre de gouvernements qui se sont si rapidement précédés, et à qui on a promis la perpétuité tour à tour.

Je veux croire, messieurs, que les hommes qui faisaient de telles propositions étaient sincères dans leur foi politique comme nous dans la nôtre ; je crois qu'ils étaient sincères, et que l'événement, plus puissant qu'eux, a trompé leurs efforts. Mais du moins nous, messieurs, nous ne serons jamais de ceux qui cachent leurs pensées et leurs sentiments, caressent le pouvoir qui est debout, et pour le maudire au jour de son malheur.

Nous ne serons jamais de ceux qui se font des principes politiques et des théories de fidélité au jour où de grandes catastrophes viennent frapper le pays.

On nous a parlé de la sainteté du serment. (Ah! écoutons!)

Le serment! vous l'avez prêté; nous l'avons prêté conformément à la charte, nous l'avons prêté conformément à la déclaration du 9 août. Dieu veuille en effet que la sainteté du serment soit en effet désormais vénérée de tous en ce pays-ci. Je ne veux pas accuser des hommes de n'être pas plus forts que les tempêtes qui emportent les gouvernements. D'ailleurs il n'est pas digne d'honnêtes gens de s'abriter derrière ce que de moins scrupuleux auraient pu faire.

Vous nous parlez de la sainteté du serment! Nous y croyons, nous la comprenons comme vous; mais nous mesurons, avant de prêter un serment, l'étendue de l'engagement que nous allons contracter. Nous avons vu un changement de principe. Sous le principe nouveau, nous avons compris notre liberté. (Rumeurs au centre.)

Ajoutez à votre loi, placez-nous en dehors des garanties et des principes fondamentaux de la déclaration de 1830.

M. DUPIN. Je demande la parole.

M. BERRYER. Et vous verrez, messieurs, que nous sommes gens pour qui le serment est une chose sainte, et qui, avant de donner une promesse, en mesurent toute l'étendue et ne promettent qu'en prenant Dieu à témoin.

En remontant à la tribune. Je ne dissimule pas ce qu'il y a de difficile dans ma résolution de maintenir ici mes paroles: je ne conteste le droit de personne, j'ai demandé qu'on reconnût le mien.

Je n'ignore pas quelle est la situation d'une minorité. Je n'ignore pas qu'une majorité, et une majorité immense, ne peut pas être, sur un point tel que celui qui nous occupe, à l'instant même amené à changer de langage, et céder devant une observation contre des faits établis.

Messieurs, il y a quelque chose de plus que des paroles qui renferment la réprobation de nos principes, de notre foi politique, il y a là révolution tout entière, il y a les faits dominants, il y a tout ce qui est constitué ; j'ai donc pensé qu'il s'agissait de venir ici mettre un principe en présence d'un autre principe; me prévaloir de ce que des hommes qui condamnent ce que je respecte ont pu dire, en d'autres temps, pour l'honneur, pour la nécessité, pour la grandeur du principe auquel je suis demeuré attaché.

J'ai voulu, dans une question où des membres de la chambre étaient personnellement engagés, non pas vous demander d'abandonner tout ce que vous aviez fait, je ne suis pas insensé, mais maintenir la dignité et l'honneur de ma position, mais vous dire encore une fois que je veux me résigner à être éternellement dans la minorité sur cette question; mais que jamais, en aucun temps, je ne mériterai les paroles qui ont été dirigées contre nous; et si je ne peux pas obtenir de la chambre qu'elle mesure son langage à la vérité de nos actions et de notre conduite; si je ne peux pas obtenir qu'elle ne se regarde pas comme engagée à maintenir ces paroles telles qu'elles ont été émises par votre commission, je veux du moins, et j'en ai le droit, m'expliquer devant le pays, lui dire quel a été mon sentiment en entrant ici, quelle a été ma pensée en demeurant mêlé aux affaires du pays, lui dire que pas un jour on ne me surprendra dans ma pensée et dans ma conduite essayant, tentant, préparant quoi que ce soit contre mon pays.

C'est cette protestation que j'ai voulu apporter devant vous: c'est cette protestation qui a été entière ; et c'est contre ce sentiment, c'est contre cette conduite que je viens déclarer qu'il n'a été rien dit.

Messieurs, l'avenir, à qui appartient-il? vous y veillez; nous y veillons aussi. (Ah! ah!) Nous y veillons aussi, car nous y sommes intéressés comme vous.

Nous sommes du même pays, nous sommes de la même nation. (Mouvement.)

Nous voyons comme vous comment il est conduit et où il va. Nous pouvons craindre des malheurs, nous pouvons craindre que de mauvais jours viennent. Notre vie y est engagée, notre honneur plus encore. Nous avons déclaré à la face de la France qu'avant tout nous servirions la France. Nous avons déclaré à la face de la France qu'avant tout nous marcherions dans les sentiments nationaux. Nous avons déclaré que pas un jour ne nous verrait infidèles à ces engagements. Nous avons déclaré aussi que nous gardions nos convictions, que nous les maintiendrons, que nous étions dans notre droit et que nous nous y maintiendrions, quoi qu'il advienne, et Dieu préserve mon pays d'aucun malheur. Ne parlez pas de perspective de calamités envisagées par nous comme des espérances. C'est une accusation odieuse, c'est une accusation injuste ! (Mouvements divers.)

Ce n'est pas nous qui jamais, dans la sincérité de notre foi politique, avons rêvé des malheurs pour réaliser je ne sais quelles espérances chimériques d'un avenir peut-être meilleur. Ce n'est pas nous qui jamais considèrerons ainsi les choses de la France, les affaires de notre pays.

Nous, nous avons cru, nous croyons que la France doit employer toutes ses forces, que les hommes de tous les partis doivent concourir à défendre sa cause et ses intérêts. Nous y apportons un zèle sincère, un zèle ardent. Nous n'avons rien fait, rien dit, nous ne ferons jamais et nous ne dirons jamais rien qui soit contraire aux intérêts, à la grandeur, à la liberté à la dignité de notre pays.

Voilà la protestation que nous devions apporter devant vous.

Ne ne nous parlez pas de droits qu'on a mis en évidence, de drapeau qu'on a arboré ; tout cela est faux. Rien de pareil n'a été dit, rien de pareil n'a été fait ; nous avons porté des hommages et nous avons dit quel était notre devoir, celui que nous avons accepté, celui dans lequel nous persévérerons, tant qu'il nous sera possible de remplir le mandat que les hommes qui nous connaissent nous ont donné et nous donneront encore. (Agitation.)

M. DE VALMY. L'honorable M. Dupin a prononcé le nom que je porte... Il y a rattaché un souvenir qui fait ma gloire et qui la fera éternellement. (Très bien.)

C'est mon sentiment. Vous dites que la dynastie qui se trouve en ce moment sur la terre étrangère a été chassé à Valmy par le sentiment national. Eh bien ! moi je suis fidèle à Valmy, car je veux qu'elle ne rentre en France que par le sentiment national. (Exclamations.)

Je ne répondrai pas aux autres paroles de l'honorable orateur qui descend de cette tribune, parceque je ne comprends pas qu'un homme qui s'est déclaré l'amant de la légitimité, car il faut appeler les choses par leur nom ; je ne comprends pas qu'un homme qui s'est proclamé l'amant de la légitimité puisse venir à cette tribune jeter des mépris sur ce qu'il a honoré.

Je répondrai maintenant un mot à une parole de M. le ministre des affaires étrangères. Il a dit à cette tribune qu'il avait été généreux à notre égard.

Je ne veux pas de votre générosité. (Très bien.)

Savez-vous pourquoi vous avez été généreux? parceque vous n'avez pas trouvé dans les vieux arsenaux législatifs, où tous les pouvoirs ont entassé des armes à leur usage, vous n'en avez pas trouvé une seule à tourner contre nous. (Mouvement.)

On dit qu'on est indulgent; moi je dis qu'on est sévère ; je dis qu'on abuse de la majorité. On n'a rien trouvé contre nous, il n'y a pas de délit, il n'y a pas de peine. Savez-vous ce qu'on demande à la chambre? On lui demande d'inventer le délit, et d'inventer la peine; on lui demande de renouveler les excès à jamais flétris des tribunaux révolutionnaires. (Vive approbation à droite.)

La chambre aurait le droit de nous expulser, de nous condamner, qu'elle n'aurait pas le droit de nous flétrir. Flétrir un homme, c'est prononcer contre sa conscience, c'est violer l'asile le plus inviolable, celui de la pensée humaine. (Très bien!)

Messieurs, il faut être franc. On propose à la chambre une phrase équivoque. (Réclamations.) En effet, M. le ministre des affaires étrangères vous a dit que cette phrase n'était pas adressée aux membres de cette chambre. Je demande alors que la commission vienne confirmer les paroles qui ont été prononcées par M. le ministre des affaires étrangères.

M. LE MINISTRE DES AFFAIRES ÉTRANGÈRES. Je n'ai rien dit de semblable, cela s'applique à tout le monde.

M. DE VALMY. Si vous ne l'avez pas dit, je vous répondrai que l'arrêt que vous proposez à la chambre est équivoque. Vous n'osez pas nous frapper en face (interruption), et vous demandez à la chambre de nous frapper d'une manière que je ne veux pas qualifier. Oui, vous proposez à la chambre de violer tous les précédents, d'introduire une législation nouvelle, d'accomplir un acte qu'elle n'a pas le droit d'accomplir, et, qu'il me soit permis de le lui dire, vous lui proposez pour nous flétrir de violer des droits qu'elle a juré de respecter, et par conséquent vous lui proposez de se flétrir elle-même. (Murmures au centre.)

M. DE LARCY. (Mouvement d'attention). Il est évident, messieurs, après ce qui s'est passé, que la question vient de faire un grand pas. Le mot de *flétrissure* écrit dans l'adresse n'a plus de sens. (Interruption violente.) Logiquement encore, il a été retiré pour ceux qui ont fait ce que nous avons fait. (Interruptions.) Ce n'est pas tout, la commission vient de déclarer qu'elle aurait à revenir à une délibération ultérieure. (Dénégations. Tumulte.)

Je n'ai pas besoin, messieurs, de revenir sur l'explication

qui a été donnée tant de fois à l'engagement que nous avons contracté en entrant dans cette enceinte. J'ai entendu prendre un engagement sérieux d'obéir aux lois de mon pays....

Voix nombreuses des centres. Et au roi ! (Tumulte.)

Messieurs, ma conscience est inviolable ; c'est un domaine sur lequel vous n'avez pas accès. (Bruit prolongé.) Je me suis engagé vis-à-vis des lois de mon pays.... (Nouvelle explosion de rumeurs. Cris à l'ordre!) Quand j'obéis aux lois de mon pays, j'entends prouver que la loi ne demande pas davantage.... (Bruit prolongé. A l'ordre !)

Nous attendrons, messieurs, les nouvelles délibérations de la commission pour nous expliquer avec plus de développements. Si j'ai manqué à aucun des devoirs sur lesquels vous avez le droit de me contrôler, jugez-moi. (Sensation.) Il y a une devise que j'ai lue dans mon voyage aux murs de Westminster. Elle devient la mienne aujourd'hui : Loyauté n'a pas honte. (Mouvement prolongé.)

M. DE LA ROCHEJACQUELEIN. J'ai parfaitement compris les dernières paroles de l'honorable M. Hébert. L'honorable préopinant voudrait que nous montassions à cette tribune pour dire ce que nous avons fait à Londres ; j'avoue que j'y ai fait si peu de mal (rires), que ce que j'ai fait est si bien, que je voudrais être dans le cas de pouvoir dire à la chambre tout ce que j'ai fait, tout ce que j'ai dit....

Plusieurs voix. — Dites-le ! dites-le !

M. DE LA ROCHEJACQUELEIN. Si je le disais maintenant, on prendrait mes paroles pour des excuses, et je n'en ferai pas.

Messieurs, vous devez comprendre cependant le noble sentiment qui m'empêche de vous dire tout ce que je vous aurais dit sans l'irritation de cette discussion. (Murmures négatifs.)

Messieurs, je vous demande pardon. Il y a des motifs qui provoquent de l'irritation, et avant qu'elle se soit manifestée dans cette chambre, comme il est arrivé dans d'autres occasions, vous devez penser qu'il y a des motifs qui blessent trop profondément pour que cette irritation qu'ils produisent ne soit pas gravée au fond du cœur.

Messieurs, il faut être placé bien haut dans l'opinion du monde, il faut s'adresser à des hommes placés bien bas, pour oser descendre dans l'intérieur des consciences d'hommes d'honneur.

Messieurs, adressez-vous à des faits attaquables, à des faits spécifiés, et non à des démarches pieuses. (Exclamations au centre.) Oui, pieuses, des démarches inattaquables sous aucun rapport, vous êtes obligés de vous arrêter.

Vous comprenez l'émotion qui me domine dans une situation pareille, je ne peux pas prendre pour moi des mots qui ne peuvent s'adresser à moi ; je ne veux dans aucun cas les accepter, lors même qu'ils seraient adoptés par cette chambre.

Mais comment voulez-vous, dans la situation faite par M. Hébert, que nous ne puissions pas tous être solidaires des mêmes expressions, des mêmes mots?

M. Hébert a établi des catégories, il a dit que chacun était coupable suivant son degré de culpabilité, si je puis m'exprimer ainsi. (On rit.) Permettez, il a dit que c'était à la chambre, à l'opinion publique, à chacun qu'il appartenait de l'apprécier. Messieurs, il y aurait lâcheté, ce me semble, dans ce cas là, de ne pas accepter la solidarité complète de mots qui ont une portée si outrageante, et je dirai aussi impolie... (Rire au centre.) J'avoue que j'ai vécu dans un monde qui n'emploie pas un pareil langage.

Au centre. — Lisez la lettre de M. de Fitz-James !

M. DE LA ROCHEJACQUELEIN. Messieurs, j'ai parfaitement entendu l'interpellation qui m'a été faite. On m'a parlé d'un de mes nobles amis qui n'a rien voulu être, qui n'a voulu se rattacher au gouvernement par aucun acte, par aucun lien quelconque aux affaires du pays. Il est parfaitement libre de toutes ses actions. Je suis trop lié avec lui pour le désavouer. Il y a des choses de courage qui jamais ne peuvent être condamnées par moi. (Mouvements divers.)

Messieurs, je n'entrerai dans aucune explication par rapport au voyage de Londres. Je ne le peux pas, je ne le veux plus. Mais on a parlé de la souveraineté nationale. Messieurs, je l'accepte tout entière. C'est en vertu de la souveraineté nationale que je suis dans cette chambre, à cette tribune; mais de ce qu'un principe nouveau a été proclamé, s'ensuit-il que je doive le croire le meilleur. Evidemment non; il m'est bien permis, dans mon for intérieur, de préférer autre chose. (Réclamations.) Personne ne peut accuser ici mon sentiment. Que pouvez-vous exiger de moi? Que je ne fasse rien de contraire aux lois.

Au centre. — Et au serment que vous avez prêté.

M. DE LA ROCHEJACQUELEIN. Je n'ai rien fait contre le serment que j'ai prêté.

Je n'avais pas envie de prendre part à ce débat; j'avoue que ce qui m'a fait monter à la tribune, ce sont surtout les accusations du passé qui ont l'air de s'appliquer à nous. Je n'étais pas d'âge à prendre part aux événements qui ont commencé la Restauration. On a parlé de gloires du pays qui ont été ensanglantées. Je suis heureux de trouver cette occasion d'exprimer au moins une fois ce que j'éprouve quand on jette à la face des hommes qui siègent de ce côté (à droite) des accusations aussi malheureuses et aussi imméritées.

Il s'agit du maréchal Ney et de Labédoyère.

Voix diverses. — Et de bien d'autres!

M. DE LA ROCHEJACQUELEIN. C'est ce que nous a dit M. Dupin. Personne ne déplore plus que moi ces fatales condamnations; personne, et précisément en raison du dévouement que j'ai toujours eu pour le gouvernement qui a succombé en 1830, personne n'a plus déploré que moi cette fatale **erreur de 1815**; je vous dirai pourquoi.

Messieurs, chacun a ses moments de loisir, et **les prend à sa** manière. En 1828, ne sachant que faire, je suis allé **me battre** contre les Turcs avec les Russes. (Rires prolongés.) **Permettez.** C'est là que j'ai pu apprécier toute la faute qui **avait été** commise et tous les regrets qu'elle devait exciter. J'ai **vu les** hommes que le maréchal Ney avait si souvent **combattus,** ceux sur lesquels il avait remporté tant de victoires, me parler de lui les larmes aux yeux, et souvent mes larmes **aussi** coulaient au récit des hauts faits et des douleurs **de sa mort.** (Mouvement.)

Messieurs, il y a parmi nous, sur ces bancs, l'homme **qui l'a** défendu; ceux qui l'ont condamné, oui, l'ont **mis en accusation,** où sont-ils? Ce n'est donc pas sur nous qu'il **faut faire retomber** le sang d'une si grande gloire! (Mouvement.)

Messieurs, j'ai parlé d'une victime; je dois **parler de la seconde.**

Le général de Labédoyère était le cousin germain **de mon** père. Mon père venait d'être tué dans la Vendée, et **son sang** n'a pu être accepté en compensation de celui de **mon oncle.**

Messieurs, sa veuve a été pour moi une seconde **mère; son** fils est pour moi un frère, et les accusations de ce **qui s'est** passé en 1815 nous sont adressées! (Au centre: Non, **non, ce** n'est pas à vous.) Jugez de ce que nous devons souffrir. **(Sensation prolongée.)**

Je viens de vous parler de nobles victimes. **Pour mon** compte, dans ma famille, il y en a beaucoup. J'ai tout **oublié;** je me souviens de ce qu'ils ont fait de bien, de grand **pour la** France et pour le nom que je porte.

Messieurs, vous avez devant vous des hommes d'honneur, des hommes sincères, pour lesquels tous les mots ont **toute** leur valeur, croyez-le bien.

Je n'entrerai pas davantage dans les explications qui pourraient être demandées et que vous attendez de moi... Je sens, par ce qui se passe en moi, que j'irais plus loin que la dignité ne me le commande. Je sens que, n'ayant rien à cacher, je serais disposé à tout vous dire. Ce serait satisfaire votre curiosité, mais ce ne serait pas justifier l'estime que vous avez de moi, et que je saurai conserver. (Très bien ! très bien. — Agitation prolongée.)

M. BLIN DE BOURDON. Messieurs, M. Feuillade-Chauvin auquel je réponds a prétendu que les actes coupables auxquels ont pris part les personnes qui se sont rendues à Londres mettaient les mandataires du pays dans l'obligation de protester contre ces manœuvres ; et moi, Messieurs, je ne puis me dispenser de protester contre de telles paroles. Je suis du nombre de ceux qui se sont rendus les premiers à Londres auprès de Mgr le duc de Bordeaux : je n'avais pas perdu le souvenir des bontés dont m'avaient honoré les princes de sa famille, et j'ai cru accomplir un devoir en portant l'expression de mes sentiments de gratitude et de respect au descendant d'une race de rois auxquels la France doit tant de gloire et de prospérité.

Une telle démarche ne saurait être improuvée, et cependant quelques personnes ont prétendu qu'elle était incompatible avec le serment que nous avons prêté comme députés. C'est une erreur ; j'ai prêté mon serment loyalement, et je n'y faillirai point ; mais je n'ai jamais pensé qu'en le prêtant, j'avais tellement enchaîné ma liberté, que je n'ai pu, sans l'enfreindre, aller offrir mes hommages au prince, qui par suite d'événements politiques, indépendants de sa volonté, s'est trouvé condamné à l'exil sans avoir mérité aucun reproche.

Je sais qu'on a cherché à dénaturer les faits, qu'on a propagé des bruits absurdes sur ce que mes collègues et moi avons dit ou fait à Belgrave-Square. De tels bruits ne méritent pas de réfutation. Si le gouvernement y ajoute foi, son devoir est de nous défér aux tribunaux ; s'il ne le fait pas, c'est qu'il ne les tient pas pour fondés. (Très bien! très bien!)

L'opinion publique s'émut vivement à la lecture de ces débats si palpitants d'intérêt ; mais les choses en durent rester là jusqu'au jour où le paragraphe vint en discussion. Je chercherais vainement à peindre cette séance ; il faut l'avoir tout entière sous les yeux pour se faire une idée de son mouvement, de ses péripéties, et surtout de l'effet produit par la réplique de M. Berryer.

M. BÉCHARD. Je ne viens pas rouvrir un débat personnel et irritant. Les paroles que vous venez d'entendre et le rétablissement dans le projet d'adresse des mots de souveraineté nationale, qui en avaient furtivement disparu (réclamations), ont élevé la question à la hauteur d'un grand principe, je voudrais tâcher de l'y maintenir. Je ne me propose cependant pas de soulever la question politique qui est au fond de ce débat, et dont un autre que moi aura sans doute à porter le poids.

Je viens seulement examiner, en aussi peu de mots que possible, et du point de vue des principes constitutionnels, si la chambre peut, sans un abus de pouvoir, maintenir les deux phrases du paragraphe de l'adresse relative au voyage de Londres.

Je ne dissimule pas les difficultés de ma position, mais je fais un appel qui sera sans doute entendu, à l'honneur et à l'impartialité de la chambre, au moment où elle prétend juger un acte de moralité politique. Je n'ai pas été à Londres, mais j'assume, avec tout le côté droit de la chambre (réclamations) ; mais j'assume, avec mes honorables amis de la droite, la responsabilité solidaire de l'acte fait par quelques-uns d'entre eux. Nous considérons tous aussi, malgré les artifices d'une réaction équivoque, que c'est contre nous seuls que le trait est dirigé.

Que faites-vous, car il faut avant tout se rendre un compte bien exact de la portée des deux phrases, que faites-vous en flétrissant d'abord une manifestation coupable, et en rappelant d'un autre côté la sainteté du serment? Vous dites que les députés qui ont fait le voyage de Londres ont manqué à leur serment, vous flétrissez leur conduite, vous portez atteinte à leur caractère, vous les jugez avec une telle rigueur que M. Berryer a dû vous dire, dans un de ces élans d'éloquence qu'il puise toujours dans son cœur, qu'on avait été plus généreux en 1832 en requérant contre lui la peine de mort.

Parmi les membres de la commission, il en est plusieurs qui se défendent avec énergie contre ce reproche. Nous n'avons pas suspecté votre honneur, nous a dit M. Bethmont; nous n'avons pas voulu flétrir vos personnes. La commission, a dit à son tour M. Saint Marc-Girardin, n'a voulu faire la part de personne. M. Hébert a été plus franc et plus net. Nous avons voulu, a-t-il dit, atteindre la manifestation et ceux qui s'y sont associés, sans désignation individuelle, mais aussi sans restrictions.

En présence de ce commentaire, messieurs, il n'y a plus de doute possible sur le sens et sur la portée des deux phrases. Une désignation collective est tout aussi caractéristique qu'une désignation individuelle, et chaque jour les tribunaux font justice de ce misérable stratagème. Tous ces artifices, messieurs, tous ces faux-fuyants, toutes ces hypocrisies de langage ne sauraient dénaturer l'acte que vous avez fait. Nous sentons tous au fond de nos âmes, car nous sommes tous solidaires de l'acte de nos amis, ce trait envenimé que vous y avez enfoncé.

Vainement nous a-t-on engagés à nous décharger en quelque sorte sur notre parti, de l'injure personnelle qui nous était adressée. Ni les paroles de M. Dupin, dans la séance du 15 janvier, ni celles que nous venons d'entendre tout à l'heure de M. le rapporteur de la commission, qui ne présentait les deux phrases que comme dirigées contre un parti, contre un prétendant de l'avenir, contre le principe de l'hérédité imprescriptible, ne nous ont convaincus. Messieurs, nous considérions comme une chose déraisonnable et peu généreuse de chercher à rejeter sur d'autres l'injure que nous avons si vivement ressentie.

Nous savons bien que sous ces grands mots de scandale et d'immoralité, sous ces apparences d'une indignation trop exagérée pour être sincère (violents murmures), se cache une pensée politique, et que, sous prétexte de flétrir un acte, on veut frapper un parti. (Mouvement.)

Mais nous avons peine à concevoir comment la commission a pu adresser un reproche collectif de parjure à un parti qui, le lendemain de la révolution de Juillet, a abandonné en masse toutes les fonctions publiques salariées qu'il n'a pas reprises depuis.

Une voix à gauche. — Ils ont seulement changé de place. (Dénégation au centre.)

M. BÉCHARD. Et dont la moitié au moins s'est retirée des élections par excès de délicatesse et de scrupule sur le serment. Soyons francs : dans le parti, vous n'avez ni pu ni voulu atteindre M. de Châteaubriand, par exemple, et tous ces nombreux visiteurs qui, à l'exemple de cet homme illustre, s'étant réservés tout entière leur liberté d'action, en ont usé pour aller déposer aux pieds du jeune descendant de soixante rois l'hommage de leur respectueuse et inaltérable fidélité. (Murmures aux centres.)

M. DUCHATEL, ministre de l'intérieur. Allons donc ! fidélité ! (A l'ordre ! à l'ordre !)

Plusieurs membres. — On ne peut pas dire fidélité.

M. LE PRÉSIDENT. Il n'y a et il ne peut y avoir fidélité qu'au roi des Français.

M. DUPIN. M. le président, quand il est question du serment fait au roi des Français... (Bruit.)

Je demande le rappel au règlement. Le règlement ne peut pas permettre qu'on viole la loi constitutionnelle, et j'admets les paroles que je viens d'entendre, en opposition avec celles que nous avons entendues il y a quelques jours. Quand il s'agissait du serment en vertu duquel nous sommes tous dans cette enceinte, on retranchait la première clause, et un orateur se bornait à vous dire qu'il avait juré obéissance aux lois du royaume; et il l'a répété par trois fois sans vouloir rappeler la clause de fidélité au roi des Français. Et en ce moment, quand on parle du descendant de soixante rois on parle de fidélité. (Exclamations.)

M. LE PRÉSIDENT. (Bruit.) J'ai dit qu'il n'y avait de fidélité qu'au roi des Français, et que toute autre expression s'écarte de l'ordre.

M. BÉCHARD. Si la chambre voulait, dans une discussion de cette nature, m'écouter jusqu'au bout, et me permettre de traiter d'une manière directe une question que je ne voulais pas aborder, la question du serment, elle n'aurait pas, j'en suis convaincu, à douter sur le sens des paroles qui viennent de blesser si vivement la susceptibilité de quelques-uns de ses membres.

Au centre. — Tous! tous!

M. BÉCHARD. Vous exagérez le sens des mots que j'ai prononcés. Ce n'est pas par allusion au serment que ce mot s'est trouvé dans ma bouche, par la raison toute simple que les personnes dont je parle ne l'ont pas prêté. (Nouvelles exclamations au centre.)

M. LE MINISTRE DE L'INTÉRIEUR. Tout Français doit fidélité

au gouvernement, même quand il n'a pas prêté serment.

M. BÉCHARD. Je disais seulement que mes paroles n'avaient pas la portée que la susceptibilité de la chambre leur donne en ce moment... (Interruption.)

Je disais que ce n'est pas aux hommes placés dans des conditions complétement libres... (Nouvelles interruptions.)

M. GUIZOT. On n'est pas libre de reconnaître un autre gouvernement.

M. BÉCHARD. Messieurs, nous parlons du serment. (Parlez! parlez!) Je dis que les deux phrases contenues dans le paragraphe du projet d'adresse contiennent une allusion au serment. J'ajoute que cette allusion ne peut, dans la pensée des rédacteurs du projet d'adresse, concerner les personnes qui se sont retirées des fonctions publiques et des chambres, et qui n'ont pas prêté serment.

Une voix au centre. — Vous l'avez prêté, vous.

M. BÉCHARD. Je l'ai prêté et je le tiens. Là on s'est attaqué à toutes les positions engagées par le serment. (Dénégations.) De là les destitutions des maires et des membres de bureaux de bienfaisance qui ont passé le détroit. (Oui.) De là les poursuites disciplinaires contre un juge suppléant qui a été censuré à huis-clos par la cour de cassation, malgré son insistance à obtenir la publicité, et qui, le lendemain de sa condamnation, a pu lire dans les colonnes du *Moniteur* le réquisitoire du procureur-général et l'arrêt de la cour.

M. MARTIN (du Nord). Il a pu y lire l'arrêt, et le réquisitoire y était compris comme faisant partie de l'arrêt. (Vives réclamations à gauche.)

M. ODILON BARROT. Je demande la parole.

M. BÉCHARD. Je disais le réquisitoire et l'arrêt. M. le garde-des-sceaux m'interrompt pour me dire l'arrêt et le réquisitoire qui y était joint; ce n'est pas la peine.

M. ODILON BARROT. Ce n'est pas légal.

M. BÉCHARD. Ce fait est une violation manifeste des garanties conservées aux accusés par la législation même de septembre. M. le procureur-général et M. le garde-des-sceaux auront sans doute à s'expliquer sur ce point devant la chambre et devant le pays.

M. ODILON BARROT. Il faudrait faire un amendement aux lois de septembre. (Bruit.)

M. BÉCHARD. Enfin les deux phrases dirigées contre la droite de la chambre, et qui tendent à décapiter cette fraction de l'opposition, ont complété la pensée politique qui a inspiré la commission. Plus de doute donc désormais sur la pensée de la commission; c'est à nous, et non aux personnes qui ne sont pas engagées dans la chambre, que s'adressent les deux phrases que je combats en ce moment.

Eh bien! je le déclare hautement, ces phrases sont un abus de pouvoir. La chambre n'a pas de pouvoir disciplinaire sur ses membres; la commission l'a reconnu par l'organe de M. Hébert. Le député n'est pas seulement inviolable à cette tribune, il l'est surtout dans les actes extérieurs. S'il manque aux lois du pays, traduisez-le devant les tribunaux; s'il manque aux lois de l'honneur, il n'a pour juge que sa conscience et celle de ses électeurs. (Réclamations.)

Du jour où une minorité importune dans cette chambre pourrait être en quelque sorte mandée à la barre de la majorité, interpelée sur ses actes, atteinte dans son honneur, dès ce jour, Messieurs, il n'y aurait plus de liberté politique, de gouvernement représentatif. (Très bien! très bien!)

M. BERRYER. C'est évident.

M. BÉCHARD. On pourrait vous parler de la convention et du directoire; croyez-vous, Messieurs, qu'après cinquante ans de révolution le régime de la convention et du directoire soit regrettable? (Non! non!) Ce sont de dangereux exemples dont il faut détourner la tête, au lieu de chercher à s'en autoriser;

la mesure qu'on vous propose est la tentative d'un premier pas dans la carrière des violences et des réactions politiques. (Dénégations au banc des ministres.) Du reste, point d'illusions sur votre prétendue indulgence. Il y aurait moins de rigueur peut-être, mais plus d'arbitraire dans la mesure qu'on vous propose que dans certaines mesures qui remontent aux jours mauvais de la révolution. La convention et le directoire obéissaient à des lois; vous voulez créer à la fois ici la loi, le tribunal et la peine? (Oui! oui!)

Vous tenez de vos propres agents qu'il n'y a eu à Londres, de la part du jeune prince et des personnes qui l'entouraient, que des paroles de dévouement au repos de la France... (Interruption au centre.)

M. LE MINISTRE DE L'INTÉRIEUR. Même quand on l'a appelé roi de France. (Bruit.)

M. BÉCHARD. A ses intérêts, aux libertés nationales. De quoi vous êtes-vous plaint? que nous a dit M. le ministre des affaires étrangères dans la séance du 15 janvier? que nous a répété tout à l'heure à cette tribune M. le rapporteur de la commission? Qu'il y avait eu des perspectives ouvertes, des rêves d'avenir? Messieurs, l'avenir n'appartient à personne. (Interruption et réclamations.)

M. LE MINISTRE DE L'INTÉRIEUR. Il appartient aux lois.

M. BÉCHARD. Il est dans le secret de Dieu. Des rêves d'avenir ne sauraient constituer un parjure sous aucun gouvernement, particulièrement sous l'égide de ce principe de la souveraineté nationale qui ne permet sans doute pas d'attaquer le gouvernement auquel on a juré fidélité, mais qui ne défend pas non plus des manifestations de regrets et d'affection pour un ordre de choses qui a pendant tant de siècles fait la force, la prospérité et la gloire de ce pays.

Cependant c'est sur l'unique fondement de ces prétendus rêves d'avenir que vous proposez, quoi? la flétrissure d'un acte coupable et une allusion à l'égard des députés qui y ont pris part, qu'on semble accuser d'avoir violé leur serment.

Je le dis avec une conviction profonde : la conscience publique à laquelle vous faites appel a été révoltée (oh! oh!) de voir appliquer à des hommes tous honorables, quelques-uns illustres, un mot que vous avez rayé du code pénal.

Ce n'est pas que j'attache à ce mot une importance exagérée. On ne flétrit pas sérieusement des hommes à qui on vient de serrer la main. L'injure retombe sur ceux qui l'adressent! elle ne prouve de leur part qu'une chose, c'est un oubli du dictionnaire de l'Académie et de la vraie valeur des mots. D'ailleurs, je le répète, ce n'est pas le mot qui me préoccupe, et toutes les négociations qui peuvent avoir eu lieu dans le sein de la commission pour le remplacer par un autre sont ce qui m'a le moins touché. Ce qui me préoccupe, c'est de voir une commission de la chambre se poser ainsi en organe de la conscience publique, s'ériger en tribunal de censeurs.

Où donc, Messieurs, je le demande, où donc se trouvent dans nos monarchies corrompues les Fabricius et les Caton chargés de distribuer l'honneur ou l'infamie à leurs collègues? (Bruits divers.)

Ce qui me préoccupe davantage encore, c'est la carrière ouverte par un précédent déplorable à l'arbitraire, à la tyrannie, aux réactions politiques. (Nouveaux bruits.)

Vous parlez, Messieurs, d'une loi (il en a été au moins question d'une manière vague) qui aurait pour objet d'interdire à l'avenir, sous des peines déterminées, toute communication des Français avec M. le duc de Bordeaux. Je ne sais, Messieurs, quelles sont sur ce point les intentions du gouvernement; je ne sais pas s'il sera poussé par des circonstances fatales jusqu'à nous proposer quelque chose de semblable au bill dont un pays voisin, à une époque bien différente de la nôtre, a fourni l'exemple ; ce que je puis dire, c'est qu'à la première apparition du danger, l'opinion s'est effrayée des conséquences qu'il entraînerait.

Pour moi, messieurs, je vous le déclare, je préférerais mille fois une loi telle que celle qu'on a paru craindre un moment, au régime arbitraire auquel on veut nous exposer; car la loi nous avertirait, nous saurions sous quelle peine il nous est défendu de franchir la frontière, pour aller porter aux pieds du jeune prince (vives rumeurs) un hommage respectueux.

Tandis que si la chambre retient à elle un pouvoir dont nous ne voyons d'exemple qu'à l'époque où la Convention avait réuni en elle tous les pouvoirs (rumeurs), l'omnipotence même de la chambre peut faire redouter les abus les plus monstrueux.

Réfléchissez mûrement, messieurs, je le dis en terminant, réfléchissez au parti que vous allez prendre; je vous le demande pour votre honneur comme pour le nôtre, je vous le demande dans l'intérêt de notre pays commun.

Jusqu'ici, messieurs, dans le cours de nos orageuses révolutions, les partis s'étaient décimés, ils ne s'étaient jamais flétris. Vous aurez ajouté, messieurs, si vous adoptez les deux phrases proposées par la commission, une triste page à l'histoire de nos réactions politiques. (Dénégation au centre.)

Vous porterez une atteinte grave à l'avenir de la représentation nationale et aux intérêts du pays.

M. LE PRÉSIDENT. La parole est à M. Desmousseaux de Givré.

M. de Givré se dirige vers la tribune, mais il y est précédé par M. Dupin, qui en franchit les degrés avec une grande rapidité.

M. DUPIN. Pardon... J'ai un mot à dire sur un fait qui m'est personnel, auquel on vient de faire allusion, et dont on a d'ailleurs déjà parlé dans les journaux; l'occasion se présente naturellement aujourd'hui à cette tribune.

M. Defontaines a été traduit devant la cour suprême, et il a demandé la publicité des débats. Moi aussi, messieurs, je l'aurais demandée comme lui; mais la sagesse de la cour en a jugé autrement.

Dans ces sortes d'affaires, une loi existe qui règle que le procureur-général doit donner un réquisitoire qui fait partie intégrante de l'arrêt. J'ai lu mon réquisitoire et l'ai déposé entre les mains du conseiller-rapporteur. Après l'audience, les journalistes sont montés au parquet et ont demandé communication du réquisitoire, cela leur a été refusé. Le lendemain, même demande, et même refus. Le surlendemain, M. le garde des sceaux demanda, comme cela était son droit, expédition de l'arrêt, qui fut expédié, ainsi que le réquisitoire, qui en fait partie. Cette expédition commence ainsi : « Louis-Philippe, roi des Français. etc., puis le réquisitoire, puis l'arrêt, et finit ainsi : Pour copie conforme, signé le greffier. »

C'est cela, et rien que cela qui a été inséré au *Moniteur;* ce n'était point seulement le réquisitoire, c'est à dire un extrait de l'arrêt, qui était publié...

M. ODILON BARROT. Je demande la parole.

M. DUPIN. C'était l'arrêt tout entier qui était publié.

Voici mon fait; à M. le garde des sceaux maintenant à défendre le sien. (Hilarité.)

M. ODILON BARROT. Je ne parle pas en ce moment de la responsabilité de M. le procureur-général ; c'est au magistrat que je m'adresse, et je lui demande s'il est possible d'admettre des arguments qui conduiraient à une conclusion qui blesserait tous les sentiments de justice et d'équité. Quoi, il serait possible que, dans certains cas, l'accusation fût publiée quand la défense ne peut pas l'être? Quoi, il serait juste, il serait équitable que la défense fût condamnée à taire ses moyens, quand l'accusation ferait retentir les siens par tous les moyens de publicité? Cela n'est pas possible! (Très bien! très bien!)

M. MARTIN (du Nord), ministre de la justice. Messieurs, M. Odilon Barrot a fait entendre des paroles que je comprends. Je partage son opinion : j'ai éprouvé comme lui, dans le cours de ma carrière d'avocat et de magistrat, et j'ai toujours pensé que le droit de la défense était aussi sacré que celui de l'accusation, et je n'ai jamais manqué à le faire respecter. Mais, messieurs, il n'y a pas de loi qui défende de publier l'accusation ni la défense. Cela est si vrai, que M. Defontaines a publié sa défense dans plusieurs journaux... (Interruption.)

Voix nombreuses et diverses. — Oui, après vous!... après l'accusation!... Les lois de septembre le défendent! Récusez-les!

M. MARTIN (du Nord). Voici ce que la loi défend : elle interdit de rendre compte de la délibération intérieure des jurés, des cours et tribunaux. Qu'a entendu la loi par cette expression de *délibération intérieure*? Elle a entendu l'opinion des membres composant le jury, les cours et les tribunaux, qui ne doit pas être publiée ; mais elle ne défend pas la publication de l'arrêt.

Voix nombreuses. — Lisez la loi! lisez la loi?

M. MARTIN (du Nord). Ce n'est pas, messieurs, la première fois que des magistrats sont poursuivis pour des faits pareils. En 1831 eut lieu une affaire semblable, et l'arrêt, contenant le réquisitoire, fut publié au *Moniteur*. En 1832 eut lieu une autre affaire du même genre, contre un conseiller de cour royale pour faits politiques ; le réquisitoire fut également publié.

En cette circonstance, messieurs, j'ai fait mon devoir, qui me prescrivait de faire ce qui est dans l'usage de la chancellerie et de la cour. (Bruit.)

M. ODILON BARROT. Je ne veux pas prolonger ce débat, mais je crois que, lorsque la juridiction souveraine ordonne les huis-clos, sa décision doit être mieux respectée que ne le suppose M. le ministre de la justice. La cour, je le répète, doit faire respecter ses arrêts et punir les délinquants. C'est le ministère public qui, dans ce cas, a donné l'exemple de l'infraction. Je suis tout disposé, moi qui suis opposé au huis-clos en toute matière, à prendre acte des paroles de M. les garde des sceaux, alors qu'il a dit que, dans ces cas là, il est permis de donner la publicité la plus entière à la défense de celui qui est accusé.

Au centre. — Aux voix! aux voix!

M. LE PRÉSIDENT. La parole est à M. Desmousseaux de Givré.

M. CRÉMIEUX. Je demande la parole. (Non, non!)

M. LE PRÉSIDENT. Vous n'avez pas la parole; elle est à Desmousseaux de Givré.

M. CRÉMIEUX. Je veux donner connaissance à la chambre du texte de la loi... (Non, non! Exclamations au centre.)

Une voix. — Laissez répondre au ministre!... (Oui, oui! non! parlez! silence!)

M. CHAMBOLLE. Mais la chambre ne s'est pas prononcée... (Cris aux centres.)

(Nous ferions de vains efforts pour peindre l'agitation et le tumulte qui règnent en ce moment dans la chambre: M. Desmousseaux de Givré est à la tribune, où il parle; M. le président parle, en même temps que, de la main droite, il agite sa sonnette, et frappe, de la main gauche, sur son bureau avec un couteau de bois; M. Crémieux, debout à sa place, un livre à la main, parle aussi; un grand nombre de députés, parmi lesquels nous remarquons MM. Guyet Desfontaines, Dupont (de l'Eure), Ledru-Rollin, Joly, Gustave de Beaumont, etc., interpellent vivement M. le président, qui ne sait auquel entendre; des voix au centre : A l'ordre, à l'ordre! et tous ou presque tous les autres députés crient de ces mots que nous ne pouvons distinguer, et qui, mêlés à toutes les autres interruptions, au bruit de la sonnette du président et à ces apostrophes des huissiers : Silence, silence donc, messieurs! en place! forment un tapage tel, que nous ne trouvons aucun adjectif pour en peindre l'intensité.)

M. CHAMBOLLE, à la tribune, à côté de M. Desmousseaux de Givré : Messieurs...

Au centre.— Non, non! maintenez la parole à M. Desmousseaux de Givré.

M. LE PRÉSIDENT. Il s'agit d'un rappel au réglement ; M.Chambolle a la parole.

M. CHAMBOLLE. Je n'aurais pas insisté pour prendre la parole, messieurs, si ce n'eût été pour faire respecter notre propre droit et notre propre réglement. On dit que l'incident a été vidé..... Eh non, messieurs, car il ne l'a pas été par la chambre. (Rumeurs au centre.) Une partie de la chambre demande que l'incident soit continué par la lecture du texte de la loi; d'autres ne le veulent pas... Je ne sais pas si c'est la majorité qui ne veut pas... J'entends beaucoup de bruit, et voilà tout. Il y a un moyen de constater, c'est de voter. (Oui! oui! aux voix! — Non! non!)

Au centre. — L'ordre du jour! (Non! si!)

M. Crémieux monte à la tribune. (Non! non! l'ordre du jour! l'ordre du jour.)

M. LE PRÉSIDENT. Quand un fait personnel se produit et qu'il a été entendu, il est impossible de continuer la discussion sur ce fait même... On demande, par voie de rappel au réglement, que l'incident continue ; d'autres demandent l'ordre du jour : je le mets aux voix.

M. le président consulte la chambre; puis il consulte le bureau, et après une hésitation marquée, il proclame ainsi le résultat du vote : La chambre passe à l'ordre du jour. (Exclamations prolongées à droite et à gauche. — Vives rumeurs.— Interpellations au président.)

M. LE PRÉSIDENT. La parole est à M. Desmousseaux de Givré.

M. DESMOUSSEAUX DE GIVRÉ dit que M. Béchard a eu tort de prononcer le nom de M. de Châteaubriand, nom, dit-il, que je respecte et qui a toujours été fatal à l'opinion qui est en cause lorsqu'elle l'a invoqué. (Bruit.)

L'orateur rappelle ensuite que M. de Châteaubriand n'a jamais voulu prêter serment à la révolution de juillet et que jamais il n'a demandé de dispense de serment.

M. LE MARQUIS DE LA ROCHEJAQUELEIN avec force. Nous n'avons jamais demandé pareilles choses.

M. DESMOUSSEAUX DE GIVRÉ dit qu'il respecte et aime le parti légitimiste (on rit à gauche), mais qu'il blâme ceux de ce parti qui travaillent à abaisser la sainteté du serment. Selon ces personnes, ajoute l'orateur, il y a la lettre et le principe dans le serment ; sous la Restauration le principe était la légitimité.

En résumé l'orateur vote pour l'amendement de la commission.

M. LE PRÉSIDENT. La parole est à M. Berryer. (Écoutez ! écoutez !)

M. BERRYER. Messieurs, je me suis trompé à l'ouverture de cette discussion, en présence des paroles que je voyais figurer dans le projet d'adresse, j'ai cédé au besoin de dire devant une chambre où j'avais l'honneur de siéger depuis quatorze ans, de dire avec vérité, complétement, ce qu'avait été mon voyage à Londres.

Aujourd'hui, en répondant à l'orateur qui m'a précédé à la tribune, je ne viens pas discuter les mots de l'adresse, je ne viens pas m'engager dans la lutte qui peut s'ouvrir au sein de l'assemblée pour savoir s'il faut adopter telle expression. La chambre veut faire une manifestation politique. Je ne prétends pas la discuter ; c'est à elle à apprécier quel est le langage qu'il lui convient de tenir pour elle-même.

Je monte à la tribune après l'orateur qui en descend, pour

maintenir, par quelques paroles claires, nettes, complètes, la dignité et la liberté de ma situation politique au milieu de cette assemblée. On y porte atteinte sans cesse par des interpellations, par des accusations sur la façon peu loyale, peu droite, sophistique, pleine d'équivoque dont on prétendrait que nous comprenons le serment auquel nous nous sommes soumis.

Messieurs, je suis étonné, je l'avoue, moi, interrogeant tous mes sentiments, ma nature même, de m'entendre rappeler à comprendre la sainteté du serment. Eh! ne sais-je pas ce que c'est? Est-ce que je ne connais pas le caractère sacré de ce supplément de la puissance humaine? Oui, là où les lois que vous écrivez sont impuissantes, là où elles ne pourraient vous offrir aucune garantie, vous demandez plus à l'homme que vous réputez homme d'honneur, vous lui demandez l'engagement de sa vie intérieure; vous voulez qu'il s'oblige au-delà des actes que vos lois peuvent atteindre, au-delà de ce qu'elles peuvent réprimer, c'est donc l'honneur, la conscience, et, à vrai dire, depuis que le serment est prêté dans le monde c'est Dieu même qui est pris à témoin.

C'est ainsi que je l'ai toujours compris. Point d'équivoque, point de subterfuge; j'ai prêté le serment comme vous, dans les mêmes termes, tous les termes je les ai prononcés. Car avoir dit : je le jure après la lecture de la formalité du serment, c'est avoir répété chacun de ces termes. (Très bien!)

Je l'ai prêté comme vous dans tout ce qu'il embrasse : obéissance, fidélité, conduite de bon et loyal député; mais je ne suis pas engagé plus que vous. (Sensation.)

Entendons-nous. Je ne suis pas engagé plus que vous. Je suis engagé envers mon pays...

Au centre. — Et envers le roi.

M. BERRYER. Vraiment, Messieurs, ces interruptions, je ne les conçois pas. Ne suis-je pas assez clair dans mes paroles?

Ne suis-je pas assez explicite ? Je dis que je suis engagé comme vous, dans les mêmes termes, et je n'en méconnais aucun ; mais que je ne suis pas engagé plus que vous.

Vous avez fait un gouvernement, vous avez fait une charte, vous avez fait une constitution de tout le pays. Eh bien ! Messieurs, j'ai sur mon pays, sur ses intérêts des idées, des convictions, des principes politiques qui ne sont pas les vôtres. (Murmures aux centres.)

Ecoutez-moi, devais-je me retirer ? ou devais-je accepter toutes les conditions du serment que vous me demandez ? J'ai accepté toutes les conditions du serment.

Vous me disiez : Au nom de l'intérêt du pays nous faisons une révolution. Vous placez l'intérêt du pays avant tout, vous mettez la conduite, la vie, l'action d'un honnête homme dans cette situation de placer avant toutes choses, et au-dessus de tout l'intérêt du pays.

En est-il un ici, quand vous avez posé le principe politique, qui dise qu'il est engagé par son serment à résister à une manifestation régulière d'un changement de la volonté nationale ? (Rumeurs et agitation.)

Je vous le demande, y en a-t-il un qui s'y soit engagé ? Non je ne suis pas plus engagé que vous, ni autrement que vous. (Bruits divers.)

En proclamant ces principes, en constituant tout l'ordre de l'état, j'ai compris que vous aviez ouvert une carrière où la discussion était libre, entière et pouvait être consciencieuse, loyale pour toutes les opinions. J'ai compris que sous le principe du nouvel état de choses constituées dans mon pays, il n'y avait d'exclusion pour aucune opinion dans la lutte des partis, des vues, des intérêts, des systèmes. (Très bien ! très bien.)

Il n'en était pas ainsi sous les gouvernements antérieurs. (Bruit.) Permettez ! Je ne veux pas examiner ce qu'étaient les serments, et ce qu'on a fait des serments qui leur ont été prêtés. Mais je dis que ces gouvernements étaient exclusifs, et qu'on ne pouvait pas s'engager à vivre de la vie politique, à délibérer sur les affaires du pays, à prendre part dans les corps politiques, aux délibérations de la nation, en prêtant serment à ce qu'il y avait d'exclusif dans le principe constitutif de chacun de ces gouvernements. (Bruits.)

Sous la Restauration, ce qu'il y avait d'exclusif pour les opinions qui auraient préféré une autre nature d'établissement, c'était qu'on s'engageait envers un principe de souveraineté indissoluble, et par sa nature même lié à la personne du souverain.

M. HÉBERT. Je demande la parole.

M. BERRYER. Sous l'empire, le principe personnel absolu de la souveraineté, résidant dans la personne de l'empereur, et qui était lui, disait-il, le seul représentant de la nation (réclamations au centre), il y avait exclusion à qui s'engageait envers lui, à la préoccupation de tout autre ordre politique.

Sous la république, on s'engageait traîtreusement à délibérer dans le sein de ses assemblées..... (interruption) si on portait dans sa pensée l'idée de la royauté après avoir prêté serment de haine à la royauté.

Voilà ce qu'il y avait d'exclusif pour les opinions contraires dans tous les gouvernements antérieurs.

Jusqu'à ce que je lise dans nos lois, jusqu'à ce qu'on introduise dans nos lois quelque chose de pareil, je comprendrai la constitution de mon pays comme une constitution sous laquelle je dois fidélité, comme je m'y suis engagé....

Au centre. — A qui? à qui?

M. BERRYER. Fidélité au roi des Français, au chef du gouvernement, (Bruit croissant.)

Voix nombreuses. — A qui? à qui?

M. BERRYER. Je l'ai dit et je vais le redire. La réitération d'une interpellation pareille devient une sorte d'offense par la manière dont elle est reproduite après des explications aussi catégoriques... (Non! non!) Permettez-moi! après que le mot a été dit, et je l'ai dit... J'ai prêté serment de fidélité au roi des Français... (Ah! ah!); je l'ai dit! J'ai aussi prêté serment d'obéissance à la charte, j'ai prêté serment de me conduire en bon et loyal député. Et c'est en ce sens, c'est dans les termes, et dans la partie des termes, que je suis entré dans cette chambre, mais avec la liberté, avec la liberté entière de garder et d'y arriver en disant mes principes, mes vues, mes convictions sur ce qui serait utile au pays, sur ce qui serait... (Interruption nouvelle.)

Je vous demande pardon! Ou vous m'avez trompé, ou vous avez ainsi constitué l'état.

Je vous en adjure, vous qui avez voulu la révolution, parceque vous avez voulu qu'un principe triomphât d'un autre principe; vous qui nous avez fait cette loi, je vous adjure de me dire si j'ai ou si je n'ai pas le droit de l'invoquer, si je vis ou si je ne vis pas sous l'empire que vous avez exercé au moment où vous avez établi un principe à la place d'un autre principe de souveraineté qui subsistait dans le pays et que vous avez voulu en exiler?

Là est toute la question.

Eh bien! sous cette liberté, je maintiens que j'ai la plénitude de la vie politique, avec honneur, avec conscience. La vie politique, l'être politique, c'est d'avoir des convictions, c'est d'avoir des principes; la vie politique, c'est le travail de défendre et de développer ses principes.

Voilà ce que je comprends dans un gouvernement où il y a une délibération publique; voilà ce que je comprends dans une arène où les opinions viennent librement s'exprimer, représenter l'intérêt du pays, le discuter, et chercher à le faire triompher dans les voies les meilleures pour lui. Voilà ce que je comprends. (Très bien! très bien!)

Maintenant, voulez-vous dire que les hommes qui ont des pensées d'avenir, que les hommes qui croient que les engagements envers les gouvernements, les promesses d'avenir, sont soumis à des évènements plus forts que les promesses, et les engagements des hommes qui pensent pour le cas d'éventualités immenses, qu'il y aurait autre chose à faire, et qu'on n'a pas fait ce qu'il y avait à faire. (Bruits.) Pour ceux-là, il y a liberté entière. (Nouveau bruit.)

Je le répète, discussion, liberté, soumission aux lois, maintien à tout ordre établi; jusque-là, liberté entière. Mettez dans la loi politique ce que vous avez mis dans les lois de la presse, dans les lois de septembre. Vous avez défendu à la presse de publier, d'exprimer des espérances ou des vœux, mettez cela dans la loi politique.

M. GUIZOT. Cela est compris dans le serment.

M. BERRYER. Messieurs, cela n'est pas dans mon serment; ce qui est dans mon serment, c'est que, jusqu'à ce qu'il y ait eu une manifestation régulière et complète d'un changement dans la volonté nationale, on est soumis à l'ordre qui est établi. (Mouvement.) Voilà, messieurs, les explications que je devais donner; elles sont complètes. (Au centre : Non! non!); je n'ai pas autre chose à dire.

Quant au fait, je déclare hautement que je crois avoir agi en homme d'honneur; j'ai fait ce que j'ai dû faire: je maintiens que n'ai pas manqué à mon mandat, dont, après tout, je ne dois compte qu'à ceux qui m'ont envoyé.

Pour maintenir ma liberté et mon droit, la liberté et le droit de tout un parti, je proteste que je ne reconnais encore à la chambre aucune autorité, même morale, sur les membres qui la composent, et surtout pour les actes extérieurs à cette tribune. Quant aux actes de ma vie, je ne les soumets dans le monde, comme homme politique, qu'aux électeurs qui m'ont nommé ; c'est à eux seuls que je me soumets, c'est eux que je prends pour juges, et qui prononceront, soit en me retirant, soit en me rendant encore leur confiance.(Agitation prolongée.)

M. DUCHATEL, ministre de l'Intérieur, ne reconnaît d'autre serment que celui prescrit par la charte. Sous la restauration, on prêtait serment à la légitimité et à la charte. Dès l'instant ou ce serment a été violé, la Restauration est tombée.

Le serment est un contrat. Il engage la personne qui le prête et celle qui le reçoit. Eh bien ! le serment permet-il aux opinions contraires de travailler à renverser le gouvernement qui existe? Sans doute, parcequ'on a prêté serment, on ne perd pas la liberté. Mais la liberté, en vertu du serment tel qu'il a été interprété par M. Berryer, ne serait pas tolérable. Avec cette liberté, à quoi servirait le serment? Messieurs, le serment ne donne pas une liberté illimitée, ne donne pas droit de reconnaître deux rois à la fois. C'est avec les théories de M. Berryer que nous avons vu les manifestations de Londres. Je ne demande pas mieux qu'on nous donne ici des explications, mais je dirai qu'on a appelé le prétendant roi de France (bruit), non pas dans les journaux français, car nous connaissons nos devoirs et nous les aurions poursuivis, mais dans un journal anglais.

Une voix. — Le *Journal des Débats* a reproduit les termes de ce journal. (On rit.)

M. DUCHATEL. Ces paroles n'ont pas été démenties, et la personne même qui les a prononcées a publié qu'elle les maintenait. Eh bien, messieurs, il s'agit de savoir aujourd'hui si le serment prêté à notre révolution de Juillet se concilie avec de semblables manifestations.

La chambre est appelée à se prononcer sur cette question. J'espère qu'elle votera le paragraphe proposé par la commission, qui en est la solution. (Aux voix ! aux voix !)

M. DE LA ROCHEJAQUELEIN. Messieurs, j'aime les positions nettes, les questions posées très franchement.

M. le ministre de l'intérieur vient d'avancer un fait. C'est particulièrement sur ce fait que porte la phrase de votre commission. Jusqu'à présent nous n'en avions pas eu la révélation.

La chambre m'accorde assez ordinairement sa bienveillance parcequ'elle sait toute ma sincérité ; je n'y faillirai pas plus aujourd'hui qu'à l'ordinaire.

Vous tranchez, messieurs, la question du roi de France bien légèrement. (Ah! ah!) Dans ses idées monarchiques anciennes ou d'ancienne monarchie, M. le duc de Bordeaux lui-même ne les tranche pas comme vous. Comment voulez-vous, messieurs, que nous puissions répondre à des imputations pareilles à celles qui ont été faites? Vous avez été voir le roi de France, celui qui l'aurait été si l'ancienne constitution française (bruit), permettez-moi d'achever, eût été respectée, et si la nouvelle eût été respectée par tout le monde. (Mouvements divers.)

A quoi se borne donc ce fait si grave, qui a été apporté à la tribune par M. le ministre de l'intérieur? A une chose fort simple, et que certainement vous ne pouvez pas atteindre; vous allez en juger. Je vais vous dire les faits tels qu'ils sont: je n'y étais pas, mais je le sais parfaitement. Mon ami intime, dont les allures politiques, ou plutôt dont les résolutions politiques ne sont pas les mêmes que les miennes, a jugé à propos, sortant de chez M. le duc de Bordeaux, d'aller chez M. de Châteaubriand, étant avec quelques Français. M. le duc de Bordeaux n'y étant pas, il dit : « Après avoir salué le roi de France, nous venons saluer le roi de l'intelligence. » Je ne sache pas, en vérité, que la chambre des députés puisse étendre son autorité sur un salon. Citez-moi autre chose. (Bruit.)

Vous savez, Messieurs, que je ne compte pas excuser ni

mon ami ni moi ; mais cependant la vérité n'est pas une excuse, et je ne sais personne qui soit allé à Londres et qui ait vu M. le duc de Bordeaux, qui l'ait appelé roi ; et bien plus, je lui ai entendu dire : Je ne suis pas même ici le duc de Bordeaux, pour ne pas donner à mon voyage une couleur politique ; je ne suis que le comte de Chambord. (Réclamations au centre.)

Vous croyez peut-être que je cherche, dans une intention quelconque, à rapetisser la question. Pas le moins du monde ! pas le moins du monde ! Je vous dis ce que j'ai vu, je vous dis quelle a été mon impression, je vous dis ce qui est. Vous croyez qu'il existe autre chose ? Pour moi, je crois qu'il n'existe pas autre chose. Qui se trompe de nous deux ? Je n'en sais rien. Mais assurément je crois être dans la vérité.

Je ne crois pas, je le répète, que l'autorité de la chambre des députés s'exerce sur un salon, et encore sur un salon en Angleterre.

Mais je conçois que dans cette chambre, après ce qui s'est passé, on puisse nous demander comment nous entendons le serment.

M. Berryer tout à l'heure vous a expliqué comment il l'entendait. Je n'ai pas son éloquence, mais je vous le dirai bien simplement.

Fidélité au roi... (Très bien !)

Un membre, au centre. — Des Français.

M. DE LA ROCHEJAQUELEIN. Des Français ? Cela veut-il dire : Amour, dévouement ? Fidélité veut dire : Ne pas conspirer, ne rien faire contre. Est-ce plus ? Est-ce ce qu'on entendait autrefois ? Le sacrifice de tout ce qu'on est et de tout ce qu'on a ?

Mais ce n'est pas là votre pensée. (Non ! non ! — Mouvement divers.)

M. PELTEREAU-VILLENEUVE. C'est la pensée de beaucoup d'entre nous.

M. DE LA ROCHEJAQUELEIN. Eh bien, messieurs, s'il est vrai que ce soit comme nous l'entendions que la chambre le comprend, le serment de fidélité au roi des Français n'a pas pour nous la même signification que le serment qu'on prêtait autrefois. (Bruits divers.)

M. DUPIN. Il n'est plus question de celui-là.

M. DE LA ROCHEJAQUELEIN. Permettez, messieurs, voilà pourquoi, et je vous l'ai dit tout à l'heure, c'est qu'autrefois on comprenait le serment sous l'ancienne monarchie autrement qu'on ne l'entend aujourd'hui, je ne parle pas de tout le monde, je parle de nous, parceque nous seuls sommes en cause : voilà comment autrefois nous le comprenions ; quand nous prêtions serment au roi, nous comprenions que nous étions prêts à lui sacrifier, je répète les mots, tout ce que nous étions, tout ce que nous avions. (Rumeur au centre.) Eh bien, les mots n'ont plus la même signification. Je le comprends comme vous.

M. RAGUET-LÉPINE. Qu'a-t-on sacrifié en 1830?

M. DE LA ROCHEJAQUELEIN. On a parlé de contrat synallagmatique, et nous comprenons ce que veut dire un contrat synallagmatique. J'ai lu le serment du roi ; voulez-vous me permettre de vous le lire.

M. DUPIN. Il ne l'a pas oublié.

M. DE LA ROCHEJAQUELEIN. Je l'ai lu avant de prêter le mien. Le voici : « En présence de Dieu, je jure d'observer fidèlement la charte constitutionnelle, de ne gouverner que par les lois et selon les lois, de faire rendre bonne et exacte justice à chacun selon son droit, et d'agir en toute chose dans la seule vue de l'intérêt, du bonheur et de la gloire du peuple français. »

Et vous voulez que je conspire contre un serment pareil, vous voulez que je conspire contre un gouvernement pareil (rire général), l'honneur, la gloire, l'intérêt du peuple français! Mais qui de nous ne le veut pas autant que qui que ce soit ? Messieurs, vous savez tous qui je suis ; dans mon for intérieur je suis parfaitement légitimiste, je le suis, je le proclame; savez-vous pourquoi ? C'est que je crains les contrats synallagmatiques ; savez-vous encore pourquoi ? C'est qu'entre le roi et la nation, qui sont les deux contractants, qui est-ce qui serait juge? Eh bien! dans mon principe, il ne s'agissait pas seulement de celui qui contractait, mais de tous ceux pour qui on contractait. Je ne crois pas au droit divin, moi, dont parlait tout à l'heure M. le ministre de l'Intérieur. Où commence-t-il le droit divin? C'est nous moins que d'autres qui pourrions avoir des idées pareilles. Vous vous souvenez, vous savez tous ce que répondait le comte Adalbert à Pépin-le-Bref : « Qu'est-ce qui t'a fait comte? qu'est-ce qui t'a fait roi? » Ce n'est pas nous qui croyons au droit divin, mais nous avons les principes qu'avaient nos pères ; nous servons notre pays sous un principe différent, et cela ne nous empêche pas de croire que, dans l'intérêt même de la France, les principes qu'avaient nos pères valaient mieux sous ce rapport que ceux d'aujourd'hui, valaient mieux pour la monarchie. (Mouvements divers.

(M. Denis prononce de sa place quelques mots qui ne parviennent pas jusqu'à nous.

M. DE LA ROCHEJAQUELEIN. Je n'ai pas entendu l'interruption. (M. Denis répète son observation.) Comment voulez-vous que j'entende avec le bruit que fait la sonnette du président et celui de l'assemblée ? (On rit.)

Je crois que l'honorable M. Denis vient de m'adresser quelques mots sur les fautes du passé. Mais quelle est donc l'opinion, quel est donc le parti qui n'a rien à dire à son passé? Il me semble que si nous nous mettions sur ce terrain et qu'il nous fût permis de tout dire, nous en dirions plus que vous. (Chuchottements à gauche.)

J'avoue que le dernier paragraphe de l'adresse m'a paru

singulièrement mal inspiré; mais nous en avons l'explication, et alors je regrette plus que je ne m'irrite.

Vous savez, messieurs, qu'il avait été question d'abord d'une autre rédaction. On avait mis : « Flétrit de coupables manœuvres. » J'avoue que si le mot de manœuvre avait été mis à la place de manifestations, nous eussions été bien à notre aise. Pour mon compte je serais monté à cette tribune et je vous aurais dit ce que je vais vous dire, puisque j'y suis. (On rit.)

Vous flétrissez de coupables manœuvres, mais qu'est-ce donc que ces manœuvres? Est-ce quelque acte coupable qui puisse mettre le pays dans une situation violente, extra-légale, malheureuse, qui ressemble à des temps passés qui n'ont pas été sans gloire, et qui ont été chargés de trop de désastres! Mais de coupables manœuvres, c'est quelque chose que M. le procureur-général pourrait poursuivre ; mais ce sont de ces choses auxquelles des députés ne peuvent pas s'associer. (Mouvements divers.)

Je serais monté à cette tribune et je vous aurais dit : Si le mot de coupables manœuvres entraîne la pensée de guerres civiles ou de guerres étrangères, la guerre civile, autrefois, on l'a faite, et on a bien fait.) Interruption.)

M. LE PRÉSIDENT. Expliquez ce que vous entendez par guerre civile.

M. DE LA ROCHEJAQUELEIN. Aujourd'hui elle n'est pas possible, on n'y a pas pensé. (Interpellations diverses. — Vive agitation.)

M. LE PRÉSIDENT. L'orateur explique qu'il s'agit de guerres civiles antérieures au gouvernement actuel. Sans cela je l'aurais rappelé à l'ordre.

M. LE MARQUIS DE LA ROCHEJAQUELEIN. Il me semble que cela a été parfaitement compris ; je veux parler des temps anciens où ceux qui ont fait la guerre civile étaient dans l'obligation de la faire. (Nouvelles réclamations.)

M. AYLIES. La guerre civile était aussi coupable en 93 qu'aujourd'hui ; elle était l'auxiliaire de l'étranger.

M. DE LA ROCHEJAQUELEIN. M. Aylies, je viens de combattre les idées de guerre civile d'autrefois, ce n'est pas pour que nous la fassions entre nous. (On rit.)

M. LUNEAU. C'est une étrange manière de combattre la guerre civile que de déclarer ici qu'on a fait autrefois la guerre civile et qu'on a bien fait. C'est sur ce point, je pense, que M. le président demandait des explications à l'orateur.

M. DE LA ROCHEJAQUELEIN. Quand j'ai parlé d'obligation, je faisais allusion aux guerres civiles qui ont eu lieu avant 1830...

M. LUNEAU. Vous parlez de la guerre de 93.

M. BERRYER. La guerre civile est toujours un mal.

M. DE LA ROCHEJAQUELEIN. C'est mon avis.

M. BERRYER. La guerre civile est toujours un fléau ; c'est toujours un malheur pour les peuples qui se déchirent entre eux.

M. DE LA ROCHEJAQUELEIN. Je regrette que M. Berryer ait jugé à propos de dire ce que j'allais dire moi-même ; j'aurais ajouté que tous les malheurs dont ma famille a été abreuvée sont dus aux guerres civiles.

J'accepte complétement ce qu'a dit M. Berryer ; mais j'aurais voulu qu'il me le laissât dire.

J'ai parlé des mots *coupables manœuvres*, et je dis que s'il y avait eu de coupables manœuvres, comme on l'avait d'abord mis, nous aurions dit, comme députés, que nous ne pouvions nous y associer ; bien plus, que nous aurions été les combattre. (Sensation.)

Ce n'est pas d'aujourd'hui que je tiens ce langage. Mais on a changé, on a mis manifestation, de sorte que ceux qui y ont été par un sentiment *pieux*, mot que j'ai déjà employé, se trouvaient confondus dans cette accusation, c'est à dire qu'on verrait des coupables là où il n'y en a pas (Interruption.)

Je ne dirai plus qu'un mot. Je ne demande pas à la chambre de détruire ce qu'a fait la commission ; elle est parfaitement libre. Ce que je veux dire, c'est que je ne crois pas que cela puisse s'appliquer à aucun membre de cette chambre, et à moi en particulier. (Une agitation vive et prolongée succède à ce discours.)

M. HÉBERT. L'honorable préopinant a parlé de la sincérité de son caractère. Nous le croyons; mais, d'après la situation qu'il s'est faite, cette sincérité ne nous paraît pas entière. Voilà pourquoi nous avons voulu que les paroles de notre adresse atteignissent la violation du serment ; voilà pourquoi aussi nous avons voulu flétrir une manifestation qui a blessé le sentiment national.

L'orateur rappelle ensuite les faits qui se sont passés à Londres, faits qui, selon lui, appellent chez nous la guerre civile.

M. LE MARQUIS DE LA ROCHEJAQUELEIN. Je demande la parole pour expliquer ma pensée.

M. HÉBERT dit que la guerre civile est le pire de tous les maux et termine en adjurant la chambre d'adopter le paragraphe de la commission.

M. LE MARQUIS DE LA ROCHEJAQUELEIN. Messieurs, M. Hébert a dit, tout à l'heure, que j'avais semblé m'excuser pour un mot dit à la tribune, pour un mot qui n'avait pas rendu ma pensée. Je vais m'expliquer, afin que personne ne se méprenne sur ma pensée. J'ai parlé d'un temps déjà fort loin de nous; et j'ai dit que personne, plus que moi, ne déplorait la guerre civile, parceque personne n'en avait plus souffert... (Interruption. Bruits divers.)

Non, messieurs, jamais la guerre civile n'est une chose heureuse pour un pays! (Très bien!)

Tout à l'heure, M. Hébert disait que le voyage de Londres pouvait exciter la guerre civile; Eh bien! voulez-vous savoir ce que j'ai dit au jeune prince?... (Oui! oui! Sensation.)

Je lui ai dit que personne en France ne voulait de la guerre civile, et que personne ne la ferait. (Sensation profonde.) Je suis allé lui dire qu'il fallait qu'il évitât de perfides conseillers.

Je ne crains pas de le dire devant la chambre, si, tout à l'heure je ne lui ai pas dit avec assez de force combien il y a d'horreur pour la guerre civile dans mon cœur, c'est que je n'ai pas l'habitude de la tribune. Croyez-le bien, Messieurs, je hais la guerre civile, tel est le sentiment de mon cœur. (Très bien! très bien!)

Messieurs, je suis convaincu que vous rendez justice à tout ce que je dis, comme à tout ce que je ne dis pas. (Mouvement et cris : Aux voix! aux voix!)

M. GUIZOT, ministre des affaires étrangères. J'ai fort peu de mots à dire; je les dis uniquement pour marquer la pensée du gouvernement et les motifs qui le déterminent à appuyer le projet d'adresse de la commission.

Messieurs, nous avons pris au sérieux le voyage à travers l'Europe du duc de Bordeaux, ainsi que son séjour à Londres, et nous avons pensé, quoi qu'on en ait dit, que ses conseillers prenaient sa conduite au sérieux, et que ces motifs étaient assez graves pour éveiller votre sollicitude. Nous avons pensé que les hommes qui quittaient leur pays pour aller à Londres porter leurs hommages au prince faisaient des actes irréfléchis.

L'honorable préopinant demandait si nous ne nous étions pas trompés en croyant qu'on n'y avait pas agi sérieusement; je crois, moi, que c'est l'honorable M. de La Rochejaquelein qui se trompe lorsqu'il prétend qu'il n'y a rien eu de sérieux dans l'acte que nous blâmons. On a agi sérieusement, et c'est pour cela que le gouvernement a cru que la moralité politique avait été gravement blessée par cet acte; la conscience publique en a été offensée, parcequ'elle y a vu l'oubli des devoirs qu'impose le serment. (Rumeurs à droite.)

Nous croyons, nous, que le serment oblige plus que ne le croient ceux qui ont fait l'acte. Nous avons pensé, nous avons cru qu'on méconnaissait le devoir du serment, et les devoirs du citoyen, serment à part. (Bruit.) Et, en effet, tout citoyen, alors même qu'il n'a prêté aucun serment, doit obéissance au roi et respect au gouvernement. (Nouveau bruit.) Eh bien, nous avons trouvé qu'à Londres on avait manqué de respect envers le gouvernement de notre pays, parceque le devoir envers la patrie doit l'emporter sur l'intérêt du parti.

Il y a eu, je le répète, violation de la moralité publique...

M. BERRYER, vivement. Je demande la parole. (Sensation prolongée.)

M. GUIZOT. Il importait donc alors que la manifestation de la chambre vînt venger le droit de la moralité publique offensée.

L'adresse exprime cela, rien de moins, rien de plus ; elle exprime le sentiment moral de la chambre sur ce qui s'est passé à Londres. Ce qu'elle dit est le vrai sentiment de la chambre et du pays. C'était le devoir de la chambre de l'exprimer, comme c'était notre devoir de soutenir son travail (Allons donc!) car il faut qu'on ne puisse nous accuser ni de faiblesse ni d'imprévoyance. Si vous atténuez les termes de votre adresse, Messieurs, demain les factions s'empareront de votre indulgence, et les tourneront à leur profit et contre vous, et, l'année prochaine, vous verrez recommencer les mêmes tentatives, les mêmes scènes. (Bruit.)

Il faut, messieurs, étouffer de pareilles choses dans leur germe. Quand on vous demande simplement de dire ce que vous pensez, ce que vous sentez, ce que sent le pays, je ne comprendrais pas que vous hésitassiez un seul instant.

M. BERRYER. Je ne veux pas me laisser animer aux paroles que je viens d'entendre. Je veux que vous en mesuriez vous-même toute la portée. Je ne reporterai pas mes souvenirs sur d'autres temps, je ne me demande pas ce qu'ont fait les hommes qui viennent aujourd'hui dire qu'on a perdu...

A gauche. — C'est cela! très bien! très bien!

M. DE LA ROCHEJAQUELEIN. Dites tout maintenant.

M. BERRYER. Qui viennent nous dire qu'on a perdu la moralité politique, qu'on a manqué aux devoirs de citoyen.

La moralité politique! Mais que de choses se sont passées dans ce pays qui sont connues de tout le monde. Il n'y pas de moralité politique lorsque le pays est en pleine paix... (Interruption.)

Laissez-moi parler, je vous en conjure, lorsque rien ne menace son existence intérieure, lorsque rien ne peut faire pressentir d'effroyables malheurs accourus du dehors, en pleine paix, quand un prince, banni enfant du pays qui l'avait vu naître, parcourt l'Europe, va en Angleterre, et que là, des hommes qui ont cru, qui croient comme citoyens, comme attachés fortement aux intérêts de leur pays, que le principe politique qui pouvait appeler ce proscrit au trône était une haute et une puissante garantie, une force pour le développement intérieur du pays, pour sa bonne attitude au dehors... (Mouvement.) Permettez! quand ces hommes ont été, et le déclarent sur l'honneur devant vous, devant le pays, devant Dieu qui les entend, ont été saluer, oui, saluer cette grande infortune; oui, lui parler de sa patrie, oui, lui dire que le premier besoin de ce pays était de demeurer en paix, de vivre par tous et du concours de tous, dans la pleine et libre exécution des lois... (Nouveau mouvement.)

Permettez donc! quand ils ont trouvé en lui ces sentiments et cette abnégation de toute pensée perturbatrice du pays, on vient vous dire que c'est une atteinte à la moralité politique, que c'est avoir trahi les devoirs de citoyens; et on nous le dit à nous dans quelles circonstances.

Je le demande, si nous étions allés aux portes de la France.

M. GUIZOT. Je demande la parole.

M. BERRYER. L'Europe assemblée en armes, porter quoi?

Des conseils politiques. Aurions-nous manqué à la moralité politique? Vous ne le pensez pas (Interruption au centre), vous vous en êtes glorifié. (Oui! oui!)

Eh bien, moi, je ne dis pas que je suis allé porter ou que j'ai été chargé de porter les conseils d'un autre, je dis que je suis allé saluer le malheur, et dire à celui qui pouvait laisser s'élever dans son cœur un souvenir de ce dont il a été dépouillé : « Laissez la France en paix ! » Et il m'a dit... (Interruption.) Permettez... et il m'a dit : « Que tout soit soumis aux lois et reste dans l'obéissance des institutions du pays. » Voilà sa réponse. (Bruit confus.)

Messieurs, ma conscience proteste, mais elle proteste par le parallèle. Attendais-je donc des désastres, pour faire triompher mes conseils par leur lien douloureux? était-ce là ma situation? Et depuis, messieurs.... Je ne veux pas convertir ce débat en un débat personnel. Mais nous avons, dit-on, manqué aux devoirs de citoyens, nous avons conspiré.

Comment? Quand on a parlé de temps pas très éloignés, où il y a eu de grandes, de tristes irritations dans le pays, de douloureuses agitations, eh, messieurs, il faut comprendre la position des hommes de cœur.

Ce n'est pas à moi, avec les affections que vous me connaissez, à porter des accusations contre personne; mais quand vous m'interpellez sur la façon dont j'ai rempli mes devoirs de citoyen, ne savez-vous quels ont été mes efforts, quelle a été ma conduite, à quoi je me suis exposé? Aux méprises du pays, aux méprises du gouvernement et aux méprises aussi cruelles de mes amis, qui pouvaient me croire traître à leurs sentiments et conspirant contre le succès de leurs entreprises insensées.

J'ai livré ma vie, mon honneur à résister à ces désordres dont vous vous plaignez parceque je suis bon citoyen.

Conspirer! non messieurs. Je le comprends, avec de telles

paroles, avec cette atteinte aux devoirs de citoyen, avec cette atteinte à la moralité politique, on veut ici nous pousser à une étrange difficulté.

Ces mots sont intolérables, se dit-on, ils sont gens d'honneur, ils sont gens de cœur, ils ont assez répandu leur âme devant nous pour que nous sachions bien ce qu'il y a au fond, et en les blessant ainsi, nous leur ferons prendre la résolution de quitter l'assemblée. (Mouvement.)

A droite. — Oui! oui!)

M. BERRYER. Il n'en peut pas être autrement, quand, avec cette attaque personnelle qu'une chambre fait peser sur les hommes qui sont dans son sein, sur lesquels, violant toutes les conditions des époques délibérantes, elle s'arroge une autorité morale. Quand elle agit ainsi, quand elle prononce les mots de *flétrir* et de *coupables*, quand elle dit qu'on a manqué à la moralité politique et qu'on a trahi ses devoirs de citoyen, croit-elle donc et veut-elle garder dans son sein des hommes sur lesquels de pareilles marques sont appliquées! Non, ou vous n'attachez aucun sens aux mots. (Agitation.)

M. O. BARROT. Vous avez raison.

M. BERRYER. Ou vous ne pensez pas ce que vous dites, ou vous abusez de la situation de majorité que vous êtes, ou vous n'infligez à ces hommes ces paroles si véhémentes, si amères, que, pour qu'en ayant le sentiment, ils s'expulsent eux-mêmes. (Mouvements divers.)

C'est donc dans l'expression que vous voulez aussi l'expulsion! Vous ne voulez pas de subtilité de langage; je n'en veux pas non plus. Je suis placé dans une condition grande, et je la comprends tout entière.

Les sentiments que j'ai dans le cœur, ils sont connus de ceux qui m'ont nommé, les convictions que j'ai dans l'intelligence, elles sont connues de ceux qui m'ont nommé; ils m'ont envoyé ici et j'y reste; ils m'y ont envoyé pour lutter contre nos adversaires politiques. Tant que vous ne ferez pas par la violence ce que vous dites par des mots, je ne puis prendre votre langage et vos paroles que comme l'expression d'adversaires politiques irrités. Je ne veux pas voir autre chose; je n'y attache aucun sens. (Réclamation au centre.)

S'il y a ici un sens d'honneur, de dignité personnelle, de moralité politique, de devoirs de citoyens, vous ne devez pas, vous ne pouvez pas garder au milieu de vous ceux à qui vous infligez de pareilles marques, cela n'est pas possible. (Nouveau mouvement.)

Et vous croyez que timidement, quand je suis arrivé au milieu de cette assemblée contre les volontés, les paroles, les apostrophes, les accusations injustes de la majorité, je reculerais et je dirais : « La situation qu'on me fait est trop difficile, j'ai trop de cœur, trop d'élévation d'âme pour la supporter, je me retire (exclamation!), je ne remplis pas mon devoir. »

Non, et je vous défie de remplir le vôtre. Encore une fois, il n'est pas possible qu'il reste dans l'assemblée des hommes que l'assemblée jugera avoir nécessité de telles paroles; l'assemblée le doit par respect pour elle-même, ou elle n'attache pas à ses paroles le sens odieux qu'elles portent avec elles, ou elle ne veut faire qu'une manifestation de ses propres affections, de ses propres pensées politiques, et en conséquence tout tombe. Ou bien, si tout doit demeurer sur nous, parlez, agissez et jugez-nous, puisque vous prétendez nous juger! Je vous le dis, c'est votre honneur qui est engagé, et une déclaration de la chambre doit dire que notre mandat a été violé, et que nous, députés, nous n'avons plus le droit de siéger dans cette chambre. (Vive agitation.)

M. LE MARQUIS DE LA ROCHEJAQUELEIN, de sa place, et avec force. Vous devez dire alors que nous ne sommes pas des gens d'honneur!... (Exclamations au centre. — Interruption.) Vous devez le dire, ou effacer les deux phrases de votre adresse ! (Nouvelles exclamations.)

M. GUIZOT. Je commencerai par vider l'incident tout personnel!... (Ah! ah! nous allons voir!) Cela ne regarde ni le gouvernement du roi, ni le cabinet actuel, ni le ministre des affaires étrangères, mais M. Guizot, M. Guizot tout seul. (Écoutons! écoutons!)

Quand je suis entré dans la vie politique, il y a un vice que je me suis surtout promis d'écarter de moi : c'est l'hypocrisie... (Exclamations et dénégations.) c'est le désaccord, le mensonge entre la situation et la conduite, (nouvelles exclamations) entre l'apparence et la réalité.

Je voudrais bien savoir ce qu'on aurait dit, ce qu'on aurait fait en 1815, dans la chambre des représentants, si j'avais été à Gand comme membre de cette assemblée (Ah! ah! nous y voilà!), comme membre de cette assemblée, entretenir Louis XVIII, et que je fusse ensuite revenu y prendre place, je voudrais bien savoir ce qu'on m'aurait dit... (Interruption.) Qu'aurait-on dit, qu'aurait-on fait à mon égard? (Bruit prolongé. De vives interpellations, que le tumulte nous empêche d'entendre, sont adressées au ministre.)

La chambre sait quel motif m'a fait aller à Gand. (Nouvelle interruption.)

M. ERNEST DE GIRARDIN. Vous êtes allé trouver l'étranger, et vous êtes revenu avec lui! (Tumulte.)

M. GUIZOT. Je dis à ceux qui m'interrompent, qu'ils me répondront à la tribune.

M. ERNEST DE GIRARDIN, debout à l'extrême gauche : Vous dites que la moralité politique a été blessée, et moi je dis qu'il n'y a pas de moralité politique dans un pays où l'on peut se vanter d'avoir fait ce que vous avez fait. (Très bien! très bien! à gauche.)

Une autre voix.—Vous y êtes allé faire le *Moniteur de Gand*. On n'a qu'à le lire, on saura ce que vous y êtes allé faire! (Rumeurs au centre.)

M. GUIZOT. Je suis obligé d'attendre qu'on ait fini...

M. AYLIES. Allons, messieurs... écoutons! (Oui, écoutons!)

M. GUIZOT. Vous le savez, je suis allé a Gand... (Nouvelles exclamations.) Les interruptions me ralentiront, mais elles ne m'empêcheront pas de dire ce que je pense. Je suis allé à Gand porter des conseils à Louis XVIII. (Nouvelles interruptions.)

Voix diverses. — Que demandez-vous alors?... M. de La Rochejaquelein aussi est allé porter des conseils... Que reprochez-vous donc?

M. GUIZOT. Il y a quelque chose de plus fort que vos interruptions et vos murmures, c'est ma conscience! (Nouvelle et plus bruyante interruption.)

M. DUPIN (se tournant vers la gauche): On a émis un reproche, qu'on écoute la réponse... (Voyons! voyons la réponse!)

M. GUIZOT. J'userai de mon droit et de mon devoir; je suis obligé de répéter : Je suis allé à Gand... (Nouvelles exclamations.) Je suis allé à Gand porter à Louis XVIII les conseils des royalistes constitutionnels et de tous les hommes sensés qui prévoyaient sa rentrée probable en France... (Interruption des plus bruyantes. Les gestes de la gauche expriment une agitation indéfinissable. M. Luneau interpelle avec force le ministre, mais les paroles qu'il prononce se perdent dans le tumulte.)

M. DUBOIS (de la Loire-Inférieure) de sa place, et avec véhémence. Laissez parler la justice de la chambre... (Ici la voix se perd dans le bruit.) Eh! que nous font à nous ces luttes... La voix se perd.) Que signifient ces mots : Je suis allé à Londres! Je suis allé à Gand!... (La voix se perd de nouveau.)

M. LUNEAU répond à M. Dubois. Le bruit ne nous permet pas de l'entendre.

M. LE PRÉSIDENT, essayant de dominer le bruit. J'adjure la chambre de cesser un tel spectacle; j'adjure MM. les députés de cesser toutes réclamations qui ne peuvent pas se produire avant que M. le ministre se soit expliqué. (Nouveau brouhaha, nouveau tumulte.)

M. GUIZOT. Je suis étonné de ces clameurs, quand la chambre a déjà entendu... (Interruption.) La chambre a déjà entendu... (Nouvelle interruption. L'orateur se pose en face de la gauche.) En présence de ce qui se passe, je suis étonné des progrès qu'a fait la liberté. Comment, il est impossible de dire aujourd'hui ce qui a pu être dit l'année dernière. (Interpellations confuses.) En vérité, je m'étonne, je le répète, des progrès qu'a pu faire la liberté... (Exclamations.)

(De vives interpellations partent de la gauche. M. Guizot croise les bras et se tient pendant quelques instants immobile, les yeux fixés sur cette partie de la chambre. Il se tourne ensuite vers M. le président et ajoute : M. le président, on veut épuiser mes forces, mais je vous assure qu'on n'épuisera pas mon courage... (Bruit prolongé.)

Je suis allé... (Nouvelle interruption.)

Voix à gauche. — On le sait! vous êtes allé à Gand! On le sait, mais cela ne se justifie pas !

(Nous renonçons à essayer de peindre la véhémente agitation de la gauche, qui se traduit en très vives apostrophes, si nous en croyons les gestes énergiques de la plupart de ses membres, car il nous est impossible de recueillir un seul mot. M. le président fait des efforts inouïs pour conjurer le trouble, mais en vain ; au centre, on crie à l'ordre contre ceux qui interrompent le ministre. Enfin un demi-silence s'établit.)

M. GUIZOT. Louis XVIII devait rentrer en France ; eh bien ! croyez-vous que ce fût une chose indifférente qu'il y rentrât sous le drapeau de la charte ou sous le drapeau de la contre-révolution... (Nouvelle et bruyante interruption. M. de La Rochejaquelein apostrophe M. Guizot. Nous regrettons que le tumulte ne nous permette pas d'entendre ses paroles.)

Au centre. — Mais c'est intolérable ! mais il y a un règlement, M. le président, faites-le donc respecter ! mais levez donc la séance ! couvrez-vous ! couvrez-vous !

M. LE PRÉSIDENT. La parole est à M. le ministre.

M. GUIZOT, se posant en face de la gauche, les bras croisés et le regard haut : Ou je viendrai à bout de dire toute ma pensée, ou il sera constaté pour la chambre et pour le pays que les violences de cette portion de la chambre...

A gauche. — A l'ordre ! à l'ordre !

M. BEAUMONT (de la Somme). C'est intolérable ! On ne peut entendre de sang-froid un ministre se vanter de ce dont vous vous vantez ! (Trépignements d'impatience au centre.)

M. ODILON BARROT. S'il y a scandale, le scandale est par vous. (Oui ! oui !)

M. LE PRÉSIDENT. La parole est à M. le ministre. (On rit.)

M. GUIZOT. J'étais profondément convaincu alors, qu'il était possible de prévoir une issue à la grande lutte engagée : dans l'hypothèse d'une chance qu'il fallait considérer comme possible, puisqu'enfin c'est cette chance qui s'est trouvée réalisée... (Violente interruption.)

Une voix à gauche. — Oui, par la trahison !...

Au centre avec violence. — A l'ordre ! à l'ordre !

A gauche. — A l'ordre vous-mêmes ! à l'ordre le ministre !

M. GUIZOT. Il n'est pas au pouvoir des honorables membres, il n'est au pouvoir de personne, quelque douleur qu'aient pu causer ces événements, d'empêcher qu'ils se soient accomplis, et les prévoir... (Nouvelle interruption.)

M. GARNIER-PAGÈS. Dites donc, les préparer. (Tumulte.)

M. GUIZOT, se posant vers la gauche. Je prie les honorables membres de me dire s'ils croient que, si je n'avais pas été à Gand, les événements n'auraient pas été les mêmes ?

Une voix à gauche. — C'est bien possible.

Au centre. — A l'ordre ! à l'ordre !

M. BEAUMONT (de la Somme). C'est honteux! C'est le ministre qu'il faut rappeler à l'ordre. (Tumulte.) J'étais à Waterloo, monsieur, tandis que vous étiez à Gand, vous. (Agitation prolongée.)

M. GUIZOT. Je répète qu'il importait que Louis XVIII rentrât en France sous le drapeau constitutionnel et acceptât les principes d'une charte, pour les maintenir et les développer, et non pas pour les mettre en question. Ça été le seul et unique motif de mon départ pour Gand. (Nouvelles exclamations à gauche.)

M. DE LA ROCHEJAQUELEIN. Et à votre retour, vous avez créé les cours prévôtales. (Très bien! très bien! — Applaudissements.)

Au centre. — A l'ordre! à l'ordre!

M. GUIZOT. M. de La Rochejaquelein parle de ce qu'il ne sait pas. J'ai été complètement étranger à la loi sur les cours prévôtales, et à toutes les mesures dont on parle. (Dénégations.)

Ce que j'ai fait, si j'en appelais à la mémoire de mes ennemis, ils se rappelleraient sans doute les éloges dont ils m'ont honoré pendant les dix dernières années de la restauration, dans leurs discours et dans leurs journaux; ils m'en accablaient à cause du secours que je leur apportais dans la grande lutte... (Bruits divers.) Je n'ai jamais défendu et servi qu'une seule cause...

Une voix à gauche. — Celle de plusieurs maîtres...

Une autre voix. — Celle de l'étranger...

Au centre, avec force. — A l'ordre! à l'ordre!

M. LE PRÉSIDENT. Au milieu d'un pareil tumulte, il est impossible de distinguer les interrupteurs.

M. JOLY. C'est moi, monsieur, qui ai dit : L'étranger.

A gauche. — Très bien, très bien!

M. LUNEAU. C'est le cynisme de l'apostasie!

M. LE PRÉSIDENT adresse à M. Joly quelques mots qui ne nous parviennent pas, mais nous croyons comprendre, par les rumeurs de la gauche, qu'il s'agit d'un rappel à l'ordre.

M. GUIZOT. En 1820, je me suis fait écarter des fonctions publiques pour être fidèle à la cause de la monarchie constitutionnelle. (Allons donc, allons donc!) C'est ce sentiment qui m'a fait affronter les périls que vous soulevez contre moi aujourd'hui. Ne croyez pas que, lorsque je portai à Louis XVIII des conseils dans l'intérêt de la monarchie constitutionnelle... (Rumeurs.) Ne croyez pas que je n'aie pas prévu vos paroles; je les surmonterai, car j'ai mon pays avec moi... (Rires ironiques. — Allons donc? allons donc!) Oui, j'ai mon pays avec moi...

A gauche, avec force. — Non, non!

M. GUIZOT. Mais vous qui poussez de telles clameurs, avez-vous jamais eu les sympathies du pays? (Plus que vous! plus que vous!) Vous êtes en possession de libertés; est-ce vous qui les avez fondées? Est-ce par vous que le pays a vu fonder et consolider son gouvernement?

M. GARNIER-PAGÈS. Et vous, monsieur, vous ne vouliez pas de la révolution que nous avons faite. (Approbation à gauche, et cris : A l'ordre! au centre.)

M. GUIZOT. Je reprends. Louis XVIII est rentré en France par le cours des choses; par la volonté de la Providence. (Nouvelle interruption à gauche.) Si elle ne l'a pas fait, elle l'a permis du moins. Puis vient ensuite la lutte entre la monarchie constitutionnelle et les partisans de la contre-révolution engagée à l'intérieur du pays. Je pris part à cette lutte dans l'intérêt de l'avènement des classes moyennes, et j'employai mon influence à lutter contre l'esprit rétrograde; j'ai servi la restauration pour aider au développement de nos institutions, du jury, de la liberté de la presse... (Allons donc! allons donc! c'est une plaisanterie!)

Une voix à gauche. — Vous n'avez jamais servi la liberté de la presse!

M. GUIZOT. C'est à dire que je n'ai jamais entendu comme vous la liberté de la presse et l'institution du jury... (On le sait bien! on le sait bien!) Si par malheur les grands pouvoirs qui ont gouverné ce pays les avaient entendues comme vous, elles n'existeraient plus aujourd'hui. (Voyez-vous ça.) Vous n'avez jamais rien su fonder ; vous avez toujours perdu ou les libertés ou le pouvoir. (Encore! encore!)

J'employai, je le répète, toute mon influence au développement du gouvernement représentatif; du moment où l'influence contraire prévalut, je m'éloignai du pouvoir en même temps que mes amis. J'entrai dans l'opposition, et j'y fus, pendant dix ans, entouré de vos éloges et de vos sympathies. Je fis de l'opposition légale, sans contrôle ni émeute, parceque, de tout temps, je me suis prononcé contre les tentatives d'anarchie...

A gauche. — Allons, bon! l'anarchie à présent; mais c'est du réchauffé. (On rit.)

M. GUIZOT continue, au milieu des interruptions, de faire l'éloge de sa conduite; il a toujours servi la monarchie constitutionnelle, la veille, dit-il, le jour et le lendemain de la révolution. (Allons donc! allons donc!)

Cela est étrange, en vérité. (Quoi donc? Voyons?) En ce moment (l'orateur désigne la droite) les hommes de la restauration qui se font une arme contre moi de ce que j'ai été à Gand m'entretenir avec Louis XVIII...

A gauche. — Ils font bien.

M. GUIZOT, se tournant vers la gauche. Et voici des libéraux qui se font une arme contre moi de ce que j'ai été parler à Louis XVIII.

A gauche. — Sans doute! sans doute!

M. GUIZOT. A quoi cela tient-il? Vous auriez voulu que la

France s'épuisât contre l'Europe dans une lutte... (Le bruit couvre la voix du ministre.) Moi, je n'étais pas de votre opinion. (Nous le savons de reste.) Je croyais et je crois encore que la France s'était assez compromise, fatiguée... (Vives rumeurs à gauche.)

M. HAVIN. Célébrez Waterloo, alors.

M. GUIZOT. Toutes vos colères, toutes vos clameurs d'une autre époque ne me détourneront pas ; je persévérerai à soutenir la monarchie constitutionnelle fondée en juillet. Je connais l'empire des passions aveugles, des passions populaires, mais j'ai confiance dans le bon sens de mon pays, qui continuera son œuvre, qui est la nôtre.

Quant aux colères qui se manifestent, qu'on les accumule tant qu'on voudra autour de moi, on ne les élevera jamais au dessus de mon dédain. (Brouhaha d'acclamations au centre. — Rires ironiques à gauche.)

M. ODILON BARROT. La moralité politique a besoin d'une consécration solennelle, disait tout à l'heure... non pas M. le ministre des affaires étrangères, car il s'est dépouillé lui-même de cette qualité... mais le préopinant : il disait vrai. Jamais la moralité politique n'a eu plus besoin d'être raffermie, car jamais elle n'avait reçu une plus profonde atteinte. (Très bien.)

Quand vous aurez, monsieur, à servir la liberté constitutionnelle de votre pays, croyez-moi, ne prenez pas le chemin que vous avez pris (sensation, applaudissements), n'allez pas la servir sous le drapeau de l'étranger (très bien ! très bien) ; ne vous exposez pas à revenir à travers un champ de bataille... (Applaudissements à gauche.) Vous appelez préjugé, vous traitez du haut de votre dédain le sentiment qui a fait mourir ces hommes pour leur pays. (A gauche : très bien, très bien ! Sensation.)

On parle de moralité, de liberté, de nationalité. Je le demande, messieurs, si une pareille doctrine pouvait servir d'évangile politique. Quoi! lorsque les armées sont en présence, mais il n'y a plus qu'un camp, il n'y a plus qu'un parti, et c'est alors qu'on pourrait déserter le drapeau de son pays pour passer à l'étranger! (Vive sensation.)

Jamais les grands pouvoirs politiques ne dévient impunément de la ligne tracée par la constitution. Ce débat en est un grand et solennel exemple. Lorsque vous vous constituez juges (réclamations au centre), on a fait avec raison justice des subterfuges, des distinctions, des réserves invoquées dans la question du serment: je les condamne comme vous. Mais à notre tour ne nous livrons pas à de pareilles distinctions.

Nous flétrissons les actes, dites-vous, sans flétrir les personnes. Par quelle abstraction distinguez-vous les actes des personnes? Et ne voyez-vous pas que les unes et les autres sont comprises également dans votre enquête?

Ne voyez-vous pas que les prévenus sont venus tour à tour à cette tribune comme sur une sellette pour justifier leur conduite. Vous avez discuté des documents, des articles de journaux; vous vous êtes livrés à une enquête plus ou moins heureuse, mais qui est en dehors de vos pouvoirs.

Quand un juge impartial, guidé par le seul sentiment du devoir, quand un juge a condamné, la partie qui s'est défendue subit ou s'incline; mais devant un adversaire politique, l'adversaire politique a le droit de renvoyer l'outrage. (Très bien!) Aussi vous avez vu cette lutte deux fois triste, vous avez vu l'accusateur devenir l'accusé. (Bravo! bravo!)

Vous avez vu cette déplorable scène parlementaire..... Messieurs, il est temps de rentrer dans la question véritable qui se débat.

On nous a fait l'invitation de nous unir à ceux qui veulent imprimer une flétrissure, afin de nous racheter en quelque sorte des défiances conçues contre un grand parti de cette chambre. Messieurs, jamais nous ne consentirons à acheter cette confiance au prix de l'abandon des principes utélaires que nous défendons.

L'honorable M. Berryer a cru trouver dans son importance, dans sa conscience, une puissance suffisante, malgré la flétrissure résultant des mots de votre adresse pour rester à son banc, mais s'il se trouvait une conscience plus timide (on rit), qui se crût obligée de tirer la conséquence du mot qu'on vous propose de voter ; qui ne crût pas pouvoir user de la plénitude de son droit, accomplir tout son devoir, et qui rejetât son mandat, vous seriez devenus complices d'une exclusion, d'une déclaration d'indignité ! (Très bien !)

Cette complicité, je la repousse. Nous avons à combattre les souvenirs de la Restauration, à soutenir notre gouvernement, à penser aux éventualités de l'avenir. Croyez-moi, c'est en nous rapprochant des souvenirs de l'origine de notre gouvernement que nous pourrons remplir notre mission. M. le ministre des affaires étrangères a dû voir qu'il avait trouvé des sympathies quand il a parlé de ces souvenirs et du contrat entre le peuple et la monarchie.

Que le gouvernement avance davantage dans cette voie et il y trouvera plus de force ; mais au lieu de cela il s'en éloigne de plus en plus.

C'est en faisant tout le contraire de ce qu'a fait la Restauration ; c'est par la liberté et non en l'imitant qu'il faut la combattre.

(Ce discours est suivi d'une profonde sensation.)

M. GUIZOT prend de nouveau la parole et soutient la nécessité de blâmer l'acte de Londres. La chambre, dit-il, ne doit pas renoncer, dans une occasion aussi solennelle, à manifester son sentiment ; si, dit-il, la chambre consent à rester muette, elle se sera abaissée et mutilée elle-même. Le gouvernement insiste donc pour l'adoption du paragraphe de la commisssion. (Aux voix! aux voix!)

Le lendemain, un vote, dû à quelques voix de majorité, vint donner au ministère la triste victoire qu'il acheta au prix de tant d'humiliations, et qui devait lui coûter si cher. Ce résultat fut généralement accueilli avec une répulsion très significative, et tout l'avantage resta aux victimes du machiavélisme doctrinaire, qui la veille avait été démasqué par MM. Berryer et de La Rochejaquelein.

Cette séance devint pour toute la capitale le texte des entretiens les plus animés, et le sujet des impressions les plus profondes. On redisait comment, après les discours, les apostrophes, les interruptions, les répliques, qui tour à tour avaient donné à ces débats une physionomie si étrange, si dramatique, M. Berryer avait trouvé le moyen de clouer en quelque sorte M. Guizot sur son banc de douleur. En effet, il aurait fallu entendre et surtout voir M. Berryer, avec ses mains tendues comme une menace éternelle, sur M. Guizot, auquel il imposait, non pas ses malédictions, mais celles de tous les gens de bien, couvrir de confusion l'homme qu'il écrasait sous le poids d'un mot qu'il ne prononça pourtant pas, comme pour le forcer à venir répéter lui-même plus de vingt fois, au milieu des réprobations et des colères de l'assemblée : « *J'ai été à Gand!* » C'est alors que l'opposition s'est tout à coup amoncelée, puis déchaînée contre cette excessive audace, à ce point que si la séance avait pu se prolonger trois heures de plus dans la soirée, M. Guizot était forcé de donner sa démission avant d'en sortir. On eut ainsi l'idée de ce qui, dans certaines circonstances, pourrait résulter d'un orage parlementaire provoqué par la parole habile et saisissante d'un puissant orateur.

La commission de l'adresse, en choisissant le mot *flétrir*, et la majorité ministérielle, en l'adoptant, en avaient-elles bien compris toute la portée? Si on ouvre le *Dictionnaire de l'Académie*, on y trouvera : « FLÉTRIR signifie *diffamer, déshonorer, dégrader* ou traiter comme infâme. Flétrir quelqu'un, etc. »

Il signifie particulièrement, en matière criminelle, *marquer une personne d'un fer chaud, en punition d'un crime.* En France cette peine est abolie.

On ne porte pas de telles sentences sans proclamer l'*indignité* de ceux auxquelles elles s'adressent. Aussi les députés voulurent-ils s'exclure eux-mêmes d'une chambre qui n'avait pas eu le courage de compléter son œuvre, et, d'accord avec les organes de la presse indépendante, envoyèrent-ils leur démission. Ils prouvèrent ainsi que l'omnipotence parlementaire ne peut aller jusqu'à l'ostracisme, et en appelèrent au pays pour les venger solennellement d'un pareil outrage. M. le marquis de La Rochejaquelein écrivit ces simples mots : « Je donne ma démission. » Les autres députés concertèrent une lettre qui fut envoyée à la chambre, conçue dans ces termes :

Paris, le 29 janvier 1844.

« Monsieur le président,

« Le dernier paragraphe de l'adresse, voté dans la séance du 15 janvier, est à nos yeux un acte attentatoire à l'indépendance et à la dignité de plusieurs membres de cette chambre. Une épreuve douteuse a déjà élevé au sein de l'assemblée une éclatante et loyale protestation.

« Nous venons protester à notre tour, par notre retraite, non contre un langage injurieux qui ne saurait nous atteindre, mais contre la violence qui nous est faite, au mépris de nos droits et des garanties de liberté qui nous étaient promises par la déclaration du 7 août 1830.

« Résolus à remplir tous nos devoirs envers ceux qui nous ont élus, envers nos amis politiques et envers nous-mêmes, mais frappés d'une véritable exclusion morale, ce n'est pas sur nous que peut retomber la responsabilité de notre détermination.

« Nous déclarons nous démettre de nos fonctions de députés.

« BERRYER, duc DE VALMY, R. DE LARCY. »

M. le vicomte Blin de Bourdon, absent ce jour-là, envoya le lendemain son adhésion à la détermination de ses collègues. La chambre fut frappée de stupeur en présence de ce résultat. M. Dozon prit la parole pour expliquer que la phrase de l'adresse n'avait point été adoptée dans *l'intention d'atteindre les personnes*, et demandait qu'il fût sursis au renvoi au ministre de l'intérieur de la lettre de M. de La Rochejaquelein. M. de Laplesse appuya cette proposition, qui ne fut pas admise. Quant à la lettre des autres députés, dès la première phrase, les murmures des centres ont éclaté, et les ministres étaient dans une vive agitation. M. Dupin a voulu constater le droit de protester contre le vote de la chambre, et le président Sauzet a déclaré qu'il avait accueilli la lettre seulement comme une démission. Cette double assertion fut courageusement réfutée par M. Lherbette, qui s'est écrié : « Je parle dans l'intérêt des « hommes d'honneur que vous avez voulu flé- « trir... Ils ont subi votre jugement; vous devez, « à votre tour, ouïr leurs plaintes. »

La *Patrie* disait le soir même :

« La chambre s'est mutilée elle-même. Il serait misérable de jouer sur les mots. Elle s'est mutilée par une véritable déclaration d'indignité. C'est là ce qu'il y avait inévitablement au fond de son vote. Seulement, la chambre n'a pas eu le courage et n'a pas su prendre la responsabilité directe de sa résolution. Elle a voulu des exclusions pour indignité, et n'a pas osé les ordonner. Elle les a imposées à la loyale susceptibilité de ceux qu'elle voulait atteindre. C'est l'outrage sans l'énergie, sans l'audace et la franchise; c'est l'attentat sans la hardiesse et la force; c'est un coup d'état hypocrite.

« Une déclaration d'indignité contre plusieurs membres de la chambre des députés! c'est là, certainement, l'acte le plus grave qui ait été accompli depuis 1830. Toutes les violences du pouvoir, toutes les plus audacieuses entreprises de réaction n'avaient pas osé en approcher, ne l'avaient pas fait prévoir. C'est un attentat au principe sacré de l'inviolabilité des députés, à la souveraineté des électeurs, qui, eux-mêmes, dans l'exercice de leurs fonctions indépendantes, représentent la souveraineté nationale.

« Rien de plus grave, nous le répétons, ne s'est passé depuis 1830. Il y a dans cette situation un ensemble de faits doublement sérieux et déplorables.

« Les principes essentiels du gouvernement représentatif y sont engagés, compromis; et c'est au profit du parti légitimiste que le conflit doit se vider; c'est ce parti qui va y représenter le principe le plus essentiel de notre ordre de gouvernement, et qui va recevoir la force résultant de l'inévitable triomphe de ce principe. »

Les autres journaux se livrèrent simultanément à des appréciations du même genre. Le lendemain, un fait grave et significatif vint jeter un grand jour sur les conséquences de ce vote. M. de Salvandy fut tellement blâmé de ne s'y être pas associé, que son honneur fut engagé à donner sa démission. Voici les détails qu'un journal contenait à cette époque :

« M. de Salvandy a donné aujourd'hui sa démission de ses fonctions d'ambassadeur à Turin.

« Il s'était joint hier à la grande députation de la chambre des députés qui a été présenter l'adresse au *roi*. Il était placé entre deux députés des plus obscurs, MM. Dilhan et Barada. On a remarqué que ces députés ont reçu un salut qui a paru être refusé avec quelque affectation à M. de Salvandy.

« Quelques instants après, M. de Salvandy a été conduit dans une embrasure de croisée par un auguste personnage. La conversation paraissait animée. Plusieurs députés, bien que se tenant à une certaine distance, ont entendu M. de Salvandy dire qu'il « serait singulier qu'un vice-président de la chambre des députés ne pût pas avoir une opinion personnelle. »

« On assure que quelqu'un — un ministre sans doute — aurait dit hier soir, au château, à M. de Salvandy, en lui montrant son grand cordon de la Légion-d'Honneur, dont il a été récemment décoré, qu'on « ne lui avait pas donné cela pour voter contre l'adresse. »

« En sortant hier du château, M. de Salvandy était décidé à donner sa démission.. Il l'a envoyée ce matin, et en a lui-même fait part, à la chambre, à plusieurs députés.

« Voilà comment la réaction poursuit son cours avec M. Guizot, et quels sont les effets de ses exagérations. »

C'était un nouveau flétri.

Dans les cercles politiques, la dissolution de la chambre paraissait inévitable, et, en attendant, tous les regards de la France étaient portés vers Marseille, Ploërmel, Doullens, Toulouse et Montpellier, d'où devait sortir une grande et patriotique réparation. Les députés royalistes restés à la chambre y faisaient d'autant meilleure contenance, qu'ils étaient l'objet des sympathies de leurs collègues de l'opposition, car tous, comme M. Béchard, s'étaient noblement associés à la conduite de leurs amis.

Tous les voyageurs de Londres se trouvèrent flétris avec les députés royalistes, leurs dignes chefs. M. de Châteaubriand ne pouvait être impunément placé sous le coup d'une pareille qualification. Aussi la jeunesse des écoles voulut-elle se rendre à son hôtel, où il fut de sa part l'objet d'une manifestation vraiment triomphale. Un discours lui fut adressé, et il y répondit dans des termes pleins de l'éloquence qui lui est propre. Après avoir défilé deux à deux devant lui, en le saluant, cette immense réunion de jeunes représentants de toutes les opinions et de tous les départements de la France se retira dans un ordre parfait, aux cris mille fois répétés de « *Vive Chateaubriand! vivent les flétris!* » Ce cri retentit dans toute la France, et ceux qui avaient eu le bonheur de faire le pèlerinage de Londres devinrent l'objet des félicitations et des égards de tous les gens de bien de leur pays, sans distinction d'opinions. Bientôt de nouvelles démissions s'ensuivirent. En voici la preuve dans une lettre adressée le 3 janvier à M. le préfet de l'Eure :

« Monsieur le préfet, une mesure générale frappe les maires qui ont été à Londres; j'en suis revenu depuis quinze jours. Comme je n'ai pas encore reçu ma révocation, et que je n'ai rien fait qui puisse me mériter une exception de la part du gouvernement, je vous prie de recevoir ma démission. »

« A. DE MAUDUIT (de Semerville), lieutenant de vaisseau, démissionnaire de 1830 et *flétri* en 1844. »

Les destitutions aussi continuèrent avec plus d'acharnement.

M. le vicomte de Boubers, qui a eu l'honneur d'aller présenter ses hommages à Mgr le duc de

Bordeaux, lors de son séjour à Londres, fut destitué de son grade de capitaine de la garde nationale de la commune de Miomesnil.

Puis, par une contradiction inouie, tandis qu'ils croyaient flétrir les députés coupables d'avoir été saluer l'exil et le malheur, les mêmes hommes glorifiaient et consacraient immortellement un acte de même nature, en votant l'adjonction du tombeau du général Bertrand près de celui de Napoléon. La flétrissure devint un titre de gloire, à ce point, que ceux des visiteurs de Belgrave dont les noms n'avaient pas été publiés ne voulurent pas rester inconnus. Citons entre autres M. Auzelly, qui arriva à Londres au moment où le prince se mettait à table, une heure avant son départ. Il se fit annoncer à Belgrave sous le titre de négociant français. « Un « négociant français ! s'écria le prince. Cette « dernière visite portera bonheur à mon voyage. « Dites-lui vite que je le recevrai avec plaisir, « mais à une condition : c'est qu'ensuite il dî- « nera avec moi. » Et en effet, il fallut que M. Auzelly revint dîner à Belgrave. Celui-ci réclama donc par la lettre suivante :

A M. le directeur de la FRANCE.

« Monsieur,

« Je suis le dernier Français assez heureux pour avoir été présenté, à Londres, à Mgr le duc de Bordeaux, avant son départ pour l'Allemagne.

« Mon nom ayant été omis dans les listes publiées par les journaux, je n'ai fait jusqu'à ce jour aucune démarche pour que cet oubli fût réparé. Mais les hommes du pouvoir actuel venant de *flétrir* ceux qui ont été à Londres, je considère comme un devoir de me dénoncer.

« Je viens donc vous prier, monsieur, de vouloir bien faire connaître que je suis au nombre des Français qui sont allés porter des hommages au plus noble des princes, et vous dire en même temps combien je me trouve honoré d'être flétri avec tout ce que la France contient de plus honorable.

« Veuillez bien agréer, monsieur, d'avance, avec tous mes remerciements, l'expression de mes sentiments les plus distingués.

« AUZELLY, propriétaire et négociant à Puy-l'Evêque (Lot.)

« Paris, le 2 février 1844. »

Le *Charivari* disait alors : « Flétrira bien qui flétrira le dernier. »

Il faut bien constater pourtant que, si la flétrissure produisit pour ceux qu'elle essayait d'atteindre de véritables avantages, il n'en fut pas ainsi pour ses auteurs, lesquels surexcitaient tant d'indignations, qu'un instant on a pu craindre que la société n'en fût douloureusement ébranlée. Une sorte de désorganisation sembla d'abord devoir en être la funeste conséquence. Les opinions les plus opposées avaient pu pardonner aux députés leurs divers votes pour les fonds secrets, les fortifications, les lois de septembre, etc., car l'erreur, l'entraînement, la nécessité de position, l'aveuglement de l'esprit de parti en étaient peut-être la cause; mais il était trop difficile qu'elle oubliât que ce mot *flétrir*, avait été proposé, prémédité, discuté, combattu, obtenu, après douze séances consécutives. Autrefois la hache du bourreau coupait les têtes des héros, des femmes, des vierges; les fusillades en masse immolaient des milliers de victimes, les noyades de Carrier livraient traîtreusement au fleuve des corps monstrueusement accouplés; mais tout ce raffinement de cruauté, ce luxe de barbarie, faisaient des martyrs, des saints; ils ne les flétrissaient pas.....

Il y avait dans ce mot un tel mélange de grossièreté et de barbarie, il était tellement hostile aux habitudes de notre caractère national, que chaque jour il paraissait plus intolérable et plus odieux. Un député dynastique disait : « J'ai « voté contre la flétrissure par respect pour la « langue française. » Cette infamante appellation, lancée publiquement en face du soleil de France, dans le sanctuaire où se font les lois, établit donc une ligne de démarcation entre les flétrisseurs et les flétris. Ceux-ci ne pouvaient plus serrer la main que les premiers sont toujours prêts à tendre, car un abîme les séparait désormais. Un député tendit sa main à un flétri, et la retira devant celle d'un flétrisseur. Les relations sociales en furent rompues ou prodigieusement restreintes, et une sorte d'équilibre ne se rétablit que lorsque la réflexion produisit, après tout, cette conviction, que des habitudes trop bien connues, de déplorables servilités envers un ministère aux abois avaient inspiré les flétrisseurs, et que nulle importance ne devait être attachée à un acte de cette nature, dont le pays allait être le souverain juge. L'indifférence succéda donc à l'irritation ; et d'ailleurs les royalistes n'avaient-ils pas pour règles les exemples des princes proscrits, toujours si empressés d'oublier leurs bienfaits et de pardonner à leurs ennemis.

De toutes parts les députés flétris furent inondés de congratulations ; la prose, la poésie, la chanson, s'escrimèrent en leur honneur, et toutes les conditions s'associèrent à ces honorables témoignages. M. le comte d'Estrées, un des plus anciens chevaliers de Saint-Louis de France, et le doyen de ceux du Bourbonnais, dut à sa verve poétique, plus qu'octogénaire, les deux vers suivants :

> L'éloge du pervers flétrit l'homme d'honneur ;
> Mais son blâme nous plaît, il élève le cœur.

On sait que la loi n'a pas d'effet rétroactif ; mais en cette circonstance tous les visiteurs de l'exil à Lultworth, à Holy-Rood, à Prague, à Butschierad, à Kirchberg, à Goritz, à Brandeiss, à Brundsée, à Gratz, partout enfin où la royauté proscrite avait porté ses pas, demandèrent à l'unanimité qu'il en fût autrement, et voulurent faire immédiatement partie des flétris.

Dans les soirées, des femmes charmantes parurent en magnifique toilette, à laquelle un bouquet flétri prêtait un nouvel éclat.

Bientôt le nombre des flétris devint incalculable, et il devait encore s'augmenter beaucoup, car tous ceux qui étaient poursuivis ou condamnés pour avoir exprimé franchement leur opinion sur ce voyage s'empressèrent de se décorer du nom de *flétris ;* ainsi en ce moment même M. Frédéric Dollé, rédacteur-gérant de *la France,* fut flétri par huit mille francs d'amende et six mois de prison ; mais pour ce noble et intrépide combattant il y eut une véritable indemnité dans la patriotique péroraison de son défenseur. En effet, M⁰ Alexis Fontaine termina son éloquente plaidoirie par une citation du *Moniteur,* qui, ce même jour, contenait la nouvelle de l'affaire de Taïti et de l'amiral Dupetit-Thouars. Le public n'en était pas encore informé, la cour, le parquet et le jury l'ignoraient, M⁰ Fontaine, en exprimant sa généreuse et toute française indignation, la lança donc comme la foudre au milieu de l'auditoire. L'organe du ministère public, troublé, balbutiant, essaya vainement une explication ; il ne put réussir à faire prendre le change sur un pareil acte, et le soir la condamnation de *la France* en recevait un retentissement d'autant plus fâcheux.

Dès le lendemain, *le Corsaire,* comme pour mieux prouver que le nouveau mot n'était pas seulement en grande vogue parmi les royalistes, s'écria, après avoir raconté toutes les humiliations dont on accablait notre pavillon et notre amiral ; « Encore un flétri ! »

Les voyageurs de Londres acceptèrent de grand cœur celui que le gouvernement de juillet leur adjoignit. Arrivez, arrivez vite, contre-amiral Dupetit-Thouars, que votre domicile flottant sur les mers se hâte de regagner la rive, car si des hommes qui ne comprennent rien en fait de dignité nationale essaient de vous abaisser à leur niveau, sachez bien que dans votre pays toutes les opinions généreuses, tous les cœurs vraiment français s'unissent pour vous indemniser largement de tant d'ingratitude et de tant d'injures. Sachez bien surtout, oh ! sachez bien que vous serez admiré de tous les pèlerins de Belgrave-Square ; car, ainsi que Henri de Bourbon leur en a donné récemment encore l'exemple, ils saluent avec enthousiasme, n'importe de quelle part il vienne, tout ce qui est fait de bon, de beau, dans l'intérêt de la France. Ils seront près de vous les interprètes du jeune exilé, dont le cœur palpite, dont le regard s'anime, dont la voix s'émeut toutes les fois qu'il s'agit de la gloire de son pays. Et vous devez avoir une âme trop élevée pour que la sympathie et l'assentiment du petit-fils de Henri IV sur la terre étrangère ne soient pas à vos yeux une récompense et une compensation!....

On ne peut se faire une idée des expressions que les journaux indépendants employèrent pour reproduire leur violente colère. A l'aspect d'une telle conduite, de tous les coins de la France s'élevèrent d'énergiques récriminations et aussi de douloureuses plaintes sur cette insulte prodiguée à la marine pour obéir aux exigences de l'Angleterre; le rappel de M. Dupetit-Thouars semblait, à chacun de nos braves matelots, une injure personnelle, et aujourd'hui encore ces impressions, ces sentiments sont restés les mêmes.

XV.

Les flétrisseurs flétris par eux-mêmes, et les flétris vengés par l'opinion publique. — Pièces justificatives.

Il serait facile de faire la biographie de chacun des flétris, mais les personnalités son inutiles en cette circonstance, et fourniraient d'ailleurs de trop tristes détails. Il est donc plus généreux à la fois et plus logique de s'en tenir aux récits de la réélection des hommes que les flétrisseurs avaient voulu écraser de leur mépris, et de rappeler comment la France se chargea de faire triompher les cinq illustres députés. En épargnant les vaincus on honore une fois de plus de tels vainqueurs.

M. Berryer ne se rendit pas à Marseille pour son élection; mais MM. de La Rochejaquelein, Blin de Bourdon, de Valmy, de Larcy partirent quelques jours avant pour Ploërmel, Doullens, Toulouse et Montpellier. Sur leur passage ils recueillirent des manifestations non équivoques qui étaient pour eux la sûre prévision d'un heureux résultat. M. Henri de La Rochejaquelein marcha d'ovations en ovations et de triomphes en triomphes; au Mans, il reçut chez son hôte, M. d'Argy, un des flétris, des députations et des témoignages de toutes sortes, auxquels son noble cœur répondit avec autant d'élan que d'à-propos. A Angers, mêmes démonstrations, un magnifique banquet lui fut offert et on lui adressa un discours dans lequel on lui rappelait qu'à la place qu'il allait occuper, avait été aussi l'objet d'une grande fête M. Berryer, qui à cette époque vint, avec MM. Odilon Barrot, Marie, et Arago, défendre M. Ledru-Rollin. M. de La Rochejaquelein répondit avec une verve entraînante et excita les plus vifs applaudissements, surtout quand il exprima combien il était heureux et fier de trouver dans ce lieu un souvenir du grand orateur, augénie et au patriotisme duquel il rendit un solennel hommage.

Par de tels précédents, on peut juger de son

arrivée à Ploërmel; elle fut comme une fête de famille; et dès le premier jour on voyait pour ainsi dire l'immense majorité électorale se promener par les rues et proclamer d'avance son *La Rochejaquelein*. Les efforts du ministère furent inouïs, et s'accrurent de ceux de M. de Cheffontaines, qui reçut à son château l'état-major électoral, comme il avait reçu celui de M. le duc de Nemours lors du camp de Thélin. Une majorité de cent voix fut l'éloquente preuve de l'inutilité de tant de manœuvres et d'intrigues. Des fêtes auxquelles toute la ville et les environs prirent part furent données à M. de La Rochejaquelein, à Ploërmel, à Josselin, etc. Par ses paroles comme par ses actes, il sut encore se placer plus avant dans l'affection bretonne dont il connaît tout le prix. Pressé de reprendre son poste à la chambre, il se remit en route; mais il fut arrêté par l'enthousiasme et forcé de ne pas résister à ses nouvelles manifestations.

On lisait dans l'*Hermine* :

Les royalistes de Nantes n'ont pas voulu rester en arrière de leurs frères de Rennes et de Ploërmel. Ils ont prié M. le marquis de La Rochejaquelein de se rendre à Nantes, et M. de La Rochejaquelein est arrivé le 6. Il a été reçu avec enthousiasme. Le 7, un banquet lui a été offert par 200 habitants de Nantes.

Au toast porté à l'élu de Ploërmel par M. Belling de Lancastel, membre de la chambre de commerce de Nantes et du conseil-général du commerce, M. de La Rochejaquelein a répondu :

« Messieurs,

« Je ne pouvais entendre de plus nobles paroles, je ne pouvais les entendre devant une réunion qui comprit mieux leur importance.

« L'entente cordiale entre nous !

« Certes un pareil vœu est trop français pour que je ne m'y associe pas avec bonheur.

« On aurait bien voulu, par des actes et par des paroles de colère, nous éloigner de ce rapprochement si désirable ; on a a été jusqu'à dire que nous n'étions pas les enfants de la France ! Nous avons demandé au pays sa pensée, et le pays a répondu.

M. de Lancastel nous parlait de la gloire et des intérêts de la nation, que j'ai défendus à la tribune. Qui de nous n'a pas dévoué sa vie à ces intérêts si chers ?

« Quand j'ai accepté la difficile mission de rester également fidèle à mes principes, à l'honneur et aux libertés de la France, j'ai compris toutes les difficultés qui m'attendaient. J'ai tenu jusqu'ici tous mes engagements en faisant de mon mieux.

« On voudrait que nous nous regardassions comme engagés au-delà des principes en vertu desquels le gouvernement actuel est établi. Ce serait abdiquer nos consciences ; nous ne le ferons pas. (Applaudissements prolongés.) Il est dans notre devoir de rester ce que nous sommes, en faisant passer la France avant tout.

« On a essayé de corrompre, on n'a pu y réussir ; alors on nous a signalés comme des ennemis ; l'intérêt ou les menaces ne peuvent rien contre nous. (Nouveaux applaudissements.)

« J'ai été votre candidat à la députation, vous ne m'avez pas entendu changer de langage. C'est sur le principe de la souveraineté nationale que je m'appuie : il n'aura pas été impunément proclamé. (Applaudissements.)

« Messieurs, je tiens à ce que vous sachiez que j'ai toujours rempli, toujours accompli mes devoirs de député avec la plus grande loyauté, avec la plus grande confiance ; je n'ai pas voté une seule fois autrement que je n'en avais pris l'engagement. J'ai toujours voté pour ce qui m'a paru dans les intérêts du pays ; j'ai toujours voté contre ce qui m'a paru être mauvais. (Oui ! oui !)

« Quand j'ai vu ces ambitions rivales, qui ne promettaient pas mieux à la France, se disputer entre elles, j'ai dédaigné de me faire l'instrument des unes ou des autres.

« Maintenant, après ce qui s'est passé, mais surtout après la conduite du cabinet vis-à-vis de l'amiral Dupetit-Thouars, en face de l'insulte faite à notre pavillon dans la personne d'un de nos plus braves marins, je serai l'ennemi du ministère jusqu'à ce qu'il tombe. (Tonnerre d'applaudissements.)

« Ne croyez pas cependant que, toutes les fois que j'aurai à voter dans une question d'intérêt général, je me décide par passion. Non, messieurs, je serai avant tout fidèle aux intérêts de la France ; je voterai encore pour tout ce qui sera le bien, je repousserai tout ce qui me paraîtra mal.

« Messieurs, je vous remercie de la manière si flatteuse dont vous voulez bien me recevoir. Je rentrerai à la chambre heureux et fier de votre approbation. Je ne sais si je répondrai à tout ce que vous attendez, mais ce que je sais, mais ce que je prouverai, c'est que je suis digne d'être Vendéen et Breton. » (Bravos prolongés.)

M. le vicomte de Cornulier, membre du conseil général du département, a porté ensuite un toast aux cinq députés réélus et aux députés indépendants :

M. de La Rochejaquelein s'est de nouveau levé et a dit :

« Messieurs,

« Je ne devrais peut-être pas prendre de nouveau la parole, mais je ne puis entendre prononcer le nom de mes collègues de la chambre sans répondre pour eux au toast que vient de leur porter mon ami M. de Cornulier.

« Oui, MM., je bois avec vous à MM. Berryer, Blin de Bourdon, de Larcy, et de Valmy; leur passé vous répond de l'avenir toutes les fois qu'il s'agira de l'intérêt et de la dignité du pays, et c'est de grand cœur que j'associe comme vous à leurs noms ceux de MM. Billault et Lanjuinais, qui, eux aussi, portent trop haut le sentiment de l'honneur pour avoir voulu, comme d'autres, flétrir leurs collègues. Buvons donc à nos amis et aux deux députés du département qui n'ont pas voulu les flétrir. » (Applaudissements.)

Les toasts suivants ont été portés :

1º Par M. Lemerle, doyen des avocats de Nantes, à *la liberté de la parole et de la presse!*

2º Par M. le marquis de Réguon : *A la liberté de l'enseignement!*

3º Par M. le chevalier de Méllent, ancien capitaine de vaisseau, ex-major-général de la marine à Lorient, et ancien commandant en chef de la station de la mer du Sud : *A l'amiral Dupetit-Thouars!*

4º Par M. le marquis de Monti, ancien lieutenant des gardes-du-corps du roi : *A la conciliation de tous les partis, à l'union de tous les Français dans un même amour pour la patrie!*

Après le banquet, une députation d'ouvriers a présenté une adresse à M. de La Rochejaquelein, qui a répondu :

« De tous les témoignages que j'ai reçus, les vôtres sont ceux qui me touchent le plus. Oui, tout ce qui m'est manifesté par ceux qui sont *le peuple* me touche profondément. J'ai vécu parmi vous ; je sais combien il y a parmi vous de hautes intelligences et de nobles cœurs. Oui, dans vos rangs sont des hommes qu'attendent de hautes destinées.

« Vous savez que j'ai tout fait pour améliorer et grandir votre position. A Paris, avant mon départ, quatorze cents de vous ont envoyé chez moi une députation m'apporter une adresse à laquelle j'ai été bien sensible : ils m'ont fait espérer que je pourrais les remercier à mon retour ; j'attends ce moment avec une vive impatience.

« La classe ouvrière, en fait de courage, a souvent fait ses preuves, quelquefois même en s'emportant au-delà de ses intérêts ; mais nous savons aussi la modération dont elle a fait preuve après la victoire. Vous êtes les premiers soldats quand la France a besoin de vos bras. Soyons unis pour revendiquer l'honneur et les libertés du pays. En répondant à ces messieurs, je parlais de la réconciliation des partis et du rapprochement des classes. Si Dieu, si la Providence, a tout fait pour nous, nous devons tout faire pour vous. Ces sentiments sont aussi les sentiments de tous ceux qui m'entourent. »

M. de La Rochejaquelein a quitté Nantes le 8 au matin. Au banquet donné à Rennes à M. de La Rochejaquelein, une députation de Dinannais a voulu aussi s'unir aux démonstrations des autres villes de Bretagne. A leurs nobles paroles, M. de La Rochejaquelein a répondu :

« Messieurs,

« Je suis on ne peut plus flatté des sentiments que vous m'exprimez. C'est parceque la Bretagne est la patrie des Duguesclin, des Clisson et de tant d'autres vaillants, que je suis si fier de la représenter. En me parlant de religion, vous avez touché une corde qui vibre puissamment dans mon cœur. Oui, messieurs, je suis catholique comme vous ; il ne s'agit pas seulement pour nous des intérêts de cette vie. Si nos pères, vos pères, ont accompli de grandes choses, s'ils ont montré tant de courage, c'est qu'ils n'étaient pas moins dévoués à leur foi qu'aux intérêts de leur pays. Vous suivez honorablement leurs traces. Je seconderai avec zèle tous vos efforts. Je ne sais si ma voix aura le retentissement dont vous me flattez ; mais ce que je sais, c'est que je ferai tout ce qui dépendra de moi pour me montrer digne de la Bretagne. »

L'Impartial ajoute :

« Il est inutile de chercher à peindre l'effet d'un tel langage sur ceux qui ont eu le bonheur de l'entendre de la part d'un homme dont les paroles ont pour garantie la force du caractère et la droiture du cœur.

Mardi soir, près de cinq cents personnes se pressaient dans les salons de M. l'ex-colonel de Freslon et de Saint-Aubin ; cette affluence avait une double cause. Le lieu semblait à tous admirablement choisi pour témoigner à la fois la haute estime acquise au *flétri* de la Vendée et au brave officier breton. »

A Marseille, l'élection de M. Berryer, contre laquelle des manœuvres inouïes et d'infâmes combinaisons avaient été accumulées, offrit un spectacle véritablement impossible à décrire.

Dans cette lutte pacifique et toute légale, couronnée par le triomphe, toutes les opinions généreuses se sont rencontrées, et il ne pouvait qu'en être ainsi : dans les grandes questions nationales, les partis s'effacent ; il n'y a plus que des citoyens.

C'est ainsi que, noblement fidèles à leurs

propres inspirations et aux conseils de leurs amis, les électeurs démocrates du collége du Nord ont prêté à la réélection du *flétri* un appui aussi intelligent qu'il a été complet. Grâce à ce concours, la victoire a été telle que pouvaient la désirer les amis de l'indépendance parlementaire. En effet, ce n'était point assez que Marseille protestât : il fallait que cette protestation fût imposante : il fallait que M. Berryer fût envoyé à la chambre, non par un parti seulement, mais par l'arrêt souverain de l'opinion publique. Ainsi en est-il arrivé.

Pour vous, électeurs royalistes, soyez fiers de votre élu comme votre élu sera fier de votre dévouement et de votre zèle. Plus jaloux encore de remplir un devoir que d'acquitter une dette de cœur, vous avez sauvegardé en sa personne cette union des principes monarchiques et des libertés nationales, si bien rappelées naguère par la profession de foi de notre orateur.

Mais, que dirons-nous de ces jeunes gens si nombreux qui, sans avoir pu se concerter, s'offraient pour renforcer les rangs des auxiliaires habituels des élections, et venaient au devant des chefs des opinions indépendantes? Cet empressement a été si marqué et le contraste avec les rangs contraires si frappant, que le 3 mars pourrait être appelé à bon droit la journée de la jeunesse.

Dès le matin, à l'ouverture des bureaux, l'animation expansive des conversations et des physionomies disait assez tout ce que le scrutin favorable de la veille avait mis de joie et d'espérance au cœur des citoyens.

La journée était belle et printannière comme celle qui l'avait précédée. Tout respirait je ne sais quel air de fête inaccoutumé, et c'est sous les impressions extérieures les plus vives, mêlées aux dramatiques émotions de la lutte, que circulait la foule et que stationnaient infatigables les groupes, aux alentours des deux salles du scrutin. L'intérêt et l'attente avaient atteint leur paroxisme, lorsqu'on apprit successivement le double résultat des deux sections, d'après lequel M. Berryer était nommé à une majorité de 86 voix. 86 voix! 12 de plus que la veille, presque le double de 1842! 86 voix malgré des manœuvres inouïes et après que le *Sud* venait de déclarer que les cent voix qui avaient manqué le premier jour lui appartenaient toutes.

Aussitôt les cris : Vive Berryer! Vive les flétris! A bas l'Anglais! Vive la France! firent explosion de toutes parts.

En apprenant sa réélection, M. Berryer, vivement ému, s'est empressé d'écrire à plusieurs de ses amis pour les charger d'être les organes de ses premiers remerciements, et leur annoncer qu'il partirait, le mercredi 6 mars, pour Marseille. Une pensée l'amenait surtout parmi eux : il voulait témoigner à tous que, s'il ne se fait point solliciter de suffrages, il ne sent que mieux le prix de ceux que lui décernent la confiance et l'affection. Il avait à cœur de prouver à toutes les opinions indépendantes et sincères combien il était touché de leur accord, et *heureux de les voir s'élever au-dessus des vues étroites des partis*.

Un éclatant triomphe attendait M. Berryer dans le Midi.

La ville de Marseille s'est levée pour aller au-devant de l'homme illustre qui a depuis quatorze ans marqué sa place parmi les plus grands orateurs de toutes les époques. Jamais prince ou conquérant au milieu de ses grandeurs et de sa gloire n'a été salué par un enthousiasme plus unanime.

L'ovation commencée à Aix pouvait faire présager l'accueil qui était réservé par Marseille à son glorieux représentant. Rien n'a manqué à cette journée.

On lisait dans la *Gazette du Midi* :

ARRIVÉE DE M. BERRYER.

Quelle fête et quels transports ! Berryer est arrivé et le peuple l'a reçu ! Un long cortège de vivats a salué le bon citoyen, le Marseillais chaleureux, notre frère d'adoption ! La foule acclamait autour de lui, palpitante et joyeuse ; elle l'eût porté dans ses bras, que son enthousiasme n'eût été ni plus glorieux ni plus touchant. Combien l'avenir apparaît consolant, combien prospère et radieux, auguré par de tels présages ! Oui, la France, nous pouvons maintenant l'espérer, se relevera de ses misères ; oui, l'aurore de la régénération est près de se lever ; oui, notre patrie redeviendra fidèle à ses destinées de prospérité, de calme, de force et de grandeur. Nous en avons un gage infaillible dans la fraternité toute puissante de ses enfants, dans cette énergie d'union et de patriotisme, dans ce réveil de l'opinion publique dont Marseille, Montpellier, Toulouse, Doullens, Ploërmel, Rennes, le Mans, Nantes, Paris même, par ses députations populaires, ont donné de si beaux exemples.

Marseille ! elle vient d'accueillir son élu d'une façon digne d'elle et digne de lui. Le flétri du ministère de l'étranger reçoit de nous des couronnes, le stygmatisé de l'homme de Gand se trouve l'hôte honoré d'une cité française, c'était dans l'ordre. Puisqu'ils l'ont condamné, nous sommes-nous dit, puisqu'ils l'ont frappé d'anathème, ceux qui nous humilient si cruellement dans notre honneur, ceux qui de chute en chute, d'abaissement en abaissement en sont venus à désavouer un brave amiral coupable d'agrandissement du territoire et de résistance au machiavélisme anglais ; puisqu'ils l'ont proscrit, c'est qu'il défend contre eux notre dignité nationale, nos droits, nos libertés et notre argent. Et puis, c'est une vieille connaissance; il n'a pas changé, lui. Au milieu du cynisme des apostasies, il est resté pur ; le budget a eu ses dédains, les conversions au budget ont eu ses mépris. Nous le retrouvons tel que nous l'avions laissé au jour de son mandat, avec sa noble fidélité, avec son désintéressement chevaleresque, avec sa pauvreté d'homme indépendant ; nous le trouvons dévoué à la France, pour elle-même, non pour les profits qu'elle peut donner, aimant d'amour la patrie, pendant que tant d'autres l'aiment de cupidité, d'intérêt et d'égoïsme.

Aussi quelle réception ! jamais prince fut-il accueilli avec la cordialité enthousiaste qui a salué, à son arrivée, ce prince de la parole ! Là, point de tourbe officielle, rien de commandé, rien d'apprêté, point de vivats intéressés, point de fonctionnaires en broderies ou en chapeau à claque, point de *gens de la maison ;* mais en revanche, TROIS QUARTS DE LIEUE DURANT, une population tout entière spontanément sur pied, des masses infinies stationnant sur les hauteurs ou circulant sur la route changée en promenade; puis, par un beau soleil, le cortège de l'illustre député se dessinant là bas, dans le lointain, au milieu des flots de poussière ; et enfin la grande figure de Berryer, arrivant rayonnant de sourire, au milieu de ce peuple livré à toute la générosité de sa joie, voilà les merveilles de l'enthousiasme vrai, de l'enthousiasme du cœur, de l'enthousiasme qui récompense.

Arrivé un peu après trois heures de l'après-midi à la hauteur de Saint-Louis, le cortège a commencé à rencontrer sur ce point la foule qui, à partir de là, est toujours allée s'épaississant. M. Berryer était en calèche découverte, avec MM. Nègre et de Gaillard, présidents de l'élection, et M. Berryer fils. Suivaient une cavalcade de jeunes gens, plusieurs autres voitures, parmi lesquelles celle de M. de Surian, député, ainsi qu'une foule de petits équipages. Quant à la calèche d'honneur, elle s'est trouvée, durant ces trois quarts d'heure de trajet, constamment pressée par la foule. Les cris de vive Berryer! les applaudissements retentissaient, les chapeaux s'agitaient au passage : c'était une longue acclamation. Et lui, le héros de cette ovation si universelle, on le voyait se dresser presque à chaque instant, sa belle tête au soleil, son gros bouquet de *flétri* dans une de ses mains, saluant gracieusement de l'autre ou la posant sur son cœur, montrant, à travers l'altération visible qui trahissait la fatigue des veilles récentes, toute l'heureuse bonté de sa franche et expansive figure.

C'est ainsi que Berryer a fait son entrée parmi nous. A partir de la place Pentagone jusqu'à l'hôtel Noailles, où il est descendu en passant par la rue d'Aix et le Cours, la multitude était plus compacte encore.

Tandis qu'aux fenêtres les dames agitaient leurs mouchoirs, quantité de mains s'avançaient dans la voiture pour toucher celles du noble flétri, du bon et amical visiteur, qui, avec une sollicitude toute patiente et toute vigilante, s'évertuait à garantir la foule du contact des roues presque immobiles de ralentissement. Il n'est pas arrivé, selon les vœux de cette prévoyance paternelle, le moindre accident parmi cette masse immense et sur un trajet de cette longueur.

Oh! que la popularité est une belle et grande chose, et quelles nobles passions un sentiment civique, solennellement manifesté, peut réveiller dans les cœurs, même au siècle indifférent et matérialiste où nous sommes !

A son arrivée à l'hôtel Noailles, M. Berryer a trouvé dans le grand salon une réunion nombreuse. M. Alfred de Surian, député, puisant dans les circonstances une heureuse inspiration, lui a adressé l'allocution suivante :

« Cher et excellent collègue,

« Permettez-moi de vous présenter un grand nombre de nos amis qui, réunis autour de vous dès votre arrivée, ont voulu vous offrir leurs félicitations cordiales et vous dire la sincère joie qu'il éprouvent de vous revoir.

« Dix ans seront bientôt écoulés depuis que vous les avez quittés, et dans cet intervalle rempli de tant de vicissitudes, que n'a-t-on pas fait pour les détacher de vous, des grands principes sociaux et des libertés dont vous êtes l'organe, pour leur persuader que ces libertés et ces principes étaient sans vie, sans avenir. Ils sont restés inébranlables dans leur foi toute patriotique. Les sentiments, les convictions, la fraternité des opinions indépendantes n'ont pas fléchi. Toujours ils rattachent la grandeur de notre cité à la grandeur même de la France. Toujours ils ont pour votre caractère la même admiration, pour votre personne les mêmes sympathies.

« Mais ce qui n'existait pas lorsque vous nous avez laissés, c'est la génération nouvelle qui arrive à la vie politique avec ses généreux sentiments, véritable noblesse de l'âme; cette génération dont le cœur vibre au seul nom de l'honneur national; cette génération qui, après avoir si activement secondé votre élection, salua votre triomphe avec tant d'enthousiasme et tant de sagesse. Vous allez, cher et noble collègue, la connaître vous-même et vous la trouverez dévouée à la vie, à la mort, comme nous le serons toujours à tous ceux qui honorent la patrie. »

Cette courte allocution, prononcée avec toute l'expansion d'un véritable ami et avec cette élégance de formes qui distingue le jeune député, a été suivie des marques du plus vif assentiment.

Une autre représentation de l'ancienne urbanité, M. le chevalier Du Demaine, a revendiqué, en qualité de scrutateur dans l'élection du 2 mars, l'honneur d'adresser un discours à M. Berryer. Quand on a, comme M. Du Demaine, fait partie de la génération qui embrassa avec confiance les principes de 89, on a quelque droit de s'étonner qu'après cinquante ans nos sophistes nous aient éloignés de ce point de départ si juste et si vrai, pour nous vouer à des déceptions si humiliantes.

M. Berryer était ému, pénétré; des larmes roulaient dans ses yeux, et quand d'une poitrine oppressée il a fait entendre ses premiers mots de remerciements, sa parole tremblait, et si nous pouvons nous servir de l'expression que Mme Staël créa pour une de nos célébrités oratoires, il y avait encore des larmes dans sa voix. L'attendrissement d'un grand homme a quelque chose de contagieux. En présence d'une telle scène, on comprend que les assistants n'aient pu nous rapporter textuellement la réponse de M. Berryer; nous croyons du moins en avoir fidèlement saisi le sens dans les récits des témoins et en présenter une analyse sinon animée des mêmes couleurs, au moins exactes pour la pensée.

Exprimant d'abord sa profonde reconnaissance pour des témoignages que le cœur ne saurait oublier, il a reporté aussitôt sa pensée sur la cause de ces sympathies. Il le sait, son élection a été l'œuvre de tous les esprits indépendants, et ce concours a réalisé une pensée où germe l'avenir tout entier du pays, où réside la fortune de la France. Et en effet, il n'est qu'un terme possible aux dissensions qui depuis un demi siècle déchirent si tristement cette grande nation, c'est le rapprochement de tous les hommes qui nourrissent des pensées généreuses, que révoltent l'injustice, la corruption, l'abaissement du pays; c'est la réunion de ces intelligences françaises si vives et si droites dans une commune volonté. Reconstituer l'unité et par elle la force nationale, telle est la tâche dévolue à nos temps; tout nous la commande.

« Cette tâche, Marseillais, vous l'avez comprise et dignement avancée. Marchez dans la voix de réconciliation, forts de l'expérience des erreurs passées et des amères déceptions du présent; marchez, en vous souvenant que votre mission est grande, que l'influence s'en étend à toutes les nations européennes, que dis-je ! au monde entier ; car la France est la reine des intelligences, l'arbitre de la civilisation ; il faut qu'elle soit libre et forte, et que sa puissance fasse le bonheur et de l'Europe et du monde. »

Des acclamations ont couvert ces paroles religieusement écoutées. Mais une nouvelle explosion de vivats a appelé M. Berryer à son balcon ; il y a paru entouré de plusieurs amis, et ses premiers regards, en contemplant la foule qui remplissait la place Noailles, ont aperçu derrière elle une double haie de soldats. Une compagnie venant en effet d'arriver au bruit du tambour, commandé par un officier supérieur et accompagnée d'un commissaire de police en écharpe. Elle avait défilé paisiblement au milieu des rangs qui s'ouvraient pour lui laisser passage et d'où ne cessaient pas de sortir les cris de vive Berryer ! car il est à remarquer que pas un cri blâmable ne s'est fait entendre dans cette journée, belle et pure comme le ciel qui l'éclairait ; l'intelligence populaire semblait avoir voulu mettre en défaut l'arrêté en se bornant au vivat le plus légal, le plus inattaquable, à celui qui résumait d'ailleurs les idées et les vœux de notre vraiment libérale cité. Le commissaire de police venait, avec beaucoup de mesure et de convenance, d'engager la foule à se dissiper, lorsque M. Berryer a paru au balcon et les applaudissements n'ont plus permis d'entendre ni d'exécuter l'invitation de M. le commissaire. Abrégeant à dessein ses remerciements et dominé d'ailleurs par l'émotion et la fatigue de son triomphe, M. Berryer a fait entendre de sa voix sonore et entrecoupée, ces mots que la troupe paraissait écouter aussi attentivement que nous :

« Je ne puis, messieurs, vous exprimer tout ce que je sens de reconnaissance profonde pour les bontés dont vous me comblez. Ma vie entière sera consacrée à vous montrer ma gratitude ! En toute occasion, croyez-le bien, je suis à vous de cœur et d'âme. Je veux m'efforcer de reconnaître ces témoignages si nombreux et si touchants d'affection et de confiance. Oui, le ciel, je l'espère, me donnera la force de m'en rendre digne ! »

La foule, ayant une dernière fois salué son député, s'est ensuite écoulée paisiblement et la troupe a défilé de son côté pour aller prendre position aux abords de la place. Elle y a stationné quelque temps sans motif sérieux ; mais enfin, nous savons comprendre la sollicitude de M. le maire, et nous nous félicitons qu'il ait pu voir combien elle était inutile. La troupe n'aura pas été moins heureuse d'être dispensée d'intervenir autrement ; car tout utiles que puissent être les fonctions de la police, convenablement exercées, ce n'est jamais sans quelque peine, sans quelque souffrance d'amour-propre que le soldat se voit réduit pour toute gloire à marcher à la suite d'un commissaire et à croiser la baïonnette contre ses concitoyens.

En résumé, la police s'est faite hier toute seule par la sagesse de la population. Il en sera ainsi pendant toute cette semaine de concorde et de bonheur. En douter un seul instant serait faire à nos concitoyens une injure imméritée. Mais ce n'est pas seulement l'ordre le plus parfait que l'on attend d'eux, nous leur demandons quelque chose de plus, nous les supplions même d'éviter les démonstrations bruyantes qui pourraient mettre obstacle à l'utile séjour de leur député et contrarier peut-être le cours de ses visites. M. Berryer a recueilli des témoignages que la mauvaise foi pourrait seul nier. Il a connu hier la popularité et ses triomphes ; mais avant toute autre satisfaction, ce que l'illustre député est venu chercher au milieu de nous, c'est l'expression de nos vœux et de nos besoins, c'est l'avantage de renouveler directement avec ses commettants les relations qu'il a toujours cultivées par ses correspondances, c'est l'utilité sérieuse et pratique de conférences politiques et commerciales propres à le guider dans l'accomplissement de sa haute mission. L'emploi de son temps a été d'avance réglé par lui dans cette pensée. Là est le but de son voyage parmi nous. Les manifestations auront leur tour dans le banquet et dans les réunions électorales qui se préparent.

Des banquets magnifiques furent offerts à M. Berryer, et des toasts furent portés en grand nombre. On remarqua celui-ci de M. Berryer :

« Un peuple ignorant, inquiet, incapable de se défendre lui-même et de marcher sans soutien dans la route de la civilisation, avait sollicité la protection de la France; elle lui fut accordée. Mais, cédant aux suggestions perfides de l'Angleterre, il a voulu remplacer par un autre le pavillon protecteur. Nos braves marins n'ont pu supporter cet outrage ; l'amiral qui représentait la France à Taïti, CELUI QUI PORTAIT NOTRE ÉPÉE, a déclaré la France maîtresse de ce pays..... Il a été désavoué ! ! !

A l'amiral Dupetit-Thouars!

« Des milliers de voix, trahissant l'émotion que cette bruyante improvisation venait de répandre, ont répété : *A l'amiral Dupetit-Thouars! à Berryer! à la France!!!* »

La multitude s'est encore grossie aux alentours de la salle du banquet et elle ne poussa bientôt plus qu'un seul cri : *vive Berryer!*

Voici dans quels termes le journal ministériel de Marseille osait nier tout haut ce qu'il reconnaissait tout bas :

« Le fait est que M. Berryer, en traversant une foule immense, a été partout l'objet d'une indifférence empressée. » (*Sémaphore.*)

Le mot *indifférence empressée* n'est-il pas joli et ne trahissait-il pas hautement le dépit et la rage. Les organes indépendants de diverses nuances s'empressèrent de payer le tribut de leur assentiment en présence des manifestations de joie et d'admiration dont fut l'objet M. Berryer, QUI PORTE NOTRE ÉPÉE à la tribune, puis ils s'indignèrent contre les odieuses menées de la police, les coupables intrigues dont on l'entoura dans l'espoir d'en faire sortir quelques malheurs qu'on lui aurait ensuite imputés. M. Berryer est toujours revendiqué par toutes les opinions généreuses. Elles exaltent en lui non pas seulement la pieuse et honorable fidélité à un principe qu'il a toujours défendu, mais son dévouement aux grands intérêts de la France, à sa dignité, à son bonheur, à sa liberté. Il en est constamment ainsi de ces hommes d'élite dont la gloire plane sur leur époque et dont la renommée s'étend jusque dans l'avenir.

En fait de sympathies, le département du Nord ne le céda point au Midi. M. Blin de Bourdon fut réélu, mais, il faut le dire, ce ne fut pas sans peine. La majorité ne fut que de quelques voix, et ce résultat était d'autant plus inattendu que M. Blin de Bourdon, lui, sans nulle défiance, sans soupçon même des étranges cabales qu'on osa sourdement disposer contre lui, s'en était remis, comme par le passé, pour le succès de sa condidature, aux soins de l'affection et de l'estime universelle dont il jouit. Il n'avait d'ailleurs qu'un seul concurrent ministériel, M. Delapalme, avocat-général à Paris, car M. Degouve de Nuncques, que d'ordinaire portait l'opposition de gauche, avait publiquement invité tous ses amis, vu la réparation due à la flétrissure, à voter pour M. Blin de Bourdon. Il est bon de retracer ici quelques épisodes de la vie de cet honorable député. On verra mieux quel homme le pouvoir de juillet tenait tant à exclure.

Marie-Louis-Alexandre vicomte Blin de Bourdon, membre de la chambre des députés, officier de l'ordre royal de la Légion-d'Honneur, ancien maire d'Amiens, ancien préfet des départements de l'Oise et du Pas-de-Calais, est le chef d'une ancienne famille noble de Picardie.

M. Blin de Bourdon, né à Amiens le 27 avril 1782, fut, lors de la tourmente révolutionnaire et à peine âgé de douze ans, jeté dans les prisons avec son père et son aïeul, et y subit une détention de plusieurs mois.

Plus tard en 1807, dès que son âge le permit, il fut nommé maire de la commune de Bourdon, puis membre de diverses administrations de bienfaisance qui occupèrent tous ses moments jusqu'à l'époque de la Restauration. Le 10 août 1815 il fut chargé, comme préfet provisoire, de l'administration du département de la Somme dans un moment d'autant plus critique, que ce département était déjà occupé par les troupes étrangères, et que constamment en butte à leurs exigences et à leurs menaces, ce ne fut qu'à l'aide d'une grande fermeté qu'il parvint à soustraire ses administrés à toutes les vexations que l'occupation semblait rendre inévitables. Aussi ses concitoyens lui en ont-ils conservé une reconnaissance qui est loin d'être éteinte. Le 23 août de la même année (1815), il fut nommé candidat à la députation par les colléges d'Amiens et de Doullens; le 23 il fut proclamé député par le collége départemental, et fit partie de la chambre introuvable.

Un grand nombre de communes, notamment du département de la Somme, lui doivent la conservation de leurs biens, dont le ministère d'alors voulait continuer la spoliation, en vertu des dispositions de la loi du 20 mars 1813, dispositions que M. Blin de Bourdon parvint à faire rapporter dans les séances des 19 et 23 mars 1820, comme on peut le voir au *Moniteur*.

Une ordonnance royale du 20 mars 1816 appela M. Blin de Bourdon aux fonctions de chef d'état-major des gardes nationales du département de la Somme; une seconde, du 9 mai, même année, au conseil général de son département; une troisième, du 23 du même mois, à la mairie de la ville d'Amiens; et une quatrième du 5 septembre à la présidence du collége électoral de Doullens, dont cette fois il ne pouvait accepter les suffrages, puisque d'après ladite ordonnance l'âge d'éligibilité était reporté à quarante ans, et qu'il n'en avait que trente-quatre.

M. Blin de Bourdon, trop jeune pour siéger à la chambre, et devenu maître de tout son temps, avait pris les rênes de l'administration municipale d'Amiens, le 23 juin précédent, et se consacrait entièrement à sa ville natale. Ce fut alors que la terrible disette de 1816 à 1817 s'y fit sentir avec une telle rigueur, que, sur une population de quarante mille âmes, il fallut pourvoir journellement à la subsistance de douze à quinze mille individus sans travail et sans aucune ressource. C'est dans ces moments de crise que les hommes vraiment supérieurs savent se montrer au grand jour, et que la supériorité du talent et du génie brille dans tout son éclat. Le jeune et digne magistrat comprit que, puisqu'il était le premier de la cité, à lui revenait le devoir et l'honneur de secourir ses compatriotes malheureux, et il fut pour Amiens une véritable providence.

Dès les premiers jours d'octobre 1816, il accourut à Paris, et vint demander au ministre de l'intérieur une somme de trente mille francs pour aider à passer ces temps malheureux. Celui-ci ne put accorder à ses instances qu'une somme de vingt mille francs. Alors M. Blin de Bourdon se souvenant que le roi était aussi généreux et bon qu'il était noble et grand, vint lui demander des secours pour une de ses bonnes villes que la famine désolait. Louis XVIII l'accueillit avec bonté, et compléta les trente mille francs sur sa cassette particulière.

Mais, hélas! cette somme fut bientôt épuisée,

et la disette continuait à sévir. Il fallait que ce peuple souffrant ne manquât pas de ressources, car un seul jour de retard eût pu causer d'incalculables malheurs. M. Blin de Bourdon fit un appel à ses concitoyens en janvier 1817, et en trois jours soixante-trois mille francs furent versés dans la caisse du bureau de bienfaisance. Mais si sa voix fut si promptement entendue, il faut bien le dire, c'est que le noble maire d'Amiens ne prêchait pas seulement par la parole, mais par l'exemple; c'est que le premier il faisait des sacrifices, et qu'il donnait sans compter argent, secours, travail; il était toujours là, toujours prêt, et sa fortune était celle des malheureux; aussi il avait inspiré à ses administrés une telle confiance, qu'il parvint à maintenir l'ordre dans la ville, sans qu'il fût besoin de recourir à aucun des moyens coërcitifs qu'on fut obligé d'employer à cette époque sur plusieurs points du royaume.

Tour à tour maire, chef des gardes nationales du département de la Somme, député, préfet de l'Oise et préfet de la Somme, M. Blin de Bourdon fut à la hauteur de ces importantes fonctions et y donna une haute idée de sa capacité et de son zèle, qui n'eurent d'égal que son désintéressement complet. Il traversa ainsi, toujours entouré de la considération publique si bien due à son beau caractère, diverses phases administratives ou parlementaires, jusqu'à l'époque de la flétrissure. On va voir alors comment ses concitoyens, aux ovations desquels il se déroba plus d'une fois, allèrent le trouver chez lui et quels sentiments ils se firent honneur de lui exprimer.

Voici le récit de la *Gazette de Picardie* :

M. Blin de Bourdon arriva à Amiens vendredi dernier vers cinq heures du soir ; mais l'honorable député de Doullens désirant éviter toute démonstration extérieure et bruyante que le désappointement et la malveillance n'auraient pas manqué de dénaturer et de signaler comme *coupables*, a avancé le moment de son retour dans notre ville, où il est arrivé dans la nuit de jeudi à vendredi. Toutefois, la modestie de M. Blin de Bourdon n'a pu le soustraire à la juste ovation que l'estime et la satisfaction publique lui avaient préparée parmi nous.

Vendredi, vers cinq heures du soir, près de cinq cents personnes appartenant à toutes les classes de la société, sans distinction de rang, de fortune et même d'opinion, se sont rendues auprès de M. Blin de Bourdon, pour le féliciter sur sa récente réélection. Après les premiers moments d'une effusion cordiale et bien naturelle en cette occasion, le silence s'étant établi, M. le comte d'Auberville, ce noble et loyal *flétri*, qui, en pareille circonstance, devait parler le premier, a adressé, au nom de l'assemblée, les paroles suivantes à M. Blin de Bourdon :

« Monsieur le vicomte,

« Votre triomphe est le nôtre ; honneur donc aux *flétris*,

« honneur et reconnaissance aux électeurs de Doullens, qui
« viennent, en vous nommant de nouveau leur mandataire, de
« protester si noblement au nom de l'indépendance parlemen-
« taire indignement outragée!

« Homme de conscience et de cœur, recevez nos félicita-
« tions ; allez vous réunir aux La Rochejaquelein, aux Berryer,
« aux Valmy, aux Larcy ; comme toujours et avec eux vous
« défendrez les intérêts de notre commerce et de notre belle
« patrie vendue à l'étranger. Dites à vos lâches flétrisseurs
« que ce que nous voulons, ce que nous voulons avant tout,
« c'est la gloire de la France ; ce sont ces libertés promises
« en 1830. Oui, la liberté, la liberté pour tous!.... »

M. Blin de Bourdon a répondu :

« Messieurs,

« Je suis on ne peut plus flatté des félicitations que vous
« voulez bien m'adresser, et surtout des sentiments si bien
« exprimés par l'organe sur lequel vous vous êtes reposés de
« ce soin.

« Après avoir protesté par ma retraite à la chambre, contre
« un acte injurieux, attentatoire à la dignité et à l'indépen-
« dance des députés, je suis venu sans hésitation demander à
« MM. les électeurs de Doullens, mes seuls juges, si j'étais
« toujours digne de leurs suffrages. Appréciant les motifs de
« ma conduite, et reconnaissant que je n'avais point failli à
« mon serment comme l'on s'efforçait de le leur persuader,
« les membres du collège de Doullens ont, en renouvelant
« mon mandat, déclaré que je n'avais pas cessé de mériter
« leur confiance.

« Cet arrêt solennel, si précieux pour moi, le devient encore
« davantage, lorsqu'à mon arrivée dans ma ville natale je
« vois ce concours nombreux de toutes les classes de la so-
« ciété appartenant à diverses opinions, venir le sanctionner

« et applaudir à ma nomination ; et s'il en était besoin, ce se-
« rait un nouveau motif pour que je continuasse à réclamer
« avec persévérance les libertés promises en 1830, et à pro-
« tester contre toute mesure contraire au bien et à l'honneur
« de la France. »

A peine M. Blin de Bourdon achevait-il sa réponse, qu'un marchand colporteur de notre ville, nommé Rémianne, a fait retentir ces paroles :

« Monsieur,

« C'est au nom des ouvriers de la ville d'Amiens que je viens
« vous remercier des bienfaits dont vous les avez comblés
« pendant le cours de votre administration, comme maire
« d'Amiens, en 1816 et 1817.

« Je viens de leur part vous féliciter des suffrages que vous
« avez obtenus à juste titre aux élections de Doullens.

« Nous sommes certains que vous marcherez toujours dans
« la ligne que vous vous êtes tracée, et que vous proclamerez
« à la chambre la détresse du commerce et la misère qui en
« résulte pour la classe ouvrière. *Vive M. Blin de Bourdon !* »

M. Blin de Bourdon, extrêmement ému par cette éloquence du cœur qui lui prouvait que le souvenir et la reconnaissance sont encore des vertus qui vivent parmi nous, a répondu :

« En me félicitant au nom des ouvriers d'Amiens des suffra-
« ges que je viens d'obtenir à Doullens, vous saisissez cette
« occasion pour me remercier de leur part du bien que j'ai pu
« leur faire pendant le cours de mon administration.

« Je suis profondément touché de leurs félicitations et sur-
« tout de leurs témoignages de reconnaissance. Ces bienfaits
« dont vous avez été comblés, me dites-vous, lors des années
« 1816 et 1817, vous les devez bien plus à la bienfaisance iné-
« puisable des habitants d'Amiens qu'à moi-même, qui n'ai

« fait que mon devoir en me consacrant sans réserve au bien-
« être de ma ville natale.

« Je suivrai toujours, soyez-en certains, la ligne que je me
« suis tracée, et chercherai autant qu'il sera en mon pouvoir
« à améliorer le sort des ouvriers, qui, je le sais, sont dans un
« état de souffrance que je déplore. »

Ensuite s'est avancé M. Vaillant, qui, au nom des nombreux
ouvrier présents, a lu le petit discours suivant :

« Monsieur le vicomte,

« Dans une démarche qui a pour but de venir vous féliciter
« sur le triomphe que vous avez remporté, il ne fallait pas que
« la classe ouvrière de la ville d'Amiens s'abstînt de prendre
« part à la joie de tous vos amis; souffrez-donc, monsieur le
« vicomte, que nous, enfants du pays, qui pensons qu'on ne
« peut jeter une flétrissure sur un homme tel que vous, sans
« qu'elle retombe sur le front des apostats qui l'ont provo-
« quée, nous puissions joindre notre voix à celle de tous les
« hommes aux sentiments généreux et patriotiques qui vous
« entourent. Comptez toujours sur les sympathies de ceux qui
« m'ont chargé de venir vous exprimer leurs sentiments, et
« soyez assuré qu'ils seront heureux tant qu'ils pourront crier:
« *Vive l'honorable député de notre département ! Vive M. Blin de*
« *Bourdon ! Vive la France!* »

M. Blin de Bourdon a répondu :

« Messieurs,

« Ces paroles si flatteuses pour moi, prononcées au nom du
« peuple, me prouvent que la conscience publique, loin de
« nous flétrir, a renvoyé la flétrissure à ceux qui avaient cru
« pouvoir nous l'appliquer. Veuillez recevoir tous mes remer-
« cîments de vos félicitations et de ces précieux témoignages
« de sympathie et d'affection, dont j'espère me rendre toujours
« digne. »

Inutile de dire que toutes ces allocutions et les réponses auxquelles elles ont donné lieu ont excité à diverses reprises l'enthousiasme et les bravos de l'assemblée. *Vive le député de Doullens ! Vive M. Blin de Bourdon ! Vive la France !* tels sont les cris qui ont retenti et se sont répétés ; après quoi, cette réunion nombreuse qui s'était paisiblement formée s'est séparée de même, emportant de douces émotions, d'heureux souvenirs, et après avoir donné, par la convenance de ses paroles et de son maintien, un énergique et nouveau démenti aux oracles menteurs qui n'ont pas craint de présager la guerre civile dans la réélection de cinq députés hommes de cœur et de conscience, amis de l'ordre et de la paix publique, et dévoués pardessus tout à la dignité et au bonheur de la France.

M. le duc de Valmy était, de son côté, à Toulouse, dans une magnifique situation. Son triomphe, proclamé par toutes les classes, avait débordé comme un torrent, et renversé sur son passage les obstacles de toute nature que le ministère avait vainement tenté de soulever contre son succès. Il avait glorieusement vaincu, et, jusqu'à la fin, il resta à la hauteur de sa superbe victoire. Afin de ne pas sortir des termes de l'exactitude, il faut se reporter aux journaux de l'époque, et je cite ici textuellement un extrait de la *Gazette du Languedoc :*

« La majorité relative obtenue par M. le duc de Valmy, qui a été de 149 voix, a été plus forte que dans les élections précédentes.

« La population s'est portée en foule aux abords du Jardin des Plantes. Aussitôt après que les élections ont été terminées, les électeurs, ayant à leur tête ceux qui avaient fait partie du bureau, se sont immédiatement rendus à l'hôtel de France, où M. le duc de Valmy était arrivé depuis quelques heures. Plus de deux mille personnes ont suivi; l'ordre le plus parfait n'a pas cessé de régner.

« Lorsque l'on est arrivé dans la cour de l'hôtel, qui n'a pu contenir la foule immense des assistants, les cris de : *Vive le duc de Valmy ! vivent les flétris !* se sont fait entendre.

« M. le duc de Valmy s'est avancé sur le perron de la porte intérieure de l'hôtel, et, au nom des électeurs, M. de Nouaillan fils lui a adressé un discours, expression éloquente de la pensée de ses collègues et du public immense qui était présent. En voici un extrait :

« Vous en avez appelé à cette indéclinable souveraineté de qui seule vous releviez, et nos suffrages ont vengé votre injure ! Rentrez donc honoré dans le sein de ce parlement qui avait prétendu vous flétrir ; rentrez-y, monsieur, ainsi que vous en êtes sorti, la conscience pure et le front haut ; rentrez-y avec toutes vos convictions qui sont les nôtres, et aux acclamations d'une population privée de ses droits, mais qui comprend aussi bien que nous les tendances et les empiètements du pouvoir. (Applaudissements.)

« Nous ne le voyons que trop, une pensée funeste domine l'esprit des hommes qui nous gouvernent. Sans cesse préoccupés d'introduire dans nos institutions et dans nos lois le monopole, l'arbitraire, la concentration de toutes les influences dans la main d'un pouvoir corrupteur, ils parlent de liberté et marchent au despotisme. Leur dernier mot est le canon des bastilles. (Applaudissements.)

« Nous ne vous parlerons pas aujourd'hui de nos griefs et des besoins de notre province : vous les connaissez déjà : mais ce que nous ne pouvons taire, c'est le sentiment profond d'humiliation qui, au seul nom de Taïti, vient troubler les joies de notre triomphe. (Applaudissements répétés, bravos.)

« Quels intérêts si cachés et si grands sont donc attachés au pacte fatal qui nous lie à cette nation constante et perfide ennemie de la France ?

« Le cri d'indignation qui nous échappe n'est pas (que le pouvoir le sache bien!) le cri d'une opposition passionnée : c'est l'accent du plus pur patriotisme. Qu'il aille flétrir (et cette fois à juste titre) une politique anti-nationale. » (Applaudissements.)

A ces paroles, prononcées avec une ferme énergie, M. le duc de Valmy, vivement ému, a répondu :

« Électeurs,

« J'aurais voulu arriver plus tôt au milieu de vous, car j'avais à cœur de vous prouver que les sentiments, les vœux et les opinions de votre mandataire étaient conformes à ceux que vous venez de m'exprimer. Je me suis refusé cette satisfaction, afin que la question des principes fût résolue indépendamment de toute considération personnelle. Mais je suis heureux d'être arrivé à temps pour vous trouver tous réunis et vous remercier de vos suffrages.

« Permettez-moi seulement de décliner l'honneur des félicitations personnelles que vous voulez bien m'adresser ; je sens trop mon insuffisance en présence du souvenir douloureux que vous venez de rappeler, du souvenir d'un homme éminent que vous regrettez et que la France regrette avec vous. (Applaudissements.) D'ailleurs, il ne s'agissait pas seulement, en cette occasion, d'appeler tel ou tel citoyen à l'honneur de vous représenter. Il s'agissait de l'inviolabilité de vos mandataires et de la souveraineté de vos droits.

« Vous venez de sauver ces grands principes d'une périlleuse épreuve ; vous venez de conserver l'indépendance de votre député. Il n'a pas craint d'en appeler au jugement du pays, et le pays a répondu par vos suffrages; il a répondu par une expression libre et régulière de sa volonté.

« Honneur à vous, à vous tous, qui avez associé loyalement vos efforts pour assurer le triomphe d'un principe politique. Les hommes de cœur et d'abnégation, à quelques opinions qu'ils appartiennent, ont des devoirs communs à remplir envers la patrie ; ils obéissent au plus sacré, au plus impérieux de ces devoirs, quand ils se donnent rendez-vous sur le terrain des intérêts généraux et des libertés nationales. (Applaudissements.)

« Oui, nous avons des devoirs communs à remplir, nous qui plaçons le bien du pays au dessus de toute considération, nous qui appelons la réforme de tous les monopoles, nous qui voulons une représentation sincère de tous les droits et de tous les intérêts.

« Nous avons un ennemi commun, c'est l'ennemi des libertés et de l'honneur de notre pays, c'est le pouvoir qui ruine et déshonore la France, et qui dans ce moment même, comme vous l'avez rappelé, vient de punir nos braves marins d'avoir osé, aux extrémités de l'Océan-Pacifique, troubler un seul instant le système de la paix à tout prix.

« Et qu'on ne dise pas que nous nous plaçons aujourd'hui sur le terrain des intérêts généraux pour le besoin passager d'une association déloyale. S'il y a des hypocrisies de libertés aujourd'hui, c'est dans le camp du pouvoir (interruption, applaudissements), dans le camp du pouvoir qui appelle à son secours toutes les apostasies (applaudissements), qui réunit autour de lui les comédiens de tous les régimes et marche à l'arbitraire sous le masque de la liberté. (Applaudissements.)

« Quant à nous, nous n'avons pas deux langages : ces sentiments que nous exprimons devant vous, nous les avons toujours franchement exprimés; nous avons eu occasion de les manifester dans ce voyage qui a excité de si vives colères. Là, comme ici, nous avons gardé un respect profond pour la volonté et le repos de notre pays, le dévouement le plus sincère à sa gloire, à sa liberté et à son bonheur, la résolution la plus inébranlable de servir ces grands intérêts avant tout et par-dessus tout. (Applaudissements.)

« Et qu'il me soit permis de vous le dire, nous n'avons pas trouvé sur la terre d'exil d'autres sentiments dans ce jeune et noble cœur, qui n'a jamais battu que pour la France. (Applaudissements.)

« Encore un mot, messieurs, avant de nous séparer. Vous venez d'accomplir un grand devoir, vous avez satisfait aux nécessités du présent, mais l'avenir vous imposera peut-être de plus sérieuses obligations.

« La lutte est engagée entre le développement des principes du gouvernement représentatif et les envahissements d'une centralisation hostile à tous vos droits et à tous vos intérêts. L'atteinte que le pouvoir a voulu porter du même coup à l'indépendance de vos choix et à l'indépendance de vos mandataires, vous a prouvé que toutes les libertés sont sœurs, et qu'elles se doivent un mutuel appui. Puissiez-vous les protéger toujours comme aujourd'hui; puissent les colléges électoraux, appelés en même temps que vous à en consacrer les droits, répondre comme vous venez de le faire à l'attente des opinions indépendantes, et renvoyer à ceux qui l'ont si injustement invoqué, un arrêt sincère et solennel de la conscience publique. (Applaudissements.)

« Je n'ai pas eu le bonheur de naître au milieu de vous, dans ce pays de vieilles franchises, où l'amour de la liberté est une tradition de famille, un héritage paternel; mais vous avez bien voulu vous rappeler que dans ma famille j'avais aussi des traditions de dévouement à l'honneur et à la liberté de mon pays; permettez-moi donc de vous le dire : s'il suffit d'être fidèle à ces traditions pour mériter vos suffrages, entre nous, l'alliance est indissoluble. » (Applaudissements.)

Ainsi, l'accord le plus parfait règne entre le député du deuxième collége et ses commettants. Tous se sont placés sur le noble terrain de la défense de l'honneur national, sans cesse condamné à de nouveaux abaissements, et des libertés nationales si obstinément méconnues.

L'allocution éloquente de M. de Valmy a produit un effet électrique sur l'assemblée. Les mains se pressaient, les chapeaux s'agitaient, les dames placées aux croisées de l'hôtel témoignaient de leur joie. Jamais nous n'avons vu un spectacle plus touchant et plus national par l'unanimité des sentiments et des pensées ! Cette élection a été un magnifique triomphe.

Les hommes de toutes les opinions se sont trouvés mêlés dans la cour de l'Hôtel de France, et tous se sont associés à l'imposante manifestation des électeurs indépendants.

Les troupes ont été consignées, pendant toute la journée d'hier. Les postes avaient été plus que doublés. Toute la police a été en émoi. Cinq commissaires stationnaient sur la place Saint-Étienne quand les électeurs sont arrivés; ils ont suivi la foule dans la cour de l'hôtel. Là ils ont pu se convaincre que les intentions n'étaient que *moralement* hostiles contre les citoyens? Il vaudrait mieux en user contre les Anglais! »

L'*Emancipation de Toulouse* fait les réflexions qu'on va lire sur l'ovation dont M. le duc de Valmy a été l'objet de la part des électeurs :

« A la suite de l'élection, les membres du bureau, accompagnés d'un assez grand nombre de légitimistes, se sont rendus auprès de M. de Valmy arrivé à Toulouse le même jour, et, après les félicitations d'usage, un discours lui a été adressé. M. de Valmy a répondu, et quelques passages de sa réponse, prononcée sur l'escalier qui conduit de la cour aux appartements de l'hôtel de France, ont excité à plusieurs reprises les applaudissements de la population légitimiste. Les transports ont surtout éclaté lors du passage relatif à la visite faite au duc de Bordeaux.

« La police était mêlée aux spectateurs, mais elle en a été pour ses frais de production d'écharpes. Aucun cri séditieux n'a éclaté, aucun trouble n'a suivi la démonstration. »

De cinq à six cents étudiants ou jeunes gens de la ville, et appartenant à des opinions diverses, se sont réunis sur la place Saint-Sernin, et se sont rendus vers les trois heures, dans le plus grand ordre, à l'hôtel de France. Un plus grand nombre attendait déjà sur la place Saint-Etienne ou dans la cour de l'hôtel, qui a été remplie aussitôt de quatorze à quinze cents personnes.

Un jeune étudiant, M. Léopold de Gaillard, s'est avancé alors près de l'honorable député, placé sur l'escalier de l'hôtel, et lui a adressé un énergique discours auquel M. le duc de Valmy a répondu avec beaucoup d'éloquence.

Les bravos, les applaudissements, les cris de *Vive le duc de Valmy! vivent les flétris!* ont interrompu fréquemment et suivi ces deux chaleureuses allocutions.

Cette visite a produit une impression profonde sur la population, qui se pressait sur le passage de ces jeunes gens. Les nombreuses croisées de l'hôtel de France étaient remplies de dames.

Le calme et l'ordre n'ont cessé de régner, malgré le vif désir de la police, qui cherchait à provoquer la population par la manifestation de ses peurs mensongères.

Honneur aux jeunes gens et aux étudiants de Toulouse!... Ils ont su montrer les sympathies de leur cœur pour tout ce qui est grand, noble, beau et patriotique.

M. le baron de Larcy ne recueillait pas moins d'ovations et de bonheur à Montpellier. Ce jeune député, qui avait comme par prévision remarqué à Westminster la devise qui est devenue la sienne, après lui avoir servi d'arme formidable à la tribune, était d'autant plus heureux, que son pays lui a voué un plus sincère attahement. La vivacité de son esprit, l'ardeur de son caractère, l'animation de sa physionomie, son talent plein de verve, et, qui mieux est encore, son cœur bouillant de nationalité, reproduisent en lui le type parfait de ces Méridionaux qui, à diverses époques, ont jeté un si grand éclat à la tribune. Montpellier, à cause de la flétrissure, faisait de sa réélection une question d'honneur, et à cause de son affection pour lui, il en faisait une question d'égoïsme et d'intérêt local.

L'*Echo du Midi* raconte comme il suit les incidents de la réélection de M. de Larcy :

« On sait que le concurrent de M. de Larcy avait obtenu à la première section un avantage de 43 suffrages. Le dépouillement du scrutin de la seconde section, un peu en retard, se poursuivait, et quoiqu'un grand nombre de bulletins eussent été ouverts, notre honorable ami n'avait pas encore balancé cet avantage.

« Cependant une foule compacte et pressée, plusieurs milliers d'individus attendaient le résultat avec une anxiété, une impatience difficiles à décrire. Un brave électeur placé à la croisée de la salle du tribunal de commerce soutenait, ranimait les espérances, et donnait le signal, en levant le bras chaque fois que le nom de Larcy sortait de l'urne. Voilà que la faveur se déclare, et que le bras est levé plusieurs fois de suite. La satisfaction se peint sur tous les visages. Enfin, le moment arrive où M. de Larcy a dépassé son compétiteur ; il a 44 voix de plus que lui ; l'homme du balcon lève alors les deux bras en signe d'allégresse ; il répète souvent le même signal et crie enfin de la croisée que l'avantage définitif est de 12 voix !

« Il est impossible de décrire les transports de joie qui s'emparèrent à l'instant de la foule. Il faut l'avoir vu ; mais pour ceux qui en furent les témoins, c'est un spectacle dont le souvenir ne s'effacera jamais. C'était, comme l'a dit notre honorable ami, la réforme électorale en action. On n'a jamais vu une réunion de plus de six mille hommes de toute condition, mais principalement des classes inférieures, plus compacte, plus unanime, mais en même temps plus inoffensive. Les cœurs étaient tout à la joie : il n'y avait place pour aucun autre sentiment, et l'heureuse nouvelle parvenant avec la rapidité de l'éclair jusqu'aux extrémités de la ville, y répandit soudain l'allégresse la plus vive.

« A la vue de cet enthousiasme si franc et si expansif, il a bien fallu reconnaître que cette élection était sanctionnée par l'assentiment général, et que le corps électoral n'avait que bien faiblement exprimé la véritable opinion du pays. Ah ! c'est qu'ils étaient libres, ces hommes de tous les rangs et de toutes les opinions, qui applaudissaient si énergiquement à la victoire remportée par les amis de la liberté et de la dignité nationale, tandis qu'un grand nombre d'électeurs séduits, entraînés, contraints, avaient laissé tomber dans l'urne un vote désavoué par leur conscience.

« Mais laissons pour un moment ce triste sujet. M. de Larcy, appelé par les cris empressés de ce peuple avide de le voir et de l'entendre, paraît enfin au balcon de la Bourse.

« De là, un spectacle imposant se déploie ; une foule innombrable se presse sur la place, dans la Grand'Rue, dans les rues adjacentes ; les fenêtres de toutes les maisons sont encombrées de dames, et nous avons pu avoir une idée de ces *meetings* où le peuple d'Irlande se réunit pour protester contre la tyrannie.

« A l'aspect du député réélu, les applaudissements éclatent, les acclamations redoublent ; mais bientôt un religieux silence s'établit, et le député de Montpellier, surmontant sa vive émotion, prononce ces paroles d'une voix ferme et vibrante :

« Je viens remercier mes concitoyens de la part qui leur revient dans notre laborieuse victoire. La conscience publique, je me sers à dessein de ce mot (applaudissements), la conscience publique, qui sait tous les obstacles contre lesquels nous avons eu à lutter, la proclamera la plus glorieuse de celles que nous ayons jamais remportées. (Bravos prolongés.)

« En présence de cette population généreuse, de cet assentiment unanime, spontané, public, de ce magnifique spectacle qui est comme la réforme électorale mise en action, nous n'avons pas à regretter les suffrages qui nous ont été arrachés dans les ténèbres du scrutin. (Applaudissements.)

« Ces éclatants témoignages sont pour votre mandataire un nouvel engagement de persévérer dans la voie où il marche résolument depuis cinq années, tenant tout de vous, dévouant ses faibles forces à vous servir, vous appartenant à la vie et à la mort. (Nouveaux applaudissements.)

« Mais, en vous exprimant ma profonde reconnaissance pour tant de marques de sympathie, je ne revendique l'honneur de ce triomphe qu'au profit de ces principes tutélaires dont nous poursuivons en commun le redressement, de ce grand œuvre de la réconciliation nationale de tous les gens de cœur, qui est le but de nos efforts.

« Oui, mes amis, et vous que je ne connais pas tous, mais dont le cœur bat à l'unisson du mien! nous serons toujours sûrs de nous rencontrer sur le même terrain pour défendre la liberté, la nationalité et la gloire de la France. » (Bravos prolongés.)

« Il est impossible de peindre l'enthousiasme avec lequel fut accueillie cette chaleureuse improvisation, que nous avons reproduite aussi fidèlement que notre mémoire l'a permis. Les cris de : *Vive Larcy! Vivent les flétris!* s'élancèrent encore du sein de cette multitude transportée; les acclamations se renouvelèrent avec énergie, lorsque M. de Larcy, sortant du collège électoral, parut sur le perron; la foule pressée autour de lui accompagna sa marche triomphale jusqu'à ce qu'il fût rentré à l'hôtel du Midi.

« Les habitants de Montpellier garderont longtemps le souvenir de cette belle journée, où le député nommé par les électeurs a pu se dire avec juste raison qu'il était aussi l'élu du peuple. »

Les électeurs de Lunel ont donné, le 7 mars, un banquet à M. de Larcy. Un transparent placé au dessus de la porte de la maison où avait lieu le banquet, offrait la devise : Loyauté n'a honte! et dans la salle, au dessus de la place réservée au député réélu, on avait placé une couronne d'immortelles, avec cette autre devise : Jamais flétrie!

Au toast porté par le président, M. de Larcy a répondu :

« Après les agitations de la lutte, j'éprouve une satisfaction douce et tranquille à me trouver au milieu de vous ; je ne puis oublier que je suis ici entouré de mes compatriotes, que c'est parmi vous que j'ai passé mon enfance; le canton de Lunel est le berceau de ma candidature, le député s'en est toujours souvenu. Et quand je n'aurais d'autres titres à votre reconnaissance que d'avoir rendu à votre conseil municipal son indépendance et son intégrité, et d'avoir arraché le chemin de fer au sommet d'un coteau désert, pour le rapprocher des portes de votre ville, je me féliciterais d'avoir laissé dans vos murs des traces durables de ma mission. Eh bien! je dois le dire, ce qui vous honore particulièrement à mes yeux, c'est que tous ces souvenirs de voisinage, d'affection, de services rendus, étaient loin de vous quand vous m'avez décerné vos suffrages ; je ne les ai dus qu'à une entière conformité de sentiments et de convictions politiques ; vous avez songé que vous élisiez un député pour la France entière, et non pas pour vous seuls ; vous avez récompensé en moi, non pas le défenseur actif de vos intérêts locaux ; mais le représentant infatigable et loyal des intérêts généraux et permanents de la France. Vous vous êtes rappelés que le privilége qui vous était remis ne vous appartenait pas à vous seuls ; mais que vous en étiez comptables envers vos concitoyens. »

Sur le passage, lors de leur retour à Paris, chacun des députés fut encore l'objet de toutes les félicitations ; on violait leur *incognito*, et on se faisait un devoir d'aller leur exprimer les sentiments de la vraie France à leur égard. En traversant Orléans, M. Berryer fut reconnu par plusieurs personnes qui prévinrent leurs amis, et bientôt il fut conduit par eux au chemin de fer. Là, il eut pour compagnons de voyage M. de Villeneuve, préfet du Loiret, et madame la baronne de Villeneuve, qui furent contraints de faire bonne contenance à l'aspect de la voiture de M. Berryer, toute chargée encore d'une énorme quantité de branches, de palmes, de couronnes de lauriers, d'immortelles; enfin de tout ce qui avait composé les innombrables trophées du *flétri*.

Il est impossible d'enregistrer toutes les preuves de ressentiment, ou, pour mieux dire, de folie, qui succédèrent aux réélections royalistes. Au moment de la lutte de Montpellier, M. le lieutenant-général comte de Piré reçut l'ordre de venir à Paris pour affaires de service, et de laisser son commandement au plus ancien maréchal-de-camp. Il obéit, aussitôt, et se présenta, le 15, dans le cabinet de M. le ministre. Là se passa le plus curieux entretien, duquel il résulta pour le général, que la loi de l'an II, sur les suspects, venait d'être rétablie pour lui, car *nulle affaire de service* n'exigeait sa présence dans la capitale; on voulait seulement la lui donner pour prison pendant la lutte électorale de Montpellier. Quinze jours après, il fut brutalement destitué, et en révéla l'étrange motif dans une lettre vigoureuse adressée au président du conseil, ministre de la guerre, son ancien ami, M. le maréchal Soult. En voici un passage :

« A l'avenir, que le lieutenant-général, commandant une division territoriale, se le tienne pour dit : s'il s'avise de fréquenter la haute société et la bonne compagnie où M. le préfet ne sera pas admis, et pour cause, à l'instant il sera dénoncé comme transfuge de ses devoirs, de ses serments, et sa vie entière étant là pour en démontrer l'absurdité, il ne sera pas moins considéré comme servant de point d'appui aux ennemis du drapeau pour l'honneur et la conservation duquel il aura répandu son sang, mis au jeu sa tête, sa liberté et l'exil à cinq cents lieues de sa patrie, en compagnie du ministre de la guerre et pour les mêmes motifs. »

D'autre part, les poursuites contre la presse continuaient à outrance à Paris comme en province. La *Gazette du Languedoc*, saisie à l'occasion de Taïti, fut acquittée. Bientôt survint une recrudescence de dépit et de rigueur véritablement inouïs. Le mémoire que M⁼ʳ l'archevêque de Paris avait adressé à Louis-Philippe devint le prétexte d'attaques multipliées contre l'épiscopat, qui dans tous les diocèses de France déclara s'unir de cœur et d'action à la démarche solennelle de l'un de ses chefs. En conséquence M. Martin (du Nord), ministre de la justice ne craignit pas de faire à ce mémoire une réponse dans laquelle il osait se permettre d'appeler *Inconvenante* la conduite de ces vénérables supérieurs ecclésiastiques. Ce coup de pied de.... M. Martin n'atteignit aucun des évêques, qui, au contraire, puisèrent dans cette audacieuse réprimande plus d'énergie encore pour faire valoir leurs droits. Bientôt Mgr l'archevêque de Paris ne fut pas le seul flétri; ses dignes collègues le furent avec lui, car ils s'empressèrent de renouveler leurs adhésions noblement motivées à son initiative. Le saint évêque de Blois, Mgr de Sauzins, sentant sa mort prochaine, voulu de sa main agonisante signer aussi son mémoire, et cet acte public fut comme le *Nunc dimittis* du Siméon de l'épiscopat. Ainsi, l'immense question de la liberté de l'enseignement, que Mgr le duc de Bordeaux a tant étudiée, et dont il s'occupe sans cesse, provoqua de la part de ses implacables ennemis des mesures évidemment dictées par l'esprit de parti et par la fureur stupide qui, depuis le voyage de Londres, se manifestait dans tous les actes du pouvoir. M. l'abbé Combalot, missionnaire apostolique, prédicateur renommé, fut traîné devant la cour d'assises, comme auteur d'une brochure énumérant les maux énormes que l'enseignement universitaire s'applique à faire à la religion et aux familles. M. le procureur-général Hébert a voulu soutenir lui-même l'accusation, afin de s'élever violemment contre les membres du clergé qui se permettaient de dénoncer les écrits, les doctrines et les méfaits des hommes chargés de l'instruction publique. M. Henri de Riancey, déjà connu par d'importants travaux historiques, débuta au barreau de Paris par cette grande cause. Il y déploya un beau talent, malgré lequel M Combalot fut condamné à la prison et à quatre mille francs d'amende. C'est alors qu'eut lieu un mouvement auquel le gouvernement ne paraissait pas s'attendre. Toutes les familles se proclamèrent blessées, et se crurent atteintes en ce qu'elles ont de plus cher et de plus précieux. En peu de jours, d'innombrables pétitions pour la liberté de l'enseignement se couvrirent de signatures, et M. le comte de Montalembert se constitua l'orateur, ou plutôt l'apôtre du grand intérêt catholique et social. Il faut reconnaître que son zèle et son talent, toujours à la hauteur d'une pareille mission, ont, à la chambre des pairs, pulvérisé et anéanti les misérables argumentations du projet de loi, qui pourtant, hélas! a été adopté. Dès ce moment, l'attitude du clergé a été plus ferme encore. On n'a pas vu seulement les évêques se grouper autour de

M⁰ l'archevêque; tous les curés et desservants n'hésitèrent pas à rassembler leurs noms au bas des adresses par lesquelles ils exprimaient chaleureusement et leur conformité d'opinions, et la douleur qu'ils éprouvaient en voyant le peu de respect accordé à la voix salutaire de leurs premiers pasteurs. Mais ces généreux efforts, ces admirables protestations, ne devaient avoir pour effet que d'augmenter l'outrecuidance et l'acharnement de la morgue et de l'impiété. Toutefois, le clergé persévéra dans sa sainte résistance, à laquelle il reste et il restera fidèle.

Les hommes du jour s'exaspérèrent d'autant plus, que l'opinion publique le condamnait, et que le jury refusait d'être leur complice. Ainsi la cour d'assises de Rennes prononça l'acquittement de M. Ange de Léon, que la cour de cassation avait renvoyé devant elle après l'arrêt de Nantes qui l'avait condamné. Alors ils cherchèrent de nouveaux moyens de donner à la fois satisfaction à toutes les exigences de leurs colères. Ils se retournèrent de nouveau contre les pèlerins de Belgrave, afin de mieux démontrer combien la rancune était leur inspiratrice à cet égard. Ils fouillèrent dans tous les coins de la France, afin que pas un de ceux qui occupaient des fonctions gratuites amovibles ne pût échapper à la punition qu'on se plaisait à infliger aux flatteurs de l'exil et aux courtisans de l'infortune. Ainsi, non seulement des maires, des officiers de la garde nationale, des débitants de tabac, des membres des bureaux de bienfaisance, des administrateurs d'établissements de charité, furent révoqués inflexiblement. On alla bien plus loin encore. Un membre du conseil général de Loir-et-Cher, M. le prince de Chalais, fut délégué pour assister aux opérations du conseil de révision de son canton. Au moment où il s'empressait de témoigner une fois de plus son dévouement aux intérêts de sa localité, une lettre de la préfecture lui annonçait qu'il n'était plus trouvé digne de remplir ces fonctions. Cette inique exclusion excita les murmures et surtout la consternation de toute la contrée, car M. le prince de Chalais a su faire de son château de Saint-Aignan un véritable chef-lieu de bonnes et utiles œuvres de toute nature.

Dans un autre ordre, ou plutôt dans un autre désordre d'idées, on s'enfonça plus avant dans l'arbitraire. Mgr le duc de Bordeaux avait bien voulu, sur leurs prières, remettre à quelques-uns de ses visiteurs divers objets destinés à des loteries au profit d'institutions charitables. Parmi les privilégiés se trouva M. le comte Jules de

Cosnac, qui destina le don du prince à une loterie organisée en faveur des pauvres de Tulle, et qui devait être tirée à la mairie de cette ville. A cette nouvelle l'autorité tracassière a menacé de fermer la porte du salon municipal si le lot était maintenu. Il fallut bien le retirer pour ne pas nuire à la maison d'éducation des enfants pauvres; et c'est ainsi qu'on encourage les nobles sentiments et qu'on prend les intérêts de la misère! M. Jules de Cosnac ne se désespéra pas; il avait en main un moyen trop stimulant de charité pour ne pas s'en servir. Il s'adressa aux royalistes, et plaça pour douze cents francs de billets à une loterie qui a été tirée dans un lieu célèbre par une bienfaisance de tous les jours, à l'ancienne résidence de madame la Dauphine, à Villeneuve-l'Etang, chez M. le vicomte de Cazes, et le lot soi-disant séditieux a été gagné par madame de Boutray, épouse et mère de *flétris*.

En présence de pareils faits s'accomplissant impunément à la face du beau soleil de France, au mépris du caractère français et des plus simples convenances, un remarquable revirement s'opéra soudain. Châteaubriand a dit quelque part : « Les hommes supérieurs retournent « souvent à la religion par l'incrédulité, leur

« pensée vigoureuse, arrivée au néant, ne s'ar-
« rête point au bord de ce vide immense, elle
« s'y plonge, le traverse et va chercher Dieu de
« l'autre côté de l'abîme. » Ainsi en voyant proscrire jusqu'au nom de l'exilé, flétrir ses amis chargés de ses bienfaits pour son pays, repousser ce qu'il y a de plus saint dans les croyances, de plus noble dans les pratiques, de plus pur enfin dans les intentions, on fournit un vaste sujet de réflexions à des hommes jusqu'alors sans foi politique, remplis d'indifférence; ils se révoltèrent contre une pareille conduite qu'on voulait leur imposer. A l'aspect de tant de calomnies, de persécutions recherchant les personnes et les actes les plus honorables, ils se dirent que sans doute celui contre qui tout cela était dirigé paraissait bien redoutable, et alors eux, qui jusqu'à ce moment en avaient entendu parler sans s'en inquiéter autrement, se prirent soudain à interroger le passé et à vouloir s'éclairer. Ils y trouvèrent un enfant contre lequel, après tout, ils n'avaient ni parlé, ni écrit, ni conspiré, ni soulevé les pavés de juillet, car il était innocent comme on l'est à son âge. Ils se sont souvenus aussi qu'à cette même époque ils désiraient qu'il restât le représentant de la monarchie, et qu'il n'en eût pas été autrement sans

doute, si on n'eût pas tant redouté, disait-on, les embarras et les malheurs toujours inséparables d'une régence. Et quant à son présent, ils étaient bien obligés de reconnaître qu'il était sans nul reproche aussi, et qu'en outre il offrait, au dire de tous, de précieuses qualités, et que surtout il était sans nul ressentiment. Une circonstance particulière venait d'ailleurs de le prouver. La ville de Condé-sur-Noireau, voulant élever un monument à l'amiral Dumont-d'Urville, victime avec sa famille de la catastrophe du 8 mai, son maire demanda la souscription de M⁰ le duc de Bordeaux, qui répondit en ces termes :

« Je vous remercie beaucoup, Monsieur le
« maire, d'avoir rendu justice à mes sentiments
« et à mes sympathies pour les gloires nationales. Des lois injustes me forcent à vivre loin
« de mon pays; mais je n'en reste pas moins
« Français par le cœur et par l'espérance. Il
« n'est que trop vrai qu'en 1830, dans une mission qu'il avait eu le malheur d'accepter,
« M. Dumont-d'Urville a manqué à ses devoirs
« et à tous les égards dus au roi et à ma famille.

« Mais après l'horrible catastrophe qui a mis
« fin à sa carrière, je veux oublier ses torts pour

« ne voir que les services rendus à la France par
« cet intrépide navigateur. D'ailleurs, vous le
« savez, ma famille a toujours donné l'exemple
« du pardon, et je suis sûr d'agir aujourd'hui
« comme ferait le roi mon grand-père, s'il vivait
« encore.

« Cependant, Monsieur le maire, si vous de-
« vez mentionner ma souscription, je désire que
« vous fassiez connaître la lettre qui l'accom-
« pagne, afin que ceux de mes amis qui ont
« refusé de souscrire, par des motifs que j'ho-
« nore, sachent pourquoi et en quels termes je
« le fais aujourd'hui.

« Je saisis avec plaisir cette occasion pour
« vous donner, Monsieur, ainsi qu'à vos col-
« lègues, l'assurance de ma bien sincère es-
« time :

« Signé : Henri. »

A cette lettre, à laquelle tous les partis rendirent hommage, était jointe une somme importante.

XVI.

Mort de Monseigneur le duc d'Angoulême à Goritz.

Cependant un douloureux événement vint jeter le deuil dans la famille royale de Goritz, et affliger profondément le monde monarchique. Après une longue maladie supportée avec un prodigieux courage, une piété sublime et une résignation surhumaine, S. A. R. M⁓ le duc d'Angoulême rendit le dernier soupir entre les bras de la plus éprouvée, de la plus héroïque des femmes, de l'ange qui avait survécu à tant de désastres, à tous les martyrs de sa famille, pour être le soutien et la consolation des siens. Cette terrible nouvelle fut annoncée à Paris le 11 juin par le journal *la France*, qui fit opérer dans la matinée un tirage à part et parut encadré de noir. On y lisait ce qui suit :

« Il y a dans le ciel un saint de plus ; il est mort sur la terre étrangère l'aîné de cette auguste maison de Bourbon, qui pendant tant de siècles porta pour la France le glaive qui combat et protége, et lui donna tour à tour les héros qui glorifient, les martyrs qui expient, les victimes qui appaisent la colère du ciel !...

« L'histoire commence aujourd'hui pour Louis de France, Fils de Charles X, époux de la Fille de Louis XVI !

« Ses pages impartiales retraceront les vertus sublimes du chrétien, la force d'âme et le courage du Bourbon, les précieuses et admirables qualités de l'homme !...

« L'histoire a dit de César qu'il avait été clément jusqu'à être obligé de s'en repentir ; elle dira de Louis qu'il a été bon jusqu'à inspirer à ceux qui se sont fait ses ennemis le regret de leur injustice !...

« Prince infortuné, comme saint Louis vous mourez loin de la patrie, et, au moment où notre plume agitée trace ces tristes lignes, nous ne pouvons avoir la consolation de vous adresser la parole du prophète. « Votre heure est venue, mais vous allez reposer avec vos pères !... »

« Non, ces pères des rois et du peuple, il reposent loin de vous au milieu de cette France qu'ils ont défendue, agrandie et rendue la première entre les nations !

« Déjà cependant une tombe royale était solitaire à Goritz. Oh ! mystérieux décrets de la Providence ! il y a donc aussi des exils pour la tombe, et des proscriptions pour des générations de sépultures !

« Le caveau des Franciscains se rouvre, cette pierre antique de l'Abbaye que j'ai arrosée de mes larmes, et où j'ai vu gravées le sceptre et la main de justice croisés sur les fleurs de lys, se soulève encore pour laisser place à un second Bourbon, et autour de l'héritier de tant de Rois, quelques serviteurs fidèles pleureront isolés! et la plus sainte femme du monde, la plus grande et la plus pure victime des révolutions, l'héritière dépossédée de tous les martyrs, aura, pour l'aider à sécher ses larmes, une princesse en deuil d'un père victime des passions révolutionnaires, et un jeune prince que Dieu semble avoir donné au monde pour prouver qu'il déjoue quand il lui plaît les complots des pervers, et que la race de saint Louis doit triompher de la mort!

« Lorsqu'au jour de leur grandeur nos rois allaient rejoindre à Saint-Denis leurs ancêtres, dormant au pied du Dieu par qui les rois règnent, les officiers de la couronne jetaient dans le caveau l'écu, le heaume et la cotte d'armes qui avaient appartenu au prince mort, et le roi d'armes de France criait : Pourvoyez-vous ! Mais le grand-chambellan et le grand-écuyer ne faisaient qu'incliner vers la tombe l'épée et la bannière, et le roi d'armes disait à haute voix :
« Monsieur le grand-chambellan, relevez la bannière ; Monsieur le grand-écuyer, relevez l'épée du royaume de France ! » Puis il ajoutait :
« *Le Roi est mort, vive le Roi !* »

« A la sépulture de Goritz, il n'y aura pas de roi d'armes ; les grands dignitaires ne seront point invités à se pourvoir ; une oraison funèbre ne sera point prononcée par un prince de l'Église de France ; mais du royal caveau s'échapperont les traditionnelles paroles que saint Louis mourant adressait à son fils : « Je te supplie que tu aies de moi souvenance par prières à Dieu, aumônes et bienfaits pour la France. »

Vicomte de Baulny.

Cet article si remarquable par la convenance de la forme non moins que par l'énergie de l'expression, l'élévation et l'éclat des pensées, produisit dans la capitale une sensation qui ne devait avoir d'égale que celle qu'il causa dans les provinces et à l'étranger. En un instant le journal *La France* fut dans toutes les mains, lu, souvent tout haut, dans les lieux publics, et parcourut les diverses classes de la société où il recueillit de complètes sympathies. On se demandait qui serait l'écho de l'opinion publique à l'égard du modeste et chevaleresque auteur de cette belle oraison funèbre, lorsque le plus grand génie des temps modernes prit la plume pour communiquer à tous son assentiment dans des termes peignant à la fois son affection pour l'homme et son admiration pour le noble écrivain, qui, en présence d'une tombe royale, avait consenti à ne plus garder l'*incognito*. Voici la lettre de M. de Châteaubriand :

« Monsieur le vicomte,

« Je viens de lire dans la *France* la lettre que vous aviez bien voulu me faire connaître, et qui devançait les sentiments si noblement exprimés dans la *Gazette de France* et dans la *Quotidienne*. Je me félicite que ma famille ait contracté avec la vôtre une alliance qui m'est honorable et chère. J'aurais moi-même essayé de faire entendre encore ma voix, si elle méritait d'être entendue ; j'aurais redit encore ce que je pense du libérateur de l'Espagne, de l'homme qui a rendu à l'existence les derniers soldats de Napoléon. M. le duc d'Angoulême aimait et protégeait mon neveu, dont la fille a épousé votre frère. Christian, mon second neveu, fort aimé aussi de l'auguste Prince, est allé à Dieu. Ainsi tout disparaît pour moi ! Lorsque je jette les yeux en arrière, je n'aperçois plus qu'une femme qui pleure ; et quelle femme ! MARIE-THÉRÈSE domine toutes les ruines. Cependant cette famille, qui durant neuf siècles a commandé au monde, trouverait à peine aujourd'hui un vieux serviteur pour lui élever au bord des flots un bûcher avec les débris d'un naufrage ! MARIE-THÉRÈSE ensevelit sa douleur dans le sein de Dieu, afin que cette douleur soit éternelle. J'ai dit que cette douleur était une des grandeurs de la France : me suis-je trompé ! Dans les déserts de la Bohême je voyais la nuit, à la fenêtre d'une tour, une lumière isolée qui annonçait le nouvel exil de M. le duc d'Angoulême. Hélas ! cette lumière vient de disparaître ! Le vertueux Prince est allé chercher dans le ciel sa vraie patrie. Là les révolutions ne l'atteindront plus.

Il nous tendra la main pour monter jusqu'à lui, et sous la protection de sa vie sans tache nous trouverons grâce auprès du Père de miséricordes. »

CHATEAUBRIAND.

Bientôt les nombreux organes de la presse indépendante, et même quelques-uns de la presse dynastique, rendirent justice à la mémoire du Prince trop méconnu. Les journaux royalistes de Paris et des départements redirent à l'envi cette existence si belle, si sainte, si française. Toutefois *la France* fut dépositaire d'un plus grand nombre d'hommages ; sous ce titre : *Louis de France*, un de ses principaux rédacteurs, M. Théodore Anne, ancien garde du corps du Roi, compagnie de Noailles, publia un travail rempli de curieux documents et empreint d'une grande délicatesse de cœur ; en voici un extrait :

« Dans les temps reculés, alors que les rois d'Égypte descendaient dans la tombe, il leur restait à subir une dernière et décisive épreuve. Leurs dépouilles mortelles étaient apportées devant le peuple, et là, en présence de toute la nation, on interrogeait la vie de celui qui n'était plus. Chacun pouvait parler hautement et sans peur ; le dernier homme du peuple, comme le seigneur le plus puissant, avaient le droit d'accusation, et ce n'était que lorsque la plainte ne pouvait être prouvée, ou que le peuple entier se taisait et rendait hommage ainsi aux vertus de son monarque, que les honneurs suprêmes étaient rendus à celui qui, la veille, faisait tout courber devant lui.

« Si cette coutume existait encore, le prince dont nous allons essayer d'esquisser la vie pourrait la subir sans crainte, certain que la voix de la France entière s'élèverait pour le bénir, et que nul ne pourrait venir accuser celui qui fut pendant soixante-neuf années un modèle d'honneur, de noblesse, de générosité et d'abnégation.....

« Le général Decaen, qui avait trahi Madame à Bordeaux, n'eut besoin plus tard que de s'adresser à M. le Dauphin pour voir à l'instant secourir sa misère. Et pour ne citer qu'un des mille traits de cette vie si noble et si sainte, ajoutons que M. le duc d'Angoulême, en 1814, avait admis à sa secrétairerie un pauvre jeune homme qui était le soutien de sa mère et de son frère, enfant de huit ans. En 1815, cet employé eut le malheur de perdre sa mère, mais les derniers moments de la veuve furent adoucis par la munificence du prince. Sa cassette, qui s'ouvrait toujours pour le malheur, s'ouvrit une fois de plus, et la pauvre mère mourut tranquille, certaine de laisser un auguste protecteur à ses enfants. Son attente ne fut pas trompée. L'aîné de ces orphelins n'avait rien à demander pour lui, rien que la conservation des bontés du prince ; mais le cadet fut placé dans un collège royal avec une bourse entière, et son trousseau fut payé par Monseigneur. Plus tard il fut jugé digne d'entrer à l'École polytechnique. A cette École il y avait vingt-quatre bourses divisées en quarante-huit demi-bourses. Si M. le Dauphin avait donné à son protégé une bourse entière, il eût fait tort à un autre élève également déshérité des dons de la fortune. Le prince n'accorda donc qu'une demi-bourse, mais l'autre moitié fut payé sur sa cassette, et le trousseau fut fourni de ses deniers.

« L'employé, dont la famille dut ainsi tant de jours heureux à cette auguste et inépuisable bonté, est celui qui écrit ces lignes. Il n'a pas besoin de parler de sa reconnaissance. Qui pourrait douter de la sincérité des sentiments qui ont pour base de semblables bienfaits! et comment sa douleur ne serait-elle pas aujourd'hui aussi sincère que profonde! Les princes, Dieu merci, ne récoltent pas toujours l'ingratitude!

« Louis de France, car tel est le nom qu'il portait quand le Ciel l'a réuni à son auguste père, fut un prince qui, dans un siècle moins égoïste, eût compté autant de serviteurs fidèles qu'il y a de Français en France! Il a toujours aimé le pays qui lui donna le jour, de cet amour héréditaire dans sa famille; il l'a servi avec honneur et fidélité, soit comme duc d'Angoulême, soit comme Dauphin, et il méritait dans sa vieillesse d'obtenir les respects et la soumission qu'il avait montrés!... »

M. le vicomte Hector de Jailly, ancien sous-préfet, et l'un des chers habitués de l'exil, paya ainsi son tribut à celui qui savait si bien apprécier son noble dévouement :

« Chargé d'une administration importante pendant les règnes de Louis XVIII et de Charles X, j'avais à ma disposition une caisse d'épargnes et de bienfaisance dont la source était intarissable ; c'était la cassette du duc d'Angoulême, du Dauphin! J'accourais, lorsque des désastres avaient affligé la contrée, je demandais une audience, et j'obtenais d'efficaces et prompts secours après un incendie, ou pour les champs dévastés par la grêle, on nous en accordait encore pour les églises les plus pauvres, lorsqu'elles manquaient d'ornements et de vases sacrés. J'avais aussi des encouragements pour les collèges où la religion faisait fleurir la science, des gratifications pour de braves mariniers qui avaient exposé leurs jours pour sauver un passager, un voyageur, un homme du pays tombé dans la

Saône par quelque accident fatal ; d'anciens militaires recevaient des demi-bourses pour les aider à l'éducation de leurs enfants ; de jeunes soldats, reconnus indispensables à leur famille, étaient rendus à leur vieille mère ; nos hôpitaux s'agrandissaient pour que des lits de plus fussent réservés à l'indigence, quand le fléau de la fièvre de Bresse sévissait avec plus de rigueur ; jamais enfin je n'ai imploré Louis de France sans que sa munificence ne soit venue en aide à l'adversité ; il n'exigeait de ma gratitude profonde que de taire le nom du bienfaiteur. Et ce prince si méconnu, je l'ai trouvé dans le fond d'une principauté d'Allemagne aussi français dans l'âme que son aïeul saint Louis lorsqu'il rendait la justice à ses sujets sous le chêne de Vincennes. Je ne citerai qu'un mot de Louis lors d'une de mes visites à l'exil ; avant de quitter Kirchberg, j'étais venu prendre ses derniers ordres : « Ah! s'écria le prince, vous retournez à Paris, dites, si on vous le demande, que je pardonne à tout le monde. » L'excellent prince ajouta : « Et tenez, cela ne me coûte qu'envers les régicides, cependant je ne les excepte pas. »

« Enfin, le jour même où l'on apprenait la mort de l'auguste descendant de nos soixante rois, un secours arrivait à Paris, pour un de nos vieux soldats, de la part du prince expirant ; sa bienfaisance semble ainsi lui survivre... »

M. le marquis de Valori écrivit une lettre des plus touchantes, dont ce passage donnera une idée :

« Ne pourrions-nous pas dire aux savants investigateurs qui espéraient naguère avoir retrouvé le cœur du saint de sa famille : « N'avait-il pas ces traits-là ? » Oui, ce grand cœur qui vit dans nos annales, et qui battait d'honneur et de résignation dans les fers, a reconnu, n'en doutons pas, dans le dernier soupir d'un autre Louis, le véritable trésor de ses descendants... »

M. le baron Hyde de Neuville disait, entre autres choses :

« Oui, l'obéissance à la volonté de son oncle, à la volonté de son père, la piété filiale, l'austérité de la vertu, le sentiment du devoir, explique la vie, toute la vie de ce généreux prince.

« Voici ce qu'il daignait me dire sur la terre d'exil :

. . . .

« J'ai cru que plus j'étais rapproché du trône, plus je devais d'obéissance au roi, neveu ou fils ; j'ai suivi cette ligne de conduite et je la suivrai toujours. Les hommes ont différentes manières de juger les choses. Dieu n'en a qu'une ; il lit dans les cœurs, il sait si mes intentions ont été pures, si j'ai voulu, si je veux, avant tout, le bonheur de la France. Il me jugera. Je pardonne, et bien sincèrement, à tous ceux qui ont pu être injustes envers moi, comme à ceux qui ont eu des torts envers ma famille ; que Dieu fasse à tous miséricorde. » *Des torts*, puis *miséricorde pour tous*, et c'est sur la terre d'exil, et après tant de douloureuses épreuves qu'il s'exprime ainsi !... Quelle famille !... J'ai rendu fidèlement les paroles du prince qui, à une autre époque, disait (c'était aux Tuileries), j'étais présent : *Dans notre famille, quand on a pardonné, on a oublié.* » Il était question d'un officier-général dont on rappelait les torts ; M. le Dauphin ne se rappelait que ses services. »

Plusieurs autres personnes, parmi lesquelles on doit citer M. A. de Lacour, ancien officier aux dragons de la garde royale, M. le comte Adrien de Calonne, M. Battur, etc., exprimèrent noblement leurs regrets dans les journaux de Paris ou de la province. La *Sentinelle de l'armée*, cette courageuse et loyale feuille qui, sous la direction de M. H. de Mauduit, défend chaque jour les intérêts militaires et l'honneur national, inséra un article, dont voici quelques phrases :

« Si tous les officiers de l'armée qui ont sollicité et obtenu quelque témoignage particulier de la bienveillance et de la générosité de monseigneur le Dauphin, alors qu'il était sur les marches du trône, se font un devoir d'imiter le roi et les princes, que d'épées devront être enveloppées d'un crêpe funèbre!... Nous en appellerions au besoin à M. le lieutenant-général Marbot, à M. le maréchal Grouchy, et surtout à M. le maréchal duc de Dalmatie, qui ne peut avoir oublié le souvenir de l'intervention si active de S. A. R. le duc d'Angoulême en faveur de son rappel de l'exil, intervention qui non seulement fit rendre à M. le maréchal Soult son bâton de commandement, mais encore ses appointements pendant le temps qu'il avait passé hors de France.

« On n'a point oublié que le général Debelle ayant été condamné à mort en 1815, ce fut encore S. A. R. le duc d'Angoulême qui obtint la commutation de sa peine, et qui, le sachant malheureux, lui ouvrit sa bourse à Besançon.

« De pareils traits suffiraient seuls pour assurer à ce prince l'estime et le respect de ses ennemis politiques; mais les officiers qui ont été en position d'apprécier l'esprit de justice, de bienveillance et de conciliation de S. A. R., lui accorderont aussi, nous n'en doutons pas, un pieux souvenir.

« Généralissime de l'armée qui entra en Espagne en 1823, S. A. R. le duc d'Angoulême y acquit la confiance des troupes, et eut la satisfaction de rentrer en France après avoir accompli l'une des missions les plus difficiles de notre époque, la pacification de l'Espagne.

« Ce fut pendant cette expédition, alors que l'on préparait l'attaque de l'île de Léon, que le duc d'Angoulême fit à l'un des officiers-généraux de son état-major qui le pressait de s'éloigner des batteries espagnoles, cette réponse à la Henri IV:

« Si je meurs, ce sera du moins en bonne compagnie et à la « française. »

« Nous terminerons cette rapide esquisse par ces quelques mots du prince que l'esprit de parti a si méconnu, si cruellement calomnié : « Pendant très longtemps, disait-il un jour, « j'ai eu soin d'enregistrer, chaque soir, tout ce que j'avais vu « et entendu dans ma journée; ces souvenirs avaient un grand « intérêt; mais il est difficile de faire des mémoires sans parler « parfois mal des autres, et quelquefois aussi trop bien de soi; « la mort pouvait me surprendre; j'ai donc brûlé toutes mes « notes, et je m'en sais gré. »

« Que de hauts et puissants seigneurs du jours doivent aussi savoir gré à ce prince chrétien de cette généreuse détermination !... »

Le *Journal des Débats* ne voulut pas servir lui-même à constater ses palinodies et ses contradictions. On avait remis en lumière son langage de 1823 pour l'opposer à celui de 1844. La presse royaliste a reproduit ces citations accablantes. Un logicien se présenta.

M. le duc de Liancourt publia la lettre suivante, qu'il a adressé au *Journal des Débats*, et dont la feuille ministérielle a refusé l'insertion.

« Je n'ai connu qu'à la campagne votre article du 15 juin sur la mort de M. le duc d'Angoulême ; autrement il ne serait pas resté si longtemps sans réponse.

« Je lis dans votre journal : « Nous avons cru devoir garder « le silence sur M. le duc d'Angoulême par respect et par « convenance. » Et cependant, permettez-moi de vous le dire, vous traitez bien sévèrement sa mémoire. Je m'en suis affligé, et beaucoup s'en sont affligés comme moi. Mais après avoir eu l'honneur d'être, sous la Restauration, aide-de-camp de M. le duc d'Angoulême, je ne veux pas laisser à d'autres la tâche de relever ce que votre article a d'injuste.

« Je ne parle pas comme légitimiste : royaliste constitutionnel avant 1830, attaché par conviction au système représentatif, j'ai pu, sans manquer à ma conscience, adhérer au nouveau gouvernement de mon pays. Mais aujourd'hui je croirais trahir un devoir sacré, si je ne protestais contre le jugement que vous avez porté de M. le duc d'Angoulême. La vérité a des droits que les révolutions ne sauraient prescrire.

« En perdant la couronne, dites-vous, M. le duc d'Angoulême « a perdu un fardeau qu'il eût été incapable de porter. » Vous n'avez pas toujours, monsieur, tenu le même langage. J'en appelle aux articles publiés dans votre journal après l'expédition d'Espagne, en novembre 1823.

« J'enlève aux louanges l'exagération que devaient facilement inspirer les circonstances, et ce prestige de la puissance dont jouissait alors M. le duc d'Angoulême ; mais il y reste de grandes et justes appréciations que j'aime à reproduire.

« Vous représentez ce prince *victorieux et pacificateur* (voir surtout l'article du 23 novembre 1823) comme le *défenseur de la civilisation* véritable ; vous vantiez l'ordonnance d'Andujar, la grandeur d'âme avec laquelle M. le duc d'Angoulême se confiait à ceux qu'on accusait en vain de le trahir, l'*humanité qui, pendant la campagne, marqua tous ses pas, et cette clémence, cette modération de caractère, qu'il avait tournées en instruments de ses desseins; enfin cette bonté qui désarma les passions les plus exaltées*, que Napoléon même n'avait pu vaincre.

« Ce sont là, si je ne me trompe, des qualités vraiment royales, et vos éloges promettaient à la France un roi dont elle pourrait un jour être fière.

« Si M. le duc d'Angoulême, en 1830, eût pris parti contre les ordonnances de Charles X, s'il n'eût pas regardé comme son premier devoir d'obéir à son père et à son roi, peut-être eût-il sauvé son trône ; mais il ne sut pas désobéir. Ce fut là sa faute, je le reconnais. Toutefois elle porte avec elle une noble excuse, et M. le duc d'Angoulême n'a pas mérité pour cela d'être traité avec tant de dédain.

« Faible, irrésolu quand il était obligé de suivre l'impulsion d'un autre, ce prince était ferme et même énergique quand il était maître de ces décisions, quand il était libre et responsable. Il l'a prouvé en plus d'une circonstance. Ses ennemis mêmes ont reconnu qu'il soutint avec honneur les campagnes de 1815 et de 1823. Il fallait aussi une habileté plus qu'ordinaire pour fonder, comme il le fit en Espagne, les débris de l'armée impériale si glorieuse de ses souvenirs et la jeune armée de la Restauration si pleine d'avenir et d'ardeur. Ce qui distinguait avant tout M. le duc d'Angoulême, c'était un sens droit et cette admirable pureté d'intention qui vaut souvent mieux que des talents supérieurs.

« Si donc la Providence eût confié le sceptre aux mains de M. le duc d'Angoulême, les principaux actes de sa vie, son caractère et ses vertus nous forcent de penser qu'il l'eût porté dignement.

« Ces réflexions, je l'espère, monsieur, vous rendront plus impartial, et vous comprendrez mieux cette dignité du silence et de la résignation par laquelle M. le duc d'Angoulême a honoré son exil. La couronne de France est assez belle pour qu'on en pleure la perte, et cependant, loin de sa patrie, ce qui surtout affligeait M. le duc d'Angoulême, c'était de ne pouvoir prouver à la France qu'elle l'avait mal connu et mal jugé.

« Le duc de Liancourt. »

On recueillit avec bonheur tous les faits qui mettaient en lumière les nobles sentiments du prince que l'on venait de perdre. Les faits parlent mieux et plus haut que les paroles, et composent, pour ceux qui ne sont plus, la plus belle des oraisons funèbres. En voici un de ce genre, car il montre LOUIS-ANTOINE DE FRANCE occupé de son pays jusque sur son lit de mort, et voulant encore lui ménager une force et lui épargner un péril. Nous citons sans y rien changer la note suivante, qui vient d'une source trop respectable pour que l'on puisse douter de son authenticité :

« Pendant la Restauration, le Dauphin donna la mission de faire ce travail :

« 1° Lever le plan de toutes les places fortes « de France ;

« 2° Établir clairement les moyens de les at-« taquer en faisant connaître les côtés faibles ;

« 3° Faire parfaitement connaître les moyens « de repousser les attaques de l'ennemi.

« Ce travail fut fait avec un grand talent,

« et forma un grand volume *in-folio* avec des-
« sins, lignes, etc., etc., et texte explicatif.

« Ce livre, dont il n'y a qu'un seul volume,
« fut remis à Son Altesse Royale Monsieur le
« Dauphin, lequel, se voyant près de mourir,
« l'a envoyé aux Archives de la guerre, ne
« voulant pas qu'il puisse tomber jamais entre
« les mains des étrangers.... »

Ne devrait-on pas inscrire sur le livre précieux les paroles suivantes : « Envoyé à la France par LOUIS-ANTOINE DE BOURBON, mort en exil. »

Le mardi 18 juin, une messe a été célébrée à Notre-Dame pour le repos de l'âme du royal défunt. Les anciens officiers de la maison du Roi, d'anciens militaires de tous grades, des membres des deux chambres, de la magistrature et du barreau y assistaient. Le nombre des personnes présentes peut être évalué à plus de deux mille.

Des messes ont été dites à la même heure dans les autres paroisses.

Dans les départements, les mêmes hommages religieux ont été rendus à cette sainte mémoire. Les souverains de l'Europe auxquels M. le comte de Chambord a lui-même annoncé ce malheur, ont pris le deuil, que tous les royalistes ont portés en France. Il paraît même que la famille de Louis-Philippe s'est souvenue que l'auguste défunt était son parent. Cependant lors de la mort du Roi Charles X, les messes en noir furent officiellement interdites par une lettre de Mgr l'archevêque de Paris, on défendit même les messes en blanc. En un mot toute espèce de deuil fut proscrite à cette occasion.

L'héroïque veuve de Louis de France s'est rendue au château de Canale avec madame la marquise de Rougé, son ancienne dame d'honneur, celle qu'on avait vue à Belgrave-Square, et qui de là était allée reprendre ses consolantes fonctions auprès de la fille du roi-martyr.

M. le comte de Chambord a donné tous les ordres et expédié toutes les affaires que nécessitait la douloureuse circonstance où il se trouvait; ce soin rempli, il n'a plus songé qu'à porter des consolations à son auguste tante et à Mademoiselle. Le Prince est en conséquence parti le 5 juin pour se rendre auprès des Princesses, auxquelles il a consacré plusieurs heures.

On avait procédé à l'autopsie et à l'embaumement du corps de Louis de France dans la soirée du 4. Cette dernière opération a fait connaître que le siége de ses souffrances était au pylore, où l'on a trouvé un cancer. Le lendemain, le corps a été exposé sur un lit de parade dans le salon tendu de noir. La figure du Prince avait conservé un calme et une sérénité remarquables, ce n'était pas la mort, c'était un paisible sommeil. La population a été admise à circuler dans le salon pendant les journées qui ont précédé les obsèques, et son attitude a été pleine de recueillement et de tristesse. Le 7 au soir, le clergé est venu dire les Vêpres des morts. Le 8 au matin, l'archevêque avec tout le clergé s'est présenté pour chercher le corps. Les troupes de la garnison étaient sous les armes, ainsi que la garde bourgeoise, qui avait demandé à accompagner le convoi. Les corporations de la ville et les écoles avaient fait la même demande. A huit heures, le convoi s'est dirigé vers la cathédrale. Après une messe célébrée avec pompe, il s'est mis en marche pour se rendre à la chapelle du couvent des Franciscains, situé sur une hauteur à l'ouest de la ville. M. le comte de Chambord suivait le char à pied, en manteau de deuil. MM. le comte de Montbel, le général vicomte de Champagny et le duc de Blacas marchaient derrière le Prince, aussi en manteau de deuil. Puis venaient les Français en ce moment à Goritz, les autorités civiles et militaires et les habitants. Toutes les boutiques étaient fermées, un certain nombre de maisons, et entre autres le cercle des bourgeois, étaient tendus de noir. Le corps a été déposé dans le caveau où reposent les restes du roi Charles X. Tous les assistants ont été frappés de la douleur profonde mais calme de M. le comte de Chambord, et de son maintien noble et digne durant cette pénible cérémonie. A la sortie de la chapelle, et dans l'espace de près d'une demi-lieue, il a trouvé le peuple en haie sur son passage et dans une attitude touchante et respectueuse; tous le saluaient profondément, chacun portait empreint sur son visage le témoignage de ses vives sympathies.

Peu après son retour dans cette modeste demeure, qu'à Goritz on appelle le palais, le Prince a fait une seconde visite à Canale, se partageant ainsi entre les devoirs de sa position et les soins si nécessaires à son auguste tante, dont l'âme forte lutte péniblement contre une si vive douleur. Le 9 au soir, les Princesses sont revenues à Goritz; cette rentrée à été navrante. S. A. R. Mgr le duc de Bordeaux n'a pas voulu prendre d'autre titre que celui de comte de Chambord. C'est ce nom tout français qu'il continue de porter, comme pour mieux prouver encore que ce qu'il s'est le plus empressé de recueillir dans l'héritage de vertus du chef vénéré de sa famille, c'est son amour pour la France, c'est à son pays qu'il veut se consacrer plus que jamais...

XVII.

Résumé et conclusion.

Le voyage de Londres a donc été un grand événement; mais, il faut bien le reconnaître, c'est bien plutôt par le fait de l'éclat et du bruit dont les gouvernants se sont plus à l'entourer que par lui-même tel qu'il fut compris dès son origine. En effet, ce n'était dans la pensée des visiteurs qu'un pieux pélerinage, ayant pour unique but de remplir un devoir d'affection et de reconnaissance envers le petit-fils de Charles X. On avait recueilli et concentré religieusement les profondes sympathies et la sincère admiration que son caractère élevé et son cœur éminemment français ont inspiré, et si grand qu'ait été le nombre des courtisans de l'exil, il est certain que le récit de leur voyage ne devait guère s'étendre au-delà du cercle de la famille. Il est vrai que par suite d'aimables rapports ont été établis entre beaucoup de gens qui, s'étant vus dans ces lieux et sous les mêmes auspices, subirent la même influence, et se lièrent d'une sorte d'amitié spéciale. Cela est si vrai que depuis leur retour d'Angleterre, quand les pélerins se rencontrent, ils ne disent plus vulgairement : « Je crois vous avoir vu quelque part ; » ils s'abordent, et se disent avec certitude en se serrant la main : « Je vous ai vu à Belgrave-Square ! » Ils ne peuvent être ensemble sans se reconnaître par l'effet de ces mêmes souvenirs qui, lorsqu'ils sont loin les uns des autres, les réunit dans une communauté de sentiments et de vœux. Là se serait borné sans doute le résultat de cette inoffensive excursion, si tout à coup par des terreurs, des animosités, des persécutions de tous genres, l'attention publique n'eût été éveillée sur elle ; mais c'est surtout à la flétrissure qu'il faut imputer ces énormes conséquences jusqu'alors imprévues. Elle a véritablement semblé prendre à tâche de vérifier une fois de plus ces paroles : « Ils ont semé du vent et ils recueilleront des tempêtes : » *Ventum seminaverunt et turbinem metent.* C'est elle qui a voulu être à la fois et la Renommée aux cent bouches et la trompette retentissante qui convoquait les masses à son propre jugement. Celles-ci se sont émues soudain, car elles se sont senties presque frappées dans leur honneur en entendant prononcer ce mot proscrit de la loi comme une exorbitante pénalité ; elles se sont demandées comment on pouvait le jeter à la face d'hommes qu'elles connaissaient, qu'elles estimaient, quelle que fût d'ailleurs leur opinion politique. En voyant leurs actes ainsi dénaturés, elles se constituèrent leurs défenseurs et renvoyèrent la flétrissure aux flétrisseurs. Bien plus, elles se livrèrent à des comparaisons, et acquirent bientôt la preuve qu'à une autre époque la même démarche, dans une circonstance plus solennelle, n'avait pas attirés de pareilles foudres sur la tête de leurs auteurs. En effet lors de la majorité de Mᵍʳ le duc de Bordeaux un grand nombre de Français se rendirent à Prague pour saluer cet événement. Les pèlerins d'alors ne furent point traités comme ceux de Belgrave, et lorsque la *Gazette de France* fut poursuivie pour en avoir raconté tous les détails, elle fut acquittée après la magnifique plaidoierie de Mᵉ Janvier, aujourd'hui l'un des membres les plus éclairés et les plus influents du conseil d'État, qui s'exprimait ainsi :

« Depuis trois ans on a soulevé contre la presse bien des accusations absurdes, et j'ai le droit de les qualifier ainsi puisqu'elles ont été repoussées par le jury. Je ne crois pas qu'aucune ait autant que celle-ci manqué d'habileté et de convenance.

« Elle met personnellement en présence deux dynasties : l'une puissante, heureuse, du moins qui paraît l'être, qui habite des palais magnifiques, possède des trésors, commande des armées; l'autre, proscrite, errante, réduite à s'abriter sous des ruines entourée de quelque serviteurs fidèles; et, il faut être juste envers elle, pauvre parcequ'aux jours de ses prospérités elle n'a pas accumulé les épargnes de l'aumône.

« En vérité il est dangereux de faire ressortir de tels contrastes. Les puissances tombées ont des prestiges pour les âmes généreuses.

« Il leur est difficile surtout de ne pas s'émouvoir pour l'orphelin découronné, en qui les infortunes de sa famille prennent un si touchant caractère. L'assassinat et l'exil, voilà les destinées dont elles lui offrent l'exemple; sa vie, commencée sous les auspices de l'assassinat, est déjà dévouée aux horreurs de l'exil.

« Royal enfant, je ne suis point de ceux qui se sont prosternés avec idolâtrie autour de ton berceau, qui ont mendié comme des faveurs les naïfs bégaiements de ton enfance, qui tomberaient à genoux devant la grâce qu'on dit dans ton sourire, et la rayonnante fierté qu'on dit aussi dans ton regard. J'ignore le dévouement des temps antiques, le dévouement aux personnes, et cependant j'éprouve un respect douloureux ; car enfin tu es le symbole d'un principe qui durant des siècles a été cher et sacré à la France. C'est par lui qu'elle est devenue la grande nation. Ce principe inviolé depuis Hugues Capet s'est personnifié glorieusement dans Louis-le-Gros, dans Philippe-Auguste, dans S. Louis, dans Louis XII, dans François Ier, dans Louis XIV, dans Louis XVI. Tombé qu'il est aujourd'hui dans un frêle enfant, il te marque parmi les hommes d'une mystérieuse consécration, qu'on peut renier du bout des lèvres, mais qu'on reconnaît dans son cœur.....

« Du reste, pourquoi se défendre d'une impression qui étonne à la surface du raisonnement, mais qui s'explique dans ses profondeurs? La philosophie de l'histoire, cette science nouvelle pour laquelle tous les esprits supérieurs sont en travail, place au rang de ses axiomes la vocation providentielle de certains peuples et de certains hommes.

« Une analogie nécessaire ne conduit-elle pas à admettre la vocation de certaines familles chargées, elles aussi, de représenter et d'accomplir une idée dans le monde social. C'est chose remarquable comme de nos jours toutes les études et toutes les méditations aboutissent aux croyances de l'antiquité. Elle avait universellement foi à la mission historique des lignées royales. Jamais tradition ne fut plus accréditée ; elle l'était dans l'Inde, en Judée, dans la Grèce, à Rome ; bien plus, sous les glaces de la Scandinavie et dans les forêts de l'Amérique.

« N'est-ce pas le lieu de s'écrier avec le poète :
La voix du genre humain n'est point un préjugé.
Ces vieux mythes, ces vieux dogmes des nations que l'ignorance dédaigne, qu'outrage l'incrédulité, sont les révélations éparses et altérées d'une sagesse à laquelle la science moderne est ramenée dans ses plus sublimes résultats.

« Cependant n'allez pas supposer que j'admette un droit divin des dynasties, qui les rend adorables alors même qu'elles s'affaissent sur les peuples dans un despotisme immobile.

« Quand elles sont arrivées là, c'est signe que Dieu s'est retiré d'elles, qu'elles ne sont plus des instruments pour l'œuvre de la civilisation, et qu'elles vont se confondre parmi les races vulgaires. Mais quelquefois, au moment où leur règne semble passé, elles le recommencent avec une puissance et une splendeur nouvelles.

« Du tronc de l'arbre jadis majestueux, mais que la foudre a frappé de ses coups réitérés et qui semble prêt à se dissoudre en poussière, n'a-t-on pas vu s'élancer un rameau qui ressuscite miraculeusement et couvre à son tour de son ombrage une longue suite de générations?

« Nul ne possède donc le secret de l'avenir, nul ne sait ce qu'il réserve au jeune exilé de Butchirad, et c'est pourquoi tous le prédisent diversement suivant leurs haines ou leurs affections, leurs craintes ou leurs espérances. Tandis que les uns prédisent à l'enfant-roi la vie aventureuse de l'héritier des Stuarts, ou la mort mélancolique du fils de Napoléon, d'autres, dont la fidélité soutient et ranime les espérances, sont accourus vers lui pour solenniser l'anniversaire de sa virilité royale et ils lui ont dit :

« Henri! nous te saluons notre roi; nous venons de France, ne désespère pas d'elle, elle ne désespère pas de toi. Henri, tu régneras sur nous comme tes pères ont régné sur nos pères ; mais attends plutôt que de rapporter à ta patrie la guerre civile, ses fureurs et ses désastres, plutôt surtout que de revenir précédé d'un Cosaque dont l'ignoble pique brandirait insolemment ta couronne déshonorée..... Attends ! les années ne te manquent pas, et prépare-toi cependant à te rendre digne de ton siècle et de ton pays ; prépare-toi à résumer toutes les gloires de tes aïeux sans imiter leurs fautes, et tu perpétueras la monarchie en la transformant, et la révolution elle-même dans ce qu'elle a de beau, de vrai, de grand, acceptera ta légitimité!... »

Le seul tort des voyageurs de Londres, c'est apparemment que, depuis cette dernière époque, Mgr le duc de Bordeaux est devenu homme, et qu'en lui s'était développé au plus haut degré les heureuses qualités et la haute instruction qu'il annonçait alors.

Les malédictions lancées par le pouvoir ont été d'autant plus coupables qu'elles n'ont pas voulu seulement atteindre les opinions, mais des hommes qui, par leur position sociale, par le noble usage de leur fortune, par toutes leurs habitudes en un mot, inspiraient estime et confiance. Le peuple surtout s'est bientôt indigné de cette exclusion appliquée à ceux qu'il rencontre le plus habituellement parmi les fondateurs ou les propagateurs des institutions ayant pour but d'améliorer son sort. Et tout naturellement il est remonté à la source, il s'est empressé de rechercher la cause première, et il est arrivé ainsi jusqu'à M. le comte de Chambord. Alors sa mémoire du cœur lui rappela divers traits de son enfance, sa passion pour l'aumône, son affabilité pour les soldats, sa préférence pour les exercices militaires. Elle lui remit sous les yeux les bonnes œuvres dont le jeune prince prit l'initiative. On pourrait citer surtout l'institution de Saint-Nicolas, basée sur son généreux patronage, et qui, grandissant chaque jour sous la direction de Mgr de Bervanger, ce nouveau S. Vincent de Paule, a tour à tour été l'asile des orphelins du choléra, et celui auquel les sociétés philantropiques, sentant leur impuissance, ont été heureux de confier leurs protégés. Le peuple sait bien d'ailleurs qu'avant tout la branche aînée des Bourbons était prodigue des bienfaits, et que les royalistes la remplacent souvent près des malheureux.

Si comme homme le jeune prince calomnié, flétri dans ses amis, préoccupait d'un visible intérêt tous les gens de bien en France;

comme descendant d'une longue suite de rois qui avaient durant tant de siècles fait la gloire et la prospérité du royaume, il ne réveillait pas en eux moins de souvenirs de reconnaissance ni moins de sympathies pour son malheur. En outre il n'avait pas oublié les présages dont les admirateurs de cette époque, vivants encore aujourd'hui, entourèrent son berceau.

M. Bertin de Vaux disait dans le *Journal des Débats*, le 8 octobre 1820 : « L'ombre du duc de Berry n'est-elle pas là pour nous avertir qu'il faut veiller sur le duc de Bordeaux ? Le ciel a fait qu'il vînt au monde, c'est à nous de faire qu'il vive et qu'il règne...... Prince, objet de tant de vœux et d'espérances, sous quels hospices divers vous venez au monde ! vous fûtes conçu dans la douleur, et vous naissez dans la joie publique ! Vous naissez environné de sujets fidèles, menacé par des ennemis implacables ! Croissez donc pour le salut des uns et la ruine des autres. Les deux plus illustres de vos aïeux vous apprendront comment il faut récompenser ses amis et triompher de ses ennemis. Henri IV vous montrera ce que peut la clémence, quand elle n'est pas de la faiblesse ; Louis XIV, ce que peut la fermeté, quand elle n'est pas de la rigueur. Que votre règne soit aussi paternel que celui du premier, aussi long que le règne du second !.... Enfin, ajoutez le miracle d'une vie heureuse pour vos sujets et glorieuse pour vous, au miracle de votre naissance. »

M. Séguier, premier président de la cour royale, disait, le 3 mai 1821 :

« Ce précieux rejeton vient d'être non pas élevé sur le pavois militaire (neuf siècles de règne ont d'avance fixé son rang), mais présenté à ces fonts sacrés qui jadis se changèrent en trône pour le premier roi chrétien. La voix de l'enfant de la France s'est fait entendre au saint parvis, alors que le sel de la sagesse a été placé sur ses lèvres. Le cri de l'innocent vers Dieu a ramené toutes les âmes, aussi puissant pour la monarchie que le vœu du vainqueur à Tolbiac.... »

M. Bertin, encore dans le *Journal des Débats*, du 10 mai 1821 :

« En politique, un enfant est une puissance énorme, il n'a contre lui ni les préventions des faux jugements ni les inimitiés personnelles... Et si cet enfant est l'enfant du miracle, le dernier rejeton d'une branche royale qui allait périr ; s'il est l'enfant d'une mère héroïque, le fils d'un prince qui ne l'a pas vu naître, mais qui a prédit son héritier par les inspirations d'une mort sublime, alors ces circonstances prennent quelque chose de surnaturel, elles produisent un sentiment confus de douleur et de joie, également propre à subjuguer et ceux qui s'attachent au malheur et ceux qui suivent la fortune. »

Voici un toast porté par le maréchal Oudinot, le 12 mai 1821 :

« A Mgr le duc de Bordeaux ! Ce prince aura la sagesse de Charles V, les vertus de Henri IV, la bonté de tous les Bourbons. Vive le duc de Bordeaux ! Vive son auguste mère ! »

M. Plougoulm a exposé devant la première chambre du tribunal civil, le 10 décembre 1823, « que son client n'avait fait qu'un voyage momentané, et était revenu en France solliciter des lettres de naturalisation, que plein d'amour pour sa nouvelle patrie, il s'était réjoui, *comme tous les bons Français,* de la naissance du duc de Bordeaux. »

M. de Salvandy disait, dans le *Journal des Débats* du 15 octobre 1824 :

« Charles X est le premier de nos rois qui allie la gravité des mœurs au don de plaire, ainsi qu'il unit l'autorité des années à l'élégance d'un autre âge. Près de lui se presse un couple auguste, heureux assemblage des plus hautes vertus... Pour que rien ne manque au simple éclat du Louvre, les peuples voient briller, à côté de ces grands caractères, les dons heureux de la jeunesse et jusqu'aux grâces de l'enfance; mais l'enfance, mais la jeunesse y conservent l'intérêt d'une haute infortune. Les Bourbons unissent encore, pour mieux régner sur les Français, la consécration du malheur et celle de la vertu. »

M. Chaix-d'Est-Ange disait, dans son plaidoyer pour M. Cauchois-Lemaire, le 13 janvier 1828 :

« Le duc de Bordeaux, le premier dans l'écrit, comme il doit être aussi *le premier dans nos affections,* est élevé pour la couronne de France *qu'il doit porter un jour.* »

Et M. de Lamartine, dans son *Chant du Sacre,* p. 31 :

. . . .
. . . .
Mais quel est cet enfant ? l'avenir de la France !
La promesse de Dieu qu'embellit l'espérance !
De ses seuls cheveux blonds son beau front couronné,
Ignore encore le rang pour lequel il est né !
Libre encore des liens de sa haute origine,
Il sourit du fardeau *que le temps lui destine.*
. . . .
. . . .

Quelles devaient être les impressions des

hommes de bonne foi, en présence de tant de souvenirs, et combien ne devaient-elles pas s'accroître des imputations qu'on s'efforçait d'accumuler contre un innocent exilé, dont toutes les pensées sont pour la France? Et cela, je le demande, à qui la faute, si ce n'est à ceux qui, en travestissant les actes les plus honorables, ont déchaîné contre eux les représailles de la vérité et de la justice?

J'ai résumé ce qui est résulté du voyage de Londres par le fait de ceux qui l'ont accusé et flétri, je conclus en disant ce qui en est résulté pour le Prince, pour les royalistes, pour la France.

J'ai jusqu'à ce moment raconté tout sans passion, avec impartialité, relativement au voyage de Londres, j'ai mis en regard les divers articles des journaux anglais et français, car ce que je voulais avant tout c'est que la comparaison et le commentaire de ses actes fissent bien connaître le Prince dont la principale ambition est d'aimer le plus son pays. Il s'est présenté à ses amis aussi bien qu'à ses adversaires, à des compatriotes aussi bien qu'à des étrangers, tout le monde a pu le voir, le juger. Ce n'est point d'un prétendant que j'ai voulu parler, c'est du rejeton de la plus grande maison de France, du petit-fils de Louis XIV et d'Henri IV. A ce titre M⁰ʳ le duc de Bordeaux ne peut être indifférent à personne ; il a pour tous sans exception les droits inprescriptibles du malheur et de l'innocence. Bien plus, à lui, le descendant de tant de monarques, de héros auquels notre patrie doit l'agrandissement de son territoire et son nom si glorieux, à lui qui a passé les dix premières années de sa vie dans cette France où tant de vœux l'ont appelé, on ne doit pas oser contester les sentiments et les désirs dont il est animé. Il les possède, non seulement à cause de son heureux naturel, mais parcequ'il appartient à une race trop chevaleresque et trop habituée à faire ses preuves d'honneur, de bravoure et de dévouement pour la France. Qu'on lise plutôt cet article du *Constitutionnel* en avril 1844 :

« Qu'est devenu ce temps où la France, apparaissant toujours comme un courageux protecteur, sinon comme un arbitre, promenait sur toutes les mers son pavillon vainqueur et honoré ?

» Et, simultanément, le continent attendait d'elle la paix ou la guerre, la décision de toutes les questions, CAR LES VIEUX BOURBONS, PAR LEUR SANG AUTANT QUE PAR LES TRADITIONS, HÉRITAGE DE LEUR FA-

MILLE, DÉPOT SACRÉ QUE CHACUN TRANSMETTAIT A SON SUCCESSEUR, NE LAISSAIENT POINT VIOLER, FLETRIR JAMAIS, PAR LA PLUS LÉGÈRE INFRACTION, L'HONNEUR NATIONAL. Il brillait sur le monde comme une pléiade lumineuse; et au sein du plus lugubre désastre un roi de France pouvait s'écrier, trouvant la terre et l'histoire pour lui faire écho : *Tout est perdu fors l'honneur.* »

M. le comte de Chambord ne souhaitait pas qu'on eût à s'occuper de sa conduite, et c'est par la force des choses que celle-ci est tombée sous le contrôle de tous les organes de la presse, et de tous ceux qui ont eu l'honneur de l'approcher. Eh bien ! qu'on mette de côté quelques banales plaisanteries, quelques vulgaires critiques, quelques triviales récriminations de la haine ou de l'esprit de parti, et on verra comment à tout prendre il a été apprécié.

On a été forcé de reconnaître en lui un jeune prince exempt par son âge de toute responsabilité quant au passé, et pour le présent ne songeant qu'à perfectionner ses études, étendre son instruction par des voyages, des observations, en un mot par la vie intellectuelle. On ne l'a pas entendu se préoccupant de la royauté dont sa naissance fut couronnée, et que la majorité des hommes d'aujourd'hui ont jadis proclamé la seule possible, la seule désirable. Il sait que son siècle a marché vite ; il s'est rendu compte de ses progrès comme de ses besoins ; il a visité les champs témoins de fameuses batailles, il a pris part à de grandes évolutions militaires, à fin d'être façonné au métier des armes et digne de son aïeul le Béarnais dont l'histoire l'a si vivement frappé, qu'il disait dans son enfance : « Je veux être Henri IV second. » Aujourd'hui le prince laisse à la Providence le soin de son avenir, mais rien ne peut l'empêcher, et notre orgueil national doit s'en réjouir, de se souvenir toujours de cet Henri IV qui disait si éloquemment :

>Je suis votre Roi !
>Vous êtes Français !
>Voilà l'ennemi !

Quelle a été l'attitude des royalistes depuis le voyage de Londres, ou plutôt depuis la flétrissure ?

Ils ont d'abord compris qu'ils ne devaient garder aucun ressentiment contre les hommes qui les ont si cruellement outragés. Ils se sont dédommagés de toutes les persécutions en songeant que le jeune prince y prenait part dans son exil ; et en redoublant d'efforts pour serrer leurs rangs, avoir cette unité de vues, cette commune pensée, qui les poussent sans cesse à travailler au bonheur, à la liberté, à la gloire de leur pays. Aussi, de même que tous les royalistes ont voulu être solidaires de la flétrissure, de même ils ont reconnu que Mgr le duc de Bordeaux s'adressait à eux tous quand il écrivait à M. Defontaine, juge suppléant à Lille, condamné par la cour de cassation pour son voyage à Londres, la lettre suivante :

« Je veux vous exprimer moi-même, monsieur, tout le regret que j'éprouve des persécutions auxquelles vous êtes en butte.

« Les hommes qui se sont faits mes ennemis cherchent à calomnier mes sentiments et les motifs qui ont porté tant de Français à venir vers moi ; mais heureusement les mille témoins qui m'ont vu à Londres peuvent attester qu'il n'y a été question que du bonheur de notre commune patrie. C'est là l'objet constant de mes vœux ; et je ne vois dans les droits que, d'après les antiques lois de la monarchie, je tiens de ma naissance, que des devoirs à remplir. La France me trouvera toujours prêt à me sacrifier pour elle.

« Dans la position où je suis placé je ne puis rien faire pour ceux qui souffrent à cause de moi, que leur donner des témoignages d'intérêt et de sympathie. Puissiez-vous donc trouver dans ces lignes une compensation aux vexations que vous avez éprouvées!

« Je vous renouvelle, monsieur, l'assurance de toute mon estime et de mon affection.

« HENRI. »

Ils se sont tous réunis dans une même résolution, celle de simplifier les choses, en ne voulant plus dater que de Belgrave-Square. Ça été comme une ère nouvelle pour eux. Et en effet il n'y a plus d'incrédulité possible, on a vu ce prince que tant de mensonges s'efforçaient de rapetisser et d'écraser, et il est apparu beau, jeune, plein d'ardeur, de capacité et surtout de tendresse filiale pour la France. On a vu celui que tour à tour Vienne, Berlin, l'Italie, l'Écosse, et l'Angleterre avaient salué de leurs hommages et de leur admiration.

On l'a écouté, et alors on ne l'a entendu parler que de son pays, recommander à chacun de ses visiteurs de concourir de son mieux à son indépendance, à la prospérité de son commerce, de son industrie, au développement de tout ce qui est utile et salutaire. Alors les royalistes ont retenu ces nobles paroles, et se sont promis de prouver à leur retour en France qu'il ne les avaient pas oubliées.

D'ailleurs le Prince ne laisse échapper aucune occasion de montrer que ses sentiments sont toujours les mêmes, et voici l'une de ses dernières lettres :

« Goritz, le 9 avril 1844.

« Je connais, Monsieur, tout votre dévoue-
« ment, et j'aurais été charmé de vous voir à
« Londres pour avoir l'occasion de vous en re-
« mercier moi-même. Grâce au ciel mon voyage
« d'Angleterre a réussi au-delà de toutes nos
« espérances. Nos amis vous en ont dit des dé-
« tails, et ceux qui se sont faits mes ennemis
« ont contribué eux-mêmes, sans le vouloir, à
« en faire un véritable événement. L'avenir est
« entre les mains de Dieu ; mais quoi qu'il arrive,
« la France aujourd'hui sait que si on peut me
« forcer de vivre loin d'elle, on ne peut pas
« m'empêcher de penser à son bonheur, et que

« le jour où il me serait donné de lui être utile,
« elle pourrait compter sur moi.

« Croyez, Monsieur, à toute mon estime et à
« mon affection.

« Henri. »

Les royalistes n'ont pas cessé d'agir d'après une telle inspiration ; et que leur en est-il advenu ? On les a destitués, expulsés, flétris. Ils ont tout laissé faire et laissé passer. Le pays a jugé, il jugera encore, il jugera toujours. Ils ont regardé autour d'eux, et ils ont vu avec effroi une sorte d'anarchie à tous les degrés du gouvernement, car dans la virulente philippique qu'il a lancé cet hiver à la tribune contre le système actuel, M. Thiers ne s'est pas borné à attaquer seulement les ministres. Ils ont vu cette sorte d'anarchie :

Dans la marine, par la monstrueuse humiliation infligée à l'amiral Dupetit-Thouars ;

Dans l'Université, par la loi sur l'enseignement et les légitimes protestations de toutes les classes, du clergé, de tous les pères de famille,

Dans la magistrature, par les places qu'on s'y dispute, qu'on s'y arrache, par les dégoûtants passe-droits qui s'y multiplient ;

Dans l'armée, par les mesures prises contre des généraux et les châtiments infligés à des régiments ;

Dans le barreau, par les boutades d'un premier président auquel les avocats sont forcés de demander satisfaction publique ;

Dans la presse, par les ardentes discussions que soulèvent chaque jour les actes exorbitants du pouvoir ;

Dans l'administration, par les déplorables abus ou les dénis de justice qui s'y commettent;

Dans les finances, par les tripotages des budgétivores, par les fonds secrets, et surtout par les exigences d'une liste civile qui veut qu'on lui aumône des dotations sans fin *pour tout garder*, comme l'a dit M. Lherbette, au lieu d'imiter la Restauration qui recevait *pour tout donner;*

Dans la littérature, par une immoralité inouïe enfantant chaque jour le vol, l'assassinat, l'adultère, et quatre-vingt-quinze parricides depuis dix ans, selon M. le procureur-général Hébert.

Et pour compenser cet horrible spectacle, les royalistes ont fait ce que font sans en convenir encore beaucoup de Français, ils ont gémi sur cette nation qui devrait être si heureuse, si libre, si fière, au lieu de se traîner à la remorque, de vivre au jour le jour dans la corruption.

Ils ont eu hélas ! aussi à relever leurs morts, entre autres MM. les généraux d'Ambrugeac, Arthur de la Bourdonnaye, MM. les comtes de Contades, de Chauvelin, de Saint-Luc, etc..., et au milieu de tous ces deuils, leur seule consolation a été de voir enlevées à la terre étrangère et restituées à la sépulture de sa famille en Vendée les dépouilles mortelles du brave Louis de La Rochejaquelein, tué en Portugal.

Les royalistes surtout ont pleuré le prince que la mort vient de ravir à la fille de Louis XVI et de Marie-Antoinette, à la femme dont Châteaubriand a dit « que sa douleur était une des gloires de la France; » puis, pour se conformer au vœu du mourant, ils ont juré de se livrer plus que jamais aux œuvres de bienfaisance et de charité. Et tout aussitôt ils ont fait un nouvel appel en faveur des réfugiés espagnols, ils ont signalé une fois de plus les misères immenses de ceux que la révolution de juillet a déshérités des largesses d'une auguste famille et des emplois qui les faisaient vivre. Ils ont songé à cicatriser les plaies des malheureux prisonniers politiques dont le bagne ou le système pénitentiaire ont épuisé les forces ou aliéné la raison.

Enfin il y a en ce moment vingt-sept gérants et rédacteurs de journaux en prison, où la presse royaliste a certainement, comme toujours en pareil cas, la majorité. En ce moment le courageux et loyal M. Frédéric Dollé se dispose à donner pendant huit mois *la France* pour compagne à la *Quotidienne*, ou plutôt à son énergique représentant M. de Vaugrigneuse. Mais, que dis-je? tandis qu'ils rendaient ce touchant hommage à une tombe royale, voici qu'une inquisition odieuse s'acharne à leur poursuite, transforme en antre de complots l'asile du bienfait, donne à une association toute pieuse le nom de conspiration, et prétend avoir surpris dans les propos avinés, incohérent d'un malheureux auquel la commisération venait de faire l'aumône, des tentatives d'embauchage! et là dessus un homme connu de tous les pauvres, par son zèle pour le bien, M. le chevalier de L'Espinois, est jeté dans un cachot; et un ancien officier supérieur, un brave gentilhomme si aimé de ses compagnons d'armes, M. Charbonnier de La Guesnerie, est, lui aussi, jeté dans un cachot! et on leur applique les menottes et toutes les tortures préventives!... Et on va chez les personnages les plus honorables, chez M. le duc des Cars, chez M. le prince Gaston de Montmorency, visiter leurs papiers, et en leur absence même fouiller dans tous les coins de leur domicile, s'introduire dans tous les détails de leur intimité !

Et comment se vengent les royalistes ? S'insurgent-ils ? cherchent-ils à profiter de l'indignation générale, à la fomenter ? Non ; toujours amis de l'ordre, ils usent d'autres représailles... Ils s'en vont inaugurer la magnifique croix, que par les soins de M. Edouard Walsh, une souscription royaliste a fait élever à Saint-Leu, sur l'emplacement du château où fut suicidé le prince de Condé, de ce château dont on a fait disparaître jusqu'à la dernière pierre, sans en effacer un seul souvenir ! C'est là qu'une nombreuse réunion dans laquelle on reconnaissait beaucoup de flétris, a recueilli des marques d'affection et de reconnaissance de la part d'une contrée tout entière si heureuse de voir enfin rendre à *son cher prince* l'honneur et la justice que ses héritiers n'ont pas voulu accorder à sa mémoire. Ça été surtout la fête des pauvres, qui, agenouillés sur le passage de la procession funèbre, bordaient l'ancienne avenue du château que les habitants ont nommé la *rue des Vandales.* Une quête a été faite par Mme la marquise de Villette, femme de l'ancien premier écuyer d'honneur de Mgr le prince de Condé, à laquelle un pélerin de Belgrave, M. le comte de Maccarthy, a eu l'honneur de donner la main.

En présence de tous ces faits, de tous ces actes, les inflexibles ennemis du voyage de Londres continueront-ils à s'étonner du revirement que leur flétrissure a opéré contre eux! Mais en vérité, à l'aspect de semblables conséquences de ce voyage, il faudrait que la France, cette terre hospitalière de la loyauté, fût soudain devenue bien égoïste et bien ingrate pour ne pas se montrer touchée des nobles sentiments que l'héritier de ces Bourbons si généreux, habitués à tout sacrifier pour elle, inspire à ses amis, et des vengeances que ceux-ci exercent en se rappelant ses exemples et ses conseils? D'après cela, les sympathies que le jeune exilé recueille et qu'il attire sur les royalistes ne sont-ils pas le résultat d'une heureuse impartialité et d'une nouvelle disposition des esprits et des cœurs sur lesquels, Dieu merci, les calomnies ont produit un tout autre effet que celui qu'on en attendait? Encore une fois la faute en est-elle aux royalistes? Assurément non, mille fois non!...

Et demandera-t-on maintenant ce que veulent les royalistes? Ils veulent avant tout le bonheur de leur pays; et quant à l'avenir, ils ne doivent pas s'en inquiéter, c'est là le secret du Roi des rois. En attendant ils restent fidèles à leurs habitudes, à leurs promesses, et sans qu'on ait le droit de s'informer s'ils forment ou conservent des vœux, des espérances, ils sont invariablement dévoués au culte de la vraie foi monarchique; ils y sont dévoués *quand même*, sans mettre le succès pour condition; en un mot ils servent cette foi pour mériter, et non pour obtenir. C'est ainsi qu'ils trouvent force et patience pour supporter les animosités, les persécutions qui les assaillent de toutes parts depuis 1830, et surtout depuis six mois.

En cet état de choses ne leur est-il pas permis d'espérer un meilleur avenir, et de se souvenir toujours de ce qui n'a pas cessé un seul instant d'être la devise de l'hôte de Belgrave-Square.

TOUT PAR LA FRANCE ET POUR LA FRANCE!

FIN.

ERRATA.

Plusieurs erreurs typographiques ou autres s'étant glissées, elles doivent être réparées ainsi :

Page 37, ligne 23, au lieu de *Plélin*, lisez : *Thélin*.
Page 160, ligne 4, au lieu M. *Daniel*, lisez : M. *Daniélo*.
Page 173, ligne 18, au lieu de la *Creuse*, lisez : de la *Corrèze*.
Page 202, ligne 13, au lieu de *Malortie*, lisez : *Lartic*.
Page 222, ligne 1, au lieu de *Louis*, lisez *Léon*.
Page 264, ligne 1, au lieu de *Nouillon*, lisez : *Nouaillan*.
Page 271, ligne 4, au lieu de *Vaudœuvre*, lisez : *Vandœuvre*.
Page 308, ligne 16, au lieu de *l'opposition*, lisez : *l'apparition*.
Page 326, ligne 15, au lieu de *Montecot*, lisez : *Montécot*
Page 327, ligne 4, au lieu de *Coneridone*, lisez : *Couëridou*.
Page 329, ligne 5, au lieu de *Maxime*, lisez : *Maxence*.
Page 345, ligne 9, au lieu de *Aujorrant*, lisez : *Anjorrant*.
Page 368, ligne 13, au lieu de *Raoul*, lisez : *Raol*.
Page 394, ligne 22, au lieu de *retrouvaient*, lisez *retrouveraient*.

www.ingramcontent.com/pod-product-compliance
Lightning Source LLC
Chambersburg PA
CBHW051321230426
43668CB00010B/1099